U0563009

权威·前沿·原创

皮书系列为
"十二五"国家重点图书出版规划项目

地方法治蓝皮书

**BLUE BOOK** OF
RULE OF LAW IN LOCAL CHINA

# 中国地方法治发展报告
## *No.1*（2014）

ANNUAL REPORT ON RULE OF LAW IN LOCAL CHINA
No.1 (2014)

中国社会科学院法学研究所

主　编／李　林　田　禾

副主编／吕艳滨

社会科学文献出版社
SOCIAL SCIENCES ACADEMIC PRESS（CHINA）

图书在版编目（CIP）数据

中国地方法治发展报告. No.1，2014/李林，田禾主编.
—北京：社会科学文献出版社，2015.1
（地方法治蓝皮书）
ISBN 978 - 7 - 5097 - 6966 - 9

Ⅰ.①中…　Ⅱ.①李…②田…　Ⅲ.①地方法规 - 研究
报告 - 中国 - 2014　Ⅳ.①D927

中国版本图书馆 CIP 数据核字（2014）第 312113 号

地方法治蓝皮书
## 中国地方法治发展报告 No.1（2014）

主　　编/李　林　田　禾
副 主 编/吕艳滨

出 版 人/谢寿光
项目统筹/王　绯
责任编辑/曹长香

出　　版/社会科学文献出版社·社会政法分社（010）59367156
　　　　　地址：北京市北三环中路甲 29 号院华龙大厦　邮编：100029
　　　　　网址：www.ssap.com.cn
发　　行/市场营销中心（010）59367081　59367090
　　　　　读者服务中心（010）59367028
印　　装/北京季蜂印刷有限公司

规　　格/开　本：787mm×1092mm　1/16
　　　　　印　张：24　字　数：388 千字
版　　次/2015 年 1 月第 1 版　2015 年 1 月第 1 次印刷
书　　号/ISBN 978 - 7 - 5097 - 6966 - 9
定　　价/98.00 元

皮书序列号/B - 2015 - 412

本书如有破损、缺页、装订错误，请与本社读者服务中心联系更换
▲ 版权所有 翻印必究

# 地方法治蓝皮书编委会

**主　　编**　李　林　田　禾

**副 主 编**　吕艳滨

**策　　划**　法治蓝皮书工作室

**工作室主任**　吕艳滨

**工作室成员**　（按照姓氏汉字笔画排列）

王小梅　王帅一　支振锋　冉　昊　余少祥

张文广　栗燕杰　徐　卉　黄　芳　翟国强

**学 术 助 理**　（按照姓氏汉字笔画排列）

任　娇　刘　迪　张　多　张　爽

张　誉　郑　博　单　颖　赵千羚

**官方微博：**@法治蓝皮书（新浪）

**官方微信：**法治蓝皮书（lawbluebook）

# 主要编撰者简介

**主 编 李林**

中国社会科学院学部委员，法学研究所所长，研究员。

主要研究领域：

法理学、宪法学、立法学、法治与人权理论。


**主 编 田禾**

中国社会科学院法学研究所法治国情调研室主任，研究员。

主要研究领域：

刑法学、亚洲法、社会公正、实证法学。


**副主编 吕艳滨**

中国社会科学院法学研究所法治国情调研室副研究员。

主要研究领域：

行政法、信息法、实证法学。

# 摘　要

《中国地方法治发展报告 No. 1（2014）》从地方立法、政府法治、司法改革、社会法治、未成年人保护、法治指数评估等方面，较为全面系统地总结了2014 年中国各地方的法治创新成效与存在的突出问题。

总报告《2014 年度中国地方法治发展及展望》从全国视野总结了各地方在人大制度、法治政府、司法改革等方面的改革措施与成效，剖析存在的问题，展望地方法治发展的前景。

蓝皮书首次重磅推出地方人大立法指数报告，以地方人大官方网站为基础，从立法工作信息公开、立法活动、立法参与和立法优化四个方面，对 31个省、自治区、直辖市人大常委会的立法情况进行测评。

蓝皮书对山东省、广东省中山市等地法治建设的情况进行了分析；就政府法治、政府法律顾问、政府信息公开、征地拆迁等热点问题进行研讨；对一些地方法院司法改革、司法公开、司法网络拍卖、法庭建设等体制机制探索展开剖析。另外，信访不信法、医患纠纷、未成年人犯罪、危险驾驶等议题成为影响国家治理水准的重要因素，受到社会各界的广泛关注。2014 年地方法治蓝皮书立足一线实践的经验做法，从全国层面进行了深度的理论探讨与总结。

# Abstract

Annual Report on Rule of Law in Local China No. 1 ( 2014 ), is a comprehensive and systematic summarization of the achievements and existing problems in the innovative construction of the rule of law in the fields of local legislation, construction of law-based government, judicial reform, social law, protection of minors, and assessment of the indices of the rule of law by local governments in China in 2014, covering such issues as the role of local legislation in guiding the reform, government legal advisors, land requisition and resettlement, judicial openness, judicial reform, juvenile delinquency, and the handling of cases of disclosure of government information.

The first part of the book is a report on "Local Rule of Law in China: Development in 2014 and Future Prospect", which summarizes the results achieved by and analyzes the problems existing in the reform measures taken by local governments throughout the country in the fields of the people's congress system, construction of law-based government, and judicial reform, and looks into the future development of local rule of law in China.

Another important content of the book is the Report on Indices of Legislation by Local People's Congresses in China, which is an assessment of legislative activities of the standing committees of 31 provinces, autonomous regions, and municipalities directly under the central government based on information available on the official websites of local people's congresses. The report consists of four parts: disclosure of information on legislative work, legislative activities, participation in legislation, and mechanisms for the optimization of legislation.

Based on the examination of the practice of construction of the rule of law in Shandong Province, Zhongshan City, etc. , the book also discusses some hot issues relating to the construction of law-based government, which is the main content of the construction of local rule of law, including the disclosure of government information, government legal advisors, and land requisition and resettlement and analyzes various mechanisms and systems established by local courts for the realization of judicial fairness which includes judicial reform, judicial openness, on-line judicial auction, and establishment of tribunals. Moreover, based on first-hand experiences, the book discusses and analyses from the nation-wide and theoretical perspectives some issues that have received extensive attention of society and become important indicators of the level of state governance, including people's preference for the mechanism of complaint by letter and visits rather than legal mechanism, doctor-patient disputes over medical treatment, juvenile delinquency, and the crime of dangerous driving.

# 目 录

## ⅫⅠ 总报告

ⅫⅠ.1 2014 年度中国地方法治发展及展望
………… 中国社会科学院法学研究所法治指数创新工程项目组 / 001
一 发挥人大作用，积极引领法治建设方向 ……………… / 002
二 建设法治政府，规范公权力运行 ………………………… / 007
三 试点司法改革，保障公民权利实现 ……………………… / 022
四 地方法治发展展望 ………………………………………… / 034

## ⅫⅡ 分报告

ⅫⅠ.2 山东省 2013～2014 年法治发展状况 ………… 马得华 国 鹏 / 038
ⅫⅠ.3 法治中山建设调研报告 ………… 中山市依法治市办公室课题组 / 052

## ⅫⅢ 地方立法

ⅫⅠ.4 法治建设中的地方立法
——从四川看地方立法的引领和推动作用 …………… 王希龙 / 073

## ⅫⅣ 政府法治

ⅫⅠ.5 2013～2014 年广东省法治政府建设与展望
……………………… 广东省人民政府法制办公室课题组 / 091

B.6  广东省政府法律顾问工作调研报告

............................................... 何小雯  毛 予 / 106

B.7  北京市审理政府信息公开案件疑难法律问题调研报告

................................ 北京市高级人民法院行政审判庭 / 120

B.8  征地拆迁相关法律及政策问题研究

——以北京市第一中级人民法院审理的集体土地上房屋拆迁类

行政案件为样本 ......... 北京市第一中级人民法院课题组 / 136


Ⅴ  司法制度


B.9  湖北深化司法体制改革的基本经验与启示 ............... 徐汉明 / 155

B.10  北京市 2013～2014 年司法公开实施状况调研报告

................................... 北京市高级人民法院 / 169

B.11  河北法院"一乡（镇）一法庭"建设情况调研报告

........................ 河北省高级人民法院专题调研组 / 184

B.12  萧山法院网络司法拍卖调研报告

........................ 杭州市萧山区人民法院课题组 / 192

B.13  河南法院年度案例分析报告 ............... 河南省高级人民法院 / 201

B.14  浙江省危险驾驶犯罪情况调研报告

................ 浙江省高级人民法院刑事审判第三庭课题组 / 220

B.15  丰台法院妨碍民事诉讼不当行为及其处置

情况调研报告 ................. 北京市丰台区法院课题组 / 233


Ⅵ  社会法治


B.16  在法治平台上解决信访不信法问题调研报告

........................ 广东省依法治省工作领导小组办公室 / 251

B.17 广东医疗纠纷处理调研报告

············· 法治广东研究中心广东医疗法治发展状况研究课题组 / 261

## B VII  未成年人法治

B.18 河南法院未成年人犯罪案件调研报告

································· 河南省高级人民法院课题组 / 276

B.19 象山县学生犯罪案件的调查与思考

——以象山法院 2011~2014 年 6 月的数据为样本

································· 浙江省象山县人民法院课题组 / 294

## B VIII  法治指数

B.20 中国地方量化法治的实践与评估

··········· 中国社会科学院法学研究所法治指数创新工程项目组 / 310

B.21 中国地方人大立法指数报告 (2014)

——基于省级人大常委会网站的考察

··········· 中国社会科学院法学研究所法治指数创新工程项目组 / 327

B.22 2013 年余杭法治指数报告 ························ 钱弘道 / 344

皮书数据库阅读 **使用指南**

# CONTENTS

## B I   General Report

B.1   Local Rule of Law in China: Development in 2014 and Future Prospect

*Innovation Project Team on the Rule of Law Index, Law Institute, CASS* / 001

1. *Giving Full Play to the role of People's Congresses in Actively Guiding*

   *the Construction of the Rule of Law*                                    / 002

2. *Building Law-Based Government and Regulating the Operation of*

   *Public Power*                                                            / 007

3. *Propelling Judicial Reform and Ensuring the Realization of*

   *Citizens' Rights*                                                        / 022

4. *Prospect for the Local Rule of Law in China*                            / 034

## B II   Subject Reports

B.2   Development of the Rule of Law in Shandong Province in
the Year 2013-2014                                    *Ma Dehua, Guo Peng* / 038

B.3   Investigation Report on the Building of Law-Based Government in
Zhongshan City, Guangdong Province

*Research Team, Office of the Leading Group for Rule of Law,*

*Zhongshan City Government* / 052

# B III  Local Legislation

B.4  The Role of Local Legislation in Guiding and Promoting the
Construction of the Rule of Law: The Experience of
Sichuan Province                                    *Wang Xilong* / 073

# B IV  Construction of Law–Based Government

B.5  Construction of Law-Based Government in Guangdong Province:
Development in the year 2013-2014 and Future Prospect
*Research Team, Legislative Affairs Office of the People's Government of*
*Guangdong Province* / 091

B.6  Investigation Report on the Work of Government Legal Advisors in
Guangdong Province                         *He Xiaowen, Mao Yu* / 106

B.7  Investigation Report on Difficult Legal Issues Encountered in the
Handling of Cases of Disclosure of Government Information in Beijing
*Administrative Division of Higher People's Court of Beijing Municipality* / 120

B.8  Research on Legal and Policy Issues relating to Land Requisition and
Resettlement: Based on the Administrative Cases of Housing Demolition
and Relocation on Collectively-Owned Land Handled by the First
Intermediate People's Court of Beijing Municipality
*Research Team of the First Intermediate People's Court of Beijing Municipality* / 136

# B V  The Judicial System

B.9  Basic Experience of Hubei Province in Deepening the Reform of the
Judicial System and Its Implications            *Xu Hanming* / 155

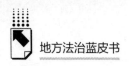
B.10 Investigation Report on the Implementation of the System of Judicial Openness in Beijing Municipality in the Year 2013-2014

*Higher of Peopli's Court of Beijing Municipatity* / 169

B.11 Investigation Report on the Construction of the System of "One Tribunal for Each Township (Town)" in Hebei Province

*Research Team of the Higher Peopli's Court of Hebei Province* / 184

B.12 Investigation Report on On-Line Judicial Auctions by the People's Court of Xiaoshan District of Hangzhou City

*Research Team of the People's Court of Xiaoshan District of Hangzhou City* / 192

B.13 Annual Report on the Analysis of Cases Tried by People's Courts in Henan Province   *the Higher People's Court of Henan Province* / 201

B.14 Investigation Report on the Crime of Dangerous Driving in Zhejiang Province   *Research Team of The Third Criminal Division of the*

*Higher People's Court of Zhejiang Province* / 220

B.15 Investigation Report on Wrongful Acts of Obstructing Civil Proceedings Encountered and Dealt with by the People's Court of Fengtai District of Beijing Municipality in Recent Years

*Research Team of the People's Court of Fengtai District of Beijing Municipality* / 233

## B VI   Social Law

B.16 Investigation Report on Using the Platform of the Rule of Law to Solve the Problem of "Preference for the Mechanism of Complaint by Letter and Visits over Legal Mechanism"

*Office of the Leading Team on Ruling the Province by Law of Guangdong Province* / 251

B.17 Investigation Report on the Medical Dispute Resolution in Guangdong Province   *Research Team on the Development of Medical Law System of*

*the Center for the Study of the Establishment of Law*

*Based-Government in Guangdong Province* / 261

# B VII   Law on the Protection of Minors

B.18   Investigation Report on Cases of Juvenile Delinquency Tried by
People's Courts in Henan Province in the Past Five Years
*Research Team of Higher People Court of Henan Province* / 276

B.19   Investigation and Reflections on Cases of Commission of Crimes
by Students in Xiangshan County of Zhejiang Province: Based on the
Data Collected by the People's Court of Xiangshan County between
2011 and June 2014
*Research Team of the People's Court of Xiangshan County, Zhejiang Province* / 294

# B VIII   Indices of the Rule of Law

B.20   Research on the Assessment of Local Indices of the Rule of
Law in China          *Innovation Project Team on the Rule of Law Index,*
*Law Institute, CASS* / 310

B.21   Report on Indices of Legislation by Local People's
Congresses in China          *Innovation Project Team on the Rule of Law*
*Index, Law Institute, CASS* / 327

B.22   Report on the Indices of the Rule of Law in Yuhang District of
Hangzhou City          *Qian Hongdao* / 344

# 总 报 告

General Report

# B.1

# 2014年度中国地方法治发展及展望

中国社会科学院法学研究所法治指数创新工程项目组 *

**摘　要：**

　　本文梳理了2014年全国各地方在人大制度、法治政府、司法改革等方面的改革措施，总结其取得的成效与存在的问题，并就今后地方法治发展的前景和需要注意的问题提出了建议。

**关键词：**

　　2014　地方法治　立法　法治政府　司法改革

　　中国共产党第十八届中央委员会第三次全体会议通过的《中共中央关于全面深化改革若干重大问题的决定》提出，"推进法治中国建设"，"必须坚持

---

　*　项目组负责人：李林、田禾，中国社会科学院法学研究所研究员。调研组成员：王小梅、王帅一、吕艳滨、刘小妹、刘迪、李霞、张誉、陈欣新、周方冶、郑博、赵千羚、栗燕杰、翟国强、魏南枝（按照姓氏笔画顺序排序）。执笔人：田禾；栗燕杰，中国社会科学院法学研究所助理研究员；吕艳滨，中国社会科学院法学研究所副研究员。

依法治国、依法执政、依法行政共同推进，坚持法治国家、法治政府、法治社会一体建设"。自此，"依法治国"成为时代的最强音。此后，十八届四中全会通过了《中共中央关于全面推进依法治国若干重大问题的决定》，对依法治国作出了明确部署。

法治中国建设需要顶层设计和中央的统一安排，也应发挥地方的积极性，总结地方探索的经验成果。依法治理非今日之题，近年来，各地在中央统一领导下，已经在积极主动地探索。地方人大工作注重立法的科学性与民主化，落实人大及其常委会的重大事项决定权、监督权等；法治政府建设全面铺开，在大部门制改革、执法体制机制改革、权责清单制度推行、行政审批制度改革、重大行政决策规范、政府信息公开、在线办事等方面均有所涉及并开始向纵深发展；地方司法改革如火如荼，从阳光司法起步，到司法体制改革、法官职业化与审判权运行机制改革、司法公信力建设、法官员额制改革、人民观审团引入等，覆盖了司法制度运行的各个方面。

地方法治建设已逐步走出"摸着石头过河"的历史阶段，各地在法治框架内纷纷创新法治建设的新机制新做法，区域之间呈现良性竞争态势，使得法治建设的前景更加乐观。

# 一 发挥人大作用，积极引领法治建设方向

地方人大及其常委会作为地方权力机关，在法治建设中扮演着极为重要的引领角色和监督角色。许多地方人大在立法、监督、代表工作等方面都有创新发展。

## （一）立法工作

地方人大在立法方面的创新主要表现为立法程序、立法内容等方面的完善。立法程序是有法律法规制定权的国家机关，在制定、修改、废止法律文件中所遵循的步骤和方法。合理、完善的立法程序，既有利于立法结果充分集中、体现民意，也是提升立法质量的重要保障。

立法程序方面的创新宗旨是优化立法过程，提升立法质量。《中共中央关

于全面深化改革若干重大问题的决定》要求，"健全立法起草、论证、协调、审议机制"。不少地方人大及其常委会从立法的各个程序环节着手加以改进和完善。2013 年 6 ~ 7 月，广东省人大常委会针对立法的"立项关""公众关""专业关""代表、委员关""评估关"，接连出台《广东省人民代表大会常务委员会立法论证工作规定》《广东省人民代表大会常务委员会立法公开工作规定》《广东省人民代表大会常务委员会立法听证规则》《广东省人民代表大会常务委员会立法咨询专家工作规定》和《广东省人民代表大会常务委员会立法评估工作规定（试行）》等五项规定。在此基础上，广东省人大常委会要求立法草案必须征求在粤全国人大代表、省人大代表、县市人大常委会机关以及有关部门的意见；必须深入调查研究，听取基层人民群众的意见；必须召开论证会，反复论证立法的可行性、可操作性、可执行性；必须开展评估；必须征求 9 个地方立法研究基地和咨询专家的建议；必须在广东人大网立法专网上公开征求意见。在委托立法方面，广东省积极探索委托第三方起草法规草案，设立了 9 个地方立法研究评估与咨询服务基地。2013 年曾将《信访条例》《救灾条例》委托给高校起草，2014 年计划委托第三方起草占地方立法草案的 10%以上。广东省人大的做法，有利于提升立法的科学性与民主性，对于其他地方不无借鉴意义。

广州市的所有法规草案也都通过多种方式公开征求意见，为提升征求意见的实效性，不仅在市人大常委会的官方门户网站上公布征求意见，还在门户网站上对与群众关系密切的法规草案开展立法民意调查。为提升公开征求意见的互动性和时效性，广州市人大常委会 2012 年率先在腾讯、新浪开设官方微博，将所有立法信息、立法项目通过微博发布、讨论。

对在深化改革过程中迫切需要立法保障的事项，一些地方加快地方立法，填补空白。2013 年 6 月，上海市人大常委会通过《上海市人民代表大会常务委员会关于促进改革创新的决定》，要求本市充分运用现行法律制度及国家政策资源，推进改革创新。广东为规范行政许可监督管理工作，于 2014 年 5 月29 日公布《广东省行政许可监督管理条例》。针对当地社会组织众多，考虑到加强社会组织建设与规范是深化社会体制改革的重要内容，广东还积极推进《广东省社会组织条例》的立法进程。浙江省人大常委会出台《浙江省社会救

助条例》，内容包括传统的最低生活保障、临时救助，以及医疗救助、教育救助、住房救助等专项救助，特困人员供养、自然灾害救助、就业救助等已有救助形态，相比之前全国的统一规范，又推进了一大步。在转变经济发展方式方面，一些地方着力通过地方立法实现当地经济政策、社会政策的法定性和强制性。例如，北京市于2013年12月27日出台《北京市促进中小企业发展条例》，自2014年3月1日起施行。

地方人大的立法权力行使，对于地方大政方针的形成、变更，地方改革的趋势走向具有不可替代的作用。改革开放伊始，地方人大立法往往表现为对已有改革的成果确认，发展至今，在完善国家现代治理体系的背景下，为落实依法改革、依法创新的思路，立法先行已成为地方改革的内在要求，这就需要充分发挥地方人大及其常委会对改革的引领作用、保障作用，并对立法民主化、科学化提出更高层次的需求。

### （二）重大事项决定权

讨论、决定本行政区域内重大事项，是宪法和法律赋予县级以上地方人大常委会的重要职权，是人民当家作主管理地方国家事务的根本体现。四川、山东、广西及宁波、海口、广州、厦门等地已经先后出台了人大常委会讨论决定重大事项的地方性法规或专门文件，如四川省人大常委会将需要省人大常委会讨论决定的事项分为必须经人大常委会讨论决定的法定事项和可以经人大常委会讨论决定的裁定事项两种类型，向人大常委会提交相应材料，有关国家机关负责人到会说明并回答询问，讨论后作出决定。但这些规定仍比较笼统，对重大事项的界定过于原则，决定的程序缺乏必要规范。

湖北省宜昌市人大常委会依法行使重大事项决定权，从程序性向实质性迈进，"决定"的内容也由"虚"到"实"，许多"重大行政决策"，如事关民生的菜市场的建设和管理、公共绿地永久性保护、火车东站配套工程的兴建等事项，都会由宜昌人大常委会来决定。在其他地方，人大常委会讨论重大事项决定后，往往文件出台就意味着人大作用的结束，重大事项决定权的行使有头无尾。对此，宜昌市人大常委会一方面在其规范性文件中明确要求有关机关应当认真执行人大常委会就重大事项作出的决定，同时还应在规定时限内向市人大常委会报告办理情况；另一方面，宜昌市人大常委会还对重大事项决定的执行情况加强监督，如发现对市人大常委会作出的决定不执行或不办理的，人大常委会有权采取询问、质询等措施。另外值得一提的是，浙江桐庐规定投资5000 万元以上的项目必须经人大批准才能立项，项目如果超过预算 20% 也需要经过人大常委会批准。

上述做法增强了人大的重大事项决定权的可操作性，对于发挥人大作用不无裨益。如果说全国人大常委会的重大事项决定权的行使更多是立足全局、服务全国的话，地方各级人大常委会特别是较低层级的市县人大常委会则带有更多微观、具体的特点，其重大事项决定权的行使应当看得见、摸得着，其利好应能被当地民众感受得到，这也是今后地方人大重大事项决定权的发展方向。对此，有必要厘清地方政府的"重大行政决策"与地方人大的"重大事项决定权"的边界与分工，设置重大事项决定权的合理范围、规范程序，并通过一系列制度规范保障其强制效力。

### （三）监督权

人大及其常委会的监督权，是指宪法和法律赋予各级人民代表大会及其常务委员会，对由它产生的国家机关的工作和宪法、法律的实施，进行检查、调查、督促、纠正、处理的权力。人大及其常委会的监督权，与其他监督权相比具有最高的法律效力。落实人大及其常委会的监督权，是发挥各级人大作用的关键所在。对此，一些地方展开积极探索。比如，南京市出台《南京市关于增强人大监督的意见》；之后，为提升人大监督的效果，南京市委办公厅还出台《关于增强人大监督刚性和监督实效的意见》（宁委发〔2014〕2 号）。

浙江省温岭市人大常委会试点对法官、检察官"两官"实施监督的方式，其从 2008 年起对该市法官、检察官开展绩效评估，在国内开启对"两官"绩效评估的探索。到 2014 年，"两官"绩效评估的措施包括：听取被评估"两官"履行职责情况的报告；组织单位同事对被评估对象开展民主测评；采取座谈、走访等形式，向政法委、检察、公安、纪委（监察局）、信访局及部分人大代表、人民陪审员、律师、案件当事人等了解被评估对象的有关情况；组织人大代表、村居干部到各被评估"两官"居住的村居、社区开展明察暗访，了解"两官"八小时外的业余活动情况；抽查、阅看被评估对象近3年主办的案卷，旁听被评估对象主办案件的庭审等。根据绩效评估结果，对法官、检察官的履职报告展开讨论并给出意见与建议。之后，被评估的法官、检察官对评估中反映的重点和突出问题，逐条对照检查，研究落实整改措施，及时反馈整改①。应当注意的是，对"两官"的绩效评估应以不干预司法正常活动为原则。

人大及其常委会的监督权，具有无可替代的全面性和刚性效力。虽然不是所有层级的人大都有立法权，但各个地方、各个级别的人大及其常委会都享有宪法、法律赋予的监督权。如何用足、用好这种监督权，是发挥人大作用的关键所在，也是今后人大在法治建设中发挥不可替代的重要作用所在。

### （四）法规清理与备案审查

法规清理、备案等活动是确保社会主义法制统一的重要保障，对于确保法律规范的统一实施，避免规范性文件的随意性，克服上下位法不一致甚至相互冲突具有重要意义。

在法规清理方面，许多地方建立日常清理与运动式清理相结合的法规清理机制。2014年3月，广东省出台《广东省人民代表大会常务委员会关于全面清理地方性法规和进一步完善地方性法规案审议程序的决定》，对本省224部地方性法规进行全面清理，对于妨碍改革的条文予以修改、废止，重点审查行政审批制度改革相关的条文。

在备案方面，湖北、北京、上海、云南等地人大常委会出台了规范性文件备案审查的地方性法规或专门规定。广州市人大常委会设立专门备案审查机构，并出台《广州市人民代表大会常务委员会规范性文件备案审查工作规范》（2008年制定、2012年修正），对规范性文件备案的报送范围、备案程序、审查方式、处理程序等作出系统规定。2012年广州市人大常委会出台《广州市人大常委会规范性文件主动审查办法》，对主动审查的机构、范围、方式、程序等作出全面规定。

---

① 参见《"两官"绩效评估：人大监督司法的地方创新》，温岭人大官方网站，网址为：http://www.wlrd.gov.cn/article/view/11900.htm，最后访问时间：2014年9月28日。

### （五）提升代表履职能力

人大代表是人民代表大会的主体，承担着宪法和法律赋予的重大责任，但在发挥人大功能的实践中，人们更为重视的是人民代表大会、人大常委会的作用，相对忽视人大代表的作用。近年来，一些地方意识到人大及其常委会的组织作用的发挥，端赖于代表个人的能力提升与作用发挥。对此，贵州锦屏等地举行人大代表履职能力培训班，通过对人大代表的培训提升其履职能力。广东等地充实人大代表的职权。例如，广东省率先落实代表法的有关规定，推行人大代表约见政府部门负责人制度。

总体上看，代表的履职能力相对以往已有显著提升，其集中民智、反映民意、为民负责的意识与能力大幅提升，但是，与法律文本的规定以及民众要求相比，代表履职能力仍存在一些差距；与此同时，代表的履职效果，也需要会期制度改革、代表个人作用发挥机制改革等予以配套保障。

## 二 建设法治政府，规范公权力运行

建设法治政府，是全面落实依法治国基本方略的重要内容，其目标包括政企分开、政事分开，政府与市场、政府与社会的关系理顺，政府权力规范运行等。各地方本着转变政府职能、简政放权、强化权力运行制约监督的指导思想，按照打造法治政府、廉洁政府、阳光政府、服务政府、责任政府的要求，积极开展法治创新探索。

### （一）探索大部门制改革，理顺行政管理体制

大部门制是在机构设置中，把多个部门分别承担的相同、类似职能归并由同一个部门行使，有利于精简机构和减少多头管理、职能交叉。一些地方在现有法律和机构设置与编制管理的法律框架内，积极探索大部门制改革。

广东省多年来一直注重推进大部门制改革。在省级，广东省 2014 年初将省物价局、省外经贸厅撤销，设立商务厅，发改委与经信委的部门职能也重新调整。通过机构调整，三大部门共取消 49 项职责，下放 14 项职责，强化 9 项

职责，并承接国家部门下放的职责 38 项。

中国的乡镇基层政府往往"麻雀虽小五脏俱全"，机构设置过多过散的问题长期饱受诟病。2009 年 3 月，广东省委省政府根据中共中央《关于深化行政管理体制改革的意见》精神，出台了《关于深圳等地深化行政管理体制改革先行先试的意见》，明确要求"深圳市和佛山市顺德区要着力全面创新行政管理体制，系统推进各领域的体制改革，在建立职能有机统一的大部门体制改革方面迈出更大步伐"。佛山市顺德区 2009 年实施的《佛山市顺德区党政机构改革方案》，将原来的 41 个机构一次性重组为 16 个，其中政府部门由 29 个缩减为 10 个，精简机构近 2/3，6 个党委机构全部与相应政府机构合署办公。通过部门同类项合并，顺德区建立起职能有机统一的党政组织架构。

广东省梅州市经过镇级机构改革，仅设置"党政综合办公室"和"社会治理服务中心"两大部门，堪称基层政府的大部制。社会治理中心下设办事大厅，另内设社会事务组、信访维稳组、人口计生组、文教体育组、产权交易组 5 个组，统筹社会建设和社会治理工作；党政综合办公室则内设党群工作组、经济发展组、农业农村组、规划建设组和机关服务组 5 个组。按照"对内统筹，对上保留"的原则，不增编制，不加人员。机构改革后，更多乡镇干部从办公室走向基层，下沉到村民小组、群众家户一线，提高了社会治理的能力与效果。

山东省青岛市的机构改革，则注重扩大大部门体制改革领域，计划在城市管理、农业、文化等领域实施大部门体制，市级政府工作部门拟精简至 38 个，区级政府工作部门精简至 22 ~ 24 个，并探索建立统一市场监管、统一行政审批、综合行政执法等体制机制。

从全国范围看，大部门制改革依然处于起步阶段。就地方的大部门制改革而言，需要处理好以下几层关系。一是处理好地方部门与相应党的机构关系，这在区县、乡镇级政府尤其突出。顺德区的大部门制将党委机构全部与相应政府机构合署办公，是较为激进的做法。二是处理好条块关系。有意推进大部门制改革的地方政府并不少见，但能够有所作为且效果持续的却并不多。其中重要的原因是，地方大部门制的推进受到上级的制约。上级或中央对应部门依然存在，下级政府将其贸然撤销或合并，受到上级对应部门的阻挠可想而知；大部门制实施后，与上级对口的工作开展也存在一定问题。三是处理好实施大部门制之后的内部协调关系。部门变大之后，其内部协调难度有增加之势。从一些地方的实践看，大部门制往往将部门之间的协调配合问题转化为部门之内的协同配合问题，过大的部门尾大不掉，内部相互扯皮成为严重问题。

## （二）完善行政执法制度，保障经济社会秩序

《中共中央关于全面深化改革若干重大问题的决定》明确提出，要"深化行政执法体制改革"，并对执法主体的整合、执法程序的完善等问题提出一系列具体要求。近年来各地的行政执法工作在整体上得到了加强和改善，但仍存在大量破坏经济社会秩序的违法行为未能得到有效治理，运动式、突击式执法仍是不少执法部门惯用的执法方式，执法不作为、乱作为的现象也并非罕见。对此，一些地方开展行政执法的体制机制改革，对这些执法痼疾进行标本兼治。

一是对执法机构进行改革。对执法机构的改革，其着力点一方面是理顺执法体制，克服类似"九龙治水"的弊病；另一方面是通过机构改革将执法力量下沉，摆脱"办公室执法"的悖论。上海浦东新区在这方面进行了创新探索。上海浦东新区于 2013 年底、2014 年初积极探索"三合一"综合执法，成立市场监督管理局，将工商、质检、食药监三个局的职能合而为一。在机构改革的基础上，浦东新区将市场执法力量下沉。市场监管局内设机构由原来的 29 个减少至 17 个，精简了 41.4%，机关编制从 264 名减少至 198 名，精简了 25%。改革后，全局 80% 以上的人员下沉到基层，在一线从事行政执法工作。同时，对应浦东 36 个街镇和几大开发区，市场监管局着力形成"36 + ×"的市场监管格局。所谓"36"，就是与浦东所有街镇一一对应，设置 36 个市场监管所，"×"就是与相关开发区体制相衔接，在重点区域设置重要派出机构，有效保障重点区域的市场安全，为经济社会发展营造良好的市场环境。浦东市场监管局还搭建统一的业务信息平台进行统一信息整合，采取"合并同类项"的方式，避免重复上门检查的情况发生。以往分段式的监管模式，难免出现空白、交叉、重叠，"三合一"的市场监督管理模式，克服了多头执法的弊病，也有效地避免了多个执法机关带来的重叠、漏洞问题。

与上海市场监管的体制机制统一化形成鲜明对比的是深圳模式。深圳市早

在 2009 年就进行大部门制改革，2014 年组建市场和质量监管委员会更是令人瞩目。该委员会下设市场监督管理局（市质量管理局、市知识产权局）和食品药品监督管理局，分别负责市场和质量、食品药品等领域的日常监管工作。通过这次机构整合，市场监管职能涵盖工商、质监、知识产权、食药品监管等四大块 20 多个类别。该市场和质量监管委员会将市场监管、食药品监管下属多个执法机构整合为一支综合执法队伍，并调整市场监管、食药品监管辖区分局，改革后执法机构及辖区分局减少了 7 个，市场监管实行市以下垂直管理，按辖区、街道分别组建市市场监管局分局、市食药品监管局分局以及市市场监管所、市食药品监管所。两个分局、两个监管所实行合署办公，主要负责辖区内日常监管、信息采集及查处一般案件等职责，不再保留市场监管局和药监局辖区分局以及市场监管局分局监管所。深圳改革的目标是建立起"市、区、街"食药品三级监管网络，执法监管人员由改革前的 110 多名增加到 2500 多名，机构配置及执法力量大大加强。由此，可调动更多的资源投入事中、事后监管，推进监管重心下移，减少监管"盲区"，让市场监管"有形之手"更有效。

北京市为解决局部地区流动人口比例倒挂、案件高发、秩序混乱等治安问题突出的乱象，于 2014 年 9 月建立 13 个市局直属派出所，其所长由属地派出所政委兼任，警力由市局统一调配，主要由人口、治安、巡警、消防、交管部门以及该地区现有的驻区民警、市局党校学员 3 部分构成。除建立市局直属派出所外，北京市公安局还建立 35 个分局直属中心警务站，全面加强治安、消防、交通等秩序整治。

西安市莲湖区政府凸显服务理念，建立起城管标准化执法和服务工作模式。在组织架构上，莲湖区设置"指挥中心、案审中心、执行中心、服务中心、队伍管理中心、效能监察中心"作为工作平台，创新了城管执法的方法。在执法流程上，莲湖区城管执法实行检查权、调查权、决定权和执行权"四权分立"，由指挥中心、案件承办单位、案审中心、执行中心按程序分别行使，在执法中集中受理、统一派单、限时办结、单轨执行、及时反馈这种闭环工作程序，保证了执法工作各个环节高效运转、相互衔接、相互制约、相互监督。在服务方面，建立城管服务大厅，为群众提供"一厅式"综合服务，并设计了行政指导工作流程、多元参与工作流程、审查备案工作流程、便民疏导工作流程、慈善救助工作流程五大服务流程。此外莲湖区还制定《莲湖区城管标准化执法和服务模式运行规则》，将案件审核标准、立案标准、行政处罚自由裁量细化标准、执法案件结案标准、行政处罚减免标准等全部纳入，促进执法与服务的标准化。

二是规范行政裁量权，克服执法随意性。行政裁量权是法律法规赋予行政机关在一定的幅度和范围内所享有的选择余地的权力。规范行政裁量权，是政府、社会各界共同关注的议题。一些地方积极制定规范裁量权的地方性法规、地方政府规章。对裁量权行使的规范起于行政处罚领域，典型如 2011 年广东省政府出台的《广东省规范行政处罚自由裁量权规定》。山东、吉林、青海、甘肃、江西、重庆等省、直辖市人民政府也先后出台类似的规范处罚裁量权的地方政府规章。

发展至今，对裁量权的规范已扩展到行政执法的各个领域。四川省政府出台的《四川省规范行政执法裁量权规定》（2014 年四川省政府令第 278 号），是全国首部专门规范各种行政执法裁量权的政府规章。根据该规定，除关系国家安全和生态安全、涉及重大生产力布局、战略性资源开发和重大公共利益等项目外，不再对企业投资项目设定许可；对实行核准制的企业投资项目，也不再审查市场前景、经济效益、资金来源、产品技术方案等应由企业自主决策的内容；除跨市（州）、跨重点流域或者需要省统筹平衡资源等条件，以及国家明确规定由省级人民政府或者省级投资主管部门等管理的项目外，项目许可权限一律下放至市（州）或县（市、区）；法律法规没有明确规定必须在项目核准之前办理的许可事项，一律不作为核准前置条件等。

三是行政执法结果的公开，特别是行政处罚结果的公开。法院司法判决的全面公开上网，对于行政机关具有极大促进作用。国务院也多次发文要求公开执法结果信息。一些地方陆续将行政审批决定、行政处罚决定、行政复议决定等行政法律文书公开上网。虽然《行政处罚法》将公开作为基本原则，但在多年实践中处罚结果的公开仅针对被处罚人及相关人员，对一般社会公众则秘而不宣。这使得通过行政处罚对违法行为人的谴责、制裁不能及时向社会转达，行政处罚的威慑力、社会的否定评价、舆论的谴责效应无法得到充分发挥。近年来，一些地方政府在打造"阳光政府"的背景下，积极探索行政处

罚结果的公开。比如,浙江省苍南县人力资源和社会保障局将处罚结果按年度公开上网,公开项目包括处罚文号、违法行为种类、立案时间、被处罚的当事人、案情简介、处罚依据、自由裁量情形、处罚结果等要素①。在内容上,当事人的姓名并不隐去,时间上按照年度予以公开。

浙江省临海市安监局在其安监门户网站公开行政处罚结果。在公开时间上,网上公开原则上实行一季度一公开,每个季度最后一个月底前进行公布;在处罚结果的选择上,仅公开已经生效并超过法定行政复议和行政诉讼时限的行政处罚决定。

浙江省温岭市在"阳光工程网"设立"行政处罚结果"子栏目,实现处罚结果全面公开,并通过网上巡查机制督促职能单位公开信息。当地要求处罚事项较多的单位每月公布一次处罚信息,但考虑到保护当事人隐私,对处罚当事人的姓名、单位名称用"陈某某""某某公司"等予以隐名处理②。

处罚结果信息的公开,较为规范、及时、完整的典型是浙江余姚市。余姚市将行政处罚结果本身视为政府信息,自决定书送达之日起20个工作日内将处罚决定书全文或摘要予以公开;将生效处罚决定本身采取电子文本形式上网公开,要求标题按照"对 + 当事人姓名或名称 + 违法行为 + 的行政处罚决定"表述③。

四是行政执法的实时监察,预防惩治腐败行为。比如,广州市探索"制度 + 科技 + 文化"预防惩治腐败的新模式,市监察局健全完善电子监察系统,推进反腐倡廉智能化建设,对行政审批、行政处罚等行为展开实时在线监察,覆盖了市直执法单位80%以上的执法事项和90%以上的执法案件④,并逐步推向所有具有行政审批权、行政执法权的行政单位,且下沉到区一级。海南省两级政务服务中心从建立伊始,就高度重视电子监察系统的建设。

---

① 参见《2013 年行政处罚结果网上公开表（1）》,苍南县人力资源和社会保障局政务信息网,网址为：http：//news. cnhrss. gov. cn/Content. aspx? id = 37,最近访问于 2014 年 9 月 24 日。
② 参见温岭市人民政府《关于开展行政处罚结果网上公开工作的通知》,温岭阳光工程,网址为：http：//yg. wl. gov. cn/a/tashanzhishi/20120918/1199. html,最近访问于 2014 年 9 月 24 日。
③ 参见《余姚市行政处罚结果网上公开工作实施方案》,余姚市政府官方网站,网址为：http：//www. yy. gov. cn/art/2014/6/11/art_ 51070_ 341. html,最近访问于 2014 年 9 月 24 日。
④ 汤南：《用电子监察系统监管"三公经费"》,《广州日报》2014 年 1 月 23 日 A4 版。

2010 年，海南省政务中心印发《海南省、市县两级政务服务中心行政许可审批及电子监察系统统一平台建设指导意见》，建立由视频监控、招投标网络系统和行政审批网络系统构成的电子监察信息平台。2014 年电子监察系统作为政务服务平台的一部分上线运行。该电子监察系统的特色体现为：一是以技术实现标准化，结合政务业务、服务标准化全面整合监察业务和数据标准；二是监察对象的全面性，除一般政府部门外，还将垂直部门内部业务系统纳入电子监察系统；三是监察数据的及时更新，通过与电子政务公共云平台相结合，在技术上全面解决监察数据来源难的问题，实现了电子监察系统与各机构业务系统之间的即时数据自动获取与上报；四是监察的全程性，通过电子监察系统和相关监督手段，实现了对审批工作事前、事中、事后及招投标工作的全流程监督。

### （三）摸清家底，推行行政职权清单制度

《中共中央关于全面深化改革若干重大问题的决定》明确要求"推行地方各级政府及其工作部门权力清单制度"，地方政府纷纷响应。

2014 年福建、河北、山东、浙江等地方政府先后出台推行权力清单制度的专门文件或实施方案，其中值得注意的是广州市的行政职权目录制度。广州市政府网站设置了"广州市规范行政权力公开运行"专栏（http：//qlqd. gz. gov. cn/），其本级行政职权事项分为行政审批职权目录、行政处罚职权目录、行政强制职权目录、行政征收职权目录、行政裁决职权目录、行政给付职权目录、行政检查职权目录、其他行政职权目录八大类型，另有各个部门的行政职权事项目录，并设有检索功能。截至 2014 年 4 月，广州市完成全部市本级行政权力清单共 4972 项内容的公开发布，其中，行政审批权 386 项、行政处罚权 3138 项、行政强制权 123 项、行政检查权 310 项、行政征收权 76 项、行政给付权 49 项、行政裁决权 9 项、其他行政权力 881 项[①]。广州市还同时建立起行政职权动态清理机制，确保职权目录的时效性、权威性和准确性。

---

① 参见《将规范行政权力公开运行工作引向深入 广州完成市本级行政权力清单 4972 项》，《南方日报》2014 年 6 月 26 日 GC04 版。

2014年5月，四川省行政权力依法规范公开运行平台实现省、市、县三级互联互通，三级政府近80万项行政权力事项及权力依据、自由裁量权等事项要素向社会公开。2014年底前，四川省拟实现省、市、县三级全部行政权力事项网上办理、实时监控、全程监督、预警纠错和效能评估。

权力清单制度的制定实施，对政府职权进行清理和履职分析，有利于摸清家底，进而科学配置行政权力，依法公开权力清单和权力运行流程，推进行政权力公开规范运行，进而构建权界清晰、分工合理、权责一致、运转高效、法治保障的政府职能体系。

### （四）深化行政审批制度改革，最大限度释放改革红利

行政审批是指行政机关根据自然人、法人或者其他组织提出的申请，经过依法审查，采取批准、同意、确认、核准、登记等方式，准予其从事特定活动、认可其资格资质、确认特定权利能力和行为能力的行为。以往，政府一度把该管不该管的都管了起来，无论是否该管、是否能管好，都先管起来再说。更严重的是，不少政府部门有利益则管，没有好处的则该管的也不管。这说明，政府与市场、政府与社会的关系需要厘清。在这种背景下，广东、山东等地积极推动行政审批制度改革，清理精简审批事项、优化审批流程，呈现你追我赶的区域间良性竞争之势。带有典型意义的改革包括以下内容。

一是清理精简审批事项。山东省在2013年提出，本届政府任期内省级行政审批事项削减1/3以上，力争成为全国审批事项最少的省份，其下放的投资事项涉及电力、公路、水运、民航和城建项目等领域。2013年9月，青岛市政府宣布市级行政审批事项仅保留272项，在全国同类城市中青岛市审批事项最少。山东省济南市宣布行政许可事项精简合并后只剩余173项，在全国15个副省级城市中数量最少。

二是行政审批事项的目录化管理。目录化管理是将特定领域的全部事项纳入目录进行统一管理，在信息化的背景下还强调每个事项应当编码，确立唯一身份，并纳入目录管理系统中管理。行政审批实施目录化管理，便于明确政府职权，目录的公开有利于社会监督，规范行政审批行为。甘肃省、海南省、上海市、山东省东营市等地先后出台行政审批目录化管理的地方规章或专门文

件。比如，2012 年 11 月，广东省政府公布《广东省行政审批事项目录管理办法》。广东省东莞市于 2014 年通过《东莞市行政审批事项目录管理办法》，将市政府保留的行政审批事项及省以下垂直管理部门的行政审批事项纳入目录进行统一管理。行政审批的实施、监督和公开等将以目录为依据，未纳入目录的行政审批事项不得实施，纳入目录的行政审批事项，应当由法律、法规、规章或者国务院决定设定，其他规范性文件不得设定行政审批事项。东莞市还明确，法律、法规或者规章仅作出原则性管理要求，未设定行政审批事项的，不得设定行政审批事项；不得以备案事项、服务事项或者其他事项的名义变相设定或者实施行政审批事项。

三是行政审批的流程优化。优化审批流程是许多地方审批制度改革的共同选择。具有代表性的包括广州市、贵州省等地。

广州市对建设工程项目优化审批流程。2014 年市政务办编制出台《广州市建设工程项目联合审批办事指引》，涵盖了建设工程项目审批流程共 153 项事项，调整了部分事项的前后置关系，将适合联合审批的事项纳入并联审批。比如，立项环节"企业投资类"中的"储备类用地"方面，涉及市发改委、市环保局的"建设项目立项备案""环境影响评价初步意见"以及"项目招标方案核准"三大事项被划分为"可并行办理的事项"。相比之前的"串联审批"，增加了大量"并联审批"，从立项到施工需要 150～200 个工作日，节约 70% 左右的时间，实现了建设工程项目全流程大提速。

贵州省政府办公厅在《省政府各部门行政审批项目清单》发布后即组织省直 40 个具有行政审批职能的部门，对保留的 480 项行政审批项目（其中，省级行政审批项目 363 项，省级初审和国家委托项目 117 项）的网上行政审批流程进行优化调整。2014 年 7 月底，审批流程优化工作结束。网上审批时限平均压缩 29.4%，共减少 4606 个工作日；网上审批环节平均缩减 9.7%，共减少 510 个申请材料①。

从未来趋势看，地方应当在中央统一领导和部署下，继续清理审批事项，

---

① 参见《省级网上行政审批流程优化》，贵阳网，网址为：http://www.gywb.cn/content/2014 - 08/07/content_ 1234250.htm，最近访问于 2014 年 10 月 16 日。

让"非许可审批"彻底退出历史舞台，将以"事前备案""注册"等名义死灰复燃的变相审批予以清理并固化改革成果；将真正有必要存在的审批事项管好管到位，不断优化审批流程并完善事中、事后监管。

### （五）规范重大行政决策，实现政府决策科学化

重大行政决策是指由政府依照法定职权对关系本行政区域经济社会发展全局，社会涉及面广，与公民、法人和其他组织利益密切相关的重大事项所作出的决定。重大行政决策具有基础性、战略性、全局性、社会涉及面广、与公众利益密切相关等特点，建立健全科学决策、民主决策、依法决策、公开决策的制度机制，已成为法学界和实务界的共识。重大行政决策的规范，是地方法治政府推进的重点内容。全国已有江西省、青海省、重庆市、天津市、昆明市、深圳市等地方出台了专门规范行政决策的地方政府规章 30 余部，相关规范性文件更是多达数百部，其中一些地方更是出台数部规章和多部规范性文件，内容涉及重大决策的量化标准、听证、合法性审查、公示、公众参与、审议决定等程序环节，以及监督执行、责任追究等内容。

2013 年广州市出台《广州市重大民生决策公众意见征询委员会制度（试行）》，探索重大决策公众参与的公众意见咨询委员会等第三方民意机构的形态，将公众参与的关口前移，确保利益相关方均能参与决策，增强参与决策的约束力①。

近年来，在全国各地由于大型项目审批等重大决策，带来的社会抗议和群体事件的上升态势得到遏制，但各地仍时有发生。这表明，重大行政决策的形式合法性、实质正当性的提升，并非制度健全即可一蹴而就，而是需要决策机关树立起以人为本、环保优先的观念，将事前公众参与真正作为决策程序的必要组成部分，从消极被动式的公众参与，转变为积极主动地与民众沟通。

---

① 参见中国社会科学院法学研究所法治指数创新工程项目组《广东公众参与重大行政决策的探索与实践》，周方冶执笔，载《中国法治发展报告 No. 12（2014）》，社会科学文献出版社，2014。

### （六）在线办事，打造高效便民政府

随着网络的日渐普及，在线办事成为政府机关推行高效便民、建设服务型政府的重要内容。

2014 年 7 月，海南省政府服务平台对外办公试运行，该平台依托海南省政务服务中心网站，涵盖行政服务中心网站、网上审批大厅系统、行政审批系统、电子监察系统、政务服务云管理平台、政务信息资源共享库等子系统。各种政务信息通过平台统一发布，提供一站式、全天候在线交互服务。在功能上，该平台集中网上注册、登记、业务申报、申办事项追踪、申办结果查询等功能，提供申办材料下载、申办流程预先告知等功能，申办条件明确、收费标准公开；同时还提供各项审批结果和反馈意见查询，为各级领导提供有效的辅助决策服务。

广西、广州、大连等地还开展行政复议网上申请办理的试点。广州市2013 年初正式投入使用的广州行政复议网上立案系统，通过与公安局、科信局和工商局等部门共享查验身份数据，申请人可以非常方便地在网上申请行政复议。但值得注意的是，网上立案系统启动一年来共受理案件 32 件，仅占全部受理案件的 3.2%①。虽然网上办理在技术上成熟，但多数民众仍倾向于选择复议窗口申请立案。

在线办事具有减轻相对人和政府机关工作量的双赢效果，是今后发展的重要方向。在线办事向纵深发展，还依赖于以下因素。一是依法确认电子签名、电子批件、电子罚单的承认及其效力。目前的在线办事，多数地方还停留在预审阶段，最后当事人仍需要提交原件到行政机关审核确认，在线办事的优势并没有充分发挥。对此，需要在环节上乃至结果上逐步承认电子形态的合法性和效力，这需要法律法规的保障配合。二是部门之间的协同。对于一个部门已经对照原件审核无误的电子文档、证据，其他部门应当直接采纳该电子件，这种部门间的协同、相互认可对于在线办事将有重要推动效果。三是政府、社会各界对在线办事的逐步认同。广州在线复议申请受理系统的低使用

---

① 参见徐一斐《去年广州行政复议三千余宗》，《广州日报》2014 年 2 月 25 日 A16 版。

率表明，在线办事并非建好系统就算完事，需要社会各界的认同、信任，才能发挥其效用。

### （七）法务前置，提升全社会法治氛围

法务前置是指政府在决定作出前、对外经济活动中和其他事务中，进行法律审查，或者由法律专业人士审核把关的机制。法务前置机制的设置与实施，不仅在行政系统内部提升政府活动的守法意识和能力，而且还可以为社会公众、企业提供有针对性的法律服务。比如，湖北省罗田县实施"法务前沿工程"，以村居自治组织为依托，整合司法所干警、村居干部、社会志愿者和其他社会组织，融法制教育、人民调解、社区矫正、帮教安置、法律维权等多项工作为一体，将司法服务职能下移到村居一层，帮助村民解决所遇到的法律问题。河南省孟津县司法局针对当地一些企业债务纠纷多、资金链断裂等情况，为企业实施法律体检，提供全方位法律服务，帮助企业规避风险，良性发展。惠州市的"法制副主任"做法，是鼓励基层村居在自主自愿的前提下，各个村居委员会聘请法制宣传志愿者为副主任。法制副主任突出专业性、公益性、社会性、规范性和荣誉性，为村居委和群众提供免费的法律服务，不干预村务决策，不干涉村日常事务，着力于开展法制宣传、解决基层法律问题、推动基层依法治理。

浙江省杭州市余杭区自2011年创设"法务前置"工程，出台《关于开展"法务前置"工作的实施意见（试行）》。余杭法务前置的主要内容是，通过事前的普法活动，普及法治理念与法律规则；通过对决策及重大决定的合法性审查做到法务事前把关，做到依法决策、依法办事；在基层自治管理中，通过一村一顾问等机制，服务于自治管理和村民的各种民商事活动。

从法务前置的宗旨效果看，一方面致力于将国家管理、社会治理纳入法治框架之内，实现对公权力运行的有序规范与公正行使；另一方面着力提升社会公众的法治素养，让法治的触角延伸到千家万户，融入人们生产生活的各个环节，推动法治国家、法治政府和法治社会的有机融合。

### （八）社会保障法治化，编制全面刚性的社会安全网

经济发展需要社会建设相配套并提供支持，而社会发展的重要性，已经为

世界许多国家意识到。缺乏社会为根基的经济建设，其健康发展难以得到保障，难免成为无根之木、无源之水，社会问题高发最终会拖住经济发展的后腿。

社会建设需要法律法规来支撑。一是通过社会救助制度建设，保障底线公平。对因遭受自然灾害、失去劳动能力或其他原因陷入生活困境的社会成员实施社会救助，维持其最低的基本生活水准，发挥社会保障制度最后一道防护线的作用。四川省广元市委办公室、广元市人民政府办公室于 2013 年印发《关于整合社会救助资源、完善社会救助体系的意见》，积极建设新型城乡社会救助体系。其做法主要包括：整合救助政策项目，实施重特大疾病医疗救助制度、教育救助制度、住房救助制度、法律援助暨司法救助制度、老党员和困难党员以及特困离退休干部救助制度、灾害救助制度、贫困残疾人救助制度、困难职工帮扶救助制度、殡葬救助制度、临时生活救助制度等十大专项救助制度；建立健全县、乡、村三级救助平台，建立社会救助服务大厅，设置便民服务窗口，实行"一站式"服务；完善救助运行机制。建立救助部门、救助政策和救助资金统一纳入社会救助管理服务中心管理的资源整合模式，实行"一窗式"受理，"一个口子上下"的社会救助运行机制，避免多头申报、多头审查、救助重复或遗漏。从全国范围看，采取类似措施整合社会救助资源、完善社会救助体系的地方还有浙江省余姚市、江苏省南京市、江西省南昌市等。

二是积极保障老人福利，推进老人福利服务的法治化。以老年人为特殊对象的社会福利项目，是指国家和社会为发扬敬老爱老美德、安定老年人生活、维护老年人健康、充实老年人精神文化生活，而采取的政策措施和提供的设施和服务。随着老龄化的加剧和老龄社会的日益临近，尊老敬老仅靠道德倡导是不能保障的，亟须通过制度建设提供刚性保障。湖北省、吉林省、陕西省、广东省出台了优待老年人或提供优待老年人服务的专门规章。2014年出台的《广东省老年人优待办法》规定，老年人凭居民身份证或者其他有效证件进入政府投资主办或者控股的公园、风景区、文化宫、博物馆、美术馆、科技馆、纪念馆、图书馆、文化馆（站）、影剧院、展览馆、体育场馆等，享受免费待遇或者优惠待遇；城市公共交通、公路、铁路、水路和航空客运应当给予老年人优先购票、进出站、检票等服务，有条件的交通工具应

当设置老年人专座，并设置了为老人提供其他优待服务的一些强制性或倡导性规定。

三是发挥慈善事业的补充作用，为民众提供更坚实的保障。近年来，中国社会保障制度取得了突飞猛进的发展，但与理想状态的制度体系依然有一定差距。在这种情况下，慈善保障的补充作用不可或缺。

江西省南昌市连续多年开展"慈善一日捐"活动，倡议全市各级机关事业单位、企业（含民营企业）和驻昌单位的干部职工每人捐出一天工资，机关事业单位捐出节约的一天开支、企业捐出一天利润，用于南昌地区助贫、助学、助医、助老、助孤、助残和送温暖活动等慈善救助项目。开展类似"慈善一日捐"活动的地区还有山东省青岛市、福建省福州市、湖北省十堰市等，且在越来越多的地方开展。"慈善一日捐"活动对于提升全社会的慈善意识、营造良好的慈善氛围，起到重要的推动作用。但需要警惕的是，一些地方的"慈善一日捐"活动带有一定的官方和强制色彩，在一定程度上扭曲了慈善的自愿性和民间性属性。

广州市的慈善医疗发挥了补充医疗保障的作用。黄埔区、番禺区举办"慈善医疗进社区"活动，为1500多名市民提供健康咨询和义诊服务，向困难群众免费发放3000多份非处方药品；在花都区梯面镇举办慈善医疗"送医送药下乡"义诊赠药活动，为1000名困难群众免费赠送价值5万元的非处方药品；与中华慈善总会合作开展赠药项目，2013年向7个省4629名患重大疾病的生活困难患者发放价值8480多万元的药品[①]。慈善医疗活动的开展，既提升了贫困人口的健康水平和医疗质量，对于因病致贫、因病返贫也具有一定遏制效果，弥补了现行医疗救助、基本医疗保险制度存在的缺漏。

### （九）改革行政复议，监督公权力依法行使

行政复议是指行政相对人（公民、法人和其他组织）不服行政主体的具体行政行为，依法向行政复议机关提出申请，请求重新审查并纠正原具体行政

---

① 参见广州市慈善会《努力打造广州地区最大、最具公信力的慈善组织，发挥慈善事业在扶贫济困中的积极作用》，《广州日报》2014年3月23日B7版。

行为，行政复议机关据此对其是否合法、适当进行审查并作出决定的法律制度。行政复议是行政自我监督的重要方式，也是公众获得外部救济的重要途径。随着中国经济社会格局的复杂化，加上民众权利意识的勃兴，各类行政纠纷呈现多发趋势。一方面是总量快速增长，居高不下且持续激增；另一方面是种类多样化，新类型纠纷层出不穷，群体性纠纷凸显。由此，改革复议制度，使之成为行政纠纷解决的主渠道，成为许多地方不约而同的选择。

山东省济宁市政府自 2011 年挂牌成立行政复议委员会，集中市公安局、市工商局等 51 个市级部门的行政复议职权，对复议案件实行集中受理、集中审理、集中决定。行政复议委员会内设案件审理委员会和监督委员会两个机构，分别负责案件的审理和监督工作，实施"专家审案、集体合议、委员票决、现场监督"的审理方式。

广州市法制办下发《广州市开展行政复议决定网上公开试点工作方案》，在 11 个市政府工作部门、5 个区（县级市）政府开展行政复议决定网上公开试点工作，自 2013 年 12 月 20 日起启动市政府本级行政复议决定网上公开工作。

2009 年 7 月，中山市成立行政复议委员会，定位为复议工作的议决机构，负责市政府及市属部门行政复议案件的处理（包括收案、受理、核查、听证、审理、决定、送达及转送等），并对市政府复议工作中的疑难问题展开研究。中山市实施复议委员会试点之后，行政复议案件的数量逐年上升。2010 年前 4 个月行政复议受案数同比增长近三倍，超过同级法院 20%，同期信访案件下降 10%。2013 年上半年，中山市法制局共收到复议案件 206 件，同比增长 10%，上半年的行政复议综合纠错率达 34.9%。

行政复议制度的生命力来自两个方面。一方面是该制度在实施中发挥层级监督、化解纠纷的实际作用，另一方面是社会各界对该制度的认同程度。两者可谓复议制度生命力"一体"之两面，互为表里。各地行政复议已有的成功经验和改革做法，势必将对《行政复议法》的修改和复议制度的完善提供宝贵实践资源。在充分发挥行政复议作用的方向引领下，中国行政纠纷解决应彻底扭转"大信访、中诉讼、小复议"的传统格局，逐步形成"大复议、小信访、中诉讼"的新型格局。复议、诉讼、信访的关系应当是：行政复议构成化解行政争议的第一道正式防线，行政诉讼构成法律框架内化解行政争议的最

后一道防线，信访则只作为非正式的解决途径而补充存在。行政复议案件数量应当数倍于甚至数十倍于行政诉讼案件量。在行政复议、行政诉讼都无法解决的情况下，或无法纳入的少量争议，方通过信访或其他途径（如通过人大代表申诉等）来化解。

## 三　试点司法改革，保障公民权利实现

司法体制是国家政治体制的重要组成部分，深化司法体制改革是全面深化改革的重点之一。2014年6月，中央全面深化改革领导小组第三次会议审议通过《关于司法体制改革试点若干问题的框架意见》《上海市司法改革试点工作方案》和《关于设立知识产权法院的方案》，要求实施司法人员分类管理、完善司法责任制、健全司法人员职业保障、推动省以下地方法院检察院人财物统一管理、设立知识产权法院等。2014年7月，最高人民法院发布《人民法院第四个五年改革纲要（2014～2018）》，针对现行审判权运行的物质制约、机制缺失、体制保障等方面的问题，提出一系列重要的改革举措。

伴随着中央顶层设计的出台和细化，一些地方法院、检察院开风气之先，展开一系列司法改革，丰富和充实了中央设计的理念、宗旨，并提供了供其他地方借鉴移植的模板样本。

### （一）阳光司法

阳光司法是实现司法正义的基础，司法公正应当是看得见的公正；与此同时，阳光司法也是司法改革的关键突破口，是司法改革的重要抓手。广义的阳光司法，包括法院公开、检务公开以及公安的侦查公开等。不少地方法院、检察院依托现代信息技术，全过程、全范围推进司法公开，维护当事人及其代理人的诉讼权益，保障社会各界的知情权和监督权。

2013年11月，最高人民法院出台《关于推进司法公开三大平台建设的若干意见》（法发〔2013〕13号），要求依托现代信息技术，打造阳光司法工程，全面推进审判流程公开、裁判文书公开、执行信息公开三大平台建设。该文件的出台，使得全国各地法院的司法公开由表及里、由点到面，开始向纵深发展。

2013 年 10 月，最高人民检察院出台《深化检务公开制度改革试点工作方案》，在北京、黑龙江、上海、河南、四川、甘肃六省（市）共 71 个检察院部署深化检务公开改革试点工作。

**1. 法院司法公开**

法院的司法公开，是向社会公开法院基本信息、司法程序及其运行结果、相关统计数据（法律规定的不公开情形除外）的举措，具体包括审判流程公开、裁判文书公开和执行信息公开等内容。法院司法公开的推行，在宏观上有利于提升司法的公正性与公信力，在微观上是保障当事人、社会公众的司法知情权、参与权、监督权的基础。

浙江省司法公开一直走在全国前列。2013 年起浙江省高院率先引入独立第三方测评，使得司法公开工作"更上一层楼"。2014 年 7 月 7 日，浙江法院公开网（http：//www.zjsfgkw.cn/）正式上线运行。该网站系省、市、县三级法院一体化公开、一站式服务的司法公开网站，立足打造阳光透明、便捷高效的网上司法社区。该网站界面简洁友好，通过互联网和公有云技术的使用，浙江法院公开网集预约立案、公告送达、庭审调解、案件听证等功能于一体。当事人及其代理人可通过电脑、智能手机等设备，远程参与诉讼，过程信息全程同步录音录像，实现案件审理的实时互动和审判流程的即时公开。

在浙江省启动阳光司法量化评估且经过两年测评之后，其他一些地方的法院也启动类似评估。比如，河北省法院系统于 2014 年出台《河北法院阳光司法指数评估暂行办法》，将立案、庭审、案件执行、听证、裁判文书的公开状况及法院接受监督状况、司法公开工作机制等量化为 7 项一级指标和 27 项二级指标，并明确规定了各项指标的评估权重。

四川全省三级法院已建成"执行服务窗口、触摸屏自助查询系统、执行公开网站、执行进展短信推送系统、执行财产公开拍卖"五大执行公开平台。当事人在案件执行过程中，可以通过手机、网络、电子触摸屏等多个渠道，实现"执行事务窗口办理、执行过程网上查询、执行节点短信告知、评估拍卖网上网下同步"，随时获取执行案件的信息，实现执行案件全程全域公开，既维护了当事人对执行信息的知情权利，也有利于强化公众对法院执行案件的社会监督。

海南法院围绕"为民司法、公正司法"主线，着力打造阳光司法，推进

司法公开。海南法院立案信访大厅的功能不断丰富，已实现立案、信访接待、诉讼引导、案件查询、材料结转、刷卡消费等功能。

海南省高院下发《关于审理减刑、假释案件进一步面向社会公示的通知》，明确了审理减刑、假释案件接受监督的范围、内容和公示方式、程序等，对法院受理的减刑、假释案件在立案、裁定前公示及减刑、假释生效裁判文书一律在官方网站上公示，在官方网站上还开通了专门的"海南法院减刑、假释信息平台"。公众在网上能直接查阅2013年以来海南高、中两级法院的减刑、假释案件立案、裁定前公示及减刑、假释生效裁判文书等信息内容。

海南省海口市龙华区法院拓展公开方式，通过微博、微信、客户端公开以外，还开发APP"龙华法宝"。该软件开发内部版和外部版，分别为法院内部干警和社会公众提供公开和相关信息服务。

成都市中院的司法公开网于2014年7月正式上线运行，该网站整合已有的成都法院网、成都法院审判公开网、成都法院执行网和网上诉讼服务中心四个平台，全面实现了全市两级法院审判流程、裁判文书、执行信息的集中、统一公开。

### 2. 检务公开

检务公开属于广义司法公开的组成部分，是指除涉及特定需要保密的事项外，检察机关主动或依申请，向社会公众、诉讼参与人公开检察信息。检务公开是司法改革与检察权科学配置中的重要内容。检务公开对于促进司法公正、强化法制监督、落实权利保障、有效化解纠纷都具有促进作用。检务公开与法院的司法公开几乎同步启动，但与法院公开快速推进形成鲜明对比的是，检务公开则较为落后。不过以厦门、郑州等为代表的一些检察院也在奋起直追，在公开检务指南等静态信息基础上，在向检务工作、活动的动态信息公开纵深发展。

厦门市思明区检察院的案件公开查询系统提供"案件公开栏"，主动公开包括公诉部门、未成年人案件检察部门、侦监部门案件当事人姓名、案由、收案时间和承办人等信息，并提供案件查询的检索功能①。

---

① 参见厦门市思明区人民检察院案件公开查询系统，网址为：http：//anjian. smjcy. xm. fj. cn/ list. aspx? cid＝31，最近访问于2014年9月29日。

河南省郑州市检察院网站不仅设有起诉书专门栏目和起诉书文库，而且公布最近的起诉书。泰州市海陵区检察院在其官方网站分批分次公布其起诉书，将起诉书公开上网。海陵区检察院还公开公诉部门的出庭情况，公开内容包括被告人姓名或名称、案由、开庭时间与地点、出庭检察官姓名等信息①。

在利用新媒体公开方面，天津市检察院一分院微信平台"阳光检务进行时"于 2014 年 9 月正式开通，该平台设有律师阅卷预约、检察长接待预约、法律咨询、检察长信箱和意见建议等五个功能模块。

2014 年 5 月，甘肃省人民检察院出台《贯彻落实检务公开改革试点工作实施方案指导意见》，建立起 12 项检务公开工作机制，涵盖侦查监督、公诉、反贪污贿赂、反渎职侵权、监所、民行、预防职务犯罪、纪检监察、案件管理、控告申诉、举报等工作。在对社会的公开方式上，包括门户网站、案件管理大厅、新闻发布会、官方微博、微信、手机短信等。

## （二）专门法院与法庭建设

专门法院是指在某些特定部门、系统、领域设立的审理特定类型案件的法院。专门法院的设置运行有利于发挥专业优势，统一管辖和审理标准，其管辖区域突破行政区划的藩篱，使司法地方化的问题得到有效克服。市场经济的发展需要建设专业法院。比如，设立行政法院，一直被行政法学界和实务界视为行政审判体制改革的理想方案。但专门法院模式也不无弊端，如地方利益冲突的问题难以解决，与相关案件的处理难以匹配，当事人往往长途奔波增加诉讼成本，机构、人员的膨胀也可能发生。对此，从现代国家治理的背景与市场经济的需要出发，对专门法院予以重塑，是司法改革的重要内容。

《中共中央关于全面深化改革若干重大问题的决定》提出："加强知识产权运用和保护，健全技术创新激励机制，探索建立知识产权法院。"全国人大常委会决定，对专利、植物新品种、集成电路布图设计、技术秘密等专业性较

---

① 参见泰州市海陵区人民检察院"检务公开"栏目，网址为：http://jcy.tzhl.gov.cn/col/col6843/index.html，最近访问于 2014 年 9 月 29 日。

强的第一审知识产权民事和行政案件实行跨区域管辖，在知识产权法院设立的三年内，可以先在所在省（直辖市）实行跨区域管辖。对知识产权法院所在市基层法院第一审著作权、商标权等知识产权民事和行政判决、裁定的上诉案件，由知识产权法院管辖。对不服国务院行政部门裁定或者决定而提起的第一审知识产权授权确权行政案件，由北京知识产权法院管辖。对知识产权法院第一审判决、裁定的上诉案件，由知识产权法院所在地的高级法院管辖。

河南省保险行业社会法庭、证券期货业社会法庭先后于2013年9月、2014年3月挂牌成立，均是全国本领域首个专门化解相关领域争议的专门法庭。河南省保险行业社会法庭是在河南省高级人民法院、郑州市中级人民法院的指导下，由河南省保险行业协会管理的诉讼外纠纷调解组织，主要负责调解郑州市辖区内涉保险合同纠纷。保险行业社会法庭坚持利民、便民、为民、惠民的原则，依据法律法规、社会公德、公序良俗及行业惯例等进行纠纷调处，双方当事人自愿、平等。通过常驻加巡回，有助于高效快捷、公开透明地处理纠纷；且双方当事人无须支付任何费用；经社会法庭调解的案件处理结案可以在基层法院申请司法确认，对双方当事人均产生法律效力。

应当说，专门法院的改革刚刚起步，如跨区域的知识产权法院成效如何，今后是否将知识产权刑事案件囊括在内，仍需拭目以待。今后是否继续设立新的行政法院乃至劳动法院、社会法院，是否将以往的一些专门法院予以改革，都是司法体制改革的重中之重，应当受到更大的关注，进一步加以研讨和论证。

一些地区的社会保险行业法庭，虽然不具有法院审判庭的色彩，而更多的是诉前调解的专业化组织，其运行实效如何，是否具有推广复制的意义，也有关注的价值。

### （三）法官职业化与审判权运行机制改革

针对广受诟病的"审者不判、判者不审"的问题，法官、检察官的人员管理没有充分体现司法规律和职业特点等问题，各地探索审判权运行机制与法官职业化改革。

上海司法改革试点稳步推进，试点内容主要包括以下方面。

一是实行法官、检察官"员额制"，完善司法人员分类管理制度。具体是将司法机关工作人员分成三类：法官、检察官，法官助理、检察官助理等司法辅助人员，行政管理人员。三类人员占队伍总数的比例分别为33%、52%和15%，确保了85%的司法人力资源直接投入办案工作。

二是健全司法人员职业保障制度，建立有别于一般公务员的职业保障体系。其中包括，建立以专业等级为基础的法官、检察官工资待遇保障机制，建立分级管理的司法辅助人员薪酬制度。方案还特别细化了司法人员有条件延迟领取养老金的制度安排。例如，符合条件的基层女法官、女检察官可以延迟5年到60周岁领取养老金，专职办案的一级高级法官、检察官可延迟3年到63周岁领取养老金，专职办案的二级高级法官、检察官可延迟2年到62周岁领取养老金。

三是推行主审法官、主任检察官办案责任制。法院、检察机关的各级领导应担任主审法官、主任检察官，亲自参加办案。适用简易程序审理的案件，主审法官依法对案件审理全程、全权负责；在合议庭审理的案件，主审法官承担除应当由合议庭其他成员共同担责部分之外的所有责任；主任检察官在检察长依法授权内对作出的案件处理决定承担办案责任，做到权责统一。

四是建立法院、检察院办案人员权力清单制度。明确"两长"与办案人员的权力与责任；加强内部、外部的办案监督机制建设，有效提升司法透明度。

五是市级以下法院、检察院实行人财物统一管理体制。全市法官、检察官"统一提名、分级任免"。为此，上海将组建由各部门和专家组成的法官、检察官遴选、惩戒委员会。

深圳也在探索通过法官职业化改革来推行审判权运行机制改革。2014年初，深圳市委办公厅、深圳市政府办公厅印发《深圳市法院工作人员分类管理和法官职业化改革方案》（深办发〔2014〕2号），广东省深圳市两级法院启动法官职业化改革，实行人员分类管理。该项改革肇始于2012年深圳市福田区法院推行的审判长负责制，按照1名审判长、2名普通法官、3名法官助理、4名其他辅助人员即"1+2+3+4"的合议制模式，以及1名审判长和若干名辅助人员的"1+N"独任制模式，组建以审判长为中心的审判团队。2013年深圳市盐田法院推行主审法官制度改革，在全院选任15名主审法官，为其配备辅助人员,主审法官独立办案,或组成合议庭办理普通程序案件,以期建立起职业法官办案制度。在上述改革基础上,深圳法院将法院工作人员分为法官、审判辅助人员、司法行政人员三大职系。法官序列与行政级别完全脱钩,成为公务员队伍中的独立类别,按照法官单独职务序列管理。自 2014 年7 月法官执行新的薪级工资标准体系,根据任职年限、资历和工作业绩等晋升等级,不同等级的法官没有行政隶属关系,法官待遇和法官等级挂钩,不与行政级别挂钩,同时建立法官员额、法官逐级遴选、法官惩戒等制度。

四川省成都市中院的审判权运行机制改革,则侧重于通过科学配置与合理界定各层级、各成员的职责权限,界分审判权与审判管理权,形成审判权既能有效运行又能得到制约监督的权力运行格局。通过界定审判权与审判管理权的权责边界,明确审判委员会、合议庭和独任审判员各自的裁判权限,确定了合议庭组成法官、审判辅助人员的各自职责界分;进而划分审判机构、院长、庭长的管理职权。在此基础上,明确审判组织与审批机构行使权力的关联,院长、庭长不能代替和否定审判权,当院长、庭长不同意合议庭意见时,不能直接改变或间接干涉合议庭办案,案件最终由审判委员会决定。通过"点、线、面"三个维度,把分散的、个别化、个体性的审判及审判管理活动统摄于法院的管理体系之内。"点"上行使对案件实体的审核权,管住重点案、重点环节和重点人;"线"上把握案件流程的监督,保证审判流程的顺畅运行;"面"上行使对案件的综合指导,以审判长联席会、案件通报分析会、案例评析会、案件质量评析会、信访情况分析会"五会"的形式,统一裁判尺度。

河南省高院为解决法官流失严重、案多人少、司法审判权与司法行政管理权混淆等问题,自 2013 年初开始审判改革试点,在全省 6 个中院、30 个基层法院试行新型合议庭制度。郑州市高新区法院挂牌成立一主审法官命名的法官工作室,由主审法官、法官审判员、书记员组成。成立法官工作室之后,阅卷、送达文书、安排开庭时间等事务性工作,不再由主审法官直接参与,可节约更多时间精力集中于审判业务。以法官姓名命名法官工作室、法官审判庭、书记员室,既极大改善了主审法官的工作办公环境,也增强了法官荣誉感。另外,郑州市金水区法院则试点类似的"办案标兵小组制度",其做法和效果均与之相近。

洛阳市涧西区法院除试行新型合议庭审判制度之外,还着力对传统审判权行使的层层审批予以改革，取消案件审批权和审批机制，形成以合议庭为中心，以审判为中心，权责明晰、权责统一的司法权力运行机制。涧西区法院探索专业化审判模式，在传统民事、行政、刑事较为粗线条分工的基础上，进一步细分，将近年来案件数量增长较快的房地产、物业、婚姻家庭、交通事故等民事案件和上级法院确定的量刑规范化范围内的刑事案件等划分为 18 个审判专业。每类专业案件固定由一个合议庭审理，既统一了裁判尺度，也有利于培养"专家型"法官。在行政后勤事务方面，涧西区法院推行集约化管理，对立案、记录、送达、保全、财务、车辆、法庭、法警等行政后勤事务实行"八项集中管理"。

2014 年，内蒙古自治区高级法院在全自治区推行院长、庭长直接办案制度。内蒙古高院出台《关于全区法院审判权和审判监督管理权规范运行的指导意见》，对全区法院院长、庭长每年直接办案的数量、范围和相关事宜提出明确要求，并决定将院长、庭长办案数量作为目标管理绩效考核的重要指标，因此，当地绝大多数中、基层法院院长、庭长都亲自审理重大疑难复杂案件。院长、庭长直接审判案件，不仅简化了案件审核把关等内部审批环节，也有力发挥了模范带头作用，带动和促进了其他法官多办案、办好案的积极性。院长、庭长直接办案，成为内蒙古法院推进司法改革的一大亮点。

北京、沈阳、厦门等 18 个地区开展了刑事案件速裁程序试点。对于事实清楚，证据充分，被告人自愿认罪，对适用法律没有争议的盗窃、危险驾驶等依法可能判处一年以下有期徒刑、拘役、管制的案件或者单处罚金的案件，开庭通知时间不作限制，法官当庭确认被告人自愿认罪、对适用法律没有争议、同意适用速裁程序的，可不进行法庭调查、法庭辩论，并适当缩短办案期限，但必须听取被告人的最后陈述意见。刑事速裁程序在一定程度上化解了案多人少的压力。

## （四）人民观审团制度

人民观审团是在人民陪审团基础上的一种群众参与司法的创新，观审团成员可参加法院庭审并可以独立发表意见，作为人民法院裁判的参考。从 2009 年起，河南法院启动人民陪审团制度试点。2014 年 5 月，河南省高院下发《关于适用人民观审团机制的规定（试行）》，要求在重大复杂疑难的案件，有较大社会影响的案件，人大代表、政协委员、新闻媒体重点关注的案件，法律评判与社会评判可能出现重大偏差的案件，信访评估认定当事人信访可能性较大的案件中，引入人民观审团机制，使其与专业法官形成思维互补，以作出既符合法律规定又贴近民意的判决。人民观审团的尝试，虽然没有现行法律法规的明确依据，但作为地方法院创新司法为民的新举措，其试验探索值得关注。

### （五）检察体制机制改革

检察体制机制改革由两大部分内容组成：检察体制改革与检察工作机制的改革。体制改革包括检察职权的内部分配，与其他司法权力、行政权力的关联衔接等；工作机制的改革主要包括法律适用机制、检察官培养机制、职业保障机制、错误矫正机制等内容。检察体制机制改革，是中国司法改革的重要组成内容，具有无可替代的重要作用。

珠海市横琴新区检察院改变"三级审批制"的传统办案模式，全面实行主任检察官制，主任检察官从资深优秀检察员中选任，对授权范围内的案件依法独立行使处理决定权，同时承担相应的办案责任。横琴新区检察院将内设机构由传统的 20 多个压缩为"一局三办"①，实施检察长和主任检察官两个层级的扁平化管理。检察人员分为检察官、检察辅助人员和检察行政人员三类管理，强化检察官的职业司法属性。

一些检察机关还推行执法办案风险评估预警机制。广东省检察院于 2013 年出台了《广东省检察机关执法办案风险评估预警工作办法》，明确了执法办案风险评估预警工作的原则、范围和等级，预警方案制订、审查、启动程序，风险处理的协作机制，风险评估预警的通报、归档、奖惩机制等，切实加强对执法办案风险的预警防范。实施执法办案风险评估预警机制的还有陕西省、福建省、江苏省等地的检察机关。

---

① 即反贪污贿赂渎职侵权局、预防犯罪与公共关系办公室、组织与检务保障办公室和检察院办公室。反贪污贿赂渎职侵权局是出于职务犯罪案件侦查工作复杂，需要团队协作和统一指挥的考虑而设立的；预防犯罪与公共关系办公室则是借鉴港澳廉政公署设立社区关系处（厅）的做法而设立，负责开展犯罪预防、法制宣传、廉洁教育、社区矫正等检察工作。

检察体制机制改革虽然起步并不算晚，但取得的成效仍不能适应需求，检察改革依然任重而道远。

### （六）加强司法公信力建设，提升司法活动权威性

司法公信力是司法机关、裁判过程和裁判结果得到民众充分信赖、尊重与认同的衡量指标。司法公信力本质上表现为司法与社会间的互动关系，最终检验的标准在于群众的感受，这与"正义应当以看得见的方式实现"不谋而合。近年来，司法机关的公信力建设受到越来越多的关注。采取多种措施提升公信力，成为不少地方司法机关不约而同的选择。

淄博市中级法院将提升司法公信力作为连接"公正司法"与"取信于民"的桥梁，将司法公信力与公众信任度有机统一，围绕建设公正、高效、权威的审判机关，加强审判执行工作和队伍建设为基点的"公信法院"创建活动，努力提升群众满意度与法院公信力。淄博法院还借力第三方评估力量，着力"公信法院"建设，加强对"司法公信力评估体系"和"公信法院指数"的研究，创建公信力标准，以期真正做到司法为民，创建公信力法院。

福建省高院在总结司法公信建设成果的基础上，2013 年下发《关于深化司法公信建设的意见》及分工方案，并结合抓队伍建设、党风廉政、基层党建、综治平安建设责任状的实施，健全司法公信建设责任制，努力打造司法公信"升级版"。下属各级法院以做好依法公正审判和释法说理取信为抓手，以公正司法、亲和司法、认同司法为主体，构建具有地方特色的司法公信体系。另外，山东省临沂市罗庄区法院也以开展"公信法院、公信法庭、公信法官"创建活动为契机，加强法官形象建设，积极培养法官素质。

检察机关在提升公信力方面也有所作为。2014 年，宁波市 11 个县市区的基层检察院试点全国首个检察院公信力测评。宁波市检察院委托专业的第三方机构，采取打电话、计算机上网、访问等形式展开。测评结合各地情况，从每个县（市）区 18~75 周岁的城乡居民中随机抽取 500~1000 份样本，调查当地检察机关执法办案、队伍建设、检务公开、工作作风等四个方面的情况。

### （七）多管齐下，化解执行难

司法执行是保障当事人合法权益的司法措施，也是实现生效裁判的关键机制。如果裁判文书得不到执行，司法的公平、正义、秩序等法律价值，都必将最终落空。中国法院的执行难，既严重妨碍到当事人合法权益的维护，也严重影响到法院的权威性和公信力。"司法白条"现象，大有积重难返之势，其表现包括人难找、财产难查、财产难冻结划拨、协助机关难求等方面。为破解执行难问题，四川省、山东省、海南省三亚市等地先后建立起执行工作联席会议制度，或解决执行难联席会议制度等类似制度机制，北京、广东、浙江、黑龙江、湖南等省、直辖市也都先后采取多种措施强化司法执行力度。在破解执行方面，其典型做法如下。

浙江法院通过多种措施克服执行难。一是推进协同执行，浙江省社会综合治理委员会组建了省市县三级的社会综合治理执行难领导小组，明确了省市县三级 18 个协助执行的成员单位职责，并提请省人大专门作出相关决议，从工作机制层面推进联动执行。二是加强信息化软硬件开发应用。自 2008 年建成全省执行案件数据库，已囊括 7 亿多项涉案信息。三是大力推进"点对点"网络查控。建立健全网上专线"点对点"查控被执行人银行存款、车辆、户籍、出入境、婚姻登记、房地产等执行新机制。通过与省内 58 家商业银行建立银行存款点对点查控专线，率先实现银行全覆盖。各级法院可以通过法院内网专线，把已经决定司法拘留的被执行人名单，统一发送给省公安厅，在全省范围内布控，由各地公安协助抓捕后移交给法院。四是首创网络司法公开拍卖改革。2012 年以来，浙江法院借助淘宝网开展网上司法拍卖，做到公开和零佣金。五是推进执行征信系统建设。在向最高法院上报失信被执行人名单的同时，把全省执行立案后三个月未履行债务和历年所有尚未实际履行债务的 30 余万名被执行人，全部纳入浙江联合征信平台，公布在"信用浙江"网上。六是打造查控和管理平台、指挥平台、执行公开平台和服务平台共四大平台，充分发挥指挥中心作用。

成都中院自 2013 年起初步建成"阳光执行"体系，开发出一套集办案、管理、公开三大平台于一体的执行管理系统，向社会推出该省首个法院专业执行网——成都法院执行网，成都两级法院执行案件信息全部纳入公众查询系统。在执行公开和参与方面，确保"六个能"：即网上能查（四川法院执行网，打造网上执行局）；短信能收（执行短信，查阅到账户短信告知，划拨到法院账户再短信告知，总之，重要节点均短信告知）；法院触摸屏能看（给查询码，可查案件信息）；执行窗口能办（执行材料转交、款项兑付，执行事务在诉讼服务中心、执行服务窗口能够办理）；电话能通（执行案件受理通知书明确告知承办法官电话、举报电话等）；社会能监督（包括党政机关、人大、政协、检察机关、社会公众等）。

法院执行难的破解，需要从体制、机制、信息化等多个层面予以综合治理。必须明确，司法执行并非法院一家之事，需要党委、政府、金融机构及其监管机关、公安部门等多家机关、单位的协同配合，并建立健全公民、企业信用体系与破产制度，才能彻底予以解决。

## （八）司法保障民生

民生与司法的关系非常密切，保障民生是中国特色人民司法的内在必然要求。保障民生首先需要通过立法机关制定、完善法律，赋予民众更多的福利权、社会保障权来实现。但不容忽视的是，"无救济则无权利"，当各项民生事业相关权利遭到侵犯时，只有通过司法等渠道予以救济，民生才能够最终落实。2014 年 3 月，河北省高级人民法院发布《关于为我省"调整经济结构 转变发展方式 治理环境污染"提供司法保障和服务的意见》，要求开展好涉环境污染案件审判工作，依法引导过剩产能有序化解，严惩危害人民群众生命健康的食品药品安全犯罪，把维护消费者权益真正落到实处，维护劳动者权益，妥善处理涉及群众切实利益的民事案件等。

陕西高院先后出台了《关于为维护国家金融安全和经济全面协调可持续发展提供司法保障和法律服务的若干意见》《关于审理公司纠纷案件若干问题的指导意见》《关于为我省政策性企业破产案件提供司法保障的通知》《关于审理劳动争议案件若干问题的意见》等司法文件，并在审判实践中加大监督指导全省法院积极稳妥处理金融纠纷、重大项目建设纠纷、合同纠纷、公司股东权益纠纷、企业破产等民商事案件。

# 四　地方法治发展展望

　　总体上看，近年来地方法治建设亮点纷呈，成效显著。其中不少经验做法有可能也有必要加以总结提升，上升为全国层面的统一制度机制。与此同时，今后地方法治的发展，也需要在新形势新背景下予以展望。

　　一是各地法治创新如火如荼。从全国范围看，各地地方法治创新形成良性竞争格局。一些地方政府着力于打造全国同类省份、城市审批最少的地区。有地方政府领导表示，凡是其他城市能做到的，所在地区一定要做到；其他城市比本地区快的，所在地区力争通过改革做得更快一点。这既表明行政审批改革不再是个别地区、个别领域的零散做法，而成为较为普遍的共识；也表明各地就行政审批制度改革形成良性竞争态势，充分学习其他地方的经验做法，并将行政审批制度改革作为改善当地营商环境、提升地方竞争力的重要因素。以政务服务中心为例，个别地方单兵突进后，其积极效果快速释放，后在全国遍地开花。这种良性竞争和各地的相互移植借鉴，是中央统一立法时应当充分考虑并注意保护的，而不应动辄以上位法无据，或者以其他种种理由加以抑制乃至消除。

　　二是以十八届四中全会为契机，法治将成为各地改革治理的关键词。从今后趋势看，地方法治的进步将与中央具有更加密切的关联。2014年的十八届四中全会将"依法治国"作为会议主题，四中全会的一系列新理念、新提法，成为地方法治改革、创新的重要理论依据和智慧源泉。越来越多的地方政府意识到，脱离法治的经济发展是不可持续的，并且存在环境危机、安全生产事故、群体事件等隐患的巨大风险。只有转变发展观念与维稳观念，将社会治理与法治相结合，实现公权力的规范运行，并提升全社会的法治意识，才能实现群众的安居乐业与社会的长治久安。有理由预期，在中央统一领导下，在改革精神和法治思维的引领下，地方法治建设的积极性将更加高涨，创新将更加多样，迈向更高台阶，更符合群众需求的地方法治升级版指日可待。

　　三是重点领域或有更多突破。地方法治改革的重点领域可能出现的突破，表现在以下方面。

首先是行政审批制度改革继续向纵深发展。简政放权是激发改革红利的重要途径，行政审批制度改革是落实简政放权的关键。行政审批制度改革今后的创新突破体现为：审批事项清理扫除死角，事先备案、注册、登记等变相审批，非许可审批等被彻底清理；网络信息化下的再造审批流程，网上审批将成为审批实施的主要渠道；行政审批制度改革针对的主体更加全面，与审批相关的中介机构、社会组织将成为改革对象，特别是一些带有官方色彩的中介机构、社会组织将回归本位，其行为将更加规范。

其次是人大将发挥更多更大作用。地方人大及其常委会在地方法治建设中有引领、监督等作用。地方人大及其常委会将更进一步落实宪法、法律的规定，促进并保障地方改革创新与法治发展：更多通过地方立法权的行使凸显地方的个性需求，更多通过立法前评估、开门立法等程序优化提升立法的科学性、民主性、可操作性，更多通过立法后评估、质询、执法监督等措施提升人大监督的刚性与全面性，更多落实重大事项决定权，避免政府在重大决策方面一家独大。

再次是社会领域的法治将有较大推进。近年来，社会领域的制度创新受到中央、地方的强烈关注，其法治建设也成为热点问题。社会组织的改革已成焦点，双重管理体制向单一登记制的回归，事中、事后监管的强化均需要法治保障。社会保障领域的社会福利（如老年人福利、残疾人福利、儿童福利等）一直是地方创新的重点，今后地方社会福利法治建设必将成为吸引优质劳动力、地方制度竞争的重点领域，地方社会救助的创新对于免除当地民众的后顾之忧也将发挥更大作用。

今后地方法治的推进，需要特别注意以下议题。

一是地方法治改革需要突围固化利益格局。经过 30 多年的改革开放，改革已经进入深水区。在这种情况下，既要注重对增量利益的分配模式进行改革，也要对不合理的既得利益进行调整，打破长期形成的不合理但却存在固化的利益格局与分配模式。这就需要地方人大及其常委会在改革中发挥更大的讨论、决断作用，而不是由政府一家唱响独角戏。

二是全面深化改革应走上法治轨道。地方法治的创新、试点，与 30 年前更多带有"各自为政"色彩不同，与群龙无首的现象形成鲜明对比，当下改

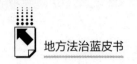

革更加强调依法、有序，在法治体系框架之内进行。

在"依法"方面，坚持在法律框架内开展，不抵触上位法，不违反法律、行政法规的禁止性规定，在确保法律制度的公信力、权威性、强制性的前提下推进地方创新。上位法确实存在弊病需要变通的，通过全国人大及其常委会、国务院依法授权或批准的方式，明确改革的依据、程序、空间与边界。

三是中央和地方的协同配合。地方法治创新改革依法进行，不仅仅是地方之事，还需要全国立法与中央提供制度机制，特别是全国性法律应当为地方立法、创新预留合理空间。比如，以往的《行政处罚法》《行政许可法》在制定过程中偏重于中央统一领导，并未充分考虑地方特色与地方需求。对此，一方面，应当通过全国人大及其常委会的授权、国务院的授权方式，允许地方先行先试；另一方面，在全国人大及其常委会的法律制定、修改过程中，应当考虑到中央、地方的职能分工与权限分配，为地方立法预留一定合理空间，而非简单粗暴的"一刀切"、围追堵截式的一味控权限制。通过央地权限合理分配，地方立法在客观上能够结合当地实际，突出地方需求，使地方法治创新能够在中国特色法制体系中更好地发挥补充性、实施性的功能。当然，这也需要地方人大、政府等积极行使权力、勇于作为。

四是应稳步推进司法改革。必须意识到，一方面，司法改革的推进，与其他改革相互交织，如地方行政体制改革，法院人财物等编制、保障体系改革，更是牵一发而动全身，稍有不慎将有治丝益棼的风险。另一方面，司法改革面临重重障碍，对一些问题的处置，有待中央顶层设计和地方智慧的充分配合。中国社会科学院法学研究所在法治国情调研中发现，一些地方法院、检察院对于其人财物与当地政府彻底脱钩表示担忧，脱离当地支持的法院很可能举步维艰。显然，不宜以个别所谓的先进理念、普适原则或"看上去很美"的改革方案，直接就予以"硬着陆"。因此，既要意识到司法改革的紧迫性，又要意识到司法改革的慎重性，必须兼顾制度连续性与稳定性。

五是法治思维和法治意识尚待加强，应重视党政机关及其领导干部的带头自觉守法用法，强化法律顾问法制及其工作机构的作用，重视决策及执行活动的事前、事中的合法性审查，提高管理活动及权力运行的法治化程度。加强普法宣传，发动法律专业人士为广大基层提供更好的法律服务，培育和发展法治文化，广大人民群众养成自觉守法、用法的意识，将各类纠纷纳入法治框架解决，提升法治权威，让法治真正成为一种信仰，一种生活态度。

窥一斑而知全豹，各地法治建设前程漫漫，既需要中央的顶层设计与统一领导，并合理划分各级国家机关的权责分配，也需要地方积极创新，形成既体现全国统一又凸显地方需求的法治体系。

# 分 报 告

Subject Reports

# B.2

# 山东省 2013～2014 年法治发展状况

马得华*　国 鹏**

**摘　要：**

2013～2014 年山东省人民代表大会和常务委员会首创地方性法规实施情况报告制度，倡导立法前、中、后"三评估"，有利于促进公众参与，提高立法质量。山东省人民政府全面实施行政程序规定，集中行政复议职权，标志着"法治政府"建设迈上了新台阶。山东省高级人民法院全面推进庭审公开、判决公开和执行公开"三公开"和庭审直播录播，提升了司法的公信力和权威性。

**关键词：**

立法后评估　法治政府　庭审直播

＊ 马得华，山东大学法学院讲师、法学博士。
＊＊ 国鹏，山东省人民政府法制办公室复议立案审查处，主任科员。

2013～2014 年，山东省人民代表大会、省人民政府和省高级人民法院深化改革，力争创新，各方面取得了显著成绩。本报告选择重点，对山东省 2013～2014 年的法治状况进行简要分析。报告主要关注山东省人民代表大会提升人大科学立法、民主立法和法律监督，政府严格依法行政、建设法治政府，法院推进司法公开、提升司法公信力等方面的创新性工作，以及存在的问题，并提出有针对性的改进思路。

# 一　加强人大科学立法、民主立法

地方立法在社会主义法律体系中发挥着举足轻重的作用，既可以对法律和行政法规作出具体规定，又可以进行地方创新性、试验性立法，其数量也远远多于中央立法。山东省人民代表大会常务委员会 2013 年 4 月通过《山东省人大常委会 2013～2017 年地方立法规划》和《山东省人大常委会 2013 年地方立法计划》，这两个文件要求立法应当坚持重点突出、成熟立法优先、制定和修改相结合、体现山东特色等原则。根据这两个文件的原则和具体要求，2013 年和 2014 年，山东省人大常委会制定、修改和批准了多件地方性法规，确保山东省内地方性法规与中央立法一致。在科学立法和民主立法方面，山东省人大首创地方性法规实施情况汇报制度，坚持对立法各个阶段的评估。此外，山东省人大加强法规备案审查，邀请专家就群众关注的规范性文件进行严格审查，确保规范性文件不抵触上位法。

## （一）制定、修改和批准地方性法规

2013～2014 年，山东省人大常委会制定、修改和批准的地方性法规，有的关系人民的民生问题，有的关乎环境保护，还有的涉及土地征收与补偿等与人民群众切身利益相关的内容。在此期间，山东省人民代表大会常务委员会制定的地方性法规有《山东省水土保持条例》《山东省公路路政条例》《山东省专利条例》《山东省台儿庄古城保护管理条例》等 8 件省级地方性法规，修改的地方性法规有《山东省人口与计划生育条例》《山东省劳动合同条例》《山东省实施〈中华人民共和国全国人民代表大会和地方各级人民代表大会代表

法〉办法》等7件，批准的地方性法规有《济南市水资源管理条例》《青岛市国有土地上房屋征收与补偿条例》《淄博市节约能源条例》等13件。

### （二）科学立法和民主立法

科学立法和民主立法是立法工作的两条原则，为此，2013～2014年，山东省人大常委会做了许多创新性工作，坚持和完善科学立法、民主立法原则，将民众参与、专家论证和立法评估有机结合。

第一，首创地方性法规实施情况报告制度。2013年3月20日，《山东省地方性法规实施情况报告制度》施行。其主要内容是，负责法规实施的单位要全面掌握法规实施情况并及时向人大常委会报告，确保地方性法规符合上位法要求，做好配套规范性文件制定工作，确保法规的可操作性，根据社会情况的重大变化评估地方性法规是否需要修改①。这一制度的最大意义在于，防止只顾立法不重法律实施的不良倾向。这也有利于发现立法存在的问题，提高立法质量，增进实施效果。"有法不行，与无法同"，如果法律只存在于文字中，不能真正发挥规范行为的功能，那么不但法律无实际效果，政府权威也面临失落。加强法律实施情况报告，跟踪法律实施效果，及时根据上位法和客观情况的变化报告法律实施效果，了解政府执法和司法机关的司法裁判面临的问题，对于评估立法能否切实实施意义重大。

第二，倡导"立法前评估""立法中评估"和"立法后评估"相结合的"三评估"。"立法前评估"要求回答为什么要立法的问题，如面临的社会问题是什么，是否要立法，何时立法，预先评估立法能否解决这一现实问题。立法资源具有稀缺性，必须节约有限的资源和时间优先制定条件成熟的法律文件。对于条件还不成熟的立法，应当继续加强调查和研究，等条件成熟时再开启立法程序。"立法中评估"要求回答立法过程中面临的具体立法难题，这就需要开门立法，倾听民众声音，邀请群众和专家参加论证会和座谈会，借助网络媒体和广播电视公布立法信息，及时反馈民意要求。只有真正反映民意和体现专家论证的法律，人民才有服从法律的动力。"立法后评估"重

---

① 余东阳：《山东建立地方性法规实施情况报告制度》，《法制日报》2013年4月10日。

点关注立法的实施效果,通过评估发现立法存在的问题,了解行政机关、司法机关和人民群众对于法律实施的意见和评价,及时报告给人大常委会,为将来修改和完善立法提供条件。"三评估"制度是一个完整的体系,贯穿立法过程的始终,也贯穿立法、行政和司法的过程,既体现了立法的科学性,又体现了立法的民主性。

### (三)法规备案审查

法规备案审查是人大法律监督的一项重要职能,其主要意义是保证法律制度的统一性,防止和纠正下位法抵触上位法。山东省人大 2009 年开始实施《山东省各级人民代表大会常务委员会规范性文件备案审查规定》,全省 17 地市全部成立地方人大备案审查专门机构并配备负责人员。根据山东省人大常委会 2014 年工作报告,2013 年全年共完成 55 件规范性文件的备案工作,并选择了 6 件社会关注度高的规范性文件进行主动审查,邀请法学专家提出意见。

### (四)专题询问

人大常委会专题询问是近年来人大监督"一府两院"工作的新方式和新手段,可以促进相关机关严格依法办事,既有利于加强人大对"一府两院"监督的实效性,又有利于推进政府依法行政和司法机关公正行使司法权,切实体现一切权力属于人民的政治制度。

2014 年 5 月 30 日,山东省人大常委会审议山东省人民政府《关于我省大气污染防治情况的报告》,进行专题询问,山东省政府委托山东省环保厅作为应询牵头部门,与其他 15 个部门和机构一起接受询问。这是山东省人大常委会第一次开展专题询问①。开展专题询问,是法律监督工作的新形式,有针对性地就群众关心的大气污染问题进行追问,能够促使政府真正重视问题、解决问题,回应群众要求。

---

① 李占江:《山东省人大常委会首次就大气污染防治开展专题询问》,《大众日报》2014 年 5 月 31 日。

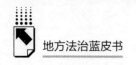
## 二　强化依法行政

依法行政、建设法治政府是深入推进改革开放和依法治国的关键环节。行政机关违法行政、不当行政和不作为行政是引发社会矛盾和上访的主要原因之一。行政机关只有运用法治思维和法治方式才可能最大限度地预防纠纷和避免矛盾。

近几年，山东省在依法行政、建设法治政府方面积极进取，锐意革新，在实施行政程序规定、集中行政复议职权、推行"法律顾问＋法律专家库"全覆盖模式方面进行了积极探索。

### （一）制定实施《山东省行政程序规定》

山东省政府 2011 年 6 月 22 日公布《山东省行政程序规定》（以下简称《规定》），2012 年 1 月 1 日开始施行。这是继湖南省政府之后的第二个省级行政程序规定，在全国居于领先地位，对于化解社会矛盾、切实保护群众利益至关重要，对于依法行政、建设法治政府意义重大。

许多行政纠纷和矛盾的产生，并不是因为群众对实质结果不满，而是因为整个行政过程不公开透明、没有公众参与。如果行政机关重视程序正义，那么上述矛盾和纠纷就会减少甚至避免。《山东省行政程序规定》的第一大亮点是重视公众参与原则。《规定》在总则部分第 8 条规定："公民、法人和其他组织有权提出行政管理的意见和建议，行政机关应当提供必要条件，采纳其合理意见和建议。"公众参与行政管理事务是人民直接行使主权的形式，有利于公民与政府之间的协商和沟通，有利于集思广益并形成共识。《规定》第 9 条明确规定了公民的各项程序性权利，包括"书面告知其事实、理由、依据，陈述权、申辩权，以及行政救济的途径、方式和期限"。这些程序性权利是行政程序的核心，体现了程序正义的要求。只有告知事实、理由和依据，当事人才能清楚地了解自己的行为性质和可能违反的法律法规，并能心悦诚服地接受不利的法律后果，而不会认为行政机关有意针对自己作出非法行政行为。陈述权、申辩权最早规定于《行政处罚法》，适用于行政处罚过程，《规定》将陈述权、申辩权扩张到各项行政行为而不限于行政处罚行为，这是地方立法对公民权益的扩张，有利于保障群众切身利益，规范行政权力的运行。告知救济途径、方式和期限，有利于当事人更好地了解救济方式，并在法定期限内主张自己的权利。

此外，《规定》第 23 条规定，公众在行政程序中"依法享有申请权、知情权、参与权、监督权、救济权"。第 26 条规定，重大行政决策必须采用座谈会、论证会和互联网等形式广泛听取公众意见。根据《规定》，公众还可以提议制定规范性文件，并有参与听证会的权利。规范性文件是针对不特定多数人、可反复适用的法律文件，与具体行政行为相比，规范性文件在更大范围内影响当事人的合法权益。中国在规范性文件备案审查方面还远未实现法治化，侵害公众权益的各类"红头文件"数量多、影响大，是建设法治中国路上的一大障碍。《规定》明确授权公众提议制定规范性文件，在制定过程中有权提出意见和参与听证会，这对于民主和科学地制定规范性文件意义重大。《规定》第五章规定了公民参与行政执法的权利，第六章规定了行政合同和行政指导中公众参与的权利。所有这些规定，都体现了对程序正义和公众参与原则的追求，有利于控制和约束行政权力的行使，真正实现尊重和保障人权。

《山东省行政程序规定》的另外一大亮点是科学合理地规范了规范性文件的制定程序，此处有两大制度设计值得关注。一是实行"三统一"制度，即在制定规范性法律文件时"统一登记、统一编制登记号、统一公布"，否则，规范性法律文件无效，不得作为行政管理的依据。这一机制可以最大限度地遏止行政机关滥发文件扩张部门利益的趋势。另外一项是规定了"日落条款"，明确规定了规范性法律文件的有效期。例如，标注"暂行"和"试行"的，有效期为 1～2 年，有效期届满的，规范性文件自动失效。这一创新改变了暂行规定"有始无终，只公布不废除的状况"，有利于节省行政成本、提高行政效率①。

山东省政府为了确保《山东省行政程序规定》得到真正落实，在 2012 年开展了"行政程序年"活动，在 2013 年开展了"深化行政程序年"活动。根据山东省政府法制办的统计，"2012 年省政府提请省人大常委会审议的 9 项地

---

① 张榕博：《政府文件无编号，公民可不认》，《齐鲁晚报》2012 年 10 月 28 日。

方性法规草案和出台的 10 件省政府规章，以及济南、青岛和淄博三个较大的市出台或修改的 27 个法规和规章，都遵循了'三统一'的要求。对省直机关报送登记的 123 件规范性文件，省政府法制办审查修改了 61 件，对超越职权的 4 件规范性文件不予登记"①。可见，《山东省行政程序规定》确实有利于地方政府加强行政立法的科学性和民主性，有利于切实尊重和保障人权。

### （二）全省实现集中行政复议职权

行政复议的特点是高效、便捷和免费，从行政复议和行政诉讼的衔接来看，行政复议应当是行政纠纷解决的主渠道和优先选择，行政诉讼作为纠纷解决的终局途径。但目前，数量庞大的行政纠纷进入信访，部分行政纠纷进入法院，只有一小部分进入行政复议环节。这表明，行政复议还远未实现其作为行政纠纷解决主渠道的功能。

为了改变行政复议公信力和权威性不高的状况，畅通行政复议渠道，提高行政复议水平，发挥行政复议纠纷解决功能，国务院法制办在 2008 年下发《国务院法制办公室关于在部分省、直辖市开展行政复议委员会试点工作的通知》，确定山东省作为 8 个试点单位之一，要求推进体制机制创新。山东省人大常委会 2009 年修订了《山东省行政复议条例》，为山东省开展集中行政复议权试点提供了地方性法规依据。截至 2013 年底，山东省已经全部完成 17 个设区的市、137 个县（市、区）的集中行政复议权工作。

集中行政复议权，是指政府成立行政专门机构，将原来分散在各个政府部门的行政复议职权，全部集中到政府的行政复议专门机构。这一创新性举措主要基于以下考虑：一是原来的行政复议机构薄弱而分散，有的部门"无人办案"，有的部门"无案可办"，集中行政复议职权，可以优化行政复议资源配置，培养专业行政复议人才；二是传统的行政复议既可向上级部门提起复议，又可向同级政府提起复议，表面上增加了申请人的选择机会，实质上则不利于申请人方便地申请，将所有行政复议职权集中到一级政府，可以实现"一个窗口"办案，方便群众接近行政复议；三是行政复议很难摆脱"官官相护"

① 山东省人民政府法制办公室：《法治政府简报》（总第 4 期）2013 年 7 月 4 日。

的印象，群众对上级部门和同级政府均存在不信任感，试点行政复议委员会，邀请政府之外的专家学者和律师作为行政复议委员会委员，有利于改变"官官相护"的印象，塑造行政复议委员会的独立性。

山东省集中行政复议权的创新之处不但在于实现了全省各市、县（市、区）全部集中，而且开创了集中受理、集中审理、集中作出复议决定的"全部集中"模式。山东的实践也取得了良好的法律效果和社会效果。根据山东省法制办的统计，2013年，17个市共收到申请9281件，有10个市增长。12个市的复议案件数量超过了应诉案件数量。全省行政应诉案件7500件，比上年减少2236件，省政府收到行政复议申请458件，比上年增长46.8%[①]。这表明群众更加倾向于选择复议途径，"中诉讼、小复议"的局面开始向"中复议、小诉讼"的局面转变。在下一步的改革中，应当继续提升行政复议的权威性和公信力，努力将行政纠纷纳入复议渠道，减少信访数量。此外，山东省政府集中行使行政复议权之后，行政复议纠错力度不断加大，撤销违法或者不当行政行为，有效控制和约束行政权行使。"全省行政复议案件维持率为46.44%，综合纠错率为40.79%。"[②]

### （三）全省全覆盖"法律专家库 +法律顾问"模式

党的十八届三中全会要求"普遍建立法律顾问制度"。聘请政府法律顾问，购买法律服务，是提高政府依法行政能力的有效方式。法律顾问在政府制定政府规章和其他规范性文件以及重大决策过程中，贡献专业知识，警示法律风险，解决疑难法律问题。

山东省政府办公厅2014年4月出台《关于建立政府法律顾问制度的意见》，要求县级以上政府应当依托本级政府建立法律顾问制度，乡镇人民政府和街道办事处也应做好政府法律顾问工作。文件具体规定了政府法律顾问的聘任和工作要求，强调要从法律院校、科研机构和律师中聘请优秀人才作为政府法律顾问，并要求各市政府在2014年9月底前，各县政府在2014年12月底

---

① 山东省人民政府法制办公室：《法治政府简报》（总第24期）2014年5月7日。
② 山东省人民政府法制办公室：《法治政府简报》（总第24期）2014年5月7日。

前，普遍建立政府法律顾问制度。《山东省人民政府法律顾问工作规则》详细规定了法律顾问的条件、聘任程序、服务范围、需要履行的义务及工作经费保障等内容。其中有两方面内容比较重要，一是法律顾问有权在起草政府规章和作出重大决策时提出法律意见。由于政府规章具有一般性，涉及不特定的多数人利益，因此，聘请相关专家进行前期调研、提出规章草案意见十分必要。专家参与立法的另一个意义在于，专家提出的草案是基于专业知识而不是部门利益，可以防止地方政府出于自身利益进行立法。二是政府法律顾问采用政府采购方式，通过财政支持，根据工作量计算报酬。这一点很重要，因为有些地方政府聘请法律顾问流于形式，要求法律顾问免费提供法律服务，这一方面导致法律顾问缺乏动力全身心投入工作，另一方面是对法律顾问工作价值的轻视，无视政府购买法律顾问服务的市场化取向。

山东省政府法律顾问制度推进迅速，在两个方面具有创新性。一是"横向全覆盖"，是指推动省、市、县及其组成部门和各街道普遍建立法律顾问制度，按照市场化原则倡导企业、事业单位、社会组织和村居社区等建立法律顾问制度。2014 年上半年，全省律师担任法律顾问的单位有 28531 家，同比增长 14.61%[①]。二是建构"法律专家库＋法律顾问"模式，各级政府首先根据专家和律师报名建设法律专家库，然后再从中选拔优秀人才作为法律顾问。2014 年 7 月，山东省政府法制办公室公布了山东省法律专家库名单，共有 102 名人选，并从中选择 15 名作为政府法律顾问。这一做法保证了法律顾问的专业性和高端性，更有利于提升各级领导干部的法治思维，增强采用法治方式解决社会管理中各类问题和矛盾的能力。

## 三　力推司法公开、司法民主

新时期司法改革的核心目标是要努力让人民群众在每一个司法案件中都感受到公平正义。正义不但要实现，而且要以看得见的方式实现。近年来，山东省高级人民法院在司法公开方面作了战略部署和具体工作安排，效果明显。为

---

① 余东明：《山东构建法律顾问全覆盖工程》，《法制日报》2014 年 9 月 18 日。

落实最高法院提出的司法公开目标，规范司法权的运行，山东省高级人民法院相继制定《推进司法公开三大平台建设工作方案》《关于在互联网公布裁判文书的实施细则》《关于直播录播庭审活动的实施办法（试行）》等规范性文件，全面、深入、细致地推进司法公开。

第一，推进"三大平台"建设，即审判流程信息公开、裁判文书公开、执行信息公开三大平台。当事人可以方便快捷地查询案件在各个阶段的进展情况，了解自己在各个阶段应有的权利。对于社会大众来讲，三大平台是一个快捷通道，足不出户即可获取审判信息。裁判文书公开是学界一直呼吁的司法公开的核心内容。审判流程公开平台从性质上看属于过程公开，裁判文书公开属于结果公开。裁判文书不仅确定了双方当事人的权利义务，还可以成为社会大众了解法官判决理由、预测可能判决结果的载体，甚至有助于学术界从中总结审判经验，提出新的法律学说。执行难是中国法院面临的难题之一，通过公布执行信息，当事人可以及时了解执行进程，并予以监督。

第二，要求"每庭必录"，即法院的庭审活动应当进行直播和录播，"每庭必录、每庭必播"。相关的录音录像文件必须集中储存、长期存放。直播和录播庭审过程，既是对当事人的约束也是对法官的约束，当事人在法庭上的表现必然会越来越理性和客观，法官在法庭上的表现也将趋于中立和独立，任何一方在法庭上的不当言论和行为都可能成为将来不利于自己的证据。据山东省高级人民法院介绍，从 2014 年 4 月到 9 月，省法院网站上每个工作日都有直播，已经直播了三级法院 139 个庭审①。

第三，所有法院开通官方微博，及时公布庭审信息。2013 年 8 月 22～26 日，济南中级人民法院一审公开审理薄熙来案件，并在官方微博上播报庭审情况，正是法院系统践行司法公开和公民正义的典型案件，为各级法院系统实现全面公开提供了契机。公开审判是中国法院审判的基本原则，济南中级人民法院审判薄熙来一案完全体现了中国公开审判的原则。此案审判允许社会公众旁听，并提供了济南中级人民法院空间最大的法庭。这是司法公开的要求，也是对公众知情权的尊重，回应了社会各界甚至国外媒体此前的种种猜测和小道信

---

① 陈彦杰：《庭审现场网上直播　市民可在家旁听》，《济南时报》2014 年 9 月 2 日。

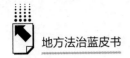

息，有利于防止和避免各种谣言。济南中级人民法院开通官方微博，首次采用微博直播方式公开案件审判过程，及时准确地传送审判信息，赢得了众多粉丝点赞，体现了司法自信和司法公开。

济南中级人民法院微博直播薄熙来审判在山东省和全国都开创了微博直播庭审的先例，是对公开审判的创新和发展。山东高级人民法院充分肯定了济南中级人民法院的创新意识，并决定将这一创新在全省所有法院推广。山东高级人民法院是最高法院指定的司法公开试点单位，要求各级法院开通官方微博，积极和公众对话交流，既可以起到传递审判信息的功能，也可以消除当事人的不信任，为公正审判提供良好的社会条件。

阳光是最好的防腐剂，山东高级人民法院推进司法公开的各项举措将有助于建成"阳光法院"，杜绝司法腐败和司法不公，提升司法公信力和权威性。实践已经证明司法公开的积极意义，据统计，2014 年 1～7 月，山东全省法院新收案件和审结案件分别上升 6.8% 和 6.7%①。

第四，人民陪审员参与省高级人民法院庭审与数量"倍增计划"。人民陪审员制度是中国司法民主化的重要形式，有利于法院吸收民意，实现法律效果与社会效果的统一，也有利于人民群众法律意识的提高和遏制法官滥用自由裁量权。山东省高级人民法院首创人民陪审员参与省高级人民法院案件审理过程，这在全国来说是第一次，具有重大创新意义。另外，山东省高级人民法院高度重视人民陪审员工作，颁布多项规范性法律文件，启动人民陪审员"倍增计划"，提高人民陪审员数量和参与案件的数量。

2014 年 7 月 15 日，两名人民陪审员和三名法官组成五人合议庭，公开审理一起建设工程合同纠纷案件，是全国首例人民陪审员参与省高级人民法院案件审理。根据山东省高级人民法院的计划，省高级人民法院人民陪审员参加审理的一审普通程序案件和减刑、假释案件的数量不低于案件总量的 30%②。中国传统的人民陪审员参与案件，主要是参与基层法院或者中级法院审理，尚无参与高级法院审理的情形。山东省高级人民法院首开人民陪审员参与高级人民

① 张鹏：《我省法院公布裁判文书 21 万份》，《生活日报》2014 年 9 月 2 日。

② 马云云：《人民陪审员首度亮相省高院，全国高级法院中也是首例》，《齐鲁晚报》2014 年 7 月 16 日。

法院案件审理的先河，具有重要创新意义。它表明，人民陪审员不仅有能力参与基层法院的案件审理，也有能力参与高级法院的案件审理工作。这也是司法公开的重要一步，有助于消除人民群众对高级法院的神秘感和陌生感，人民陪审员可以以平等的身份与其他法官一起参与省高级人民法院案件的审理和裁判。人民陪审员的权力包括阅卷权、调查权、合议权和其他权力，这些权力与法官是平等的。

山东省高级人民法院完成人民陪审员"倍增计划"，共增选人民陪审员 8318 人，总人数达到 13903 人①。山东省高级人民法院的"倍增计划"，不但在人民陪审员的数量和规模上有了大幅度提高，而且高度重视不同行业、性别、民族、年龄的人员结构，力争人员组成的多元性和代表性，基层群众所占比例不低于 2/3。人民陪审员数量增加，建立信息库，可以提高人民陪审员参与案件的数量和效率，既要避免无人参与陪审也要避免常任陪审两种不良现象。

大部分人民陪审员不具备法律知识，能否真正发挥人民陪审功能，是一个严肃而重要的问题。人民陪审员"陪而不审"对中国现有的人民陪审员制度提出了严峻的挑战，不利于司法公开和司法民主。"陪而不审"现象的出现有以下几个因素：第一，有的法院为了缓解"案多人少"的窘境，邀请人民陪审员参与案件审理，但并没有让陪审员真正了解案件和参与案件的审理和合议，只是起到"花瓶"的作用；第二，有的陪审员担心自己不具备法律知识，不敢在法庭上发问，也不敢在合议中发言；第三，在法官与陪审员的关系上，有的法官为了控制案件进程和结果，不愿让陪审员发表意见；第四，在陪审员待遇问题上，补贴太低，陪审员没有动力真正参与案件审理工作。为了切实改变人民陪审员"陪而不审"的问题，山东省高级人民法院 2013 年连续出台《关于加强和改进人民陪审员工作的实施意见》和《关于人民陪审员参加省法院审判活动的实施办法》等规定。从人民陪审员的公开选任、选任条件、参审案件、开庭排期、经费保障等各个方面进行创新，确保人民陪审员有能力和有意愿参与案件审理和合议。建立人民陪审员信息库和"随机抽选"就是两项重要的实施机制，前者可以确保了解陪审员的专业知识背景，在特定的案件

---

① 闫继勇：《山东完成人民陪审员"倍增计划"》，《人民法院报》2014 年 7 月 15 日。

中发挥他们的专长；后者可以确保人民陪审员与法官和法院的独立性，防止法官选任自己能够控制的陪审员。

## 四　展望

2013～2014 年，山东省法治在各个方面都取得了长足发展，但是依然与人民的期待存在差距。作为地方立法的重要主体，山东省人大和人大常委会既要针对山东的地方特色立法，又要确保地方立法符合上位法和宪法的规定，责任重大，任务艰巨，必须克服部门立法的弊端，坚持科学立法和民主立法。

地方性法规备案审查是人大法律监督的重要形式，但"备而不审"是一些地方人大常委会工作的不足，应当通过促进信息公开予以纠正。因此，山东省人大常委会应当按照信息公开的原则，将各级人大或政府备案的地方性法规或者规章予以公开，并针对每一件地方性法规或者规章提出备案审查的意见。省人大常委会专门委员会如果发现地方性法规或者规章违反上位法，可以向制定机关提出书面审查的要求，制定机关应当及时向有关专门委员会反馈，这一过程也应当公开进行，让公众了解人大常委会是否以及在多大程度上对地方性法规进行了审查而不只是简单地进行备案。

山东省人大的专题询问工作才刚刚起步，应当将这一工作制度化、长期化。例如，应当制定相关细则，明确规定专题询问的确定、方式、形式、组织、责任等，防止选择性监督，避免怠于监督。特别是应当保证专题询问的公开性和公众参与，通过网络视频、微博等方式，让公众事先了解相关议题，监督人大代表切实就公众关注的问题提出直接而尖锐的询问，督促政府公开回答、真正解决问题，发挥人大监督的实效性。

在行政复议方面，党的十八届三中全会通过的《中共中央关于全面深化改革若干重大问题的决定》明确提出："改革行政复议体制，健全行政复议案件审理机制，纠正违法或不当行政行为。"行政复议从其性质和功能来看，是解决行政争议的优先选择和主渠道，现有行政复议体制存在不少阻碍发挥复议功能的因素。在《行政复议法》未修改之前，通过集中行政复议权，引入外部专家参与复议案件审理，可以提高复议机构的专业性和相对独立性，使其更有能力作出公正的复议决定，消除群众对行政复议"官官相护"的误解，有利于依法行政、建设法治政府。

在发挥人民陪审员作用方面，从目前的实践来看，合议庭中法官的数量还是多于人民陪审员，这是保障司法职业化的体现。但是从法理上看，应当让更多的人民陪审员参与案件审理，在合议庭中的数量应当超过法官，这对于重塑人民法院的形象至关重要。当然，陪审员和法官应当有所分工，陪审员应当根据社会经验更多地在事实审上发挥作用，法官应当运用法律知识负责法律审。唯有如此，方能发挥各方优势，公正解决纠纷。

**【专家评论】**

2013～2014 年，山东省全面推进科学立法、严格执法、公正司法，积极进行制度创新，既维护国家法制统一又体现山东特色，在提高立法质量、建设法治政府、推进司法公开方面都取得了显著成效，法治建设进入一个新的阶段。在立法方面，山东省人大重视法律实施的效果，首创地方性法规实施情况汇报制度，推行"三评估"制度，让立法有针对性地回应群众要求，解决现实问题；法律监督方面，山东省人大常委会推进主动审查与被动审查相结合的机制，并从审查程序、机构设置、人员配备等各个方面和环节完善法规备案审查制度；法治政府建设方面，在实施行政程序规定、扩大公众参与、规范行政权力运行、集中行政复议职权、推行"法律顾问＋法律专家库"全覆盖模式方面进行了积极探索，依法行政稳步推进；司法制度建设方面，山东省高院大力推进司法公开三大平台建设，落实人民陪审员"倍增计划"，力推司法公开和司法民主，以公开促公正。未来山东省的法治建设和发展还应进一步加强和完善立法中的公众参与制度、积极转变政府职能，推进法治政府建设指标体系和法治建设成效政绩考核指标体系建设、加强司法人权保障制度、推行普法宣传教育等。

（刘小妹，中国社会科学院国际法研究所副研究员）

# B.3
# 法治中山建设调研报告

中山市依法治市办公室课题组*

摘　要：

中山市依法治市工作领导小组紧紧依托两个平台，以制度建设和法治文化建设为基础，全面构筑法治之基，扎实推进法治中山建设，取得了一定成效，初步形成了党委决策、人大决定、"一府两院"实施、社会参与的工作格局。本文从发挥人大主导作用、力推依法行政、依法社会治理、推进公正司法、加强法治文化建设等五个方面全面总结了中山市法治建设的实践、探索和经验，希望可以为其他地方的法治社会建设提供借鉴和参考。

关键词：

依法治市　中山　人大

中山，是一代伟人孙中山先生的故乡，是中国唯一以伟人名字命名的地级市。中山作为广东省地域面积最小的地级市，连续多年保持着广东省第五的经济总量。2011年初，中山市将依法治市、以德治市、以文强市作为"治市三维"，并提出将中山建成"法治广东建设示范市"的目标，随后制定了《中山市争创法治广东建设示范市实施方案》。2012年，中山被确定为广东省"按法治框架解决基层矛盾试点市"。中山依托争创"法治广东建设示范市"和"在法治框架内依法化解基层矛盾试点市"两个平台，主要从切实提高依法执政能力、建立法治政府、深入推进司法公正、强化对权力的制约与监督、大力推

* 课题组负责人：冯镜华，中山市依法治市办公室主任。课题组成员：刘四方，中山市依法治市办公室副主任；杨戈，中山市依法治市办公室副主任；谢荣宗，中山市依法治市办公室协调监督科科长；程金华，中山市依法治市办公室综合科副主任科员。

进社会管理和公共服务创新、推进基层民主法制建设以及深入开展法治宣传教育等七大方面入手，法治建设取得了有目共睹的成绩。

# 一 发挥人大主导作用，推进依法治市工作

党的十八大提出了"全面推进依法治国，加快建设社会主义法治国家"的目标。作为地方最高权力机关的各级人民代表大会及其常委会在依法治国工作中应该扮演的角色和发挥的作用引起各方讨论。近年来，中山市人大常委会依靠党的领导，认真履行法定监督职责，在工作中先行先试，着力加强制度建设，切实发挥基层人大的作用，积极探索依法治市的新举措。

## （一）坚持"三统一"，发挥地方人大在依法治市工作中的主导作用

人大常委会是地方国家权力机关，具有在本行政区域内保证宪法、法律、行政法规和上级人民代表大会及其常务委员会决议的遵守和执行，监督"一府两院"依法行政、公正司法的职能。要正确履行好人大常委会的职责，必须坚持党的领导、人民当家作主、依法治国的有机统一。中山市人大常委会把坚持和加强党的领导贯彻到人大工作的各个环节，确保在党的领导下推进人大各项工作；把保障人民当家作主、维护人民根本利益作为人大工作的出发点和落脚点；把坚持依法治国、维护宪法法律权威作为人大工作的主要职责，充分发挥人大在依法治市工作中的主导作用。

2012 年 4 月，中山市委印发了《中山市争创法治广东建设示范市实施方案》后，中山市人大常委会及时作出《中山市人民代表大会常务委员会关于中山市争创法治广东建设示范市的决议》，号召全市人民积极参与市委提出的争创法治广东建设示范市的"十大法治惠民工程"建设，形成党委决策、人大决定、"一府两院"实施、社会参与的工作格局，推进了中山法治建设进程。

## （二）加强工作制度建设，增强监督的刚性和实效性，保证法律法规在本行政区域内正确实施

2011 年以来，中山市人大常委会从顶层制度建设入手，制定了一系列地方

规范性文件，使有关的法律法规在本行政区域内能得到有效实施。一是在全省率先建立督办涉法涉诉信访案件工作制度。中山市人大常委会制定了《中山市人民代表大会常务委员会督办涉法涉诉信访案件办法（试行）》，并成立市人大常委会信访办公室，不仅规范了涉法涉诉信访案件的办理，还加强了对涉法涉诉信访案件的协调、督办工作。该项工作同时与人大常委会任命法律职务工作相结合，在监督司法部门提高办案质量，从源头上减少涉法涉诉信访案件方面发挥了重要作用。二是修订完善《中山市人民代表大会常务委员会讨论决定重大事项规定》，细化工作程序，使监督行为更规范，监督工作更到位。三是修订《中山市人民代表大会常务委员会任免国家机关工作人员办法》，加强对提请任命法律职务人员的任前审查工作，使人大的人事任免权得到切实落实，促进了法院、检察院队伍建设。四是制定《中山市人民代表大会常务委员会规范性文件备案审查办法》，形成对行政权力的源头制约和监督。五是制定《中山市人民代表大会代表议案及建议、批评和意见处理办法》，增强人大代表议案建议办理工作的规范性、可操作性和实效性。六是制定《中山市镇人民代表大会监督工作暂行办法》，规范基层人大组织及其人大代表开展工作，发挥基层人大的监督作用。同时，中山市人大常委会还加强对法律实施情况和"一府两院"的工作监督，先后对《中小企业促进法》《档案法》《广东省饮用水源水质保护条例》《刑事诉讼法》《食品安全法》《民事诉讼法》《农业法》《义务教育法》《老年人权益保障法》的实施情况进行了执法检查，并对刑事立案工作、法院的执行工作、平安中山建设、依法行政工作、财政预决算情况等进行了专项工作监督。通过制定规范性文件，加强制度建设、执法检查和专项工作监督，增强了人大监督工作的刚性和实效性，监督实效的提升显而易见。

## （三）夯实基层人大基础，发挥人大在社会治理中的全方位作用

按照现行法律规定，县级以下人民代表大会不设常设机构。中山市是不设县区的地级市，下设18个镇、5个街道办事处和1个高新技术开发区，街道和高新区在体制设置上不设人民代表大会机构。中山市地处珠三角腹地，镇一级的社会经济发展规模较大，加上随着近年来改革的不断深入，行政事权逐步下放到镇区，镇级政府承担了越来越多的职能。如何在基层发挥人大的作用是中山市面

临的重大挑战。为规范和监督镇级政府行政权力的运行，落实基层人大的监督权，建立镇人大监督体系，促进基层依法治理，中山市人大常委会深入调研，参照《地方各级人民代表大会和地方各级人民政府组织法》《全国人民代表大会和地方各级人民代表大会代表法》《各级人民代表大会常务委员会监督法》和《预算法》等法律法规的规定，于 2013 年 10 月 30 日市第十四届人大常委会第十四次会议审议通过了《中山市镇人民代表大会监督工作暂行办法》（以下简称《办法》），为镇人大开展工作搭建了规范的制度平台。

《办法》将预算审查监督、执法检查、听取专项工作报告、组织年度民主测评等内容作为镇人民代表大会开展监督的主要形式，拓宽了镇级人大监督的内容，增强了监督实效。其具体做法，一是明确规定镇人大监督的具体对象，敦促各级国家机关尊重人大行使职权，并自觉接受人大监督。二是发挥代表的专业优势，成立专业代表小组，对监督事项进行认真调查，分析存在的问题和不足，提出更具针对性、更有操作性的意见和建议，专业小组的监督提高了人大监督工作的质量和水平。三是强化镇人大预算审查监督。镇人大成立预算审查委员会，在人代会期间和闭会期间负责预算审查监督工作，细化审查内容和监督途径，强调对镇人大预算编制、批准、执行、调整等各个环节的全方位监督。此外，镇人大可以根据实际跟踪监督年度重大建设项目和部分财政资金的使用绩效，必要时还可开展相关责任审计。这些举措增强了人大的监督实效。四是推行民主测评工作，参与测评的对象、内容和程序明确。各镇人大在人代会期间开展年度民主测评工作，镇政府所有职能部门及上级国家机关派驻各镇的所有部门都要接受年度测评，测评采用镇人大代表无记名投票的形式，测评结果的刚性运用，大大推动了被监督对象改进工作。

可以说，《办法》有效地推进了基层政府依法行政，破解了闭会期间镇级人大的监督难题，发挥了基层人大的监督作用，较好地推进了人大在社会治理中的全方位监督。

## 二　依法行政，建设阳光政府

法治的重要主题是限制政府权力和保障公民个人权利，就是要限制政府不必要的职能，祛除造成"特权经济"横行的繁复的行政审批和不合理的资源配置。党的十八大要求深化行政审批制度改革，简政放权，推动政府职能向创造良好发展环境、提供优质公共服务、维护社会公平正义转变。近年来，中山市力推依法行政，努力建设法治城市，以法治思维和法治方式推进了政府职能的履行和转变。

## （一）善听民意，健全政府依法民主科学决策机制

决策是否民主、是否科学，关系到它是否能最终落实到行动中。中山市建立政府决策合法性审查、专家论证评审、社会听证、集体讨论的决策制度，这与十八届四中全会决定将政府重大决策程序化的要求不谋而合。

2012 年，中山率先制定《中山市人民政府重大行政决策程序暂行规定》，把公众参与、专家咨询、风险评估、事前听证、合法性审查和集体讨论决定等作为政府重大决策的必经程序，确保公众依法参与政府决策的知情权、表达权和监督权。在实践中，中山市创新民意表达方式，畅通群众表达诉求渠道。中山市建立了网上政务投诉平台、广东省网上办事大厅中山分厅、中山市网络问政平台及城市论坛、《周五民生直播室》、热点面对面和"对话"视频节目、市长信箱、民意调查等多种形式，听取民意，汇聚民智，构建了一个由公众参与、专家论证、风险评估、合法性审查、集体议决等环节构筑起来的法制化决策模式。

中山还建立了重大事项社会稳定风险评估机制。市委市政府印发《关于建立中山市重大事项社会稳定风险评估工作机制的意见》（中委办〔2011〕14号），明确开展社会稳定风险评估化解工作的范围与内容、责任主体、基本程序和责任追究等事项，促进科学决策、民主决策、依法决策。为了全面实施政府重大决策法律顾问制度和法律风险防范制度，中山市聘请了全国一流的法律专家学者作为政府兼职法律顾问，预防和避免政府决策法律风险。

## （二）推进信息公开，塑造透明政府

政府信息是否公开透明直接影响政府的形象及政策的落实。在互联网时代，信息公开的第一平台是政府网站。中山在全省率先建立了"电子政务云平台"一体化、功能化的信息发布平台，整合政务信息和公共信息服务资源，

为市民提供便捷全面的信息服务。依托市政府门户网站，中山市建设充实了包括政府信息公开目录系统、网上依申请公开系统的市政府信息公开一体化平台，40 多个部门及所有镇区通过一体化平台公开本单位信息公开指南和目录，2012 年各单位在上述平台发布政府信息近 2.1 万条。

中山的政府门户网站每年都会按照"推进信息公开、强化政务服务、加强政民互动"思路，对政府门户网站升级改版，不断健全管理机制，搞好网上服务，坚持互动交流。

广东省网上办事大厅中山分厅是集政务公开、网上审批、咨询投诉等功能于一体的"一网式"审批平台。中山分厅拓展了投诉咨询、资源共享、诚信管理、重点项目协同、网上缴费等功能。目前，该平台日办理审批事项超过 1000 宗，累计办结超过 200 万宗。

### （三）行政审批制度改革向深处试水，最大限度提高审批效率

早在 2004 年，中山就成为全国第一个全部审批项目上网的地级市。目前，中山市第六轮行政审批事项清理工作有序进行，52 个部门 621 项行政审批事项将按照统一标准进行梳理，其中保留 285 项、取消 164 项、向社会组织转移 27 项、向镇区下放 109 项，可以说，中山的行政审批制度改革正向深处试水。

为了给深化改革提供政策保障和指导，中山出台了《关于进一步深化行政审批制度改革的意见》和《中山市加快转变政府职能 深化行政审批制度改革实施方案》，为中山全面转变政府职能，深化行政审批制度改革提供政策保障。

在审批方式改革方面，中山坚持审批方式电子政务建设和行政服务中心有机结合，初步探索出创新审批方式改革"中山模式"。一方面，依托省网上办事大厅中山分厅打造全市统一的网上办事大厅；另一方面，建立市一级的行政服务中心，实行并联、一站式审批。服务中心的窗口收集了市民的审批材料后，各个部门的审批人员在后台一起审批，有需要修改的地方也可以一次性告知申请人。中山市 2014 年政府工作报告中还承诺，将中山建为全国综合营商成本最低的城市之一。

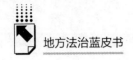

通过多年的努力，中山市的政务环境更趋透明、高效，政府公信力不断提高，从源头上压缩了权力寻租的空间，使"批"出来的腐败得到有效遏制。近年来，群众对行政审批中腐败的投诉明显减少，投资环境得到改善，一些投资企业宁愿承受中山较高的生产成本，也不愿搬到生产成本较低而法治环境欠佳的地区，"法治也是生产力"的效果明显显现。

### （四）创新行政复议机制，试出"广东经验"

经过多年的戮力前行，中山市的行政复议试点工作走出一条有效的道路：建立了行政复议委员会，实现了行政复议权的相对集中，增强了行政复议制度的公信力。中山在全市20个镇区设立了案件受理点，畅通了复议渠道，使行政复议成为解决行政争议的主渠道。

与信访、诉讼等形式相比，行政复议在解决行政争议问题上具有成本低、周期短、效果好的特点，但是由于存在受理部门既当"运动员"又当"裁判员"等制度设计的缺陷，行政复议的公信力未得到有效体现，"官官相护"成为老百姓难以消除的顾虑。

2009年，中山市全面开展行政复议试点工作，希冀解开行政复议的死穴。试行行政复议权集中，是改革的重点。在集中行政复议权之前，中山市的公安、劳动、司法、林业、海洋、渔业、民政等九大部门都拥有行政复议权。集中复议权把原来分属九个部门各自行使的行政复议权全部收拢，实行一个进口、一个出口，改变了过去"自己复议自己"的局面。

与复议权集中化相配套的是，成立相对独立的行政复议委员会，这是完成"运动员"和"裁判员"分离的最关键部分。中山的行政复议委员会公开招聘或推荐产生非常任委员24名，由学者、律师、医生、人大代表、政协委员、村委会主任等组成。此外，还有11位常任委员，由中山市依法治市办、监察局、法制局的负责人组成，其与非常任委员共同组成行政复议委员会。作为"第三方判官"成员，每次议决，均须有常任委员和非常任委员5人以上出席（单数），根据多数原则作出处理意见。中山市行政复议委员会的制度设计，独立于政府职能部门，超脱于部门利益，大大提高了行政复议的社会公信力。

从行政复议案件情况来看，开展行政复议试点工作后，行政复议案件数量呈现大幅增长。从2011年到2014年8月，受案数比前四年翻了一番。从2010年开始，行政复议案件数量就一直超过同期法院一审行政诉讼案件的数量。行政复议成为中山群众解决争议的首选渠道。行政复议委员会对被申请人具体行政行为的整体纠错率约占审结案件总数的28.8%，比试点前的整体纠错率10%左右有较大的增长。最近两年更是达到了40%左右，有效地发挥了行政复议工作的纠错功能。

## （五）率先规范行政处罚自由裁量权限

中山市是广东省第一个开展规范行政处罚自由裁量权工作的城市，从2007年开始，中山就开始规范行政处罚自由裁量权；2011年，中山市对机构改革后各部门行政执法职权进行重新梳理、核定，将市直39个行政执法部门、法律法规授权的13个行政执法主体的3300多项行政执法职权和依据，公布在市政府门户网站、市行政服务在线和市法制局网站上，接受社会监督。行政执法权力清单全面公告，意味着中山迈进行政处罚自由裁量权"阳光作业"时代。

公布行政处罚裁量权清单只是规范的第一步，重要的是要厘清行政处罚裁量的标准。目前，中山将全市31个行政机关的2600多项行政处罚量化为7800多项裁量标准全数向社会公开，接受公众和社会各界的监督。"一把尺子衡量，一个标准处罚"的方式，不但提高行政执法人员执法的准确性，也有效地减少公民、法人或者其他组织对行政机关作出行政处罚裁量幅度适用的误解。

行政处罚自由裁量权标准化管理的重点是建设一个"行政处罚自由裁量权标准化管理及执法监察系统"，其依托管理系统平台，运用现代信息技术手段，通过信息技术手段把行政处罚自由裁量量化标准、处罚程序加以固化，杜绝人为因素干扰，实施信息化、标准化管理。中山将建立各行政执法主体的行政处罚事项网上公开运行机制，将行政处罚、行政强制等执法行为各个环节全部纳入该系统管理，执法者的执法过程全部在网上公开，执法监督可以同步进行，群众可以实时查询，实现了"将权力关进制度的笼子"、政府行政处罚的阳光作业。

## 三 运用法治思维和法治方式进行社会治理

社会治理如同医生治病，庸者治标，能者治本，智者治未病。中山市运用法治思维和法治方式，着眼于长远，从预防社会矛盾的发生入手，依法推进社会治理工作。

### （一）以法治方式解决矛盾纠纷，推进社会治理现代化

随着经济社会的发展，社会呈现利益多元化趋势，矛盾快速增多。化解社会矛盾，进行社会治理必须依靠法治思维和法治手段，中山市在这方面也进行了有益的探索。

首先，中山市着力于社会制度建设，以此规范政府行为，减少公权对私权的侵害，融洽党政与群众的关系，减少社会矛盾。具体做法为，一是建立市委审查下级党委决策、决定制度。市纪委专门纪检组列席各镇区党委会，对下级党委决策过程开展全程监督，确保各级党委的执政决策符合党纪国法。二是建立行政决策听取公众意见制度。中山市明确政府重大决策的范围和具体程序，按规定对政府的重大行政决策进行合法性审查和实施后评价，以确保政府行政决策能聚民智，合民意。三是建立政府重大决策、重大事项风险评估制度。中山市明确了重大事项风险评估的范围、程序和责任，将涉及广大人民群众根本利益的重大决策、重点工程建设项目、重大改革和涉及社会治安、社会就业、企业排污、行政性收费调整等敏感问题的决策事项，均纳入社会稳定风险评估范围，聘请知名法律专家学者参与重大决策前期研究论证工作，为政府重点项目建设、重要商务合同及重大疑难问题提供法律意见，防控政府决策的法律风险。

其次，中山市着力于发动全民治理。社会治理工作是一项庞大的社会系统工程，需要政府及其职能部门和群众的共同参与。中山市社会治理工作注重全民参与，分别推出了"全民修身""全民创文""全民治安""全民禁毒""全民防医闹""全民除三害""全民公益""全民绿化""全民创卫""全民防火"等十大行动，依靠群众，发动群众参与各项社会治理活动，调动群众的积极性，形成合力，推进社会治理工作，取得了较好的成效。全民修身行动提升正

能量，涌现了大批"中山好人"，其中 7 人被推为"广东好人榜"、18 人被推为"中国好人榜"；近两年全国文明城市文明指数测评位居参评地级市的第一序列；全民治安行动为中山连续五届荣获"全国社会治安综合治理优秀地市"称号；全民禁毒行动凝聚社会民众共识，2013 年全市吸毒人员查处率居全省第一；全民防医闹行动成立市镇两级医疗纠纷调解委员会，健全第三方调解机构，畅通医疗纠纷依法调处渠道，行动开展以来，全市未发生一起医闹事件；全民除三害行动推出"场所自律、部门联动、群众举报、明察暗访、异地查处、异地办案、媒体曝光、顶格处理、一案一评、责任追究"等十项"硬措施"，2014 年以来，全市基本实现场所"无三害"；全民公益行动培育人人参与公益、人人享受公益的理念，中山市民自发参与公益、资助公益已蔚然成风；全民绿化行动实施三年来，全市共投入绿化资金 37 亿元，其中社会投入占六成，森林覆盖率由 2010 年的 19.1% 提升到 2013 年的 19.43%；全民创卫行动使中山市成为国家首批卫生城市，18 个镇全部创建为广东省卫生镇，其中 15 个为国家卫生镇；全民治火行动从 2010 年发起至 2014 年，全市未发生"三合一"场所火灾事故，3 年火灾事故"零死亡"。这些成绩是全民参与社会治理的成果，是广大群众的智慧与汗水的结晶。

最后，中山市着力于引导"以法止争"。社会治理工作烦琐复杂，犹如渔夫织网，百密一疏，难免产生矛盾和冲突。为妥善处理矛盾纠纷，中山市坚持以法为纲，以法止争，依法化解矛盾，建立通过法律手段解决基层矛盾纠纷的良好机制。一是建立"大调解"工作格局。中山市在全省率先建立诉调对接"预立案"机制，借力"大综治"平台，成立诉前联调工作室和 72 个工作站，配备调解指导员，组织协调跨部门、跨行业开展联合调解，不断拓宽对接领域，实现司法资源与社会资源、大调解与大综治的有机结合，建立了多元化纠纷解决机制。近年来，中山市各级人民调解组织调解各类纠纷成功率达 98%。二是积极探索化解矛盾纠纷的方式方法。中山市在化解矛盾纠纷工作中创新工作思路和工作方式，坚持"依法就是办法"的工作理念，运用法律手段，引入听证机制化解信访积案。例如，该市民众镇 2013 年 7 月就"新平四吴锐祥上访案"积案举行听证会，由司法、国土、纪检等部门组成听证小组，邀请该村村民代表、社会各界人士参与旁听，由大会听证小组集体投票决定该信访事项的处理办法，并由司法部门现场办理见证手续，事后该村民服从处理，从此息诉罢访。三是建立纠错机制。2013 年，中山市根据《村民委员会组织法》《行政诉讼法》《行政复议法》的有关规定，出台了《关于依法处理农村股份纠纷的程序指引》，对部分村委会违法处理农村股份的行为予以纠正，指导各镇区通过以行政处理—行政复议—行政诉讼"三步走"的模式处理农村股份权益纠纷，当年全市共依法规范处理农村股份制案件 400 多件，有力维护了基层社会稳定。

### （二）健全机制，构建和谐稳定的劳动关系

保障劳动者权益，会相对提高企业经营成本和政府行政成本，但从长期来看，这也是稳定经济环境、提升经济效益的必经之路，同时也是"以改革为增长、以改革促转型、以改革保民生"的必然要求。近年来，中山市坚持和发展了劳动调解机制、劳动仲裁机制、劳动关系三方协调机制、劳动保障监察机制、信访工作机制、企业诚信管理工资保障机制、信息报送机制和部门联动机制等 8 大劳动关系工作机制，通过加强人文关怀，改善用工环境，妥善处置多起员工停工事件，促进社会大局和谐稳定。此外，中山市还针对目前企业主欠薪逃匿极易引发社会问题的实际，探索建立保证金和保障金制度，使其在维护劳动者合法权益及维护社会稳定过程中，更好地发挥作用。

### （三）创新基层管理模式，着力打破城乡双重二元结构

中山在基层治理体制方面大胆创新，率先建立社区建设"2 + 8 + N"模式，实现自上而下的行政管理与自下而上的基层自治良性互动，成为荣获"全国农村社区建设实验全覆盖示范单位"称号的唯一地级市。在"2 + 8 + N"模式中，"2"指各村居组建社区服务中心和社区建设协调委员会，"8"指各社区服务中心承担民政残联、劳动社保等 8 项职能，"N"指 NGO，即社区社会组织。

推进社区建设协调委员会、村（居）委会特别委员制度建设。社区建设协调委员会搭建了基层的公共议事平台，让社区企事业单位、异地务工人员代表等最大限度地参与社区决策、管理、监督、服务。在全省乃至全国率先建立

村（居）委会特别委员制度，聘任优秀异地务工人员为特别委员，通过驻室接见基层群众、走访调查了解异地务工人员心声、参与基层公共事务讨论等方式共建共享和谐社区。特别委员制度引起广泛关注，入选2013年广东省社会建设十大亮点。目前，全市276个村（居）全部组建社区建设协调委员会，外来人口数量占常住人口达40％以上的村居全部完成聘任工作，占全市村居的80％，有力促进了新老中山人基层民主的有序参与。

加强村民自治规范化建设。中山市自2005年推进农村集体股份制改革之时，要求各村委会按照全市统一的样式制定村民自治章程，在全国率先规范村民自治管理制度建设。经过多年的探索与实践，并结合中山的实际，目前在全市规范村委会建设中推行"八本簿"制度，全市279个村（居）委会推行村（居）公开民主管理工作记录"八本簿"（会议记录簿、一事一议表决记录簿、工作日志簿、大事记录簿、居务公开监督活动记录簿、民主理财小组活动登记簿、公章使用登记簿、合同管理情况登记簿）制度，规范村（居）务民主管理工作，促进村（居）自我管理、自我约束，真正实现村民"自治"。

### （四）健全现代市场体系，营造公平竞争环境

现代市场经济作为一种体制的根本游戏规则就是基于法治的规则。中山市委高度重视，按照十八届三中全会提出的"加快完善现代市场体系"要求，出台了《中共中山市委关于全面深化改革　增创发展新优势的实施意见》和《中山市2014年重要领域和关键环节改革要点》，明确将完善现代市场体系、建立公平透明的市场规则、加强社会信用建设作为工作重点，营造公平的市场环境。

加快推进社会诚信建设。市场经济的健康发展要靠信用手段来实现。近年来，中山在加强市场主体信用体系建设方面，以建立健全相关的规章制度为重点，推动多个部门及时研究出台了一系列守信激励、失信惩戒的规范性文件，通过规范企业信用信息收集公开机制、建立市场主体信息监管制度、完善公共信用信息管理平台、运用商事主体信用信息和异常经营公示平台、建立市场主体"黑名单"制度以及在市公共资源交易市场全面建立廉洁准入机制等措施，为推进社会诚信体系和市场监管体系建设奠定了基础，营造了公平的营商环境。同

时，市政府还出台了《中山市商事登记制度改革后续市场监管工作方案》，确立了"谁审批，谁监管"、行业监管、属地监管三大原则，厘清行业准入和行业监管的深层次联系，着力打造政府负责、部门协同、行业规范、公众参与的市场监管新格局，理顺了中山33个许可审批部门107项监管职责与140个常见行业的部门分工。2014年12月，中山出台了《中山市社会信用体系建设规划纲要（2014~2020）》。《中山市公共信用信息管理系统建设方案》已通过评审，报市政府审定。此外，中山还不断拓宽信用产品的运用，目前，企业和个人征信系统提供的信用报告在政府机构、企事业单位、信贷服务中介机构的登记注册、招投标、政府采购、资格（质）审核认定、专项资金安排、异地务工人员积分入户等方面作为重要参考。2012年和2013年，中山累计提供个人信用报告查询服务12069次和45369次，分别是上年同期的3.3倍和12.4倍。

加大执法力度维护市场经济秩序。各市场监管主体通过实行"网格化"监管，做到"横向到边，纵向到底，不留死角"，切实履行监管职责，加大力度查处违法违规行为，保障市场主体的合法权益。例如，中山市工商局2011年1月至2014年7月，查处各类扰乱市场经济秩序案件32210宗，罚没金额17021.13万元。中山市食品药品监督管理局2012~2014年7月，累计共吊销"餐饮服务许可证"或"药品经营许可证"120张，数量居全省食品药品监管系统前列，以铁腕般的整治，解决了非法购进、销售假药这一困扰药监部门多年的难题。

## 四　促进公正司法　维护公平正义

只有司法公正，法律才具有权威性，司法是法治的关键和最后一道防线。近年来，中山市两级法院和两级检察院按照习近平总书记提出的"努力让人民群众在每一个司法案件中都感受到公平正义"要求，积极稳妥推进司法体制和工作机制改革，努力践行"为大局服务，为人民司法"工作主题，求创新、重实践、讲实效，着重抓好"社会矛盾化解、社会管理创新、公正廉洁司法"三项重点工作，取得了"调解机制不断深化，案件质效持续向好，信访投诉继续走低"的显著成效。

### （一）创新完善诉前联调机制，构筑纠纷解决新型系统

社会治理，纠纷解决，仅凭单一手段方式是无法实现的，"社会秩序要靠一整套普遍性的法律规则来建立。而法律规则又需要整个社会系统地、正式地使用其力量加以维护"①。为解决社会矛盾与纠纷，中山市中级人民法院（以下简称市中院）在借鉴移植国外纠纷解决新方式——ADR②的基础上，创新完善了具有中山特色的诉前联调机制。诉前联调通过挖掘社会资源，整合调处力量，实现了诉讼与非诉的有机衔接，使中山市矛盾纠纷解决机制朝着混合型和共用型的解纷机制发展，诉前联调已然成为中山市社会治理系统中重要且运行有效的解纷机制。

创新完善诉前联调机制，主要是从调处机构、调处行为、调处结果及诉讼与非诉衔接上做文章。首先，市中院牵头成立了全市协调工作领导小组，统筹诉前联调工作。两级法院各自成立诉前联调工作室，配备了 28 名联络员，负责指导并参与诉前联调工作；法院之外设立诉前联调工作站 98 个（在镇区综合治理信访维稳中心、公安等机关部门以及妇联、商会、行业协会等团体组织中均有设立），选定了 217 名业余调解员，形成了"点多面广人足"的诉前联调网络，并通过司法确认的形式，有效解决诉前联调中调解协议的法律效力问题。市中院还专门编制了《诉前联调暨预立案调解实务手册》，对诉前联调各个环节及各种细节问题进行了规范和完善。

2011 年至 2014 年 7 月，通过诉前联调工作，全市共调结案件 13286 件，自动履行 13087 件，自动履行率为 98.5%。其中，市第二法院建立了劳动争议裁审衔接机制，2013 年该院辖区劳动争议仲裁案件 4254 件，仲裁后起诉到该院的只有 802 件，仲裁后起诉率与往年比大幅降低。诉前联调取得了成本投入少、化解矛盾多、自动履行率高等显著成效。诉前联调使当事人实现了低成

---

① 〔英〕彼得·斯坦、约翰·香德：《西方社会的法律价值》，王献平译，中国法制出版社，1990，第 38 页。

② ADR 是一种起源于美国的争议解决新方式，意为"非诉讼纠纷解决程序"或"解决争议的替代方式"，即调解、调停以及在法院协助下的 ADR 等。由于它没有复杂的程序，且不影响当事人之间的合作关系，被很多西方国家采用。

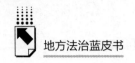

本高效率维权，减轻了法院办案压力，促进了社会和谐稳定，形成了多赢格局，这是"创新驱动发展战略"的突出体现。

### （二）全面夯实公正司法基础，助推中山法治建设前行

司法公正程度是衡量一个地方法治程度的重要标志。2011~2014年7月，全市法院共受理各类纠纷案件203264件，结案171904件，法官人均年结案149件，审结了原茂名市市委书记罗荫国受贿、巨额财产来源不明系列案等一大批重大疑难敏感案件，司法质效不断提升，群众对司法公正的认同度不断提高。2011年9月，广东省高级人民法院委托广东省情调查研究中心对全省法院完成的人民群众满意度调查结果显示，中山市两级法院整体工作满意率均超过90%，达到优秀水平，满意率位居全省法院前列。近三年，市中院向市人大所作的法院工作报告通过率分别达到99.2%、99.5%和98.5%，通过率一直稳居全国法院前列。

在全国首推"离婚财产申报"制度。2013年开始，中山市第一人民法院（以下简称市第一法院）在家事审判上试行离婚财产申报制度。欲离婚夫妻双方在庭审前就得对自身及对方财产进行申报，若出现违背诚信问题将被判少分或不分，还可能面临民事制裁。该制度能有效减少因财产分割问题引发上诉和二次诉讼的可能性，节约当事人诉讼成本及法院司法资源。通过财产申报，基本上能一次性地处理好夫妻共同财产范围的确定问题，既避免了在财产分割问题上形成新的矛盾，也促进了诚信社会的建设。

对未成年人试行"圆桌审判制度"①"前科消灭制度"②，对管制、缓刑人员实施"刑事禁止令"③。为了加强对特定人员的保护，这几年来，中山市两级法院贯彻对未成年被告人"教育、感化、挽救"的方针，试行"圆桌审判"

---

① 即在审判区将高高在上的矩形审判台改为平易近人的圆桌型审判台，法官以宽松平和的寓教于审取代以往庄重严肃的讯问方式，以此减轻未成年被告人的恐惧和抵触心理，促使其改过自新的一种庭审方式。

② 即对未成年人的犯罪情况不记入档案，或者将其犯罪档案永久封存，与前科有关的犯罪事实不再对社会公开的任何档案中载明的一项制度。

③ 指的是对管制犯、缓刑犯具体执行监管的措施，即禁止其从事特定的活动、进入特定场所、接触特定人。

的庭审形式并试行"前科消灭制度"。通过"圆桌审判"减轻未成年被告人的恐惧与抵触心理，让控、辩、审三方形成合力对失足未成年人进行帮教；"前科消灭制度"使未成年犯罪人转化获得宽松的社会环境、继续发展的空间以及足够的悔改余地，从而顺利回归社会。另外，还对宣告管制、缓刑的人员，实施"刑事禁止令"，防止了再次接触的诱因，避免交叉感染，从而形成一道有效的司法"隔离墙"，有利于挽救失足人员。以上制度对未成年人及管制、缓刑人员起到了较好的挽救效果。由于成绩出色，中山市第一法院刑二庭被命名为"全国青少年维权岗"。

每年发布行政审判白皮书。中山市中级人民法院每年对全市法院审理行政案件的基本情况、案件中反映全市行政机关在执法和应诉等方面存在的问题进行调研，并就如何进一步提高行政机关依法行政水平等进行研究分析，及时向党委、政府以及相关职能部门提出意见和建议，对提高全市行政机关运用法治思维和法治方式管理社会的能力起了很大的推动作用。

"正义不但要实现，而且要以看得见的方式实现"。近年来，中山法院在案件立案、公告、送达、庭审、调解、宣判等诉讼过程中，充分利用电视、报纸、微博、微信等载体公开，大力推动裁判文书上网，依法向当事人和社会进行立体化、多元化公开，切实维护了群众的司法知情权、参与权和监督权。2012年，中山市中院办公室还被评为"全国法院信息化工作先进集体"。

微博直播庭审。在开通官方网站的基础上，2013年7月，中山市中院开通了法院官方微博，开展形式多样的微博直播、微博回应质疑、以案说法等，得到新华社等众多媒体的宣传和赞扬，如今发布微博1000多条，关注粉丝达14000多名。

全国首创网拍微信平台。中山市第一法院委托淘宝网搭建网络司法拍卖平台，完善网拍各项规程，在拍卖过程中提供法院环节的一站式服务。2013年12月23日正式在淘宝网上线拍卖，成为全省首个推行网络司法拍卖的法院。2014年4月28日，网络司法拍卖微信公众平台在全国率先上线，成为全国首创网拍微信平台的法院。

网络司法拍卖将所有信息均在网上发布，竞价数据、竞价过程、竞价结果通过数据系统全程公开，自动生成不可更改的电子交易信息，准确记录拍卖全

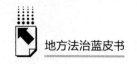

过程。每次拍卖有超过数千甚至数万人次围观，意味着更高的透明度和更大的监督力度，完全公开透明，排除了人为因素，减少了暗箱操作和寻租空间。

"网拍"为执行工作带来了三大变革。一是效率变革。法院直接将标的物上传到网络平台拍卖，减少了中间环节，不受地域限制，缩短了执行变现时间，提高了执行效率。二是成本变革。该院网络司法拍卖不收取任何相关费用，实现零佣金，降低了交易成本，提高了债权人受偿比例。三是溢价变革。司法拍卖上淘宝网后，参与竞买人增多，降低了流拍概率，实现了拍卖价格最大化，让案件双方当事人实现"共赢"。

自上线起至 2014 年 8 月 6 日，中山市第一法院共将 151 宗拍品挂网，已走完全部拍卖、变卖程序的共 75 宗，其中成交 68 宗、流拍 7 宗（含变卖 1 宗），总成交额为 7997 万元，为当事人省下佣金约 400 万元（按拍卖公司佣金标准5%计）。

### （三）强化法律监督，确保公平公正司法

依法治国的含义在权力领域是指权力要依法配置和行使，权力要受制约，权力不被滥用。就司法而言，司法独立和司法受制加在一起才有司法公正。检察权是对司法权、行政权的双向分割，实际上对行政权和司法权来说都起到了制衡和救济的作用。中山市两级检察机关坚持"敢于监督、善于监督、准确监督"，依法履行诉讼监督职责，以监督保障公平，确保法律正确实施，维护社会公平正义。

加强刑事诉讼监督。近年来，中山市检察院重点开展了直接关系民生的破坏环境资源和危害食品药品安全犯罪专项立案监督活动。例如，2014 年监督行政执法单位向公安机关移送相关涉嫌犯罪案件 14 件 14 人，监督公安机关立案 13 件 13 人。与此同时，检察机关还强化立案监督，出台《中山市检警刑事案件信息通报制度工作办法》，2013 年，依法监督侦查机关立案 79 件，监督撤案 30 件。强化侦查活动监督，决定不捕或不予批准逮捕 2246 人，不起诉519 人。此外，中山市检察院积极开展了羁押必要性审查、听取辩护律师意见、非法证据排除等侦查活动监督新增业务；发挥"行政执法与刑事司法衔接工作"的平台作用，2013 年监督行政执法单位移送案件 85 件。审判监督是

检察机关监督工作的重点，中山市检察院一直是全省审判监督先进单位，2013年对法院判决的刑事案件依法提出抗诉41件。

加大民事行政诉讼监督力度。作为全省行政违法检察监督试点单位，中山市人民检察院扎实开展行政检察专项监督，制定了《中山市人民检察院民事行政检察办案工作指引（试行）》，加强和规范民事行政检察工作。2013年受理民事、行政申诉案件达1009件，提请抗诉194件，促成当事人达成和解、调解协议58件，对正确的判决、裁定成功息诉681件，对16件民事申诉案件开展虚假诉讼监督，并受理了77宗行政诉讼监督案件。

主动延伸法律监督职能，积极维护社会稳定。一是深入推进农村基层党组织防范职务犯罪示范点建设，推动农村基层反腐败工作。该项工作入选2014年市直属机关党建活动创新项目，并被列为省、市法治惠民工程。二是扎实开展预防农村基层组织人员职务犯罪专项工作，重点保障全市279个村（社区）全部顺利完成换届选举，获评"广东省检察机关创建平安广东十大典型事例"。三是创新行贿犯罪档案查询工作，推动全市将"失信受戒"廉洁准入机制纳入社会诚信大体系建设格局，成为全省首个在公共资源交易领域强制实行行贿犯罪档案查询机制的城市，共为7848家单位11675个人提供行贿犯罪档案查询。四是结合办案开展调查研究，围绕基层干部职务犯罪、知识产权犯罪等热点领域案件开展类案分析，深入剖析其成因和特点，以专题调研报告、检察情况反映等形式提出治理对策，为党委政府加强社会管理提供决策参考。五是充分发挥镇区检察室贴近基层群众的优势，推动检察职能向基层延伸，加强与镇区党委政府、公安、法院的联动配合，形成维稳合力，深入排查涉检不稳定因素和信访突出问题，化解基层社会矛盾，促进基层社会管理法治化水平不断提升。

## 五　法治文化建设，让法治观念深入人心

中山市利用特有的人文资源和条件，在法治文化建设中传承"博爱、创新、包容、和谐"的中山人精神，弘扬社会主义法治精神，推进中山地域特色法治文化建设，发挥法治文化教育、熏陶、警示、凝聚、激励等引领作用，将法治精神贯穿在法治中山建设中。

## （一）率先在全省启动"公共法律服务体系"建设工作

为切实解决人民群众日益增长的公共法律服务需求问题，创新社会治理方式，中山市积极探索构建有中山特色的公共法律服务体系，优质法律服务资源不断下沉，该项目获评中山市第三批社会创新观察项目。通过设立法律服务站点、整合法律服务资源，构建政府主导、覆盖城乡、多方参与、优质便捷、均等普惠、可持续的公共法律服务体系，形成"半小时法律服务圈"，即无论是在镇区还是村组的居民均可在生活半径圈以普通交通工具为出行方式，接受优质的法律服务。中山市 24 个镇区均已建立法律服务大厅，22 个镇区设立了基层法律服务所，10 个镇区设立了律师事务所。此外，石岐、小榄 5 个镇区设立了公证处，古镇、沙溪等设立了多个公证便民服务点，公证网上预约系统于2014 年正式上线。公共法律服务产品有形化、标准化和普及化。2014 年 6 ~ 7月，推出《公共法律服务产品目录库（第一辑)》（含 6 大类、97 项律师公共法律服务产品）和《公共法律服务产品目录库（第二辑)》（含律师、公证、司法鉴定、法制宣传、人民调解、法律援助和特殊人群矫正帮扶等法律服务项目)，并面向社会公开发行 8000 册。

## （二）积极培育法治文化品牌，示范引领法治文化建设

一是举办中学生法律知识竞赛活动。自 2010 年以来，连续 4 年组织举办全市中学生法律知识竞赛活动，12 万多中学生受到了法制教育，增强了法制观念，法律进校园活动取得了实实在在的成效。二是率先开展"孙中山法治思想"研究。广东依法治省工作领导小组在中山市挂牌建立"孙中山法治思想研究基地"后，通过连续三年举办三届孙中山法治思想研讨会，孙中山宪政理论与三民主义、孙中山法治思想的实践与启示等研究取得了一定的成果。2013 年，中山市依法治市工作领导小组与孙中山基金会共同在孙中山故居筹建了孙中山法治思想研究与中山法治建设成果展览馆，建立长期的法治建设展示基地。目前，中山市依法治市办公室组织各镇区在学校开展孙中山法治思想研究与中山法治建设成果巡展活动。三是开展法治文化示范点建设。中山市按照"一镇区一品牌、一单位一亮点"的工作思路，连续四年在全市各镇区以

"法治嘉年华"等多种形式开展法治宣传活动，着力构建具有地方特色的法治文化。石岐区"每周一法"和古镇"社区学院"两个法治文化建设项目被授予"广东省首批法治文化建设示范点"称号。2013年，在全市开展了法治文化建设示范点活动，分四种类型培育了9个首批法治文化建设示范点。

### （三）推行全民法治修身，营造法治社会氛围

从2011年开始，中山市在全省率先启动了"全民修身行动"。法治修身是全民修身行动的重要内容，在行动中，注重运用媒体、课堂、讲座、读书、身边人、身边事的宣传等多种方式培育市民的法治思维，在提倡中国传统道德诚信回归的同时，大力加强法律诚信构建，以及在法律诚信基础上的道德诚信重建。通过全民法治修身行动，在社会形成公平、正义、诚信、平等的法治氛围。

**【专家评论】**

法治与市场经济发展之间是正相关关系，近年来已经得到了国际学术界实证研究的证实。但是，这种关系并不是必然的因果关系，法治社会仍然需要悉心培育与呵护。在这方面，中山市显然已经走出了一条颇具启示性的道路。作为经济强市，中山市在法治建设和社会建设上均有进展，与其他经济同样发达的地市相比，显然更加强调公平和人本。

与国内其他法治建设较好的地市相比，中山市显然共享一些类似的法治发展经验。比如，坚持党的领导、人民当家作主与依法治国的统一，而非割裂，坚持打造服务型、透明型政府，坚持促进公正司法、文明执法。但是，在某些方面，中山市也有自己独特的探索与创新。

第一，重视人大在地方法治建设中的基础性作用。地方人大是地方最高权力机关，离开人大进行法治建设，不仅在实践上是困难的，在合法性上也是有欠缺的。中山市能够发挥人大及其常委会在法治建设中的基础性作用，就使其法治建设具有了合法性和科学性上的制高点，有利于协调地方规范性文件的合法性和统一性，有利于发挥人大的监督功能，确保地方法治建设有一个统筹全局的框架。

第二，法治建设与社会建设并行。法治是治国理政的基本方式，但也仅仅是一种方式。实践中，法治建设往往会走向两个极端：一是不重视法治，所谓"黑头（法律法规）不如红头（规范性文件），红头不如笔头（领导批示），笔头不如口头（领导指令）"；一是片面地强调法治而忽略法治能够得以顺利推进的相关条件。法治建设不是孤立的，不能单兵突进，而只能是社会治理系统工程中的一个重要部分。中山市重视基层社区自治建设，培养基层社区自我协调行动、纠纷解决的能力，强调全民修身的文化和道德建设，就为其法治建设奠定了坚实的社会基础，培养了良好的社会氛围，从而使得法治社会也可以成为和谐社会。

第三，中山市在重大决策合法性和规范性上的努力，以及打造透明政府、促进司法公正的努力，也抓住了法治建设的关键，那就是依法治官、依法治权。从理论上讲，法治包括依法治官与公民自治两个部分，它不是用法来"治"民，而是依法来"治"官。能够规范权力和约束权力，实现依法行政和法治政府，才是真正抓住法治建设的"牛鼻子"。

当然，同其他地方一样，中山市的法治建设仍然有一些重要问题需要"破题"。其中最关键的就是处理党的领导与依法治国的关系。党的领导是集体领导，党领导国家立法，但党也应该在宪法和法律的范围内活动，党员更应该成为促进公正司法和维护法律权威的模范。但实践中，在一些地方，党的领导成了部分领导干部的个人领导，少数一把手不仅凌驾于班子之上，还凌驾于法规制度之上，甚至介入和干预司法个案，严重违反党纪和国法。为此，十八届四中全会决定强调，要建立领导干部干预司法的记录和追责制度。如何贯彻四中全会决定，全面推进依法治国，在法治建设上取得更大进展，就成为中国全面深化改革的重要方面。希望中山市能够在这个问题上取得更大成绩。


（支振锋，中国社会科学院法学研究所副研究员）

# 地方立法

Local Legislation

## B.4

# 法治建设中的地方立法

## ——从四川看地方立法的引领和推动作用

王希龙\*

**摘　要：**

依法治国，建设法治中国，不仅为中国的政治、经济、文化、社会等体制改革带来了新思路，也给地方立法提出了新要求。近年来，四川省人大常委会在省委的正确领导下，认真贯彻党的十八大和十八届三中全会精神，落实依法治国基本方略，以推进四川治理体系和治理能力现代化为目标，着力加强地方立法，全面推进依法治省和法治四川建设，发挥了地方立法的引领和推动作用。

**关键词：**

法治　地方立法　四川

\*　王希龙，四川省人民代表大会法制委员会副主任委员。

党的十八届三中全会提出，"建设法治中国，必须坚持依法治国、依法执政、依法行政共同推进，坚持法治国家、法治政府、法治社会一体建设"。依法治国，立法必须先行。建设法治中国，不仅为当前中国的政治、经济、文化、社会等体制改革带来了新思路，也给地方立法提出了新要求。如何适应法治中国建设的新形势，进一步提高地方立法质量，完善社会主义法律体系，如何适应法治中国建设的新要求，在继续支持政府的秩序管理功能的同时，更加注重发挥法规保障公民合法权益、维护社会公平正义、规范政府公共服务的功能，突出地方特色，是地方立法面临的新课题与新任务。

近年来，四川省人大常委会在省委的正确领导下，认真贯彻党的十八大和十八届三中全会精神，落实依法治国基本方略，坚持党的领导、人民当家作主、依法治国有机统一，围绕省委重大决策部署和《四川省依法治省纲要》，以推进四川治理体系和治理能力现代化为目标，着力发挥立法的引领和推动作用，全面推进依法治省和法治四川建设，取得了初步成效。

## 一　基本概况与主要特点

2011 年以来，四川省人大常委会共制定、修正（订）和废止地方性法规 42 件，批准成都市地方性法规 27 件和民族自治地方单行条例 15 件。其中，2013 年四川省人大常委会制定、修改地方性法规 8 件，批准成都市地方性法规和民族自治地方单行条例 8 件。2014 年 1～9 月，省人大常委会制定和修改地方性法规 11 件，批准成都市地方性法规 2 件、民族自治地方单行条例 5 件。

在省人大常委会制定、修改和废止的 42 件地方性法规中，制定 12 件，修改（订）27 件，废止 3 件；宪法实施类法规 3 件、民商法类法规 1 件、行政类法规 19 件、经济类法规 7 件、社会类法规 12 件。

同四川 1980～2010 年 30 年地方立法的情况相比，近年立法有以下几个新特点。

### （一）社会类法规增幅快

从 2011 年到 2014 年 7 月，四川省人大常委会共制定和修改（订）社会类法规 12 件，它们分别是：①《四川省城乡环境综合治理条例》（2011）；②《四川省未成年人保护条例》（2011 年修订）；③《四川省饮用水水源保护管理条例》（2011 年修订）；④《四川省城市供水条例》（2011 年修订）；⑤《四川省〈中华人民共和国残疾人保障法〉实施办法》（2012 年修订）；⑥《四川省物业管理条例》（2012）；⑦《四川省公共图书馆条例》（2013）；⑧《四川省固体废物污染环境防治条例》（2013）；⑨《四川省村镇供水条例》（2013）；⑩《四川省法律援助条例》（2014 年修订）；⑪《四川省〈中华人民共和国义务教育法〉实施办法》（2014）；⑫《四川省〈中华人民共和国文物保护法〉实施办法修正案》（2014）等。与省人大常委会 1980～2010 年 30 年立法的法规类别相比，社会类法规明显增长，达到 29.3%，上升了 19.92%；而行政类法规占 46.3%，比前 30 年行政法规 41.5% 的增速略有上升；经济类法规明显减少，只占近年立法总数的 17.1%，下降了 20.01%①。

### （二）议案入法成常态

过去很长时间，代表提出的议案很少进入立法计划。四川省十二届人大常委会成立以来，人大主导立法逐渐成为共识，对代表议案的重视程度也越来越高。代表议案当年提出当年立法已逐渐成为立法新常态。2013 年，四川省人大共收到代表议案 31 件，其中，提出新制定法规的议案 21 件，提出修改（订）的法规议案 6 件，当年列入省人大立法计划 3 件，占议案总数的 9.68%，实现了代表议案当年提出当年立法零的突破。2014 年，共收到代表议案 39 件，其中，提出新制定法规的议案 25 件，修改（订）法规议案 10 件，列入省人大常委会立法计划 2 件，占议案总数的 5.13%。

### （三）立法进入深水区

立法进入深水区的主要标志，一是地方立法开始进入行政审批、政府职能转变等改革深化领域，涉及改革的诸多热点和难点问题；二是各方利益的矛盾

---

① 相关数据引自《30 年四川立法状况的回顾与展望》，见《依法治国与法律体系形成》，中国法制出版社，2010。

和调整在地方立法中汇聚、交锋和博弈，地方立法成为利益博弈的主战场。以四川省第十二届人大常委会新制定的《四川省物业管理条例》《四川省国有土地上房屋征收与补偿条例》为例，物业管理和房屋征收都是涉及利益面广、社会关注度高、各种矛盾交织、法律关系错综复杂、牵涉千家万户切身利益的重大民生领域，要在法规中妥善处理各方矛盾，逐一理清各种法律关系，一一规范各法律主体的权利义务，实非易事。对于《四川省物业管理条例》中物业服务企业与业主的权利义务关系、专业设施设备经营管理、住户安全责任、房屋维修金的使用等，《四川省国有土地上房屋征收与补偿条例》中旧城区的改建、房屋征收程序、住房补偿标准等众多问题，各方争执不下，审议中每一个条款都是经过反复协商，多方博弈，才最终形成和定稿，有的条款到表决时还有争议。条例制定艰难曲折，费时费力。《四川省物业管理条例》从立项起草到颁布实施，历时近十年。《四川省国有土地上房屋征收与补偿条例》则经历四年有余。

### （四）法规统审难度大

近年来，法规审议、修改的难度越来越大，特别是到统一审议阶段，对法规修改的意见反映集中，矛盾突出，加之时间较紧，增加了统一审议的压力，修改的任务较过去更加艰巨繁重。据对四川省第十一届人大常委会制定和修改的 41 件法规的分析和统计，条款修改面达 50% 的法规有 20 件，占总数的48.78%，其中，11 件法规条款修改面达 75%，占总数的 26.83%；6 件法规条款修改面达 100%，占总数的 14.63%，基本上是重新起草。在 2013 年至2014 年新制定、修订的 15 件地方性法规中，法规条款修改比例 50% 以上的有10 件，占总数的 66.67%；修改比例 75% 以上的有 7 件，占总数的 46.67%；修改比例 90% 以上的有 4 件，占总数的 26.67%，其修改面之宽、修改量之大可见一斑。

## 二 立法思路转变与初步成效

近年来，随着依法治国基本方略的确立、民主政治的发展和社会主义法律体系的形成完善，地方立法的指导思想、目标、工作重点和任务等都相应地发生了变化。为适应新形势新任务的要求，不断提高立法质量，四川省人大常委会坚持与时俱进，在立法的工作思路上注意了"三个调整"。

一是调整指导思想。改革开放之初，中国的法治建设百废待兴，地方立法几乎是从零起步。因此，多年来地方立法提倡"摸着石头过河"，成熟一个，抓紧制定一个，以满足经济社会发展需求。有法可依，健全法制是当时地方立法的基本指导思想，缺乏对长远目标的科学把握和统筹思考。十七大以来，党中央提出加快建设"社会主义法治国家"，"全面推进依法治国，法治是治国理政的基本方式"。一些法律专家认为，从"法制"到"法治"，再从建设"法治国家"到建设"法治中国"，我们党在探索和推进依法治国的道路上，不断追求更高的法治建设目标，实现了两次重大飞跃。建设社会主义法制国家，"法制"重点落在法律制度建设上，侧重在立法环节，是"文化大革命"以后解决"有法可依"问题的重要一步。而"法治"不仅包括法律制度，还包括法的实施和遵守状态，它包括立法、执法、司法和守法等法治建设的全过程①。因此，在强调依法治国，建设法治国家的新形势下，地方立法需要及时对其指导思想进行调整，正确处理好地方立法与法治建设的关系，把地方立法同依法治国、建设法治中国的基本方略紧密结合起来，用基本方略指导地方立法。

习近平总书记在庆祝全国人民代表大会成立60周年大会上的讲话中指出："我们必须坚持把依法治国作为党领导人民治理国家的基本方略、把法治作为治国理政的基本方式，不断把法治中国建设推向前进。要通过人民代表大会制度，弘扬社会主义法治精神，依照人民代表大会及其常委会制定的法律法规来展开和推进国家各项事业和各项工作，保证人民平等参与、平等发展权利，维护社会公平正义，尊重和保障人权，实现国家各项工作法治化。"讲话深刻阐明了法治与立法的关系以及实现法治的途径，强调通过人民代表大会制度和人大制定的法律法规来展开和推进各项事业和各项工作，实现国家各项工作的法

---

① 胡建淼：《依法治国实现两次飞跃：中共不断追求更高法治建设目标》，新华网，2014年10月19日。

治化。由此可见，坚持把依法治国、建设法治中国作为立法工作的指导思想，是地方立法的不二选择。坚持和服从依法治国这个大局，用法治建设的思路统领地方立法，通过制定地方性法规，与国家的法律法规相配套相呼应，不断推进地方和法治中国建设，是新时期地方立法的政治责任和历史使命。

二是调整立法功能。过去，我们总把立良法作为目标，追求法律自身的基本价值。这样做当然是正确的。然而通过多年立法实践我们逐渐发现，立法不是为立而立，不仅仅是立良法，实现基本价值，更是为治国理政而立。立法远不是作出一个决定、制定一部法规，而是建设由政治、经济、文化、生态等多方面法律法规集成的国家和社会治理体系。立法本身就是一种治理能力的建设，是社会治理体系的不断完善和更新。地方立法在国家法律和社会治理之间承担着落实和转化的法治功能。当前，中国的立法已经在宏观上基本形成社会主义法律体系，但在微观层面上，地方立法还远没有把国家法律落实到社会治理的实际层面和具体事务中，形成从上到下健全而完善的治理体系，还没有把国家法律完全转化成社会治理的自觉行动和具体现实。在推进中华民族走向复兴、实现伟大中国梦的进程中，法治中国目标越是接近，越需要地方立法结合实际，对法律的顶层设计和战略部署作出具体回答，从法律实施的制度和实践问题上进行丰富和完善。因此，在地方立法中，四川适时调整地方立法的基本功能和价值取向，坚持把推进国家治理体系现代化作为立法的功能目标，把每一部法规的制定同治理体系的建设、推进治理体系和治理能力的现代化结合起来，同解决社会问题、调整社会关系、化解社会矛盾、加强社会治理结合起来，通过一件件法规的制定，实现党、国家、社会各项事务治理制度化、规范化、程序化；通过一部部法律和一件件法规的实施，把法律法规落实到社会的具体现实中。

三是调整工作重点和工作任务。"形势在发展，时代在前进，法律体系必须随着时代和实践发展而不断发展。"① 近年来，四川在地方立法中坚持依法治国基本方略和法治建设的总目标，逐步将立法重点和工作任务由支持政府履行管理职能、注重管理向管理与服务并重转变，由注重经济、行政领域立法向

---

① 习近平在庆祝全国人民代表大会成立 60 周年大会上的讲话。

城乡建设、教育卫生、生态文明、环境保护等社会、民生立法调整。坚持从新的历史起点出发，立足地方实际，进一步创新和健全实施机制，丰富和完善法律制度；坚持党的领导、人民当家作主和依法治国有机统一，及时将党的主张通过法定程序转化为法律意志，推进全面深化改革，确保地方发展、重大改革于法有据；坚持问题导向，提高立法的针对性、及时性、系统性、可操作性，发挥立法引领和推动作用；坚持抓住提高立法质量这个关键，深入推进科学立法、民主立法，完善立法体制和程序，努力使每一项立法都符合宪法精神，反映人民意愿，得到人民拥护。

几年来，四川省人大常委会遵循上述思路和法治建设的核心价值及基本要求，较好地发挥了立法对改革的引领和推动作用，形成了一批针对性、实效性和可操作性强，符合实际，在省内外有一定影响的立法成果，为推动依法治省和法治四川建设贡献了力量，受到社会的肯定和赞誉。

## （一）坚持立法推动，把改革决策与立法决策相结合，发挥地方立法在改革中的引导、推动和保障作用

开展城乡环境综合治理是四川省委九届四次会议立足推进科学发展、促进社会和谐、改善发展环境、提高人民群众生活质量作出的一项重大部署。为总结几年来开展城乡环境综合治理工作的经验，巩固治理成果，促进城乡环境综合治理的常态化、规范化、制度化，2011年，四川省人大常委会根据省委的决策部署，将《四川省城乡环境综合治理条例》列入立法计划，启动了立法程序。

四川省是首个就城乡环境综合治理工作进行地方自主立法的省份。作为一项创制性立法，如何确定城乡环境综合治理的内涵和外延，如何区分城市与乡村在环境治理中的共性和个性，如何建立高效的组织保障体系、科学规范的制度体系，构建城乡环境治理的长效机制等，关系到法规的确定性和可行性，关系到党委意图的转化和决策部署的贯彻落实。立法过程中，法制委员会根据省委主要领导的重要讲话和省委省政府一系列相关文件精神，第一，对城乡环境综合治理的概念进行明确定位：城乡环境综合治理是"对城镇和乡村的容貌秩序、环境卫生、设施建设、公共服务和绿化生态等进行规范和管理的活

动"。同时将公共配套设施的规划建设和城乡环境综合治理执法工作纳入条例规范的内容，并以此构建科学合理的框架结构，将条例的框架结构调整为总则、责任制度、容貌秩序、环境卫生、规划建设、执法监督、法律责任、附则共八章，从而理清了立法思路，凝聚了社会共识，明确了规范对象和规范重点，较好地解决了条例如何定位和规范什么的问题。

第二，规定由"县级以上地方人民政府领导城乡环境综合治理工作"。条例明确了管理主体，规范了相关部门的职责，从制度上形成了政府、治理委员会、主管部门、相关部门、乡镇政府及街道办事处等五级管理机制，为开创上下各级政府、各相关职能部门齐抓共管、配合协作的良好工作局面，提供了可靠的法制保障。

第三，为改变目前城管队伍执法被动尴尬的局面，条例授权"县级以上地方人民政府行政执法部门可以依法委托城乡环境综合治理主管部门行使相关执法权"。条例明确规定，县级以上地方人民政府城乡环境综合治理主管部门承担城乡环境综合治理行政执法工作。条例第一次以地方性法规的形式明确了城乡环境综合治理主管部门的执法主体资格，通过授权和委托的方式解决了由谁执法、由谁管理的问题。

第四，建立和完善了责任区制度，分别对责任区的划分、责任人的确定和责任、责任考核机制的建立等作了明确规定。条例在第六章"执法与监督"中细化了相关部门的监督管理职能，把立法的前瞻性与具体实施的可操作性结合起来，深化了责任机制，增强了条例的针对性，为构建城乡环境综合治理工作长效机制，推动全省城乡环境综合治理工作步入良性管理的轨道提供了法制保障。

第五，条例总结各地开展城乡环境综合治理的经验，建立健全城乡环境综合治理的资金投入机制、规划引导机制、行政执法责任制和监督检查机制、社会参与及监督机制等。

条例的这些规定较好地贯彻了省委领导的指示精神和立法意图，吸收和反映了常委会组成人员、地方政府、基层同志等各方面的建议和意见，凝聚了社会共识，建立起了城乡环境综合治理的长效机制，实现了省委关于城乡环境综合治理"常态化、规范化、制度化"的要求，为城乡环境综合治理营造了良好的法制环境。条例还在坚持党的领导、人民当家作主、依法治国有机统一，推进改革决策与立法决策相结合，发挥地方立法在改革中的引领和推动作用上积累了宝贵经验，进行了有益的探索。2011 年 7 月 29 日，《四川省城乡环境综合治理条例》经省人大常委会第二十四次会议高票通过。条例的颁布进一步深化了城乡环境综合治理工作，对城乡环境综合治理发挥了极大的推动作用。从成都、甘孜、广安等各地开展执法检查的情况看，条例实施以来，各地政府高度重视，认真贯彻实施，城乡基础设施和环卫设施不断完善，环境卫生、容貌秩序和人居环境得到明显改善，城乡面貌焕然一新，城乡环境综合治理工作取得了新的成效。

### （二）坚持制度创新，深化行政体制改革，推进政府由重管理向管理与服务并重转变

制度创新，是四川近年来地方立法的一个鲜明特点。四川省人大常委会坚持把制度创新作为衡量地方立法质量高低的一个重要标准，贯穿地方立法全过程。四川人大坚持用制度规范政府职能，积极推进政府由重管理向管理与服务并重转变，结合四川实际，先后制定出台了多件地方法规，如《四川省政务服务条例》《四川省城乡环境综合治理条例》《四川省村镇供水条例》等地方创制性法规，在全国尚无先例，四川首开先河。

深化行政审批制度改革，推动政府职能转变，以政务服务中心为平台，整合政务服务资源，加强政务服务，是四川深化行政审批制度改革、转变政府职能的一大亮点。为巩固行政审批制度改革成果，做到政府职能转变到哪一步，法治建设就跟进到哪一步，促进政府进一步转变职能。2012 年，省人大常委会在政府报送的《四川省政务服务中心工作条例（草案）》的基础上，制定了《四川省政务服务条例》。条例将政务服务定位为：四川省地方各级人民政府所属部门、机构、法律法规授权的组织，在统一场所为公民、法人和其他组织集中依法受理、办理行政许可、非行政许可审批和公共服务等行政管理事项的活动，确立了政府、政务服务部门、政务服务中心和管理机构的法律地位和法律关系，明确规定"县级以上地方人民政府组织和领导本行政区域的政务服务工作，所属政务服务部门承担具体政务服务，县级以上地方人民政府政务服

务管理机构代表本级人民政府协调、指导和监督本级政务服务部门的政务服务工作，对下级政务服务管理机构进行业务指导。县级以上地方人民政府应当建设政务服务中心，集中开展政务服务。政务服务管理机构负责政务服务中心管理"（条例第4条）。强调政府"应当转变政府职能，深化行政审批制度改革，减少审批事项，优化政务环境"（条例第6条）。明确了部门"应当减少审批环节，简化办事流程，编制政务服务事项办事指南和示范文本，提供便捷高效服务"的法律义务。规范了政务中心建设、信息化数据化建设、制度化标准化建设、政务服务队伍建设等四个建设的内涵，巩固了"两集中两到位"的成果，规定政务服务部门应当将政务服务事项集中到一个内设机构，代表本部门进驻政务服务中心，集中受理、办理政务服务事项。同时，根据中央要把政务服务延伸到基层的要求，积极推进基层便民服务，进一步夯实政务服务基础，巩固了行政审批制度改革成果，实现了政府职能转变到哪一步，法治建设就跟进到哪一步的立法取向。为继续深入推进行政审批制度改革、政务公开和廉政建设提供了有力支持和法制保障。

政府财政监督是政府财政工作的重要职能，但又是政府财政工作最薄弱的环节。长期以来，作为事前监督中心环节的政府财政监督，没有一部专门的法律法规。财政监督立法滞后，监督地位不明，缺少法律手段，已经严重制约了财政监督作用的发挥。因此，从四川财政监督工作的实际出发，以财政部门为监督主体，制定一部专门规范财政监督的地方性法规是必要的。2013年，省人大常委会制定颁布《四川省财政监督条例》。该条例进一步明确了财政监督的主体、客体、内容和方式方法等构成要素，完善了包括人大监督、审计监督在内的经济监督制度体系，建立健全了事前、事中、事后财政监督机制，为加强财政管理，更好地服务改革发展大局奠定了坚实的制度基础。

正确处理政府与市场的关系，是经济体制和行政体制改革的方向。近年来，四川在地方立法中注意把握两者的功能和长处，使市场在资源配置中起决定性作用，又注重更好地发挥政府作用，做到不越位、不错位和不缺位。例如，在制定《四川省电力设施保护和供用电秩序维护条例》过程中，针对电力设施保护与供用电秩序维护两个不同的领域，条例对政府的作用和功能分别作了不同的规定。在保护电力设施安全上，强化政府责任，并根据护线工作的难题，增加规定"县级以上地方人民政府电力管理部门应当会同有关部门、电力线路沿线乡（镇）人民政府及电力设施产权人、管理人，组织群众建立护线队伍、开展护线工作，保障电力设施安全。"在维护供用电秩序方面，则突出政府的公共服务职能，界定为提供正常的市场秩序和依法保护平等主体间的合法权利，并以此规范行政主体与供电人、用电人及其他利益相关人之间的法律关系，明确各自的权利义务边界。有效地解决了行政主体不清、管理缺位和义务不明、民事义务与行政义务混淆的现实问题。同时，针对现行体制下电力行政执法不到位，电力法律法规难以贯彻执行的矛盾，条例除明确规定"县级以上地方人民政府电力管理部门应当配备执法监督检查人员，加强电力行政执法和监督检查工作，依法查处危害电力设施安全和供用电秩序的违法行为，指导、监督有关单位履行电力设施保护和供用电秩序维护义务"外，还根据《行政处罚法》的规定，增加规定"电力管理部门可以委托符合法定条件的组织依法开展电力设施保护和供用电秩序维护监督管理活动"。条例协调解决当前电力执法专业性强、电力执法力量不足的突出矛盾，从制度设计上避免因政府管理缺位造成电力市场秩序混乱的缺陷，促进政府及其部门由过去偏重事前审批监督管理向加强事前、事中、事后全过程监督管理转变。

近年来，政府权力边界模糊，自由裁量权过大，造成权力的滥用，是人民群众和社会最不满意和最关注的问题，也是造成腐败的重大根源。四川注意用制度规范部门权力，界定权力边界，消除权力寻租空间，在地方立法中进行了有益的探索。例如，在制定《四川省城乡规划条例》过程中，法制委员会针对当前规划变动大、缺乏权威性、群众不满意等突出问题，注意以上位法为依据，细化规划变动条件和程序，提高规划修改门槛，约束了部门权力，增强了城乡规划的严肃性。

### （三）坚持民生为本，维护公平正义，保障公民法人的合法权益

国有土地上房屋的征收和补偿，关系民众的切身利益。近年来，地方在城市建设中大兴土木，通过征收国有土地上的房屋，屡屡侵占群众利益，引发群众强烈不满，乃至社会局部动荡。在制定《四川省国有土地上房屋征收与补偿条例》过程中，四川省人大常委会坚持民生为本，为民立法，切实维护公民的合

法权益。一是在公共利益的界定上，积极回应社会关切，增加对具体征收项目是否符合公共利益的审查机制。二是进一步完善旧城区改建征收房屋的协商和启动程序，提高房屋征收和改建启动条件。三是增加房屋评估程序。四是增加对产权调换房屋的交付期限和原址返迁时房屋补偿面积不得小于原居住面积的规定。这些规定能够有效地遏制了政府的拆迁冲动，切实保护了被征收人的合法权益。

又如，在《四川省物业管理条例》立法调研中，一些地方物业服务企业和业主反映，住宅物业小区的专业设施设备管理维护难度大，物业服务企业因缺乏专业人才，设备养护、维修缺乏经费，造成一部分专业设施设备损坏快、维修难。国务院《物业管理条例》中虽然规定"供水、供电、供气、供热、通讯、有线电视等单位，应当依法承担物业管理区域内相关管线和设施设备维修、养护的责任"，但是并没有具体的措施和办法，致使问题久拖不决。这些问题不仅损害了业主的合法权益，给业主造成了不小的经济负担，成为物业企业与住宅小区业主产生矛盾和纠纷的主要症结所在，而且也是压在物业企业和小区业主身上的一块巨石，成为物业管理的一大难题。为了解决物业管理中的困难，缓解业主的经济困难，四川在学习外省经验、同相关企业协商的基础上，采取用产权置换维护权的办法，解决专业设施设备管理与维修脱节的困难。该条例第15条明确规定："新建住宅物业管理区域内的供水、供电、供气等终端用户的分户计量表或者终端用户入户端口以前的专业经营设施设备及相关管线按照国家技术标准和专业技术规范统一设计，由相关专业经营单位依法组织具有资质的单位安装施工，所需费用依照有关工程计价规定确定，由建设单位承担。"同时对条例实施前建设的住宅物业管理区域内的专业设施设备及相关管线的所有权移交、管理和维护作出了规定，从而搬掉了企业和业主身上的一块巨石，妥善有效地解决了企业与业主间的物业矛盾。

### （四）创新社会治理，弥补社会治理的真空，破解社会治理难题

社会治理是近年来党中央为提高社会治理科学化水平，建设中国特色社会主义社会治理体系，实现全面深化改革总目标而采取的一项重大举措。实施有效的社会治理，立法推动是基本方式，也是加强社会治理的核心内容和题中应有之义。近年来，四川在地方立法中积极参与和推动社会治理创新，尝试通过

立法构建新型社会管理体制机制。

以《四川省物业管理条例》为例，物业管理是近年来随着经济社会发展出现的一个新兴产业，由于产生的时间短、管理的模式新，给社会治理带来了许多新情况新问题。为了做好立法工作，省人大常委会在深入细致调查研究的基础上，坚持社会治理创新，用制度弥补社会治理的真空，化解社会矛盾，努力破解社会治理难题。

（1）明确街道办事处、乡镇人民政府社区管理的职责，解决业主委员会成立难题。条例规定，街道办事处、乡镇人民政府"组织、指导、协调本辖区内物业管理区域业主大会的设立和业主委员会的工作"，帮助基层政府从局外人向局内人转变，主动承担起组织成立业主大会及业主委员会，协调社区建设与物业管理关系，调解处理物业管理纠纷等责任，推动小区业主自治。

（2）建立物业服务收费标准和价格调整机制，化解物业服务收费的相关矛盾，规定物业服务收费标准应当保持相对稳定。同时，考虑到物业服务成本的变化，条例规定物业服务企业可以与业主委员会协商，经业主大会同意后调整物业服务收费标准。

（3）确立物业服务中的安全防范义务，解决物业管理与物业安全的纷争。条例第47条、第48条分别从履行合同约定义务和协助主管部门履职两个方面对物业服务企业应当承担的安全防范义务作出了相应的规定，维护了业主合法权益，妥善化解了物业服务企业与业主之间的长期争议。

此外，《四川省村镇供水条例》《四川省公共图书馆条例》《四川省饮用水水源保护管理条例》和《四川省〈中华人民共和国水土保持法〉实施办法》《四川省固体废物污染环境防治条例》《四川省节约能源条例》根据实际情况和社会治理的需要建立了相应制度，较好地回应了社会治理中存在的突出矛盾和重大关切，健全和完善了社会治理体系，为运用法律法规定分止争，化解社会矛盾，加强社会治理，构建新型社会治理长效机制提供了法制保障。

## 三 加强地方立法的思考与建议

回顾四川近年来的立法历程，有成绩也有不足，有艰辛亦有喜悦。通过一

件件法规的制定和修改，可以清晰地感受到其中鲜明的时代特征、浓厚的民主气息和地方特色，更增强了做好地方立法工作的决心和信心。当今中国，法治的潮流浩浩荡荡，不可阻挡，十八届四中全会对依法治国、全面推进法治建设作出全面部署，地方立法正站在历史的新起点上。立法机关应当乘势而上，顺势而为，"抓住提高立法质量这个关键，深入推进科学立法、民主立法，完善立法体制和程序，努力使每一项立法都符合宪法精神、反映人民意愿、得到人民拥护"[①]。

## （一）加强党对地方立法工作的领导

推进依法治国，建设法治国家必须加强党对立法工作的领导。立法是依法治国的前提和基础。党委应当将更多的精力放到立法工作上，加强对地方立法工作的领导，注重运用法治思维和法治方式深化改革、推动发展。当前加强党对地方立法工作的领导，地方党委主要应在以下几个方面着力。一是参与制定和审核批准人大常委会五年立法规划和每年立法计划，从宏观上把握立法服务于法治建设和社会经济发展的目标，有效增强立法的针对性。二是把握地方立法工作的领导权，按照全面深化改革的基本要求和地方发展总目标，提出地方立法的阶段性目标和任务，将改革决策与立法决策结合起来，发挥立法在引领、推动和保障改革方面的重要作用。三是建立党委领导地方立法的工作机制，规范党委向人大及其常委会提出立法建议的程序，及时把党委的重大决策和在实践中行之有效、可以普遍推行的措施办法，通过法定程序转化为具有法律约束力的行为规范，使党的主张通过法定程序成为国家意志，协调推进地方各项改革和经济社会可持续发展。四是支持人大在立法工作中的主导作用，做人大的坚强后盾，减少部门利益对立法的不当干扰，遏制权力扩张的趋势，改变"政府部门端什么菜、人大就吃什么菜"的现象。五是及时主动研究，帮助协调解决地方立法工作中的一些重大问题，如体制机制等重大制度的创设、民生的重大利益调整、重大行政审批事项的设立与废止、政府相关部门的重大争议等。

---

[①] 习近平在庆祝全国人民代表大会成立 60 周年大会上的讲话。

### （二）发挥人大在地方立法中的主导作用

坚持人大在立法中的主导地位和作用，是近年来各级人大一直呼吁和期盼解决的一个重大问题，是社会和法学界专家学者完善立法体制的重大关切。十八届四中全会《中共中央关于全面推进依法治国若干重大问题的决定》提出，"健全有立法权的人大主导立法工作的体制机制，发挥人大及其常委会在立法工作中的主导作用"。

立法是国家权力机关依照法定职权和程序制定法律法规的活动。从目前地方开展立法活动的各个环节看，法规的审议和修改已经纳入法定程序，人大主导不言而喻。薄弱的是人大对立法全局的统筹及活动全过程的把握，以及人大在立法征集意见、项目论证、法规立项、草案起草等诸多立法环节上的缺位。人大主导应当是坚持国家权力机关制定法律法规的主体主导，是坚持以民为本、立法为民、反映人民意志的民意主导，是把公正、公平、公开原则贯穿立法全过程，针对现实突出问题进行规范的问题主导，是增强法规有效性和可操作性，提高法规质量的质量主导。为贯彻落实四中全会精神，更好地发挥人大在地方立法中的主导作用，有立法权的人大常委会应当加强对立法工作的统筹协调，注意研究人大主导的形式和内涵，建立人大主导立法的长效工作机制。抓紧建立和完善人大向社会征求立法意见和建议及处理反馈制度，代表议案的起草、提出和办理制度，人大常委会同地方政府的立法项目和立法计划协调制度、人大专门委员会组织协调政府部门起草法规制度，地方性法规立项论证和预评估制度，进一步完善地方性法规审议和修改制度等，实现人大主导立法工作的制度化、法制化。

### （三）注重地方立法队伍专业化建设

目前，地方立法主要以人大机关内设置的法制委员会等各专门委员会和法制工作机构为主体，实行以行政管理为主的立法体制。这种体制有效地解决了立法工作人员的政治地位和生活待遇等问题，为地方立法提供了坚实的组织保障、政治基础，良好的工作环境和工作条件，推动了地方立法的快速发展。但是，由于行政机关工作人员的职级待遇与职务升迁相联系，因而也刺激了立法

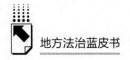

人员的职务升迁追求和机会寻求倾向，客观上影响了立法队伍的稳定和专业水平的提高。地方立法是一项政治性、专业性很强的工作，为了保证地方立法队伍的稳定和专业水平的提高，进一步提高地方立法质量，在现有体制下加强地方立法队伍专业化、职业化建设十分必要。建议在地方立法中探索建立与行政官员升迁制度并行的地方立法专业技术职务晋升制度，鼓励一部分人员安心立法工作，钻研立法业务，走专业技术的发展道路，按照立法人员的业务能力、专业技术水平和工作业绩确定和晋升专业技术职称，提高专业人才的政治生活待遇，以稳定专业立法队伍，培养地方专业立法人才，造就一支又红又专的地方立法骨干队伍。

### （四）建立立法内部动力与社会外部推力的互动机制

近年来，为推进科学立法、民主立法，建立立法项目立项论证、立法成本效益分析、社会风险评估和实施后评估等机制，四川省人大常委会先后建立了市、州人大法制工作联系点和立法专家咨询库，加强了以四川大学、西南财经大学为主要协作单位的立法基地建设，整合社会资源，探索建立地方立法内部动力和社会外部推力的合作机制，为进一步提高立法质量，推动四川地方立法工作发挥了重要作用。但是，地方立法与法制工作联系点、专家咨询库和立法基地之间并没有形成有效合作的互动机制，其合作关系也没有形成地方立法的新常态。因此，应当注重地方立法核心职能与非核心职能的区分，研究各个合作方的长处和优势，建立和完善不同主体参与地方立法（包括购买服务）的基本方式和程序，明确各自的责任和任务，强化合作成效（包括购买服务的成果）的考核和评估，以进一步深化和完善立法内部动力和社会外部推力的互动机制，形成地方立法的整体合力和社会有序参与地方立法的新常态，为推动依法治国和法治四川建设作出新的更大的贡献。

### （五）增加常委会专职委员比例

从对四川省人大常委会六至十二届常委会专兼职委员的统计情况看，除主任、副主任、秘书长以外，历届省人大常委会委员的专兼职状况是：省六届人大常委会有专职委员 11 人，兼职委员 60 人，专兼职的比例分别是 15.49%、

84.51%；七届人大常委会有专职委员 8 人，兼职委员 59 人，比例分别是 11.94%、88.06%；八届人大常委会有专职委员 13 人，兼职委员 54 人，比例分别是 19.4%、80.6%；九届人大常委会有专职委员 26 人，兼职委员 43 人，比例分别为 37.68%、62.32%；十届人大常委会有专职委员 28 人，兼职委员 42 人，比例分别为 40%、60%；十一届人大常委会有专职委员 26 人，兼职委员 44 人，专兼职委员比例为 37%、63%。而十二届省人大常委会由于增加了全省 21 个市、州人大常委会的主任为常委会委员，因此，常委 75 人中，专职委员只有 15 人，专兼职比例分别为 20%、80%[1]，较上两届人大常委会专职委员数量明显回落。

常委会专职委员偏少对地方立法的审议工作影响很大。首先，兼职委员本职工作任务繁重，难有充裕的时间参加常委会立法审议活动。据统计，省十届人大第二次至第十七次常委会共举行 32 次大会，缺席次数最多的是兼职委员，为 28 次，缺席 10 次以上的 11 名委员中，兼职委员有 10 人。其次，兼职委员在发言次数上较专职委员也有一定差距，甚至有的委员到会不发言或发言质量不高，出现"兼而不参，参而不议，议而不准"的情况[2]，客观上影响了地方立法的审议质量。当前，随着法治建设的不断深入，无论从地方立法的工作需要，还是从今后发展趋势看，都需要逐步加快专职化进程，最终实现全部专职化目标。为此建议，在省级人大换届时，注意科学调整常委会组成人员的结构，提高常委会委员的专职化比例，以适应依法治国和法治建设新形势的需要。

**【专家评论】**

四川省人大强调正确处理好地方立法与法治建设的关系，并通过人民代表大会制度和人大制定的法律法规展开和推进各项事业和各项工作，推进国家各项工作的法治化，推进改革决策与立法决策相结合，在发挥地方立法在改革中的引领和推动作用上进行了有益的探索。在具体工作中，省人大把提高立法质

---

① 据四川省人大常委会人事代表工作委员会《四川省人民代表大会常务委员会组成人员和专门委员会成员名册》统计。

② 《四川省人大常委会组成人员构成研究》，《调查与探索》，四川省人大常委会内部资料，2006。

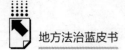
量作为加强和改进立法工作的重心，注重制度建设和制度创新，制定和完善人大向社会征求立法意见和建议的处理反馈制度，代表议案的起草、提出和办理制度，人大常委会同地方政府的立法项目和立法计划协调制度、人大专门委员会组织协调政府部门起草法规制度，专家咨询库制度，地方性法规立项论证和预评估制度，进一步完善地方性法规审议和修改制度等，实现人大主导立法工作的制度化、法制化；强化对政府的监督，建立健全政府财政监督机制，坚持用制度规范政府职能，积极推进政府由重管理向管理与服务并重转变。进一步加强和完善人大制度建设，可着力于健全备案审查与法规清理制度，维护法制统一；增强法规审议的透明度，规范法规审议的方式，增加立法辩论环节，不断提高法规审议的质量；积极推进立法后评估制度，加强对法规规章实施情况的检查和监督等。

（刘小妹，中国社会科学院国际法研究所副研究员）

# 政府法治

## Construction of Law-Based Government

# B.5

# 2013～2014 年广东省法治政府
建设与展望

广东省人民政府法制办公室课题组 *

摘　要：

为推进依法行政、加快法治政府建设，广东省坚持党委统揽全局，以制度建设为核心，制定出台了一系列规章制度和政策措施，不断深化行政管理体制改革，大力加强法制机构和队伍建设，认真解决法制机构在工作中遇到的实际问题。为贯彻落实十八届四中全会精神，广东省将进一步推进政府职能转变和行政体制机制创新，建设依法科学民主决策机制，构建法治化营商环境，规范行政执法行为，着力解决依法行政中群众反映强烈的突出问题，推进廉洁政府建设法治化和规范化。

---

\* 执笔人：曾伟坚，广东省人民政府法制办公室依法行政指导处处长；江新建，广东省人民政府法制办公室依法行政指导处调研员；叶新华，广东省人民政府法制办公室依法行政指导处副调研员；方学勇，广东省人民政府法制办公室依法行政指导处副主任科员。

关键词：

　　广东　依法行政　法治政府

　　2013年以来，广东省各级行政机关认真贯彻落实党的十八大、十八届三中全会和习近平总书记系列重要讲话特别是视察广东重要讲话精神，坚持以法治理念为引领，把推进依法行政、建设法治政府作为依法治省的重中之重，突出重点、分步实施、整体推进，成效显著，有力地促进了全省经济社会的平稳健康发展。

# 一　法治政府建设的主要做法及成效

## （一）健全领导机制，形成全省上下共同推进依法行政工作的新格局

　　根据广东省依法治省工作领导小组第十九次会议的部署和要求，省政府将加快行政管理立法、推行依法行政考评、加强行政复议工作等法治政府建设工作纳入依法治省工作重点，推动法治政府建设与法治广东建设统筹部署、同步推进。省政府调整和充实了省依法行政工作领导小组成员，并成立领导小组办公室，日常工作由省法制办承担。省依法行政工作领导小组及其办公室成立并运作以来，对推进广东省依法行政、加快法治政府建设发挥了重要作用。2013年7月，省政府召开了全省依法行政工作会议。省法制办举办了全省法制局长培训班，对贯彻落实全省依法行政工作会议精神和开展全省依法行政考评作了具体部署。全省市、县（区）政府和省直各部门普遍建立了以主要领导负总责，分管领导具体负责的依法行政工作机制。全省21个地级以上市政府常务会议均听取了依法行政工作情况汇报，并研究了贯彻全省依法行政工作会议精神的意见，分别召开了市依法行政（法治政府建设）工作会议，层层部署落实依法行政考评和法治政府建设工作。深圳市委市政府印发了《深圳市加快建设一流法治城市工作实施方案》，提出了七个专项行动。揭阳市政府出台了《揭阳市人民政府关于加强依法行政工作的意见》，注重推进依法行政工作的

创新和突破，取得明显成效。2014 年上半年，省政府印发了《广东省 2014 年依法治省工作要点》，明确了全省推进依法行政、加快法治政府建设的任务要求；省政府分别向国务院和省委、省人大常委会上报了《广东省 2013 年推进依法行政工作情况报告》。省法制办认真贯彻落实《法治广东建设五年规划》，抓好"创建平安广东"法治政府建设项目；组织启动了《全面推进依法行政实施纲要》颁布十周年总结宣传活动。

### （二）强化依法行政意识，提高依法行政能力

一是扎实开展"政府学法日"等领导干部带头学法活动。省政府着力加强对领导干部特别是"一把手"的依法行政知识培训，把领导干部带头学法作为政府的一项常态性工作来抓。省政府制定了 2013 年"省政府学法日"活动计划。同时，省政府推动全省各市县领导干部学法用法，切实提高各级领导干部依法行政能力和水平。目前，全省 21 个地级以上市和 118 个县（区）政府建立了领导干部学法制度，各地、各部门以专题讲座、集中培训等方式，对国务院《全面推进依法行政实施纲要》《国务院关于全面推进依法行政的决定》《国务院关于加强法治政府建设的意见》，以及广东省《法治广东建设五年规划（2011～2015 年)》和《广东省法治政府建设"十二五"规划》进行深入的学习培训和广泛宣传。通过开展各类学法用法活动，使各级领导干部依法决策、依法办事的意识和能力不断增强，遵守法律、崇尚法律、依法行政的氛围日渐浓厚。

二是全面实施全省依法行政考评工作。为深入推进依法行政，加快法治政府建设，2013 年 3 月，省政府以政府令的方式颁布《广东省法治政府建设指标体系（试行)》和《广东省依法行政考评办法》，规定每年对全省地方各级人民政府、政府各部门和各机构的依法行政状况开展一次考评。

对 2013 年度全省依法行政状况进行考评，是广东省第一次按上述两个政府规章实施对依法行政工作的全面考评。根据省政府的部署，2013 年度全省依法行政考评采取社会评议与行政系统内部考核相结合的方式进行，其中，社会评议工作由省政府委托国家统计局广东调查总队实施，内部考核工作由省政府派出考评组实施。被考评单位包括了 21 个地级以上市和佛山市顺德区人民

政府，以及 39 个省政府组成部门和直属机构；考评内容包括了依法行政制度建设、行政决策、行政执法、政府信息公开、社会矛盾防范和化解、行政监督、依法行政能力建设、依法行政保障 8 个方面。

考评工作主要有四个特点。一是考评规格高。省长亲自部署考评工作，分管副省长亲自带队进行考评，省政府共派出 12 个考评组进行实地考评。二是考评内容全面。包括了省法治政府建设指标体系规定的 8 项一级指标、40 项二级指标、108 项三级指标的全部内容。三是考评动真格、强约束。实地考核时，每个考评组成员来自 3 个以上不同单位；开展考评抽查时，不提前告知被考评单位，完全实行随机抽查。四是社会参与度高、公正性强。社会评议过程中，在全省范围内随机抽选了 6146 名党代表、人大代表和政协委员，发送调查问卷，就各地各部门依法行政工作提出评价意见；同时，在各地随机抽选4800 户居民住户进行入户调查，广泛听取群众的意见，调查样本覆盖社会各个群体；另外，还向纪检监察机关、省市法院和检察院以及各被考评市政府、被抽查县（市、区）政府的同级人大常委会等依法行政工作监管单位发出 90多个征询意见函，广泛征询、收集和听取各界的评价意见。

考评结果显示，61 个被考评单位的得分中，最高分 90.90 分，最低分71.76 分，平均分 82.22 分；依据各单位得分情况，确定 8 个单位达到优秀等次，33 个单位达到良好等次，20 个单位属于一般等次。省国资委等 11 个实行自查自评的单位的自评得分也全部在 80 分以上。

从考评结果看，广东省依法行政工作整体情况良好，大部分行政机关能把依法行政作为各项工作的基本准则，依法行政的意识和能力逐步提高，依法行政配套制度建设逐步完善，行政决策逐步规范，政府信息公开稳步推进，行政执法效能得到提升，行政监督力度加大，防范和化解社会矛盾的渠道不断拓展，依法行政保障逐步增强。同时，考评中也发现存在一些不足：个别地方和部门领导干部对依法行政工作重要性的认识还不到位，重经济发展，轻法治构建，对法治工作常态化建设的投入不多，依法行政的意识和能力有待进一步提高；一些地方和部门仍然存在"重建章立制、轻执行落实"的情况，有些依法行政配套制度落实不到位等。

通过考评，基本摸清了全省依法行政工作状况，为进一步推进依法行政提供了样本和数据；考评触动了各地、各部门领导和工作人员的理念和认识，促使各地、各部门对依法行政工作的认识和重视程度有了较大提高；考评工作发挥了法治政府建设指标的导向作用，将有力地推动各地、各部门加快落实法治政府建设的指标要求。

### （三）着力民生保障，制度建设质量明显提高

一是省政府立法计划顺利实施。2013 年，广东省政府提请省人大常委会审议地方性法规议案 8 项，省政府常务会议审议通过政府规章 18 项，较好地完成了年度立法任务。其中涉及民生保障立法 7 项，促进经济转型升级立法 5 项，推进生态文明建设立法 3 项，加快法治政府建设立法 3 项，促进改革创新立法 4 项，其他方面立法 4 项。2014 年上半年，广东省地方性法规新制定项目完成过半，其中《广东省行政许可监督管理条例》等 2 件法规已经颁布，《广东省村务公开条例》等 5 件法规草案已经提请省人大常委会审议，《广东省工商登记条例》等法规草案正在审查中。省政府新制定规章项目进展顺利，其中《广东省老年人优待办法》等 4 件规章已经颁布，《广东省实施〈校车安全管理条例〉办法》等规章正在审查修改和协调中。在政府立法过程中，广东既发挥体制内法制机构的审查把关作用，又发挥体制外高等院校、专家学者的"智库"和"外脑"优势，采取座谈会、听证会、论证会等多种形式广泛听取社会公众意见。

二是有立法权的地级以上市政府立法工作稳步推进。2013 年，广东省有地方立法权的广州、深圳、珠海、汕头市政府，积极配合市人大及其常委会制定出台了一批地方性法规。例如，广州市制定《广州市社会医疗保险条例》，《广州市科技创新促进条例》，深圳市制定《深圳经济特区特种设备安全条例》《深圳经济特区控制吸烟条例》等一批地方性法规。同时，广州、深圳、珠海、汕头市政府还制定出台了一批政府规章。例如，珠海市制定了《珠海市政府合同管理办法》《珠海市公共租赁住房管理办法》，汕头市制定了《汕头市行政执法案卷评查办法》等一批政府规章。这些地方性法规和政府规章的颁布实施，有利于进一步加快转变经济发展方式和推进各领域改革，对维护市场秩序，加强环境保护，推动民生改善，促进社会和谐，都产生了积极的作用。

地方法治蓝皮书

三是更加注重科学民主立法。省政府坚持科学立法、民主立法，强化"精品"意识，对立法项目精挑细选，优先安排有利于保障民生、推进社会管理创新等方面的立法项目。同时，继续完善立法听证会、论证会、座谈会、公开征求意见等制度，扩大社会公众对政府立法的参与度，凡是与人民群众切身利益密切相关的立法项目，均在《南方日报》向社会公告。结合深入开展党的群众路线教育实践活动，不断推进开门立法，进一步拓宽公众参与立法的渠道，就《广东省车辆通行费年票制管理办法》与省政协社会法制委召开民主协商会，就《广东省食品生产加工小作坊和食品摊贩管理条例》立法草案分别召开了专家学者和行政管理相对人座谈会，广泛听取并吸纳社会各界的意见和建议。省法制办在门户网站开辟了"立法征求意见"和"立法评价"专栏，公开征求社会公众对立法项目的意见和建议。广州、深圳、珠海、汕头市政府通过各种媒体，公开征求社会公众对政府规章草案的意见建议，并加强政府立法调研，积极开展立法前论证和立法后评估。

## （四）推进行政管理体制创新，政府服务能力明显提高

根据国务院的统一部署，广东省继续推进行政审批制度改革等各项改革工作。2013年，省政府提请省人大常委会审议了《广东省行政许可管理监督条例》；省政府发布了《广东省第一批调整由广州南沙新区管理机构实施的省级管理权限事项目录》《广东省第一批向广州南沙新区开通"绿色通道"的省级管理事项目录》（省政府令第180号）和《广东省调整由前海管理局实施的省级管理权限事项目录》（省政府令第194号）。这些地方性法规和政府规章，为广东省推进各项改革创新和先行先试提供了法制保障。在做好各项改革创新的法律衔接方面，省法制办配合省编办、发展改革委等相关部门共同做好2013年行政审批制度改革和政府职能转变相关政策措施的合法性审查工作，配合有关部门对网上办事大厅、转移政府职能、行政审批和服务事项标准化等方面出具了法律意见，为广州南沙新区开展粤港澳金融合作、珠海横琴金融创新、广州申办期货交易所等事宜出具了法律意见和建议；组织开展了行政许可自由裁量权规范工作，完善行政许可规则，进一步规范行政许可文书，不断加强行政许可案卷评查工作。2014年上半年，根据省政府的要求，省法制办认

真做好省政府行政审批制度改革的法律审查工作，具体承办了《关于贯彻落实国务院取消和下放行政审批项目工作的意见（征求意见稿）》《关于市县行政审批事项通用目录（征求意见稿）》等法规 11 件，确保审批制度改革程序合法、取消和下放的项目落实到位。

### （五）坚持规范和监督并举，合法性审查和层级监督的力度加大

一是行政执法监督方面，加强了行政执法责任制建设。省法制办通过分片区召开座谈会、开展专题调研等形式，对全省贯彻《广东省行政执法责任制条例》的实施情况进行检查和督促，进一步强化了行政执法责任制建设。大力规范行政处罚自由裁量权，推动全省各级行政机关按照《广东省规范行政处罚自由裁量权规定》的有关要求，扎实抓好行政处罚自由裁量权适用规则的制定、审核及公告工作。依法处理行政执法投诉。2013 年，省法制办共收到和转办处理行政执法投诉 372 件，同时对来源于门户网站的 141 件行政执法投诉及时作了网上回复。省法制办开发运用了"广东省行政执法投诉统计分析系统"，及时汇总、分析全省行政执法投诉情况，每半年向省政府报告一次行政执法投诉处理情况。不断完善行政执法资格考核制度。省法制办开发了"广东省行政执法人员网上综合考试系统"，在全省范围内实现行政执法人员综合法律知识考试的"三统一"（即统一考试方式、统一考试内容、统一通过标准）。2014 年上半年，举办考试 66 场，考试人数 2968 人，合格率 80.8％，达到以考促训、提高行政执法人员素质的目的。为进一步加强广东省行政执法证件管理，提高行政执法人员的综合素质，2013 年，省政府修订了《广东省〈行政执法证〉管理办法》（省政府令第 196 号），健全了行政执法证件的申领条件和考试制度，进一步明确了行政执法证件的申领程序和审核要求。2013 年，省法制办共收到行政执法证申领申请 62177 份，发放行政执法证 60739 张。2014 年上半年，省法制办共审核行政执法证办证申请 26617 宗，发放 26381 张；依法处理行政执法行为投诉举报 60 宗。目前，广东省共有 112 个县（市、区）建立了行政执法评议考核制度，21 个地级以上市和 84 个县（市、区）建立了行政执法案卷评查制度，20 多个省政府部门建立了行政执法评议考核、案卷评查制度。广州、深圳、中山、江门、阳

江、湛江、潮州等地级以上市政府出台了规范行政自由裁量权工作规定并开展了相关工作。

二是规范性文件审查备案方面，进一步加强规范性文件的监督管理，完善合法性审查工作机制。省法制办印发了《关于进一步加强行政机关规范性文件监督管理工作的意见》，重点加强规范性文件备案审查信息公开、公众参与和社会监督；配合省委办公厅建立了党内规范性文件备案审查工作机制；开发运行了"广东省规范性文件备案登记公布系统"，实现对全省21个地级以上市规范性文件报备、登记、审查、公布等工作的规范化、信息化管理；制定了《规范性文件（规章）电子备案登记发布规定》和《规范性文件备案审查问题文件处理实施办法》，完善规范性文件（规章）备案审查的工作程序。2013年，省法制办共办理规范性文件合法性审查及规章、规范性文件备案660件，其中审核省政府规范性文件21件，审查省政府部门规范性文件118件，配合省委办公厅办理党内规范性文件备案审查95件，登记备案各地级以上市政府报送的规章、规范性文件401件，办理公民、法人和其他组织提出的规范性文件审查建议4件，办理行政复议附带规范性文件审查2件，其他征求意见的规范性文件19件。2014年上半年，省法制办共办理规范性文件合法性审查317件，其中审核省政府规范性文件49件，审查部门规范性文件73件，协助省委办公厅办理党内规范性文件备案审查24件，审查各地级以上市政府报送备案的规章14件、规范性文件152件，办理公民、法人和其他组织提出的规范性文件审查建议4件，办理行政复议附带规范性文件审查1件。佛山市政府开发了规范性文件管理数据库，实现了规范性文件的全流程信息化管理。

三是行政复议工作方面，进一步畅通复议渠道，改革办案方式，提高办案质量。2013年广东建成并启用省政府行政复议庭，推行行政复议案件开庭审理和公开听证制度，取得明显成效。启动了广东省第四批行政复议委员会试点工作，目前16个试点市（县、区）运行情况良好。汕头、佛山、梅州、中山等试点单位自试点工作启动以来，行政复议办案数量和质量均明显提高，纠错率比试点前明显上升，办理的复议案件没有一宗被当事人投诉，行政复议后向人民法院提起行政诉讼的案件，没有一宗败诉；行政复议工作受到当地群众和行政机关的普遍认可。省法制办与省法院联合发布了《2012年行政复议和行政诉讼情况报告》(白皮书),举办了全省行政复议宣传周活动,社会反响良好。2013 年,全省各级行政机关共新收到行政复议申请 17408 件,比 2012 年的 13935 件增加 3473 件,同比增长 24.92%;经审查,立案受理 16440 件,全年共审结行政复议案件 16286 件(含上年结转 1218 件),审结率 99.08%。2014 年上半年,省政府共办理行政复议案件 189 件,其中受理 121 件,不予受理 42 件,告知或作其他处理 26 件;办理行政应诉案件 62 件。

全省各地、各部门进一步加强行政复议规范化建设,积极探索提高复议工作质量的新方式、新举措,不断完善和创新办案机制。例如:广州市政府制定了《广州市行政复议决定履行监督规定》,促进行政复议决定的履行监督工作制度化;汕头市政府提请市人大常委会审议通过《汕头经济特区行政复议条例》。肇庆市政府推进"阳光复议"工程,规范行政复议办案程序,拓宽当事人表达诉求的渠道,先后组织召开听证会 20 次。行政复议化解行政争议、维护社会和谐稳定的功能得到了有效发挥。

### (六)紧扣中心抓服务,政府法律顾问作用逐步发挥

一是圆满完成省政府领导交办的法律顾问任务。2013 年,省法制办就省政府宏观决策、重要专项工作、应对重大事件、建设重大项目、签订重要协议以及处理历史遗留问题等方面共 101 宗重大法律事务提供了法律意见,同比增长 21.7%,涉及总金额达人民币 952.8 亿元。对省政府及各部门应对一般性法律事务或作出行政决策提供法律意见 800 余次。2014 年上半年,省法制办共办理省政府重大行政决策等重大法律事务合法性审查 32 件,涉及金额人民币 542.67 亿元。二是做好粤港澳自由贸易区申报工作,完成了申报设立粤港澳自由贸易区法制环境的调研报告及广东省外商投资负面清单的报送工作。三是完成了粤澳法律问题与合作专家小组筹建以及小组专家聘任工作,进一步深化粤港澳的法律事务合作。四是建立了全省仲裁工作联络员制度,清理汇编了全省行政机关或行业协会制定的格式合同并推动进一步规范争议解决条款。五是各地各部门继续建立健全行政决策机制。例如,河源市出台了《河源市重大行政决策合法性审查制度》和《河源市政府重大行政决策公示和听证暂行办法》,将法律法规规定应当听证以及涉及重大公共利益和群众切身利益的决

策事项，全部纳入听证范围。佛山、东莞、湛江、肇庆等市通过举办座谈会、论证会、听证会等多种方式，公开征求社会公众对一些重大行政决策项目的意见和建议，不断提高政府行政决策水平。

## 二 法治政府建设的主要经验

通过坚持不懈的努力，广东省推进依法行政、加快法治政府建设取得明显成效。目前，全省各级行政机关及其领导干部依法决策、依法行政的意识和能力明显提高，党委统揽全局、人大和政协监督支持、政府发挥主体作用、社会各方共同参与的依法行政工作格局基本形成。

一是坚持党委统揽全局、各方共同参与的依法治省工作格局，并把依法行政作为依法治省的重点内容。广东省始终坚持以省委书记为组长，省人大常委会、省政府和省政协主要负责同志为副组长的依法治省工作领导小组的工作格局，每年都由省委书记亲自主持召开领导小组成员全体会议，研究制订依法治省工作要点，对全省的依法治省工作进行统筹规划，对依法行政工作进行重点部署。各市、县（区）也层层成立了依法治市、依法治县（区）工作领导小组，形成了上下齐抓共管、各方共同推进、全省依法行政工作"一盘棋"的工作格局，为全面建设法治政府提供了重要保障。

二是坚持以贯彻《全面推进依法行政实施纲要》为主线。广东省各级行政机关把贯彻落实纲要作为推进依法行政的重要内容，紧紧围绕纲要确定的目标任务，加强领导，精心组织，明确分工，落实责任，把纲要提出的各项任务落到实处，法治政府建设不断取得新的进展。

三是坚持以制度建设为核心。广东省不断加强和改进立法工作，坚持把立法与深化改革、促进发展、维护稳定紧密结合起来，把推进依法行政的重点放在建立和完善有关规章制度和机制方面，在审批制度改革、规范行政执法、建立财政保障机制、完善行政监督等方面，制定出台了一系列规章制度和政策措施，推动广东省依法行政工作不断取得新的进展。

四是坚持以改革创新为动力。近年来，广东省以提高政府依法行政能力为重点，不断深化行政管理体制改革。省、市、县（区）层层简政放权，先后完成了三轮行政审批制度改革；创新政府规制统一审查机制和依法行政保障机制，探索推行政府法律顾问制度、行政审批许可监督制度，建立了建设工程统一招投标和土地交易、产权交易等制度；建立了实时在线财政监督系统；等等。通过这些改革创新，依法行政工作不断取得新的突破。

五是坚持发挥政府法制机构的职能作用。建设法治政府、推进依法行政是一项长期复杂的社会系统工程。各级政府法制机构作为同级政府推进依法行政的参谋、助手和顾问，承担着统筹规划、组织落实、督促检查、政策研究和情况交流等职责，是推进依法行政、建设法治政府的主要力量。《全面推进依法行政实施纲要》颁布实施以来，广东省各级政府高度重视发挥政府法制机构的职能作用，大力加强法制机构和队伍建设，认真解决法制机构在工作中遇到的实际问题，有力地加快了依法行政工作的进程。

## 三 存在问题及原因

根据 2013 年度全省依法行政考评结果情况，结合当前的形势任务要求，当前广东省推进依法行政的状况与建设法治政府的目标要求还存在一些差距，需要采取切实措施加以推进。主要表现在四个方面。

一是依法行政工作力度有待进一步加大。不同地区、不同部门推进依法行政的进展不平衡，个别地方和部门抓依法行政工作重点不突出、措施不得力，工作力度自上而下逐级递减的状况还比较明显；有些地方和部门虽然成立了依法行政工作领导小组，但没有形成制度化运作，未能发挥应有的领导协调作用。

二是依法行政制度有待进一步落实。依法行政配套制度虽然基本建立起来，但一些地方和部门执行制度不到位，制度运行有偏差；有些制度设计质量不高、操作性不强，影响了执行力；行政决策风险评估、领导干部任职前的法律知识测试、行政执法绩效评估和奖惩、行政调解等制度有待进一步完善。

三是行政执法水平有待进一步提高。有的单位特别是基层执法部门仍然存在执法行为不够规范、执法程序不够严谨、罚缴分离制度执行不够到位、调查取证方法单一、证据材料不够齐全、案卷整理不够规范等问题，有待下一步重

点加以解决。

四是行政监督机制有待进一步完善。对不依法作出行政决策的行为、行政不作为行为、行政失职行为的监督还不够到位，不依法行政、行政效率低和行政过错责任得不到追究的现象仍然存在。违法行政或者行政不作为引发的诉讼、复议、信访案件较多，群体性事件仍时有发生。

产生上述问题的原因，主要有三点。一是在思想认识上，少数领导干部依法执政理念不强，未能真正把依法行政作为政府的一项全局性、基础性工作来抓；个别领导干部仍习惯于"拍脑袋"决策、"命令式"行政、"运动式"执法等传统模式。二是在体制机制上，政府职能转变还不够到位，部门职责交叉和权责脱节问题仍未解决，行政运行和监督管理制度还不够健全，依法行政仍面临诸多体制性障碍。三是在队伍管理上，由于依法行政能力建设与行政机关工作人员的录用、考核脱节，不少行政机关工作人员的法律素质不高，依法办事的意识和能力不强；县区政府法制力量还普遍薄弱，欠发达地区政府法制工作队伍普遍缺乏高素质的人才，全省 121 个县、县级市、区法制局的人员编制平均不足 4 名，与其工作任务明显不适应，影响了全省建设法治政府的进程。

## 四 广东法治政府建设展望

广东省要全面贯彻落实党的十八大和十八届三中、四中全会精神，加快法治政府建设进程，率先实现党的十八大提出的到 2020 年"法治政府基本建成"的目标，任务艰巨、责任重大。下一步，各级领导干部和行政机关要不断增强推进依法行政、建设法治政府的责任感和紧迫感，紧紧围绕全省改革发展稳定大局，把依法行政融合在政府工作的各个领域、贯穿于政府工作全过程，作为行政机关的基础性、全局性、常态性工作来抓，提高依法行政工作的主动性、自觉性。重点抓好以下六个方面工作。

一是着力推进政府职能转变和行政体制机制创新。坚持改革创新与依法行政相统一，注重做好各项改革措施的法律衔接工作。深化政府机构改革，优化职能配置，如期完成省、市、县（市、区）政府机构改革任务。制定各级地方政府及其工作部门权责清单，依法公开权力运行流程。深化事业单位分类改革，实行总量控制和结构调整，继续推进政事分开、管办分离。深化行政审批制度改革，加强行政审批监督及标准化建设，全面公布行政审批目录清单，优化和规范审批流程。

二是着力抓好依法科学民主决策机制建设。建立健全立法起草、论证、协调、审议机制，进一步拓宽公开征求意见渠道，引导社会公众关注并参与政府立法，广泛征集社会公众意见；建立健全防止"部门利益法制化"的长效机制，完善立法协调机制，切实提高政府立法的质量和水平。完善决策机制，把公众参与、专家论证、风险评估、合法性审查和集体讨论决定作为重大决策的必经程序并抓好督促落实。普遍建立政府法律顾问制度，以各级政府法制机构为平台建设政府法律顾问室，建立一支既具备法律专业知识又熟悉政府行政管理的政府法律顾问工作队伍，发挥政府法律顾问对重大行政决策的法律审查、论证作用，防范重大行政决策的法律风险。

三是着力构建法治化营商环境。建立公平、开放、透明的市场规则，推进国内贸易流通体制改革，建设法治化营商环境，实行统一的市场准入制度，制定各类企业进入特许经营领域的具体办法；探索建立负面清单制度，出台企业投资项目负面清单、审批标准化程序清单、监督管理清单；抓住粤港澳服务贸易自由化的机遇，推动政府行为在法治精神、信用意识、办事规则等方面与国际通行规则紧密接轨；健全商事纠纷非诉讼解决机制，优化法治环境。

四是着力规范行政执法行为。深化行政执法体制改革，进一步理顺行政执法关系，建立健全权责明确、行为规范、监督有效、保障有力的行政执法体制。整合执法主体，相对集中执法权，推行综合执法，着力解决权责交叉、多头执法问题，建立权责统一、权威高效的行政执法体制，深入推行行政执法责任制，完善行政执法程序，规范行政执法自由裁量权。推进执法属地化，减少行政执法层级，推进行政执法重心下移。加快推进行政执法部门信息交流和资源共享，推行执法流程网上管理，建立健全分工明确、配合默契、反应快速、信息共享的行政执法协作机制。强化行政执法监督，加强行政执法评议、行政执法案卷评查，严格行政执法责任追究，确保公正执法、规范执法、文明执法。

五是着力解决依法行政中群众反映的突出问题。改革行政复议体制，健全行政复议案件审理机制，纠正违法或不当行政行为，加强行政复议工作，进一步推进行政复议委员会试点及行政复议开庭审理、公开听证等"阳光复议工程"，提高行政复议的权威性和公信力。发挥行政复议制度优势，引导群众通过行政复议渠道，以合法、理性的方式表达利益诉求。建立健全信访、人民调解、劳动仲裁、行政复议、行政诉讼相衔接的工作机制，形成化解社会矛盾纠纷的工作合力。

六是着力推进廉洁政府建设法治化和规范化。规范权力运行，坚持用制度管权、管人、管事、管财，将行政权力关进制度的笼子。深入推进政府系统惩防腐败体系建设，将广东省廉政建设中行之有效的措施上升为地方性法规，制定地方各级政府及其工作部门权责清单，依法公开权力运行流程，自觉接受社会监督。落实依法行政定期报告制度，健全行政决策追责机制，建立科学的法治建设指标体系和考核标准，落实依法行政考评制度，拓宽考评渠道，科学组织社会公众对依法行政满意度的评价工作。

**【专家评论】**

通过实证观察不难发现，当代中国法治建设的一个鲜明特征在于地方法治的政策试验模式，这种试验模式旨在通过地方政府之间的法治建设竞争，允许地方政府根据各地情况探索解决问题的新路径，并借助"由点及面"的政策推广模式，将成功的地方经验推广至中央以及全国各地。可以说，带有中国特色的地方政策试验模式通过中央与地方间的互动，将地方政府的创新精神融合至中央主导的政策过程中，有效地提升了国家治理的创新与适应能力。

在行政法治领域，十八届三中全会所作的《中共中央关于全面深化改革若干重大问题的决定》中强调，要进一步简政放权、深化行政审批制度改革，完善规范性文件与重大决策合法性审查机制等事项。十八届四中全会所作的《中共中央关于全面推进依法治国若干重大问题的决定》进一步强调指出，各级政府要建立政府法律顾问制度，健全行政裁量权基准制度，完善公众参与政府立法机制，完善调解、复议与诉讼相互协调的多元化纠纷解决机制等。

按照中央部署，地方政府在贯彻依循中央精神的基础上，展开了富有地方特色的法治政策试验。以广东省为例，2013年以来，广东省政府在行政审批制度改革领域，创设性地开展了审批监督与标准化建设；在行政复议领域，进一步推进行政复议委员会的试点工作，创造性地设置了行政复议开庭审理与公开听证制度；广东全省普遍建立了政府法律顾问制度，发挥其对重大行政决策的法律审查功能；在行政立法领域充分运用公众参与机制，通过座谈会、听证会、论证会等诸多程序设置，扩展社会公众对行政立法的参与程度，在此基础上，广东省的一个创新亮点在于，通过门户网站吸收公众对于立法项目的建议，体现了公众参与机制在信息化时代对电子政府建设的革新。

从广东省的法治实践中不难看出地方法治试验的优越性，地方政府的政策试验模式，不仅是对中央政策的具象化落实，而且是以最小的试错成本，为中央层面的进一步改革提供制度样本与经验教训。

（卢超，中国社会科学院法学研究所助理研究员）

# B.6
# 广东省政府法律顾问工作
# 调研报告

何小雯　毛予*

**摘　要：**

> 近年来，广东省各地逐步探索开展政府法律顾问工作，初步建立
> 了以政府法制机构为主体，以专家学者和律师为辅的政府法律顾
> 问队伍，政府法律顾问在推进依法行政、服务改革发展大局中的
> 作用愈发凸显。但是也存在个别领导干部法治意识有待加强，部
> 分地方尚未形成规范化、制度化的政府法律顾问运作机制，机构、
> 人员等保障力量配备薄弱等问题。建议在提高领导干部法治意识
> 的基础上，健全政府法律顾问机构设置，规范政府法律顾问工作
> 制度，优化政府法律顾问人员配置，建立和培养政府自身的法律
> 顾问队伍。

**关键词：**

> 广东　政府法制机构　政府法律顾问　合法性审查

　　2013 年 11 月，党的十八届三中全会通过的《中共中央关于全面深化改革
若干重大问题的决定》明确提出"普遍建立法律顾问制度"，《中共广东省委
贯彻落实〈中共中央关于全面深化改革若干重大问题的决定〉的意见》也指
出，"普遍建立法律顾问制度"，"以各级党委法规部门、政府法制机构为平台
全面设立法律顾问室，探索引入法律助理制度"。为更好地推进广东省各级人

---

* 何小雯：广东省人民政府法制办公室法律顾问处主任科员；毛予，广东省人民政府法制办公室
法律顾问处副主任科员。

民政府法律顾问工作，2013年11月至2014年1月，广东省政府法制办通过书面调查、实地调研、座谈会研讨等形式，对全省21个地级以上市、121个县（区）、39个省直部门的政府法律顾问工作情况进行了调查，基本掌握了全省的政府法律顾问工作情况。

# 一　基本情况

调查显示，近年来，广东省大力推进政府法律顾问工作，逐步建立了以政府法制机构为主体，以专家学者和社会律师为辅的政府法律顾问机制，政府法律顾问作用愈发凸显。

## （一）政府法律顾问工作体制初步建立

### 1. 以政府法制机构为依托，逐步建立政府法律顾问室

1988年，深圳市在全国率先成立政府法律顾问室，在全省乃至全国产生巨大反响。经过多年探索和完善，截至2014年1月31日，广东省已逐步建立了省、市、县（区）三级政府法律顾问工作机构：在省级层面，省政府于2009年9月成立"广东省人民政府法律顾问处"，与省政府法制办规范性文件审查处合署；在市级层面，已有15个地级以上市成立了政府法律顾问室，其中，3个与政府法制机构合署，6个在政府法制机构加挂牌子，5个在政府法制机构内设科室加挂牌子，1个由政府法制机构管理（见表1）；在县（区）级层面，121个县（区）中，已有26个县（区）成立了政府法律顾问室，全部与政府法制机构合署。

表1　省级、地级以上市政府法律顾问机构设置情况

| 省及部分地市 | 机构名称 | 成立时间 | 备　注 |
| --- | --- | --- | --- |
| 省政府 | 政府法律顾问处 | 2009年 | 与省政府法制办规范性文件审查处合署 |
| 深圳市 | 政府法律顾问室 | 1988年 | 与市法制办合署 |
| 湛江市 | 政府法律顾问室 | 2003年 | 在市法制局法规科加挂牌子 |
| 珠海市 | 政府法律顾问室 | 2004年 | 与市法制局合署 |

| 省及部分地市 | 机构名称 | 成立时间 | 备 注 |
|---|---|---|---|
| 惠州市 | 政府法律顾问室 | 2004 年 | 与市法制局合署 |
| 东莞市 | 政府法律顾问室 | 2005 年 | 在市法制局加挂牌子 |
| 中山市 | 政府法律顾问室 | 2005 年 | 在市法制局法律事务科加挂牌子 |
| 茂名市 | 政府法律顾问室 | 2005 年 | 在市法制局法律事务科加挂牌子 |
| 韶关市 | 政府法律顾问室 | 2006 年 | 在市法制局加挂牌子 |
| 河源市 | 政府法律顾问室 | 2006 年 | 在市法制局加挂牌子 |
| 清远市 | 政府法律顾问室 | 2006 年 | 在市法制局法律事务科加挂牌子 |
| 汕头市 | 政府法律顾问室 | 2006 年 | 由市法制局管理 |
| 佛山市 | 政府法律顾问室 | 2008 年 | 在市法制局加挂牌子 |
| 潮州市 | 政府法律顾问室 | 2008 年 | 在市法制局加挂牌子 |
| 揭阳市 | 政府法律顾问室 | 2010 年 | 在市法制局加挂牌子 |
| 肇庆市 | 政府法律顾问室 | 2011 年 | 在市法制局法规科加挂牌子 |

尚未设立"政府法律顾问室"（6 个）：广州、汕尾、江门、阳江、梅州、云浮市

**2. 以政府法制机构人员为主力，探索引入法律助理和政府雇员等，逐步建立政府法律顾问工作队伍**

在省级层面，由省政府法制办内部调剂 4 名公务员承担政府法律顾问处工作，省直部门由内设法规处（法制处）承担涉法事务；在市级层面，有 6 个地级以上市为政府法律顾问配备了专门编制，其中行政编制 16 个、事业编制 4 个；有 2 个地级以上市配备了专门的政府雇员，共 31 名（见表 2）；在其他没有专门编制或雇员的地级市、县（区），也明确由政府法制机构工作人员兼任，确保工作顺利开展。

此外，少数地级以上市还探索出了适合自身社会经济发展和法律事务需求的法律助理制度。以深圳市为例，深圳市政府法律顾问室成立以来，聘请了 26 名政府雇员作为专职的政府法律顾问和法律助理，以全日制坐班形式专职从事政府法律顾问事务。又如，东莞市政府法律顾问室根据工作需要，聘请了 5 名政府雇员承担相关工作。

表 2　省级和已设立政府法律顾问室的地级以上市政府法律顾问编制配备情况

| 地市 | 行政编制 | 事业编制 | 政府雇员 | 备　注 |
|---|---|---|---|---|
| 省政府法律顾问处 | 0 | 0 | 0 | 由省法制办内部调剂人员承担工作 |
| 深圳市 | 5 | 0 | 26 | |
| 惠州市 | 2 | 0 | 0 | 由市法制办（局）法律事务处（科）承担工作 |
| 东莞市 | 0 | 0 | 5 | |
| 中山市 | 5 | 0 | 0 | |
| 清远市 | 3 | 0 | 0 | |
| 汕头市 | 0 | 4 | 0 | 由汕头市法制局管理 |
| 潮州市 | 1 | 0 | 0 | 由市法制局行政执法督察科兼任 |
| 珠海市、佛山市、韶关市、河源市、湛江市、茂名市、肇庆市、揭阳市 | 0 | 0 | 0 | 由市法制局内部科室兼任 |

### 3. 以专家学者、律师为辅，逐步形成多样化顾问模式

各地政府法律顾问工作机构根据本地实际，积极创新，在依托政府法制机构人员力量的基础上，探索出了"以外聘专家学者、律师为辅，以聘用政府法律顾问工作雇员为补充"的多样化工作形式，充分发挥"外脑"优势（见表 3、表 4）。

表 3　部分地级以上市聘请专家学者、律师作为政府法律顾问的情况

| 地市 | 人员组成 | 参与工作量（2013 年） |
|---|---|---|
| 广州市 | 专家学者 18 位，律师 16 位 | 459 人次 |
| 珠海市 | 学者 3 位，律师 6 位 | 45 人次 |
| 佛山市 | 律师 3 名（以市政府名义聘请）<br>专家学者 4 位，律师 6 位（以顾问室名义聘请） | 10 人次 |
| 韶关市 | 专家学者 2 位，律师 3 位 | 10 人次 |
| 惠州市 | 学者 1 位，律师 4 位 | 36 人次 |
| 东莞市 | 专家学者 5 位 | 32 人次 |
| 中山市 | 专家学者 6 位 | 18 人次 |
| 潮州市 | 专家学者 6 位，律师 6 位 | 18 人次 |

**表4　部分省直部门聘请律师、律师事务所担任常年法律顾问的情况**

| 单位 | 人员组成 | 参与工作量(2013) |
|---|---|---|
| 省发改委 | 1 名律师 | 2 人次 |
| 省经信委 | 1 家律师事务所 | 5 人次 |
| 省教育厅 | 3 名律师 | 13 人次 |
| 省民政厅 | 1 家律师事务所 | 10 人次 |
| 省国土厅 | 1 家律师事务所 | 30 人次 |
| 省水利厅 | 1 名律师 | 3 人次 |
| 省文化厅 | 1 家律师事务所 | 2 人次 |

目前，全省已有 16 个地级以上市、23 个县（区）、23 个省直部门聘请了专家学者、律师作为政府常年法律顾问，在分工方面各有侧重。以专家学者、知名律师为主的咨询性政府法律顾问，主要承担对政府重大决策的咨询性、研究性工作，较少参与具体法律事务和涉诉事务。例如，2013 年，广州市聘请18 位专家学者承担了广州市 6 项政府法制课题研究项目、3 项立法后评估项目的相关工作，取得积极成效。而以律师为主的常年政府法律顾问，基于其丰富的法律实务经验，主要负责处理一些具体的政府涉法涉诉事务。例如，2013 年，广州市 9 个区聘请律师或律师事务所参与政府法律顾问事务共 300 人次，涉及标的总金额约 23.22 亿元。部分地市还专门制定了聘请律师和律师事务所的相关规定。例如，广州市出台了《广州市政府部门聘请常年法律顾问办法》，湛江市出台了《湛江市人民政府及工作部门采购法律服务管理办法（试行）》。各地律师和律师事务所在参与政府法律事务中发挥了重要作用。以广州市 9 个区为例，2013 年 9 个区聘请律师或律师事务所参与政府法律顾问事务共 300 人次，涉及标的总金额约 23.22 亿元。

### （二）政府法律顾问作用愈发凸显，成效显著

近年来，政府法律顾问在推进依法行政、服务改革发展大局中的作用凸显。据不完全统计，2012 年，省市两级政府法律顾问完成承办案件 3652 件，涉及标的总金额 2260.8 亿元。按《广东省物价局、司法厅律师服务收费管理实施办法》中确定律师服务政府指导价的标准计算方法，如果向社会组织购买法律服务，至少需要花费 11.45 亿元。2013 年完成承办案件 4272 件，较上

一年增长 17.0%，涉及标的总金额 4803.8 亿元，如果向社会组织购买法律服务，至少需要花费 24.2 亿元（见表 5）。主要工作体现在以下四方面。

**1. 把好重大决策、重要行政措施合法性审查关，确保行政运作安全**

各级政府法律顾问积极为政府重大决策和行政措施把关，有效防止政府决策法律风险。近两年，省政府法律顾问处积极参与处理了珠三角重大平台建设协调、全省行政审批制度改革、政府对外担保纠纷隐患专项清理等多项省政府重大决策，出具法律意见建议 91 件，占已完成事项的 49.4%，涉及标的总金额达 2792.6 亿元，为省政府依法决策提供了有力的法律支撑。部分地级以上市政府法律顾问也积极参与政府决策。例如，佛山市政府法律顾问室近两年全程参与政府中心工作，提供的法律意见从经济、民生到改革，范围甚广，为政府首长依法决策提供了重要参考。

**2. 把好经济活动法律服务关，降低政府投资风险**

随着政府经济活动的增多，各级政府法律顾问机构在政府的投资、合同等方面，严格把好服务审查关，有效防范政府违法或违约风险，保障政府权益。例如，深圳市政府法律顾问室介入政府资金使用过程，全面参与政府投资项目的对外谈判、合同起草、争端解决等环节，最大限度避免投资风险，在深港西部通道建设、南坪快速干道项目、深圳发展银行股权转让等政府重大投资项目中发挥了重要作用，确保政府投资安全。

**3. 把好历史遗留问题、复杂涉访问题处理关，依法预防化解社会矛盾**

近年来，政府法律顾问充分运用法律手段，积极参与到历史遗留问题、群体性信访等复杂问题的处理中去，在预防化解社会矛盾中发挥了重要作用。例如，深圳市政府法律顾问室对泰国贤成大厦案、沙河五村历史遗留问题等深入研究，参与制订解决方案，受到上级领导及相关部门和上访群众的肯定。

**4. 把好涉法事务代理关，维护政府形象和权益**

各级政府法律顾问机构在代理政府民商事诉讼、仲裁、执行和其他非诉讼法律事务中，积极作为，有效维护了政府形象和权益。10 年来深圳市政府法律顾问室代理市政府及其部门的诉讼、仲裁案件 1100 余宗，牵头负责追缴政府应收款项 7.8 亿元。2013 年，东莞市政府法律顾问室代理市政府为被告的行政诉讼案件 36 宗，已经审结的 12 宗案件胜诉率高达 100%。

表5　2013年省、部分地级以上市政府法律顾问工作情况

| 省、部分地市 | 办件数量(件) | 涉及标的金额<br>(亿元) | 如向社会购买法律服务<br>需花费的费用*(万元) |
|---|---|---|---|
| 省政府法律顾问处 | 101 | 952.8 | 48000 |
| 广州市 | 415 | 2960 | 148000 |
| 深圳市 | 663 | | 762.45 |
| 珠海市 | 590 | 40 | 2000 |
| 汕头市 | 229 | | 263.35 |
| 佛山市 | 76 | 120 | 6000 |
| 韶关市 | 179 | 10 | 500 |
| 梅州市 | 360 | | 414 |
| 惠州市 | 238 | 150 | 7500 |
| 东莞市 | 417 | 130 | 6500 |
| 中山市 | 333 | | 382.95 |
| 湛江市 | 292 | 150 | 7500 |
| 茂名市 | 156 | 141 | 7050 |
| 清远市 | 98 | | 112.7 |
| 潮州市 | 125 | 150 | 7500 |
| 总　　计 | 4272 | 4803.8 | 242000 |

＊按《广东省物价局、司法厅律师服务收费管理实施办法》中确定律师服务政府指导价的标准计算方法：有标的的，按标的额0.5%比例累计（5000万元以上为0.5%）计算；没有标的的，按每件11500元（3000元至20000元的标准中位数）计算，上列政府2013年共办理案件4272件，涉及标的金额4803.8亿元，如向社会购买律师服务，至少需要花费24.2亿元。

## 二　存在问题及原因分析

随着市场经济的不断发展和社会主义法律体系的基本形成，人们运用法律保护自身权益的意识越来越强，政府的法律事务日益增加，广东省现有的政府法律顾问体制与市场经济发展和法治政府建设不适应的问题越来越突出。

### （一）个别领导干部不善于运用法治思维和方式处理问题，与全面推动法治政府建设的要求不相适应

个别领导干部尤其是基层领导干部法治意识不强，不善于运用法律手段和

方式处理问题和解决矛盾，主要体现在以下方面。一是对政府法律顾问工作存在认识盲区。个别领导干部认为，政府法律顾问是"花瓶"，工作机构和人员可有可无，不重视、不善于听取政府法律顾问的意见，导致政府法律顾问工作难以开展。二是对政府法律顾问定位不准确。有些领导干部认为，政府法律顾问是"障碍者"，听取政府法律顾问的意见会增加程序、延长时间、提高成本。对政府法律顾问的意见只"听"不"用"，弱化了政府法律顾问的参谋助手作用，成为"纯咨询性"工具。三是对政府法律顾问使用不善。少数领导干部认为，政府法律顾问是"善后者"，事前和事中运用政府法律顾问少，只在出现法律纠纷或者问题后，才让政府法律顾问临时紧急介入，影响了政府法律顾问作用的发挥。

### （二）政府法律顾问工作尚未形成规范化、制度化的运作机制，与政府法律顾问的地位作用不相适应

全省缺乏规范统一的政府法律顾问运作机制，与十八届三中全会确定的政府法律顾问地位存在差距，严重影响了政府法律顾问职能的履行和作用的发挥。一是缺乏刚性的事前、事中、事后处理机制。广东省尚未制定统一的政府法律顾问工作规定，尤其是政府法律顾问必须全程参与政府决策缺乏立法明确。地级以上市、县（区）两级对政府法律顾问参与处理法律事务的工作程序规定各异，随意性较大，直接导致：政府法律顾问在政府决策的事前介入不足，无法有效预防法律风险；对政府行为的事中规范不足，提出的意见建议得不到有效采用和遵守，难以实现法律风险的有效控制；对政府纠纷的事后保障不足，无法通过常规法律手段或途径实现有效救济。二是缺乏配套的工作制度。全省已有 15 个地级以上市通过制定政府法律顾问工作规则来规范政府法律顾问工作，但除深圳市外，其他地级以上市缺乏完善配套的工作制度，尤其是在紧急法律事务处理、案件移交程序、过错责任追究以及外聘政府法律顾问的选任、使用、考核、晋级、退出等方面缺失较多。三是政府购买法律服务的规定有待完善。《政府向社会组织购买服务暂行办法》（粤府办〔2012〕48号）、《关于进一步做好政府向社会组织购买服务工作的通知》（粤财行〔2012〕227号）等，规定了法律服务包括政府法律顾问服务应通过政府向社

会组织购买服务的方式，逐步转移由社会组织承担，但对如何向社会购买政府法律顾问服务未作具体明确的规定。这导致聘请专家学者、社会律师作为政府法律顾问存在以下问题：第一，选聘程序不公开透明，标准各异，增加了人为操作空间的可能，以至于少数聘请的政府法律顾问不能胜任政府法制工作，能胜任的又因为信息不对称未能进入政府法律顾问队伍中去；第二，聘请的政府法律顾问作用发挥有待加强。有的地级市一味追求受聘专家学者和律师的名气，实际上受聘者因工作繁忙，很难分身参与政府法律顾问工作，导致政府法律顾问成为政府的"形象工程"，聘请政府法律顾问所花费的财政费用与实际取得的效果相差甚远；有的地级市为政府法律顾问提供的工作条件有限，不支付报酬，导致政府法律顾问的工作积极性不高，多出于扩大自身影响而接受聘用，使政府法律顾问成为"荣誉性"职务；还有些地方，特别是基层政府对政府法律顾问"过度依赖"，要求聘请的法律顾问全日制坐班，几乎将所有的政府法律事务交由其承担，完全替代了政府法制机构的作用，不符合某些政府工作的保密性要求，也无法全面保障法律意见的全面、准确、可靠。

### （三）政府法律顾问工作职能交叉重叠，与政府法律顾问工作规范化推进不相适应

目前，广东省政府法制机构与公职律师事务所职能交叉重叠。根据各级人民政府法制机构的"三定"职能，以及国务院《全面推进依法行政实施纲要》（国发〔2004〕10号）等文件的规定，政府法律顾问工作由各级人民政府法制机构承担。但是，广东省根据《关于设立市、县（市、区）公职律师事务所有关问题的通知》（粤机编办〔2002〕135号），市、县（区）设立了公职律师事务所，其职能之一也是"承办同级政府交办的法律事务"。

事实上，公职律师事务所的设立及其职能设定存在以下问题，直接导致政府法律顾问工作力量难以有效整合和集中。一是"承办同级政府交办的法律事务"的职能与其设立的依据文件精神不符。广东省建立公职律师制度的原始依据是《中共广东省委、广东省人民政府关于解决特困群众"四难"问题的意见》（粤发〔2000〕21号），主要是针对子女入学难、住房难、医疗难和法律援助难"四难"情形，提出要"积极推进法律援助工作，切实维护特困

群众的合法权益"。建立公职律师制度的目的是解决困难群众打官司难的问题。粤机编办〔2002〕135号文中也说明，其设立"是解决广东省'四难'问题中打官司难的重要举措"，因此公职律师事务所"承办同级政府交办的法律事务"的职能，与其设立的政策文件依据不符，其合法性遭受质疑。二是设立专门的公职律师机构并配备专职的公职律师编制，与司法部关于开展公职律师试点工作的意见不符。根据《司法部关于开展公职律师试点工作的意见》（司发通〔2002〕79号），公职律师必须是"供职于政府职能部门或行使政府职能的部门，或经招聘到上述部门专职从事法律事务的人员"。文件并未要求另行增加编制，在政府职能部门以外增加专职人员充当公职律师，更未要求各地设立公职律师事务所。但实践中，广东省不仅设立了公职律师事务所，还配备了属于事业编制的专职公职律师，被称为"广州模式"，为全国独有，与文件要求并不一致。三是由于管理体制不顺，实践中公职律师事务所较少参与处理政府法律事务。各地普遍反映，由于公职律师事务所作为司法行政部门的下属机构，主要归口于政法委领导，虽然有专门的编制人员，但政府无法直接分派工作任务给公职律师事务所处理，公职律师事务所实际接收和处理的政府法律事务非常少。与之形成鲜明对比的是，政府法制机构因人手少、法律事务多，陷入疲于应对的状态，行政资源未能科学合理地配置。

### （四）机构、人员等保障力量配备薄弱，与日益增长的政府法律顾问事务不相适应

目前，广东省政府法律顾问机构设置、人员力量配备薄弱，已经无法应对日益增长的政府法律事务，呈现"小牛拉大车"的窘迫局面。一是机构设置少、人员配备薄弱。广东省各级政府法律顾问机构建设远远落后于现实需要和发展定位。省级尚未设立省政府法律顾问室，地级以上市仍有6个未设立政府法律顾问室，县（区）级有96个未设立政府法律顾问室，比例高达78%。全省各级政府用于政府法律顾问工作的专用编制只有20个，主要依靠政府法制机构人员兼任开展工作。一些法律事务较多的地方，虽然通过聘请政府雇员等方式解决了编制不足的问题，但由于合同制管理带来的报酬、晋升等待遇低问题，导致人员流动较大。调查显示，深圳市政府法律顾问室的26个政府雇员

有 10 名辞职，辞职率达 38% 以上。二是保障经费少、信息化程度低。广东省各级政府尚未将政府法律顾问工作经费纳入政府财政预算，只能在政府法制机构的行政经费中解决。39 个省直部门中，只有 15 个安排了政府法律顾问工作专项经费，不到 39%。受到经费保障不足的困扰，许多地级市政府及政府工作部门的法律顾问工作无法正常开展。此外，政府法律顾问工作的信息化程度偏低，全省还没有建立起统一的政府法律顾问专家信息库，缺乏各级各部门法律事务信息共享的网络平台和办事系统，极大地约束了政府法律顾问业务的发展。

# 三　对策建议

调查显示，近年来，随着广东省经济社会的不断发展，公民的法律维权意识不断增强，各级政府的各类涉法事务不断增加。建立政府自身的强有力的法律顾问机构、培养一支政府自身的法律顾问队伍，对保障政府依法行政、确保行政运作安全，已是势在必行。

对此，结合十八届三中全会和省委省政府关于"普遍建立法律顾问制度"的要求，建议广东省在提高领导干部法治意识的基础上，健全政府法律顾问机构设置，规范政府法律顾问工作制度，优化政府法律顾问人员配置，建立和培养政府自身的法律顾问队伍。

## （一）以政府法制机构为平台，健全政府法律顾问机构设置

政府法律顾问作用的有效发挥，离不开健全的工作机构的支撑。按照省委贯彻落实《中共中央关于全面深化改革若干重大问题的决定》的意见中"以各级党委法规部门、政府法制机构为平台全面设立法律顾问室"的精神，应尽快完善全省政府法律顾问机构设置。一是省级层面，在省政府法制办加挂"广东省人民政府法律顾问室"的牌子，承办省内重大涉法事务以及省政府交办的涉法事务，协调、指导、推进全省的政府法律顾问工作，具体工作由省政府法制办承担。二是地级以上市、县（区）层面，在尚未建立政府法律顾问机构的地级以上市、县（区），加快推动组建政府法律顾问机构，并由各地政

府法制机构协调管理日常事务。适当增加专门编制、配备专人开展政府法律顾问工作。三是镇（街）层面，对有条件的镇（街）指导其通过适合当地的方式建立法律顾问制度，设立专职政府法律顾问或者引入法律助理。通过以上途径，力争到 2015 年实现省、市、县（区）三级政府法律顾问工作的全面覆盖。

### （二）以优化政府法律顾问人员配置为重点，提高政府法律顾问服务能力

在全省加快推进整合政府法律顾问人才资源，形成合力。一是发挥政府法制机构工作人员的主力作用，提高专职政府法律顾问素质。加强政府法制机构自身队伍建设，把好人才选拔关，加强培训，将专业知识培训与岗位培训学习结合起来，将单行法律的短期培训与综合知识能力的中长期培训结合起来，建立一支高水平、高效率、高素质的专职政府法律顾问队伍。二是探索引入法律助理制度，强化专职政府法律顾问力量。在不增加行政编制的情况下，探索引入法律助理制度，面向社会公开选聘法律专业人员，作为专职政府法律顾问的重要补充，要求其专职从事政府法律顾问工作，不得在外兼职。三是优化整合公职律师事务所与政府法制机构重合的职能，调剂编制充实政府法律顾问队伍。建议结合新一轮转变政府职能和机构改革工作，整合公职律师事务所与政府法制机构有关政府法律顾问的职能，调剂公职律师的编制给政府法律顾问机构，由政府法律顾问室统一管理和调配，以满足处理日益增长的法律事务的需求。四是充分发挥聘请的专家学者和律师作用。利用专家学者和律师丰富的法学理论和法律实务积累，提高政府科学决策、依法决策的能力。

### （三）以"广东省政府法律顾问工作规定"为保障，全面推动全省政府法律顾问工作规范化、制度化

抓紧制定并出台"广东省政府法律顾问工作规定"，通过立法形式明确政府法律顾问各项工作制度，保障政府法律顾问作用的充分发挥。一是明确各级政府法制机构和相关部门的职责，推动建立统一的政府法律顾问工作机构。二是建立政府法律顾问事前介入、事中规范、事后救济的刚性工作机制，避免出

现"前期介入不够、事后救济有限"的情况,确保政府行政运作安全。三是建立规范、完善的各项工作制度,保证政府法律顾问工作的顺利开展。四是完善以专家学者、律师为主的外聘政府法律顾问的选聘、考核、晋级、退出制度,充分发挥"外脑"作用,确保财政经费的有效利用。五是创新以网络信息平台为依托的资源共享制度。以各级政府门户网站或者政府法制机构门户网站为依托,建立健全各级政府法律顾问工作的网络平台和系统,强化社会监督,推动重大、疑难政府法律事务的网络及时传输和"会诊"。六是健全各级人民政府法律顾问监督纠责制度。由政府法制机构对政府法律顾问参与各类法律事务的过程予以监督,对因工作失误导致政府重大损失的,政府法制机构可以追究相关人员的责任。

### (四)以依法行政考评工作为抓手,进一步提高领导干部的法治意识

普遍建立政府法律顾问制度,领导的认识和重视是关键。要加大依法行政工作力度,加快推进法治政府建设。要把落实领导干部学法用法机制、政府法律顾问制度作为依法行政考评的重要内容。切实增强各级领导干部运用法治思维和法治方式深化改革、推动发展、化解矛盾、维护稳定的能力。具体来说,就是各级领导干部要切实加强对政府法律顾问工作的组织领导和工作保障,进一步树立法律风险意识,在政府管理的各个环节和流程中,学会并习惯使用政府法律顾问。尤其是要加大政府法律顾问对政府决策的前期介入,而非事后临时性、应急性参与,有效规避法律风险,保护政府的合法权益。

### (五)注重统筹规划,加大政府法律顾问经费投入力度

各级党委政府应当加强对全省政府法律顾问工作的统筹、规划和协调,规范党委政府、社会团体等对法律顾问的聘请、使用、考核和退出,避免各自为政、遍地开花、遍请顾问的乱象发生。党委政府既要加大用于向社会组织购买法律服务的财政支持力度,又要合理有效地使用公共财政,避免公共财政不必要的浪费。

**【专家评论】**

政府或政府首长设置法律顾问，是当今世界法治国家通行的做法。比如，美国专设"白宫法律顾问"为总统提供服务，并在一定程度上取代了其司法部此前所承担的部分职能。在中国全面推进依法治国，强调政府依法行政，建设法治社会的今天，建立政府法律顾问制度，对一些重大政府决策、政府合同进行法律把关，帮助政府解决一些复杂的法律问题或者代理相应行政诉讼案件，是非常有必要的。在这个问题上，广东省已经开展了丰富的实践，并取得了极大的实效。但是，其中也有一些值得继续关注和思考的问题。

（1）政府法律顾问与以前的政法法制机构是何关系？是一个机构两个牌子，还是政府法制机构的增设机构？在实践中，各地情况繁杂多样，应予以厘清。比如，既然已经有了政府法制机构，为何还要设置政府法律顾问？是因为政府法制机构不称职、不能解决问题，还是因为政府法律事务有了新的要求，必须增设新的政府法律顾问？如果不解决这个问题，可能会使得政府法律顾问的定位难以清晰，最终导致其要么逐渐被淹没于政府法制机构之内，要么不过成为政府法制机构要求增设机构、人员和编制的借口。为了政府法律顾问制度的健康发展，必须认真思考这个问题，为其找到更准确的定位。

（2）与上一个问题相关，当前，一些地方政府的法律顾问往往是"内外"结合的模式，也即政府工作人员辅以律师、学者等社会法律力量。对于专职承担政府法律顾问职能者，问题比较简单；但对于社会法律力量，如何为其支付费用？在其提供的法律顾问服务有瑕疵或者有重大失误时，如何厘清其法律责任？

（3）无论是地方政府法制机构还是政府法律顾问，其能否发挥作用，完全系于地方党政领导干部是否重视运用法治思维与法治方式来解决问题。而从实践上看，作风粗暴、法治意识淡薄的地方领导干部仍然存在。因此，为了更充分地发挥政府法律顾问制度的作用，加强地方领导的法治意识就非常必要。

（支振锋，中国社会科学院法学研究所副研究员）

# B.7
# 北京市审理政府信息公开案件
# 疑难法律问题调研报告

北京市高级人民法院行政审判庭 *

**摘　要：**

目前政府信息公开工作中的新、难问题不断涌现，诸如政府信息界定标准不明确，信息公开主体认定标准不统一，答复形式及内容不规范，信息公开程序失当等问题给政府信息公开申请人、答复机关及司法审判机关都带来一定困扰，产生了一些本可避免的行政纠纷。因此，必须从准确把握政府信息与非政府信息的界限，明确政府信息公开的范围及政府信息公开义务主体，加强政府信息公开程序审查和各级行政机关政府信息公开工作力度，加大法院司法审查强度，从而切实保障公民知情权的实现，提高政府透明度，充分保障政府信息对人民群众的服务作用。

**关键词：**

政府信息公开　行政诉讼　司法审查强度

政府信息公开是在服务行政背景下出现的一种新的行政活动方式，建立政府信息公开制度，是建设服务型政府的一个重要组成部分。国务院 2008 年施行的《政府信息公开条例》（以下简称《条例》）则标志着中国政府信息公开制度正从地方探索向全国范围内推行。作为一类服务色彩浓厚的行政行为，信息公开工作中的新、难问题不断涌现，相应的司法审查过程也成为一项崭新的

---

* 执笔人：寨利男，北京市高级人民法院行政审判庭助理审判员。

司法实践。本文以《条例》实施五年来北京市法院审结的政府信息公开行政
案件为调研对象，分析政府信息公开答复及案件审理的主要难点及成因，并提
出相应的审理思路和完善路径，以期对各级行政机关政府信息公开工作的开展
和各级法院对于此类案件的审理有所裨益。

# 一　五年来政府信息公开行政案件基本情况

## （一）总体情况

2008 年 5 月 1 日至 2013 年 4 月 30 日五年间，北京全市共受理一、二审涉
政府信息公开行政案件 2453 件，审结 2400 件。其中一审审结 1469 件，二审
审结 931 件（见表 1）。一审审结案件约占同期全市行政诉讼一审审结案件[①]的
10% 。

表 1　2008 年 5 月至 2013 年 4 月结案情况表

| 年份 | 一审 | 二审 | 合计 |
|---|---|---|---|
| 2008 年 5 ~ 12 月 | 145 | 4 | 149 |
| 2009 年 | 173 | 146 | 319 |
| 2010 年 | 344 | 233 | 577 |
| 2011 年 | 396 | 214 | 610 |
| 2012 年 | 332 | 263 | 595 |
| 2013 年 1 ~ 4 月 | 79 | 71 | 150 |
| 总　计 | 1469 | 931 | 2400 |

一审审结案件中，裁定不予受理 142 件，维持 8 件，全部撤销 123 件，部
分撤销 11 件，判决履责 33 件，确认违法或无效 15 件，驳回诉讼请求 442 件，
裁定驳回诉讼请求 563 件，原告主动撤诉 111 件，被告改变具体行政行为原告
撤诉 12 件，裁定移送 9 件。一审案件被诉行政机关败诉率为 13.3% 。

从一审案件被诉机关来看，中央国家行政机关 35 件，市政府 3 件，区县

---

① 本文涉及的行政案件统计数字均不包含商标、专利行政案件。

政府 341 件，市属行政机关 462 件，乡镇人民政府 164 件，区县下属行政机关及其他组织 464 件。

## （二）基本特点

经调研，北京市法院政府信息公开案件呈现以下特点。

第一，案件数量持续增多，成为北京市法院行政诉讼案件的主要类型之一。自 2008 年 5 月 1 日《条例》颁布实施以来，涉政府信息公开行政诉讼案件逐年增多，自 2010 年起，该类型一审收结案件占全市法院一审行政案件的比重均超过 10%。

第二，案件所涉政府信息渐趋多样化，但仍主要集中在涉民生领域。《条例》施行五年以来，新类型的信息公开案件不断涌现，基本已遍布各个行政管理领域，但 90% 以上的案件是相关管理活动的当事人要求公开信息内容，涉及国土类、城建类和公安类三个领域。

第三，引发群体性诉讼多，当事人滥诉情况逐渐增多。尤其是在涉征地拆迁政府信息公开案件中，对拆迁安置不满的当事人往往就此一个根源问题提起涉及区政府、房管局、规划委、公安局等多个行政机关的"连环诉讼"。此外，又由于房屋拆迁、征地开发辐射面广，往往形成整村村民、同社区居民集体就同一信息针对同一行政机关提起"集团诉讼"。在审理政府信息公开行政案件时如何避免行政诉讼从保障公民权利的最后一道防线变成限制公民权利的最后一道关卡，避免法院审判从定分止争的工具沦为重启纷争的"捷径"，成为法院在政府信息公开行政案件立案、审理、判决等过程中需要认真考量、平衡的问题。

第四，案件涉及敏感事项多，审理难度大。例如，部分案件涉及的政府信息具有历史性的特点，案件处理常涉及既定法律秩序的稳定与维护，审理难度大。由于种种特殊原因，如信息形成时间久远、产生信息的历史阶段受特殊政治政策调整、当时尚没有政府信息公开的要求、相关政府信息制度不尽完善、产生信息的法律关系均已经比较稳定等，相应案件的处理往往涉及既定法律秩序的维护与稳定，有的案件法院不宜进行合法性审查。

## 二　审判实践中的难点及成因分析

### （一）政府信息界定标准不明确，范围不确定

**1. 内部管理信息以及处于讨论、研究或者审查过程中的信息判断标准不明确**

实践中对于如机关内部研讨情况、行政机关之间的请示或意见交换情况、会议纪要等是否属于《条例》中规定的"政府信息"范畴依旧存在争议，《条例》本身未给出明确的界定，有的行政机关常以此作为不予公开的具体理由。

**2. "履行职责"判断标准存在争议**

《条例》第2条规定："本条例所称政府信息，是指行政机关在履行职责过程中制作或者获取的，以一定形式记录、保存的信息。"但履行什么样的职责才会产生信息公开的法定义务，履行刑事侦查职责还是行政管理职责，履行内部管理职责还是对外职责？实践中在判断标准方面存在争议，甚至有的行政机关对于某种情况是否属于自己履责的过程都并不十分清楚。

**3. 刑事侦查信息定性需要明确**

目前，中国部分国家机关具有刑事侦查和行政管理的双重职能。对于此类国家机关哪些履责过程中形成的信息应纳入政府信息公开的范围，实践中存在争议。而即使是刑事执法过程中形成的信息，《条例》也没有明确将其列为政府信息公开的例外。

**4. 公用企事业信息定性不明确**

实际生活中，公共企事业单位掌握的信息大都与人民群众利益密切相关，引起广泛关注，如供水、供电、公共交通等部门运营和支持涨价合理性的信息等。但《条例》实施五年来，公共企事业单位主动公开和依申请公开的信息量极少，导致人们对涨价合理性产生怀疑，信息公开制度的沟通作用在该领域没有得到有效发挥，而实践中对于公共企事业单位是否属于公开义务主体也存在较大争议。

## （二）政府信息公开主体认定标准不统一，信息公开衔接不够顺畅

### 1. 错误判断公开职责权限

调研发现，实践中部分行政机关对于哪些信息属于自身应予公开的范围尚不清楚，甚至将本属于自身的政府信息公开职责推向其他行政机关，影响了申请人合法诉求的实现。

### 2. 制作主体与获取信息主体公开职责不明确

《条例》第 17 条规定："行政机关制作的政府信息，由制作该政府信息的行政机关负责公开；行政机关从公民、法人或者其他组织获取的政府信息，由保存该政府信息的行政机关负责公开。"但实践中两种适用情形存在一定的交叉，已经出现了针对同一信息，保存机关认为制作机关负有公开责任，而制作机关又认为该信息是从相对人处获得、应当由保存机关公开的相互推诿的情形。

## （三）档案查询与政府信息公开关系不明确，把握标准不统一

根据《档案法》及实施细则，经过一定年限，有关政府历史信息都应当向社会开放。政府信息公开与档案公开存在较大的区别。实践中，出现了部分行政机关将政府信息交由本机关下属的档案部门管理，遇到申请人申请公开时却告知申请人适用档案查询的途径；还有部分行政机关遇到自认为不便公开的政府信息时，在申请人提出申请后立即移送档案管理部门，从而逃避政府信息公开义务。

## （四）答复形式及内容不规范

### 1. 非政府信息的答复形式缺乏标准

调研发现，对于什么情况下属于非政府信息，实践中掌握标准并不一致。有的行政机关将不属于政府信息、不属于本机关公开的政府信息、申请人申请的政府信息不存在以及应保存相关信息但未保存等情形都作出非政府信息的答复。

**2. 申请事项是否明确缺乏明确标准**

由于现代政府职能的扩张，政府信息涉及的点多、线长、面广，如果申请人对特征描述得不够具体，很可能指向许多具有同样特征的政府信息。实践中，被申请机关存在以下几种问题：一是申请人对申请公开的信息内容描述准确，但被申请机关提供的信息范围不准确；二是申请不明确未依法要求补正，而是迳行作出了信息不存在的答复；三是《条例》对于申请人补正后被申请机关应当如何处理并未规定，实务中行政机关的操作各有不同，缺乏统一性。

**3. 对信息不存在的答复不符合法律规定**

一是对"信息不存在"把握标准不统一。从字面理解，信息不存在应指所申请公开的政府信息自始不存在。而调研发现，部分行政机关对政府信息不存在理解认定错误。例如，有的行政机关认为曾经制作（获取）但未保存的信息属于政府信息不存在的情形。二是申请人要求公开行政机关曾经"制作（获取）但没有保存（包括移送或者灭失）"的政府信息是否属于政府信息不存在的情形不明确。三是申请人要求公开未经保存的政府信息时，行政机关答复方式不一致，有的答复不存在，有的答复未制作，还有的答复不属于本机关公开范围，并且往往缺乏必要的说明解释。四是未尽到合理检索义务，以政府信息不存在为由不予公开政府信息。

## （五）信息公开程序失当

**1. 超过法定答复期限**

为了保证公民知情权的及时有效实现，行政机关的信息公开工作应当严格遵守《条例》第 24 条所设定的时间限制。行政机关没有正当理由逾期对信息公开申请不予答复的，即构成程序违法。

**2. 延期答复的告知缺失**

根据《条例》第 24 条规定，行政机关应在 15 个工作日内予以答复，如需延长答复期限的，应当经政府信息公开工作机构负责人同意，并告知申请人，延长答复的期限最长不得超过 15 个工作日。调研发现，部分行政机关未履行延期答复的告知程序，甚至未履行延长答复期限的程序。而大多数延期答

复告知书中都只写"因故不能按期答复",因何故均没有写明,容易给申请人造成行政机关敷衍应付的印象。

**3. 征询程序设置不当**

根据《条例》第23条的规定:"行政机关认为申请公开的政府信息涉及商业秘密、个人隐私,公开后可能损害第三方合法权益的,应当书面征求第三方的意见;第三方不同意公开的,不得公开。"经调研发现,部分行政机关处理涉第三方的政府信息公开问题时,滥用征求第三方意见程序。易忽视适用征求第三方意见程序的条件限制,导致应公开的信息未予公开的现象突出。部分行政机关在具体运用该条款时,误读了法律的原意,对于涉及第三方的政府信息,行政机关未对政府信息是否属于商业秘密或者个人隐私履行审查职责,一律采取书面征求第三方意见的程序,且以第三方是否同意作为政府信息是否公开的标准。

## 三 进一步做好案件审理工作的对策分析

### (一)准确把握政府信息与非政府信息的界限

明确的申请内容是政府信息公开工作启动的前提之一。由《条例》第2条规定可知,政府信息应当主要包含三个基本要件。从本质属性看,政府信息是与履行行政管理职责密切相关的信息。从形式要件看,行政机关的信息公开义务仅在于提供已存在的记录,不能因为申请人的请求而负担制作记录的任务。申请人不能要求政府部门提供尚未存在的需要经过加工、梳理或统计汇总的信息。从产生方式看,包括政府机关自己制作的信息和从其他组织或者个人获取的信息。"获取"必须是与履行行政职责相关的,一是有法定依据,二是旨在履行职责。若不是在履行职责过程中获取的其他主体制作的信息,若不是用于履行行政职责,一般不属于政府信息。例如,行政机关在民事诉讼或行政诉讼中作为案件当事人收悉一份司法判决书,则该判决书所载明和传达的司法信息就不应认定为政府信息。

### （二）避免对政府信息公开申请人资格进行限定——"三需要"标准的适用

根据《条例》第 13 条规定，公民、法人和其他社会组织可以基于生产、生活、科研等特殊需要申请政府信息公开，而何为"三需要"，缺少明确的判断标准，内涵和外延都不确定。对于申请公开的政府信息与申请人的关系能否作为行政机关不予公开信息的理由这一问题，实践中存在较大争议。我们认为，《条例》第 20 条第 2 款规定的政府信息公开申请应包含的内容中，并未要求申请人对是否出于自身生产、生活、科研等特殊需要作出说明。因此，从《条例》的立法本意看，不应对申请人与申请公开的政府信息之间的利害关系作出限制。

### （三）明确政府信息公开义务主体

政府信息公开义务主体，是指负有某项政府信息公开义务，应该公开某一政府信息的主体，解决的是政府信息公开职责的问题。

#### 1. "制作"与"保存"的公开规则

《条例》第二章对公开范围作了一般性的规定，加之第 36 条关于"法律、法规授权的具有管理公共事务职能的组织"的规定，可以看出，政府信息公开的义务主体与传统的行政主体的疆界几乎一致。但是，以上规定只是对于公开义务主体范围的一般性表述。公开义务主体的范围并不能解决具体信息的公开义务主体确定问题。因此，《条例》第 17 条确立了"谁制作谁公开，谁保存谁公开"的原则。所以，"制作"与"保存"则成为判断公开义务主体的核心。有观点认为，行政机关制作的信息，既有制作机关又有保存机关的，应向制作机关申请公开，保存机关不负有公开义务。按此观点，申请人向颁发房屋拆迁许可证的房屋拆迁管理部门申请公开规划部门颁发的建设用地规划许可文件，房屋拆迁管理部门对规划许可文件不负有公开义务。主要理由是，制作机关与保存机关相比，在决定该信息是否应该公开，尤其是在审查公开是否涉及国家秘密、商业秘密和个人隐私以及是否会危及"三安全一稳定"等方面，具有判断能力和全面掌握信息方面的优势，因此由制作机关作为公开义务主体更合适。我们认为，该观点在法律上缺乏依据。《条例》第 17 条关于公开义务主体的规定，确定了"谁制作谁公开，谁保存谁公开"的原则。但该条并未规定同一信息既有制作机关又有保存机关的，制作机关负有优先公开的义务。所以，某项信息既有制作机关又有保存机关的，两者均负有公开义务。具体谁公开，则取决于申请人向何机关提出申请。从行政机关角度而言，不负有公开义务的理由，只有该项政府信息"既不是该行政机关制作，又非该行政机关保存"。需要说明的是，行政机关在履行职责过程中获取并保存的其他行政机关制作的政府信息，作为其行政管理依据的，根据公民、法人和其他组织的申请，在其掌握的范围内依法公开。但如果行政机关通过内部流转、传阅的方式获取其他行政机关制作的政府信息，而不是在对外履行职责的过程中获取，则应适用谁制作谁公开的规则。

**2. 共同行为中公开义务主体的确定**

对于共同行为中产生的信息，即如果一政府信息为多个行政机关制作，何机关为公开义务主体，存在争议。此类情况下，公开义务机关的确定，有两种观点。一种观点认为，依照《条例》第17条，共同制作该政府信息的行政机关，应当是共同的公开义务主体；另一种观点则认为，应当仅以对外作出答复的署名机关为公开义务主体。我们认为第一种观点更具有实体法依据。根据《条例》第17条规定的"谁制作谁公开"的原则，相关政府信息应由制作机关公开。但如此，在诉讼时，则会带来公开义务主体与被告的分离。因为，申请人申请政府信息的，一般仅会向其中一个机关提出申请。依照《最高人民法院关于审理政府信息公开行政案件若干问题的规定》第4条关于确立被告的规定，应当以公开申请书的受理机关或者告知书的署名机关为被告。这样则会出现该政府信息为多个机关共同制作，但被告仅为其中之一。同理，由于根据答复主体确定被告的原则，导致此种情况无法适用《行政诉讼法》第25条第3款，无法将共同行为机关作为共同被告。在此种情况下，应根据《条例》第7条第1款的规定，课以受理机关与其他共同行为机关沟通、确认的义务。故受理机关以其为制作机关之一、无公开该信息之全责为由而拒绝公开，不应得到法院支持。而此种公开义务的课予以及公开义务机关的确定，也与《最高人民法院关于审理政府信息公开行政案件若干问题的规定》第4条第3款"沟通、确认"情形下被告确定的规定相一致。

### 3. 职权转移中公开义务主体的确定

当行政机关撤并分离等职权移转后，申请人申请原本由该机关制作或者保存的信息的，则会带来公开义务主体的确定问题。我们认为，应以该政府信息由谁保存来确定公开义务主体。虽然《行政诉讼法》第 25 条 5 款规定，"行政机关被撤销的，继续行使其职权的行政机关是被告"，从而确定了职权承继者为被告的原则。但是，在政府信息公开的义务机关确定方面，无法类比适用。因为，具体行政职权的移转，并不意味着政府信息公开义务的移转，同时也不意味着相关具体政府信息的实际移转。根据《条例》第 17 条所确立的"谁制作谁公开，谁保存谁公开"的原则，公开义务主体的确定应以"制作""保存"为标准，在制作机关撤并分离的情形下，则应根据申请信息的实际保存机关来确定公开义务主体。所以，因职权移转，保存机关从原制作（保存）机关获取的政府信息，应由保存机关负责公开。

### 4. 委托行政中公开义务主体的确定

委托行政中，存在大量信息实际上是由受托机关制作或者保存的情况。在此情况下，应由受托机关公开，抑或委托机关公开，不无疑义。我们认为，受托组织不能成为公开义务主体，但应允许申请人向其提出公开申请，而受托机关应当以委托机关的名义作出答复。

## （四）明确政府信息公开的范围

### 1. 刑事侦查相关信息

《条例》第 2 条规定的"履行职责过程中制作或者获取的"在实践中有较大争议，我们认为此处的"履行职责"应当理解为"履行行政管理职责"过程中。而公安、国安、检察、边防等负有刑事侦查职能的国家机关在履行刑事侦查职责过程中形成的信息，属于司法机关在刑事执法领域制作的信息。因为刑事执法的性质决定了它必须保持一定的秘密性，一旦泄露，有可能影响犯罪侦查、公诉、审判与刑罚执行，或者影响被告人获得公正审判的权利[1]。《最

---

[1] 江必新、李广宇：《政府信息公开行政诉讼若干问题探讨》，载《政治与法律》2009 年第 3 期。

高人民法院关于执行〈中华人民共和国行政诉讼法〉若干问题的解释》将相关国家机关依照《刑事诉讼法》的明确授权实施的行为规定为不属于行政诉讼受案范围，就是基于以上原因来考量的。当相关国家机关以司法机关的身份履行刑事侦查职责制作、获取并保存的刑事执法信息，就不属于《条例》的调整范围。

**2. 国家秘密、商业秘密、个人隐私信息的认定**

根据《条例》的相关规定，涉及国家秘密的信息属于绝对免予公开的范畴，而涉及商业秘密、个人隐私的信息属于相对免予公开的范畴。

（1）国家秘密。《条例》对于国家秘密的保护进行了较为细致的规定。由于法律明确规定对是否属于国家秘密和属于何种保密级别有争议的，由国家保密工作部门或者省、自治区、直辖市的保密工作部门最终确定，法院对于是否属于国家秘密不能进行公开的司法审查。在政府信息公开领域，对于国家秘密的保护力度要大于商业秘密和个人隐私。不过在司法审查中，政府信息答复义务机关拒绝公开相关信息时不能仅仅是声称属于国家秘密，从而逃避法院审查，而是必须要对属于"国家秘密"的事项提供合理的理由和证据，法院才能认可。

（2）商业秘密。《条例》并未对商业秘密进行明确界定，从法律层面第一次对商业秘密作出界定的《反不正当竞争法》第 10 条第 3 款规定："本条所称的商业秘密，是指不为公众所知悉、能为权利人带来经济利益、具有实用性并经权利人采取保密措施的技术信息和经营信息。"据此，商业秘密应具有不为公众所知悉的秘密性，能为权利人带来经济利益的实用性，以及已被采取了保密措施的保密性等基本属性。以上是判断政府信息是否涉及商业秘密的最核心要素和标准，缺一不可。

（3）个人隐私。与商业秘密一样，《条例》本身也未对个人隐私作出明确界定，甚至目前还没有一部法律文件对这一概念作出过界定。对个人隐私权的规定只能从民事法律文件中对人身权保护的条文中寻找依据。至于政府信息公开制度中个人隐私的内容，美国的经验值得借鉴。美国从将个人隐私排除出信息公开范围的目的出发，判断隐私权的具体内容。在美国将个人隐私权排除出信息公开范围的目的主要有两个：一是避免可能引起尴尬的事实的披露，二是免于被骚扰的自由①。第一类目的所保护的隐私信息，包括过往的生活史、个体的特殊爱好、私人交往情况以及个人生活的私密细节等；第二类目的所保护的隐私信息较为广泛，包括有关人员的联系方式、住址、收入、财产状况、婚姻状况等，在许多情况下甚至包括他们的姓名和身份②。对于不同类型的人员，第一类信息保护的力度大致相同，第二类信息则有一个阶梯差异，如对于高级政府雇员而言公开范围比较广（包括姓名、职务、财产、薪酬、收入、不当行为等），而低级政府雇员只需公开与工作相关的姓名、职务、薪酬等，一般人员则无须公布上述任何信息③。但即使这样，其中第二类中的住址、通信方式等还是受到严格保护的④。我们认为，个人隐私是一个相对的概念，同一信息在不同情况下能否被认定为属于个人隐私需要具体分析。因此，在政府信息公开中，应针对特定个人的信息情况，作出关于隐私权的解释。在总体上保持相对宽泛的同时，需要结合其身份和不同情况予以不同的考虑，同时需要在个案中结合具体的法律规定和常人的生活经验来进行判断。

### 3. 内部信息

内部信息系指行政机关在履行内部管理职责时所制作、获取并保存的信息。对内部信息公开问题的分析，应当优先考查《条例》第2条对于政府信息的定义并辅之以《条例》第1条对于政府信息公开目的的规定。行政机关纯粹的内部事务规范与管理的信息，如行政机关的考勤制度、用车制度、卫生制度，其中有些内容十分琐碎，纯粹与内部人员有关，也没有涉及公众的利益，要求公开这些信息，只会增加行政机关的工作，应当被排除在政府信息公开的范围之外。判定一项信息是否属于内部信息，可从两个方面着手⑤：一是效力范围标准，内部信息的效力应当仅限于机关内部，对外不会产生行政法上的影响作用，既不涉及对行政相对人权利义务的设定和限制，也不涉及对公

---

① 参见湛中乐、苏宁《论政府信息公开排除范围的界定》，载《行政法学研究》2009年第4期。
② 参见湛中乐、苏宁《论政府信息公开排除范围的界定》，载《行政法学研究》2009年第4期。
③ 参见湛中乐、苏宁《论政府信息公开排除范围的界定》，载《行政法学研究》2009年第4期。
④ 参见湛中乐、苏宁《论政府信息公开排除范围的界定》，载《行政法学研究》2009年第4期。
⑤ 胡平：《政府信息公开的若干法律问题探究》，载《贵州警官职业学院学报》2012年第2期。

民、法人以及其他组织的管理和规范，否则就不再是内部信息；二是信息的属性，内部信息主要涉及的是与对外行使职权无关的事项。与此相对的是，对于能够对公众产生外部效力的信息，则应该归属于政府信息公开范围。如对于会议纪要是否是应当公开的政府信息，应根据其作用来决定是否公开。会议纪要如果直接设定具体公民、法人或者其他组织的权利义务，能直接对相对人产生实际影响，并且不需要再落实具体的职能部门，也不再以另一个载体对外发生效力的，该信息可以依法申请公开；相反，如果还需要具体的职能部门来落实会议纪要的内容，从而以新的对外发生效力的载体出现的，则不属于应当公开的范围。中国现行立法、行政和司法尚未完全解决行政机关内部信息公开问题，我们建议尽快建立信息分类制度，通过立法明确将内部信息作为豁免公开的信息范围，行政机关逐步建立类型化的行政信息豁免公开案例，同时法院也要加强对此类信息公开的指导和解释等，来完善此类信息的公开制度。

### 4. 历史性信息

历史性信息并不是一个法律概念，有人将《条例》施行之前形成的政府信息统称为历史性信息。在实践中，行政机关经常会遇到申请公开国有企业改制信息、退伍军人安置信息、私房落实信息、"文革"抄家物品去向信息等等，其中不乏涉及重大敏感事项。有观点认为政府信息公开不溯及既往，历史信息应排除在《条例》适用范围之外。持这种观点的人无非是担心公开历史信息负担太重，或是担心翻历史旧账。《条例》并未对这一问题进行规定，而持这种观点的人属于极少数。实践中，历史信息目前也在通过档案公开、行政机关主动公开和依照申请公开等形式在很大程度上实现了公开，并不存在溯及力方面的障碍。但不可否认的是，由于种种原因，行政机关所形成的一些历史信息多多少少存在不符合规范的情形。但在观念上，无论是政府还是公众都应该认识到，推行政府信息公开制度，除了满足公众知情权，更为重要的意义是促进政府依法行政[1]。需要明确的是，政府信息公开法律制度强调的是依法公开政府信息，并不是对以往行政行为是否规范进行审查，法院在审理政府信息公开案件中，审查的也仅是行政机关是否正确履行了信息公开义务，并不会去

---

[1] 刘华：《论政府信息公开的若干法律问题》，载《政治与法律》2008 年第 6 期。

直接审查所涉及以往行政行为的合法性。

**5. 过程性信息**

行政机关在作出最终处理决定之前在调查、讨论等过程中形成的信息，如政府内部会议记录、评审意见、咨询意见等，我们一般称之为过程性信息。此类信息虽然属于意思形成过程中的信息，但通常与行政机关最终的行政决定有着密切的关系，甚至起着决定性作用。《条例》并没有规定对此类信息免予公开，但在实践中大多数行政机关倾向于不予公开。我们认为，对于过程性信息的公开需要从时机和内容两方面综合考虑。首先，从公开时机上看，如果信息正在制作或者获取过程中，没有形成准确、完整、确定性的信息，或者信息涉及其他行政机关，尚未与有关行政机关进行沟通和确认的，可以暂缓公开，待信息正式形成后一并公开。这类信息公开可能产生两个负面影响：一是造成社会接受信息上的混淆甚至混乱，不仅增加政府解释和澄清的负担，而且公众的困惑或误读也可能影响行政机关作出公正的正确的决策；二是可能给特定人带来损益。例如，有的过程信息公开可能给特定人提供先机，带来不当利益，有的过程信息公开可能使特定人受到干扰，带来不利影响①。但是规章、规范性文件草案或者工作措施方案等被公开征求意见的除外。其次，从信息内容上看，如果是表达意见、观点、建议、方案等主观方面的信息，无论是决策前还是决策后都不宜公开，这样有利各种坦率意见的表达，有利于决策者全面考虑各种因素，作出正确的决定；如果是统计资料、科技资料、事实描绘、调查报告和数据等纯粹事实资料，可以在决策后加以甄别或采用"分割信息"的处理方法予以公开。

**6. 信息公开与档案管理**

国务院办公厅关于施行《条例》若干问题的意见规定："已经移交档案馆及档案工作机构的政府信息的管理，依照有关档案管理的法律、行政法规和国家有关规定执行。"《最高人民法院关于审理政府信息公开行政案件若干问题的规定》中也作了相同的规定。因此，如果政府信息已经由行政机关依照《档案法》及其实施办法的规定移交档案馆，应当属于不予公开的范围，而应当由有关档案管理的法律、行政法规和国家有关规定调整。但是，有两种例外的情形，应当适用

---

① 刘华：《论政府信息公开的若干法律问题》，载《政治与法律》2008 年第 6 期。

《条例》的规定。一是政府信息仍由被申请机关所属的档案机构、档案工作人员管理的，被申请机关仍负有信息公开的义务。二是在受理公开申请后才移交档案馆的。针对上述情况，北京市高级人民法院曾以问题解答的形式规定，行政机关在收到政府信息公开申请后，将相关政府信息移交国家档案馆的行为，属于规避法定义务的行为，其信息公开义务应以收到申请人申请的时间为准，而不以作出答复时的实际状态确定。行政机关在收到政府信息公开申请后，将相关政府信息移交国家档案馆，并以此为由不予公开的，人民法院不予支持。

### （五）加强政府信息公开程序审查

**1. 强化补正告知程序**

在案件审理中我们常会发现，行政机关在答辩时总会把申请人申请内容不明确的理由说得非常充分，但却忽视了在当事人提出申请时向其解释说明的义务。因此，政府作为信息资源的占有机关，应当对申请人因自身认知原因产生困惑或不解时，在申请与补正程序方面给予必要的帮助与指导，以真正体现便民原则，提高行政效率，减少资源浪费。

**2. 完善意见征询程序**

《条例》第23条规定："行政机关认为申请公开的政府信息涉及商业秘密、个人隐私，公开后可能损害第三方合法权益的，应当书面征求第三方的意见；第三方不同意公开的，不得公开。"按照这一规定的要求，行政机关认为当事人申请公开涉及商业秘密、个人隐私的政府信息时，意见征询程序是一个必经程序。同时，征求意见程序的启动应以行政机关对信息性质的实质性判断为前提。即行政机关已经"认为"申请的信息涉及商业秘密、个人隐私。如果行政机关认为不会损害第三方的合法权益，则不必启动该程序。

**【专家评论】**

政府信息公开制度的特点是：在原有行政程序制度出于程序正义的要求而向案件当事人公开信息、保障当事人知情权的基础上，进一步要求行政机关向所有社会公众公开政府信息，保障一般公众的知情权、监督权，实现开放政府信息、开发政府信息价值、激发社会创新等目的。政府信息公开最为核心的制度是依申请公开制度，即允许公众申请行政机关公开自己需要或者感兴趣的信息，进而避免出现公开什么、怎么公开全部由行政机关自己说了算的局面。特别是这项请求行政机关公开信息的权利还有更为强大的法律保障，也就是说，申请人认为行政机关处理申请不合法的，可以申请行政复议或者提起行政诉讼，通俗地讲，就是可以用民告官的方式进一步保障自己的知情权。

北京市高级人民法院的这篇报告分析了其审理的政府信息公开案件中反映的各种问题，从另一个视角分析了目前政府信息公开工作面临的新情况。这无论对于政府公开案件的审判工作，对于政府信息公开工作的规范化，还是对于全面评估《政府信息公开条例》本身及其实施状况，都是有重要价值的。

自2008年5月1日《政府信息公开条例》实施以来，政府信息公开的申请量逐年攀升，因此引发的行政争议数量增长也相对较快。这表明，公众的信息需求旺盛，对行政机关公开信息的要求也越来越高。与之对应的是，政府信息公开申请渠道不够畅通，个别行政机关处理申请的规范化、专业化程度不高，为公众提出申请设定限制性条件，一些信息是否公开界限不够明确，《政府信息公开条例》与其他法律法规等的关系亟待理顺，等等。这些问题的出现，有些是法律法规规定不完善造成的，如《政府信息公开条例》法律层级低，且不少法律法规制定时间早，缺少对公开的制度回应；有些是《政府信息公开条例》本身的规定造成的，如不公开的标准不明确，缺乏操作性；有些是观念的问题，个别行政机关不愿公开、不敢公开的意识犹存，因此就找出各种理由回避公开；有些是依法行政自身的原因造成的，因为依法行政没有做到位，权力运行存在不够规范的地方，公开起来也就没有底气；还有的是行政机关自身信息公开工作能力建设不足造成的，政府信息公开工作专业性极强，但目前大多数行政机关没有专门机构、专职人员负责政府信息公开工作，因此，面对日益繁重的申请处理工作，自然就会出现顾此失彼的情况。

因此，要解决这些问题，进一步满足公众知情权，提升政府信息公开水平，必须从进一步完善立法、厘清公开范围和公开标准出发，把什么可以不公开、如何协调与其他法律法规之间的关系等问题解决好，让广大行政机关有章可循。同时，还要加强政府信息公开专门机构建设，提升其自身工作能力。

**（吕艳滨，中国社会科学院法学研究所副研究员）**

# B.8
# 征地拆迁相关法律及政策问题研究

——以北京市第一中级人民法院审理的集体土地上
房屋拆迁类行政案件为样本*

北京市第一中级人民法院课题组

**摘　要：**

北京市第一中级人民法院通过对辖区内集体土地上房屋拆迁类案件进行调研发现，征地拆迁工作存在拆迁与征收脱节、公益性论证被虚置、补偿安置机制不健全、拆迁裁决机关对估价报告审查不严、拆迁监管失位等问题。为此，应将集体土地上房屋拆迁纳入集体土地征收的框架之内，加快建立集体土地上房屋征收补偿制度，或者参照国有土地上房屋征收与补偿制度进行房屋征收，规范拆迁项目审批程序，健全完善的安置补偿机制，改进估价报告的审查方式，进一步加强拆迁监管工作。

**关键词：**

集体土地征收　补偿安置机制　行政案件

随着城乡一体化的推进，北京市集体土地征收及房屋拆迁量越来越大。虽然北京市制定了《北京市集体土地房屋拆迁管理办法》（以下简称《拆迁管理办法》）并出台了一系列政策来规范集体土地房屋拆迁，但现有的房屋拆迁工

---

\* 北京市第一中级人民法院 2013 年院级调研课题成果。课题主持人：王金山，北京市第一中级人民法院副院长；课题负责人：娄宇红，北京市第一中级人民法院行政庭庭长；课题组成员：梁菲、何君慧、赵锋、魏浩锋、蔡锟。

作机制难以应对被拆迁人多元化的利益诉求，由此产生大量的矛盾。这种矛盾通过诉讼传递到法院，造成案件量不断攀升。通过梳理北京市第一中级人民法院审理的相关集体土地上房屋拆迁类行政案件可以发现，北京市的征地拆迁工作存在一些法律和政策层面的问题，及时研究和解决这些问题对于改进征地拆迁工作有着积极的意义。

# 一 审理相关案件的基本情况

## （一）案件统计说明

《拆迁管理办法》调整的对象为宅基地上的房屋拆迁，而北京市第一中级人民法院审理的相关行政案件也均涉及宅基地上的房屋拆迁。因此，本次调研所称的集体土地上房屋拆迁特指宅基地上的房屋拆迁。

本次统计共设五个项目：诉讼标的、案件年份、裁判结果、区域分布和拆迁项目。其中，诉讼标的分为两大类。一类是典型具体行政行为，包括立项批准文件、土地批准文件、规划批准文件、拆迁许可证和拆迁纠纷裁决。另一类是其他与拆迁相关联的行为，如征地公告、强制拆除等，本次统计将其列入"其他项"。

## （二）案件基本情况

（1）从诉讼标的上看，起诉拆迁许可证的案件最多，共78件，占案件总量的33.33%。其次为拆迁裁决，案件数量为64件，占案件总量的27.35%。位于第三位的是其他类行政行为，案件数量为62件，占案件总量的26.5%。涉及立项、规划、土地等前置审批文件的案件数量较少，均未超过案件总量的10%。

（2）从时间表上看，2010年以前的案件数量较少，仅停留在个位数水平。2010年以后案件数量迅速增长，三年的案件量均保持两位数水平。从总体趋势来看，集体土地上房屋拆迁类行政案件的数量将会维持在高位（见表1）。

表1　集体土地房屋拆迁案件汇总表（2008～2012年）

单位：件，%

| 诉讼标的 ＼ 年份 | 2008 | 2009 | 2010 | 2011 | 2012 | 总计 | 比例 |
|---|---|---|---|---|---|---|---|
| 拆迁裁决 | 1 | 3 | 20 | 22 | 18 | 64 | 27.35 |
| 拆迁许可 | 1 | 1 | 16 | 11 | 49 | 78 | 33.33 |
| 规划许可 | 3 | 1 | 3 | 5 | 7 | 19 | 8.12 |
| 用地批文 | | | | 1 | | 1 | 0.43 |
| 立项准文 | | | | 3 | 7 | 10 | 4.27 |
| 其　他 | 2 | 4 | 52 | 2 | 2 | 62 | 26.50 |
| 总　计 | 7 | 9 | 91 | 44 | 83 | 234 | |

（3）从裁判结果上看，原告胜诉率较低。裁定驳回原告起诉的案件数量最大，共有118件，占到案件总量的50.43%。其次为判决驳回原告诉讼请求的案件，数量为100件。而判决维持的案件数量并不多，只有5件，占案件总量的2.14%。但在很多行政机关胜诉的案件中，被诉行政行为存在瑕疵。在行政机关败诉的案件中，判决撤销和确认违法的共5件。裁定准予撤销的案件为5件。可见，仅有10件案件的原告达到诉讼目的，约占案件总数的4%（见表2）。

表2　集体土地房屋拆迁类案件审理情况汇总表（2008～2012年）

单位：件，%

| 诉讼标的 ＼ 裁判结果 | 判决维持 | 判决驳回诉讼请求 | 裁定驳回起诉 | 判决撤销 | 判决确认违法 | 判决确认无效 | 撤诉 | 发回 | 总计 |
|---|---|---|---|---|---|---|---|---|---|
| 拆迁裁决 | 1 | 52 | 2 | 4 | 1 | | 4 | | 64 |
| 拆迁许可证 | 2 | 31 | 44 | | | | | 1 | 78 |
| 规划许可 | 2 | 8 | 9 | | | | | | 19 |
| 用地批文 | | | 1 | | | | | | 1 |
| 立项批文 | | 6 | 3 | | | | 1 | | 10 |
| 其　他 | | 3 | 59 | | | | | | 62 |
| 总　计 | 5 | 100 | 118 | 4 | 1 | 0 | 5 | 1 | 234 |
| 比　例 | 2.14 | 42.74 | 50.43 | 1.71 | 0.43 | 0 | 2.14 | 0.43 | |

（4）从案件分布区域上看，远郊区案件数量占比较大。房山、昌平、延庆的案件量位居前三，约占案件总量的84%。从案件类型来看，房山与

昌平符合常态，绝大部分案件是针对拆迁纠纷裁决和拆迁许可证起诉（见表3）。

表3　按区县划分集体土地房屋拆迁案件汇总表（2008～2012年）

单位：件，%

| 诉讼标的 ＼ 区县 | 西城 | 海淀及门头沟 | 昌平 | 大兴 | 房山 | 延庆 | 总计 |
|---|---|---|---|---|---|---|---|
| 拆迁裁决 | | 8 | 22 | 4 | 27 | 3 | 64 |
| 拆迁许可证 | | 4 | 38 | 3 | 31 | 2 | 78 |
| 规划许可 | | 7 | 7 | | 5 | | 19 |
| 用地批文 | | | | | 1 | | 1 |
| 立项批文 | 6 | 1 | | | 3 | | 10 |
| 其　他 | | | 2 | 4 | 5 | 51 | 62 |
| 总　计 | 6 | 20 | 69 | 11 | 72 | 56 | 234 |
| 比　例 | 2.56 | 8.55 | 29.49 | 4.70 | 30.77 | 23.93 | |

（5）就拆迁项目而言，远郊区县的拆迁项目较多。房山和昌平的拆迁项目约占总数的87%。与此相对，大兴、海淀和延庆的项目数总和仅为5个。西城、石景山则不存在集体土地拆迁项目（见表4）。

上述拆迁项目大致可分为三类：一是土地一级开发，开发的主体是市、区土地储备中心；二是房屋建设，包括工业园建设、高教园建设、回迁房、旧村改造以及商品房开发项目等，如昌平区的城乡一体化旧村改造项目；三是公共设施建设，包括南水北调工程、道路建设、博物馆改建等，如房山区的轨道交通房山线建设工程。

表4　各区县集体土地房屋拆迁项目汇总表（2008～2012年）

单位：个

| 区县 ＼ 项目 | 土地一级开发 | 房屋建设 | 公共设施建设 | 总计 |
|---|---|---|---|---|
| 房山 | 8 | 7 | 7 | 22 |
| 昌平 | 4 | 4 | 4 | 12 |
| 大兴 | 1 | 1 | 1 | 3 |
| 海淀 | 1 | 0 | 0 | 1 |
| 延庆 | 0 | 0 | 1 | 1 |
| 总计 | 14 | 12 | 13 | 39 |

### （三）案件突出特点

**1. 拆迁程序烦琐，法律关系交织**

集体土地上房屋拆迁与城市房屋征收不同，不仅包括房屋补偿，还涉及集体土地征收。同时，拆迁项目需要在多个行政机关办理手续，涉及多个行政管理法律关系，且彼此间相互交织，十分复杂。

**2. 拆迁政策多头，补偿标准不一**

征地拆迁缺乏法律法规层面的依据，北京市虽然制定了《北京市城市房屋拆迁管理办法》（以下简称《拆迁管理办法》），但涉及的具体问题多由规范性文件来调整，法律位阶过低，且存在与上位法相抵触的情形。受此影响，各拆迁项目的办理程序和补偿标准不尽相同，各区县的征地拆迁政策也各不相同，进而影响规范拆迁和公平补偿。

**3. 涉众型案件多，稳定风险较大**

征地拆迁涉及很多农民家庭，人数众多，处分的对象又是农民最基本的生产生活资料，易引发激烈的矛盾冲突，影响社会稳定。

## 二　北京市征地拆迁工作中存在的突出问题

### （一）房屋拆迁与集体土地征收脱节

征地拆迁包含两项内容：一为集体土地征收，二为拆迁。征地与拆迁到底是什么关系呢？拆迁的法律依据是《拆迁管理办法》，而《拆迁管理办法》的上位法又是《土地管理法》。依据《北京市建设征地补偿安置办法》第8条之规定，征地涉及土地附着物的，征地单位应向所有权人支付土地附着物补偿费。而房屋即属于土地附着物。综上可知，集体土地上房屋拆迁的本质是征地过程中的地上附着物补偿。因此，房屋拆迁应当在征地的框架内进行。

但是，北京市的征地拆迁工作出现了房屋拆迁与集体土地征收的脱节：在取得征地批复前就先行颁发拆迁许可证，实施拆迁活动，其依据是北京市住建委《关于加快办理1000亿元土地储备开发等重大项目拆迁审批手续的通知》

（京建拆〔2009〕439 号，以下简称 439 号通知）第 4 条的规定，即建设单位可以提交国土部门出具的建设项目用地预审意见，作为用地批准文件办理拆迁手续，而征地批复则可省略。虽然上述规定的适用范围明确限定为 1000 亿元土地储备开发等重大项目，但现实中已有扩大的趋势。上述规范性文件对用地批准文件作出扩大解释，导致拆迁与征地脱节。此外，上述文件降低了征地拆迁的门槛，客观上刺激拆迁项目数量增长，并伴随着拆迁程序不规范、补偿标准不到位等现象，大大激发了征地拆迁类行政纠纷。

### （二）拆迁项目缺乏公益性基础

集体土地征收是征地拆迁的前提。一般而言，土地征收需具备三个基本要件：①正当法律程序；②合理补偿；③公共使用。其中的"公共使用"即指征收目的的正当性，只有为了满足公共利益需要的目的，国家才能行使土地征收权，强制取得私人合法的土地财产，除此之外的一切强制征收行为均应视为对私人合法财产权利的侵害。因此，符合公共利益的需要是土地征收权行使所必须满足的前提条件。

事实上，从北京市第一中级人民法院审理的征地拆迁类行政案件来看，很多项目都难与公共利益挂钩。缺少公共利益的约束，房地产开发的巨大经济利益不断催生新的征地拆迁项目，使得越来越多的人卷入拆迁。而在征地拆迁项目公益性缺失的情况下，被拆迁人的私权并未让渡给公共利益，被拆迁人当然有理由要求更高标准的补偿，拆迁双方的矛盾更易激化。

### （三）拆迁项目审批环节存在诸多问题

#### 1. 立项环节

《拆迁管理办法》第 9 条规定的拆迁许可证申请材料中不包括项目批准文件，这一规定存在缺陷。一是有违立项管理制度。二是有违建设用地管理制度。征地拆迁涉及土地征收，而《土地管理法实施条例》规定，建设单位向市、县人民政府土地行政主管部门提出建设用地申请时，需要提交建设项目的有关批准文件。这说明立项是征地拆迁不可省略的环节。三是立项环节的缺失会影响后续的拆迁审批环节。立项的一大功能是确定建设主体。就拆迁而言，

立项环节的缺失会影响拆迁人的确定，从而影响后续的审批环节。

**2. 土地审批**

土地审批环节的问题在于用用地预审意见取代征地批复，从而使得房屋拆迁与集体土地征收脱节，违背《土地管理法》所确定的建设用地管理制度。

**3. 规划批准**

第一，规划批准门槛被不当降低。依据《拆迁管理办法》第9条和《北京市集体土地房屋拆迁管理办法实施意见》（以下简称《实施意见》）第4条的规定，用地单位申请核发房屋拆迁许可证，需提交建设用地规划许可证。而北京市住房和城乡建设委员会下发的《关于核发城乡结合部50个重点村拆迁许可有关问题的批复》（京建函〔2011〕239号，以下简称239号批复）指出，办理拆迁许可证时所依据的规划批准文件，是指规划行政部门核发的能够明确规划用地的位置、范围、性质和规模等事项的文件，可以是建设用地规划许可证，也可以是规划行政主管部门核发的规划文件或规划意见函复等形式的规划批准文件。但是，规划文件或规划意见函复等并非行政许可，239号批复客观上降低了规划批准的门槛。而且，这一规定也有扩大适用的趋势。

第二，规划批准面临着法律适用上的困境。根据《城乡规划法》的规定，规划许可文件包括选址意见书、建设用地规划许可证、建设工程规划许可证和乡村建设规划许可证。前三者适用于国有土地，乡村建设规划许可证适用于乡、村庄规划区。而集体土地上房屋拆迁面临着集体土地向国有土地的性质转变，不适用上述四种情况。从《城乡规划法》的规定来看，建设用地规划许可证的核发条件分为划拨和出让两种，均不适用于集体土地上的房屋拆迁。实践中，规划主管部门出具规划文件或规划意见函复等予以变通，但该做法缺乏法律依据。

**4. 拆迁许可**

（1）许可对象错误。

在委托拆迁的情况下，拆迁许可证应当颁发给委托人，而不是受托拆迁单位。而且，拆迁人应当与立项、土地、规划和拆迁许可的对象保持同一。实践中常出现许可对象错误的问题。以大兴为例，很多土地储备项目都以土地储备中心的名义立项，土地与规划批准文件也均颁发给土地储备中心，但大兴区住建委却将拆迁许可证颁发给土地储备中心委托的拆迁公司。

此外，颁证对象错误的问题还可能出现在拆迁许可证转让环节。市住建委颁布的《关于规范未完成拆迁建设项目转让中拆迁管理的通知》第2条第1项规定，已经确定拆迁许可证，拆迁尚未结案的项目，转受让双方应当在取得立项、规划、国有土地使用权主体变更批准文件后，方能持相关申请材料办理拆迁许可证的主体变更手续。实践中，有的区县住建委在变更拆迁许可证主体时，未要求申请人提交相应的前置文件变更手续，从而出现许可对象错误的问题。

（2）申请材料欠缺。

《拆迁管理办法》第9条规定，用地单位申请核发房屋拆迁许可证的，应当提交用地批准文件、规划批准文件、拆迁实施方案和安置房屋、拆迁补偿资金证明文件。实践中，区县住建委在核发拆迁许可证时，未能严格按照上述规定审查。取得拆迁许可证后补办前置审批文件的现象时有发生，有的项目甚至在诉讼中方才补齐手续。

（3）超越职权颁证。

一是拆迁许可证确定的拆迁范围与规划许可证的范围不符；二是拆迁项目中既包含国有土地又包含集体土地时，发证机关未加以区分，颁发统一的集体土地房屋拆迁许可证。例如，房山区的京石二通道高速公路建设拆迁项目涉及集体土地和少量国有土地，房山区住建委只颁发了一个集体土地房屋拆迁许可证，拆迁范围涵盖了国有土地。

## （四）拆迁安置补偿机制不健全

### 1. 货币补偿的标准偏低

北京市宅基地上房屋实行"房地分离"的补偿原则。由于房屋重置成新价不高，拆迁补偿水平取决于宅基地区位补偿价的高低。《北京市宅基地房屋拆迁补偿规则》第4条规定，宅基地区位补偿价 =（当地普通住宅指导价 − 房屋重置成新均价）÷户均宅基地面积×户均安置面积，而该计算公式中的四个因素都由区县政府确定。实践中，各区县政府制定了规范性文件来明确上述标准。通过制定规范性文件来统一补偿标准的做法固然有利于保证拆迁补偿的规

范、透明和平等，但会因滞后而丧失合理性。北京市的商品房价格已巨幅上涨，而宅基地区位补偿价标准却未及时跟进，从而造成房屋货币补偿标准与市场脱节，被拆迁人难以接受。

**2. 房屋安置政策不合理**

第一，受偏低的货币补偿标准影响，现行的房屋安置方式遭遇执行困难。

《拆迁管理办法》第 15 条第 1 款规定，拆除宅基地上房屋以国有土地上房屋安置的，拆迁人与被拆迁人应当按照本办法第 14 条第 1 款的规定确定拆迁补偿款，并与安置房屋的市场评估价款结算差价；但按照市人民政府规定，以经济适用住房安置被拆迁人的除外。《北京市宅基地房屋拆迁补偿规则》第 5 条规定，按照《北京市集体土地房屋拆迁管理办法》第 15 条规定，以经济适用住房或其他房屋定向安置被拆迁人的，依本规则计算拆迁补偿时，当地普通住宅指导价分别为经济适用住房价、定向安置房屋价。

上述规定遵循的是对等原则，即要求房屋安置与货币补偿的价值相当。该规定的出发点是好的，但存在执行上的困难。如果被拆迁人选择商品房安置，而该商品房的市场评估价一般高于被拆迁房屋的拆迁评估价，被拆迁人用拆迁补偿款无法购买同等水平的商品房。如果被拆迁人选择经济适用房或定向安置房安置，虽然购房价格上有所降低，但上述房屋对于购房人的资格、购房面积都有严格的限定，而且其地理位置也有所限制，未必能够满足被拆迁人的要求。

第二，农民回迁房以及"三定三限三结合"的定向安置房政策欠缺灵活性，变相剥夺被拆迁人的选择权。

回迁房或定向安置房的价格比较低，但与之相应，被拆迁人所获得的货币补偿价格也很低，被拆迁人根本无法用拆迁补偿款去购买其他类型的房屋。除了购买此类回迁房或定向安置房外，被拆迁人别无选择。可是，购买上述房屋有严格的限定条件。如安置面积以符合购买条件的人口数计算，按照人均40~50平方米的标准购买，根本不考虑原有的宅基地面积和房屋面积，对于一些宅基地面积大而被拆迁安置人口少的家庭有失公平，这也成为有些被拆迁人拒绝搬迁的原因。

### （五）拆迁裁决机关对估价报告审查不严

估价报告是拆迁裁决最为重要的依据，但裁决机关对估价报告多采取反向推定方式，较少考虑估价报告本身的合法性，即仅审查估价报告是否已送达被拆迁人。被拆迁人如果未提出复核、另行委托估价或申请鉴定，就迳行认定该估价报告有效，而不对估价机构的产生方式、估价程序、估价标准进行审查。这一方式也逐渐为法院所采用。但是，该审查方式并不合理。因为估价报告本身并非具体行政行为，不具有公定力。其只是拆迁人在申请裁决时所提供的一项证据，裁决机关须对其进行全面审查。

### （六）拆迁监管失位

#### 1. 裁决机关参与拆迁，丧失中立地位

有的区县住建委直接参与拆迁工作，丧失裁决机关的中立地位，从而直接影响到裁决的合法性和公正性。例如，在京沪高速铁路（大兴区段）的拆迁项目中，京沪高铁公司将拆迁工作委托给大兴区住建委，大兴区住建委又委托给镇政府，后再委托给两家拆迁服务公司。

#### 2. 未能及时纠正不当的拆迁委托行为

第一，《北京市房屋拆迁单位管理办法》第8条规定，受托拆迁单位应当具备相应的拆迁资质和拆迁业务能力。但有的拆迁人直接将拆迁工作委托给区县住建委、镇政府或村委会等不具有拆迁资质的单位，违反了上述规定。

第二，《北京市房屋拆迁单位管理办法》第27条规定，按照国家和北京市规定应当实施招投标的项目，应当按照招投标方式确定拆迁单位。实践中，有的拆迁人未履行招投标程序，自行委托拆迁单位，区县住建委也未能及时予以纠正。

第三，《北京市房屋拆迁单位管理办法》第28条明确规定，受托拆迁单位接受房屋拆迁委托后，不得以任何方式转让合同规定的权利、义务。实践中，多级委托、层层转包拆迁项目的现象时有发生。有的受托拆迁单位甚至以自己的名义与被拆迁人签订拆迁补偿协议、委托评估或申请裁决，直接取代拆迁人的地位。区县住建委未能纠正上述不当行为。

### 3. 未能及时制止违法拆迁行为

区县住建委作为房屋拆迁主管部门，对于违规违法拆迁行为负有制止、纠正和查处的法定职责。但对于实践中发生的违法拆迁、暴力拆迁等行为，有的区县拆迁主管部门却疏于监管。此外，有的区县政府直接参与重大公共工程的拆迁活动，组织成立拆迁建设指挥部，其成员包括住建委在内的相关职能部门，甚至还包括法院。而且，出于加快进度、节约成本的考虑，政府未能耐心做工作，态度蛮横、方式强硬，甚至违法实施强制拆迁。鉴于政府的特殊地位，相关部门也难以进行监管。政府的违法拆迁行为严重冲击我国的拆迁法律制度，产生了极为恶劣的影响。一方面对其他拆迁人产生负面引导，另一方面也会激化官民矛盾，引发大量的诉讼和信访案件。

## 三　对策与建议

### （一）将房屋拆迁纳入集体土地征收的框架之内

很多城市都制定了关于征地拆迁的规范性文件（详见附表1），主要有三种征地拆迁模式。一是传统的征地补偿模式，这一类以宁波市为代表，其房屋拆迁按照《土地管理法》确定的征地程序来进行，将房屋作为地上物进行补偿，补偿标准包含于征地补偿安置方案之中。这一模式为绝大多数城市所采用。二是参照国有土地上房屋征收与补偿模式，这一类以周口市为代表。三是拆迁许可模式。以许可机关为标准，该模式又可划分为土地部门许可模式和建设部门许可模式，前者以南京市为代表，后者以北京市为代表。两者的共同点在于政府不参与拆迁，而是由其许可特定的拆迁单位来实施拆迁。当发生争议时，拆迁主管部门居中裁决。

前两种模式均是由政府部门来主导集体土地及房屋征收，更加契合《土地管理法》的规定。而在第三种模式下，政府将权力让渡给私权利主体，使得征收成为私权对私权的博弈，有违土地征收的基本原理。综上，改进北京市征地拆迁工作的关键在于将房屋拆迁纳入集体土地征收的框架之内。具体而言，有以下三种方案可供选择。

**1. 加快建立集体土地上房屋征收补偿制度**

一是改房屋拆迁为房屋征收补偿，由政府及其相关部门来组织实施集体土地上房屋征收补偿工作，相关的主管部门由住建委变更为国土资源管理局。

二是摒弃"征供一体"的征地供地程序，将用地单位排除在房屋征收补偿程序之外。在政府通过征收补偿程序取得集体土地所有权之后，再根据具体项目的需要向用地单位供地，从而实现征地程序与供地程序的分离。就北京市的具体情况而言，就是要进一步推进土地一级开发工作，完善土地供应制度。

三是加强宏观调控，严格控制征收项目的数量和规模，严格遵守北京市的土地利用总体规划。对于具体项目的审核，要重点考虑其是否符合公共利益。

四是将房屋征收补偿纳入征地补偿程序，具体的补偿方式、标准及争议解决方法均按照《土地管理法》及《土地管理法实施条例》规定的征地补偿程序确定，即在征用土地方案和后续的征地补偿、安置方案中确定房屋征收补偿的相关内容。

**2. 参照国有土地上房屋征收与补偿制度**

《国有土地上房屋征收与补偿条例》颁布实施后，中纪委、监察部曾发出通知，要求各级纪检监察机关督促有关地方政府和部门进一步建立健全有关政策规定，认真做好农村集体土地征收和房屋拆迁工作，妥善解决好被征地拆迁农民的居住问题。并指出，在《土地管理法》等法律法规作出修订之前，集体土地上的房屋拆迁，要参照《国有土地上房屋征收与补偿条例》的精神执行。因此，参照国有土地上房屋征收与补偿制度来实施集体土地上房屋征收补偿也不失为一种好的选择，周口市即采取了该工作模式。

需要强调的是，区县政府在作出房屋征收决定前，应当先行取得征地批准文件，征收的范围以征地批文文件确定的范围为准。

**3. 完善现有的拆迁管理制度**

如前所述，建立集体土地上房屋征收制度是大势所趋，该方案只能作为过渡时期的权宜之计。现阶段可对拆迁工作中的现存问题进行改进，这些内容将在下文中逐一论述。

**（二）做好各职能部门的衔接，规范拆迁项目审批程序**

首先，发展改革部门加强立项审批工作，根据本地经济发展的总体需

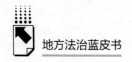
求，有效调控固定资产的投资规模，控制征地拆迁项目的数量，提升征地拆迁项目的质量，为本地的城镇一体化建设和房地产市场的可持续发展打下良好基础。

其次，土地管理部门要切实履行监管职责，对于未经征地即实施建设等违法用地行为及时予以制止和纠正，并依法进行处罚。

再次，规划部门要积极探索涉及征地拆迁的规划审批工作制度，破解法律适用上的难题——集体土地向国有土地转变这一过渡状态下如何进行规划审批。同时，将相关意见向政府及立法机关反映，及时填补这一法律空白，为今后的规划审批工作提供法律依据。此外，规划部门要严格按照总体规划和控制性详细规划进行规划审批，确保征地拆迁工作符合城乡规划的要求。

最后，建设主管部门要严格按照《拆迁管理办法》的相关规定核发拆迁许可证，严格审查申请材料，不得随意降低标准。同时，加强工作规范，杜绝颁证对象错误、越权颁证等现象的发生。

### （三）建立健全完善的安置补偿机制

安置补偿是各地征地拆迁工作所面临的共同难题，各地的处理方式不尽相同（详见附表2）。借鉴外地经验，可采取以下方式来完善征地拆迁安置补偿机制（第1点和第2点为选择适用）。

**1. 实行市场化的货币补偿标准，不再进行政策性房屋安置**

被拆迁人可以选择按照国有土地上房屋的标准进行补偿，即参照相邻地段的国有土地上房屋的评估价格进行补偿，不再对其进行政策性房屋安置。被拆迁人可用拆迁补偿款在市场上购买房屋。同时，拆迁人也可以提供产权置换房源。被拆迁人如选择产权置换，可按前述方法确定拆迁补偿款和安置房屋的价格，然后结算差价。在条件允许的情况下，可按城乡规划统一建设商品房，用于产权置换。

**2. 采用政府指导价进行货币补偿，同时提供政策性安置房**

政策性安置房实行基准价格区间制度，基准价格区间由区县人民政府确定。政策性安置房可参照经济适用房或定向安置房进行管理，建设用地可由政府在征地后以划拨方式提供。关于货币补偿，区县政府在制定指导价时，要注意做好宅基地区位补偿价、被拆迁房屋重置成新价和政策性安置房基准价格的衔接。同时，政策性安置房的申购政策也应作相应调整，不但要考虑安置人口的数量，也要考虑宅基地和被拆迁房屋的面积。要实行按人口安置和按面积安置的双轨制标准，被拆迁人可根据自身情况自由选择安置补偿方式。此外，区县政府要加强安置房的建设管理，确保安置房源能够按照购房合同约定的条件交付使用。

**3. 统一宅基地面积认定标准**

原则上，每一个村民都享有宅基地使用权。但现实中，宅基地的使用权分配十分不均匀，有人享有多处宅基地，有人却没有宅基地。这个问题须在拆迁中予以解决。具体而言，应当确定每户应补偿宅基地面积的上限和下限。结合北京市的相关政策，面积上限可确定为 0.3 亩，1982 年以前划定的宅基地，可放宽至 0.4 亩。下限可按照 100～150 平方米控制，具体标准由区县人民政府根据当地农村经济发展水平、农民居住情况确定。在进行宅基地区位补偿时，如果被拆迁人的宅基地面积超过上限，则应当按照上限面积进行补偿，超出部分不予补偿。但 1982 年以前经合法批准的宅基地超出控制标准的部分，可以按照区县人民政府的规定给予适当补偿。如果被拆迁人的宅基地面积未达到下限，应当按照下限面积进行补偿。

**4. 按建设时点对违法建设进行区分处理**

根据《土地管理法》《城乡规划法》以及北京市有关农村建房审批的相关规范文件的发布时点，对违法建设作性质上的划分，将其分为旧存违法建设和新建违法建设。同时，由城乡规划部门限定违法建设自行拆除的时间。旧存违法建设在限定的时间内自行拆除的，给予一定标准的自拆补助。新建违法建设则不予补助。对拒不自行拆除的，依法强制拆除，不予补偿，并且进行相应处罚。

**5. 实行多元化的安置政策**

拆迁安置工作不能仅停留在给农民改善居住环境的层面上，要进一步拓宽拆迁安置的思路：一是征地拆迁后的失地农民可转为城镇户口，纳入社会保障体系，解决养老、就医、子女教育等问题；二是由当地政府针对市场需求和被拆迁户的特点统一安排，进行职业技能培训，提升其社会适应能力；三是积极创造良好的就业环境，不断拓宽被拆迁人的就业途径。例如，政府对招用失地农民的企业可以给予一定的减免收费、社保补贴、岗位补贴等优惠政策，对自主创业的失地农民在就业方面给予免交相关税费、提供小额担保贷款等的优惠政策。总之，要通过多元化的安置政策，使脱离农村土地的被拆迁人能够融入新的环境。

### （四）改进估价报告的审查方式

裁决机关要改进估价报告的审查方式，将其作为一项证据进行审查，不能因为被拆迁人在评估程序中未及时提出异议就简单推定该估价报告有效而予以采纳。同时，要对估价机构的产生、估价程序、估价时点、被拆迁房屋的客观状况等因素进行考量，如果估价报告存在明显的错误，裁决机关应当不予采纳。

### （五）进一步加强拆迁监管工作

区县住建委作为本行政区域内的拆迁管理机关，要切实做好拆迁监管工作，维持合法有序的拆迁秩序。一是不参与任何形式的征地拆迁工作，保持中立地位；二是及时纠正不当的拆迁委托行为；三是及时制止违法拆迁行为。其中，要特别加强对拆迁单位的管理。各级监察、建设等有关部门要加强协调和配合，加大对房屋拆迁中违法违规案件的查处力度。对野蛮拆迁，严重侵害被拆迁人利益的行为，要坚决制止。情节严重的，要取消其相应资格，依法严肃处理，直至清出拆迁市场。

此外，区县政府要加强依法行政意识，不参与拆迁活动。即使是重大公共工程，也应在法制框架下进行，如可以指定有关事业单位或国有企业来实施拆迁。对于区县政府的违法违规行为，上级政府及监察部门要加强监督，及时予以纠正。

总之，征地拆迁是一个充满争议又极具挑战性的话题，其既涉及经济发展、城镇一体化等公共利益，也牵扯拆迁双方的私权利，内中关系错综复杂。征地拆迁工作的推进需要我们在依法行政的框架下，进一步转变观念、拓宽思路，积极探索征地拆迁工作的新机制，并不断完善相关法律规范，严格工作程序，改进工作方法，充分保障各方权益，从而实现征地拆迁工作的健康、有序、和谐发展。

**附表 1　各城市征地拆迁模式对比表**

| 地市＼项目 | 文件名称 | 主管部门 | 工作模式 | 争议解决机制 |
|---|---|---|---|---|
| 宁波市 | 《宁波市征收集体所有土地房屋拆迁条例》 | 土地管理部门 | 按征地程序实施 | 申请法院强制执行 |
| 怀化市 | 《怀化市城市规划区集体土地上房屋征收补偿安置办法》 | 土地管理部门 | 按征地程序实施 | 申请人民法院强制执行 |
| 长春市 | 《长春市集体土地房屋征收与补偿实施办法》 | 土地管理部门 | 按征地程序实施 | 申请人民法院强制执行 |
| 清远市 | 《清远市城市规划区土地及房屋征收补偿安置办法(试行)》 | 土地管理部门 | 按征地程序实施 | 申请人民法院强制执行 |
| 扬州市 | 《扬州市市区集体土地房屋拆迁管理暂行办法》 | 土地管理部门 | 按征地程序实施 | 申请人民法院强制执行 |
| 南京市 | 《南京市征地房屋拆迁补偿安置办法》 | 土地管理部门 | 取得《征地房屋拆迁方案批准通知书》后实施拆迁。申请审核征地房屋拆迁方案时,应提供征(用)地批准文件及经核准的用地范围图 | 拆迁实施单位与被拆迁人达不成拆迁补偿安置协议的,经当事人申请,由市国土资源局裁决 |
| 周口市 | 《周口市城市规划区内集体土地上房屋征收与补偿安置办法(试行)》 | 区人民政府(管委会) | 参照国有土地上房屋征收程序进行,由区人民政府(管委会)作征收决定 | 被征收人对区人民政府(管委会)作出的房屋征收决定不服的,可以依法申请复议或提起行政诉讼 |

附表2　各城市征地拆迁安置补偿政策对比表

| 地市＼项目 | 安置补偿方式 | 主要内容 |
|---|---|---|
| 怀化市 | ①货币安置<br>②统规新建安置 | ①对要求货币安置的被征收村民应当转为城镇户口,纳入社会保障体系<br>②被征收人可以选择按国有土地上房屋的标准补偿,不再按集体土地上房屋拆迁政策予以安置<br>③违法建筑按形成时间区别对待 |
| 长春市 | ①货币补偿安置<br>②房屋产权调换安置<br>③迁建安置 | ①在城市总体规划范围内,采取货币安置和房屋产权调换安置。政府统一建造房屋产权调换安置住宅,其住宅用地应征为国有并以划拨方式供地<br>②在城市总体规划范围外,有集中建设安置住房条件的,政府统一建造房屋产权调换安置住宅。不能安排房屋产权调换安置住宅的,可以选择迁建安置,重新安排宅基地,房屋按建筑重置成本补偿<br>③征收房屋的补偿标准,应与同一区域或同一建设项目国有土地上房屋拆迁补偿标准相同 |
| 清远市 | ①公寓式住宅房屋结合商铺安置<br>②宅基地安置<br>③货币补偿安置 | ①被征收房屋位于城市近期建设用地或中心城区范围内,属于"城中村"改造的,实行公寓式住宅房屋结合商铺安置<br>②被征收房屋位于城市近期建设用地或中心城区范围内,仍有农业生产的,可实行宅基地安置,并按照低层联排式房屋建设。在上述范围外,仍以农业生产为主的,实行宅基地安置<br>③货币补偿的金额由评估机构评估确定。补偿评估价包括被征收房屋占用范围内的土地使用权 |
| 广州市 | ①货币补偿<br>②产权调换<br>③农民自建 | ①实行货币补偿的,货币补偿金额＝被拆迁集体土地住宅房屋重置成新单价×被拆迁居住房屋建筑面积＋宅基地土地使用权区位补偿单价×核定的补偿面积。如被拆迁居住房屋建筑面积小于宅基用地面积,以宅基地面积为准。补偿金额低于最低补偿金额的,按最低额补偿。最低补偿金额＝被拆迁集体土地住宅房屋重置成新单价×(被拆迁居住房屋建筑面积－核定的补偿面积)＋集体土地住宅房屋拆迁最低补偿单价×核定的补偿面积。被拆迁人只有一处住宅且人均建筑面积不足25平方米的,按人均25平方米的标准予以补偿<br>②实行产权调换的,拆迁人可根据规划要求统一建设安置房或提供自有产权房用于安置。被拆除房屋的批准建筑面积低于25平方米/人的按人均25平方米核定,超过40平方米/人的按人均40平方米核定,在25～40平方米/人的按批准建筑面积核定 |

续表

| 项目<br>地市 | 安置补偿方式 | 主要内容 |
|---|---|---|
| 南京市 | ①货币补偿<br>②统拆统建 | ①实行货币补偿的,拆迁补偿款由原房补偿款、购房补偿款和区位补偿款三部分组成。建筑面积超过 220 平方米的,超出部分只支付原房补偿款<br>②不能实行货币补偿的,实行统拆统建。其拆迁补偿款由原房补偿款和建房补助款两部分组成<br>③选择货币补偿的,被拆迁人可以申购拆迁安置房。购房款由被拆迁房屋合法建筑面积的原房补偿款、购房补偿款和区位补偿款三部分组成,且必须在购房款总额内申购拆迁安置房,不得使用其他补偿费用和被拆迁人其他自有资金。每产权户申购面积不得超过 220 平方米 |

**【专家评论】**

近年来,随着中国城镇化进程的不断深入,各大城市均面临着大量集体土地征收以及集体土地上的房屋拆迁。由于利益驱动与法律缺失,实践中违法违规拆迁、暴力野蛮拆迁事件屡有发生,拆迁制度甚至一度被认为是一项"中国式恶制度",拆迁也成为考验行政行为是否合法、透明以及个体权利是否得到充分保护的试金石。综观各地拆迁实践,近年来呈现出诸多问题。北京市第一中级人民法院的这篇报告也从案件审理的角度对这个问题进行了分析。比如:涉及拆迁的审批、规划、许可等行政行为本身存在诸多错误和瑕疵;规范性法律文件擅自扩大解释,致使拆迁程序不规范;相当数量的征地拆迁并非为了满足公共利益的需要,从而严重侵害个体权益;拆迁安置补偿不合理以及监管不到位等。在此过程中,如何权衡公益与私益、如何限制公权与保护私权,如何化解相关社会矛盾,如何凸显人本精神,成为当下的重点难题。

之所以出现上述种种实践难题,主要是因为在过去的很长一段时间内,立法与实践对集体土地上房屋拆迁的性质以及拆迁与土地征收之间的关系等问题,都存在一定的认识误区,加之各地又过于强调地方利益,忽视个体权益,导致社会矛盾较为集中,纠纷层出。实际上,拆迁应当是土地征收中的地上附着物补偿,换言之,只有先行完成土地征收才涉及拆迁的问题。但实践中的拆迁往往并非在土地征收的法律框架内进行,经常出现程序上的倒置和错误,拆

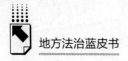
迁主体有时甚至罔顾法律，严重损害了被拆迁人的权益以及制度公信力。

在倡导依法治国的今天，城镇化进程中的征地与拆迁必须在法治的轨道上进行，因此应当严格遵循公共利益原则，坚持行政行为、法律程序的合法、公开、透明原则，坚持公平合理补偿原则以及国家应当承担相应的社会保障义务，同时更要赋予被拆迁人以充分的知情权、参与权与决定权。唯其如此，城镇化才能在法治的轨道上顺畅进行，民生才能得到真正的充分改善。

（姚佳，中国社会科学院法学研究所副编审）

# 司 法 制 度

The Judicial System

B.9

# 湖北深化司法体制改革的基本经验与启示

徐汉明*

**摘 要:**

本文以近年来湖北省各地市州深化司法体制改革的实践成效为切入点，较为系统和全面地总结了湖北省在深化司法体制改革方面积累的基本经验，在此基础上提炼出当前中国深化司法体制改革的现实启示。

**关键词:**

司法体制 改革 基本经验 启示

## 一 概述

2002 年中国共产党十六大报告第一次提出"完善司法机关的机构设置、

---

* 徐汉明，中南财经政法大学法治发展与司法改革研究中心主任。

职权划分和管理制度"。该轮司法改革提出的具体目标是，保障审判机关和检察机关依法独立公正地行使审判权和检察权。2008 年党的十七大报告提出"推进司法体制和工作机制改革"，该轮司法改革以优化司法职权配置、落实宽严相济刑事政策、加强政法队伍建设、加强政法经费保障等四方面改革任务为目标。党的十八届三中全会通过的《中共中央关于全面深化改革若干重大问题的决定》进一步提出："确保依法独立公正行使审判权检察权。改革司法管理体制，推动省以下地方法院、检察院人财物统一管理，探索建立与行政区划适当分离的司法管辖制度，保证国家法律统一正确实施"，"完善司法人员分类管理制度，健全法官、检察官、人民警察职业保障制度"等。党中央在十八大和十八届三中全会上对深化司法体制改革的新提法具有非常重要的意义：一是彰显了国家推进司法体制改革的决心不变，目标不变；二是在十七大以来取得的司法体制改革成果基础上还要进一步深化司法体制改革，不断取得突破性进展。本轮深化司法体制改革的基本目标是：贯彻依法治国方略，建立公正高效权威的社会主义司法制度。实现中国司法体制改革目标的道路注定是曲折和漫长的，这与新中国成立以来对于司法体制的定位、设置以及国家长期存在的封建观念等有很大关系，而中国的司法体制在很大程度上的"先天不足"最终导致在实际运行过程中出现一系列的问题。要破解这些问题，就需要不断深化司法体制改革。

## 二 湖北省各地市州在深化司法体制改革方面的实践成效

### （一）完善人民陪审员制度

人民陪审员制度是中国法律规定的由审判员和人民陪审员组成合议庭对案件共同进行审判的一项制度。该制度作为中国司法制度的重要组成部分，是人民群众参与国家管理的一种重要形式和途径，是司法民主的重要表现形式，其改革实践的成效直接关系到中国司法制度改革的成败。人民陪审员制度旨在通过司法实践，推进人民陪审员制度的落实，不断强化司法民主，使人民陪审员的地位和作用日益提升。

为推进中国司法体制改革，及时高效地化解各类案件矛盾、促进和谐司法、维护社会稳定，湖北省在司法体制改革诸方面和多环节都积极开展了有益的探索，尤其是在司法改革过程中针对湖北省现行人民陪审工作中存在的一些问题，进行了卓有成效的改进与规范。例如：湖北省高级人民法院针对"人民陪审员队伍结构不合理"① 的问题，不断扩大人民陪审员选任范围，尤其是将选任的指标向基层各领域各阶层开放，促使人民陪审员队伍结构趋于合理化；针对"人民陪审员管理不到位"② 的问题，湖北省高级人民法院制定了严格的人民陪审员管理办法及相关激励机制，以此调动陪审员的积极性，以期实现人民陪审员管理的科学性和规范性。

## （二）改革司法权运行机制

中国目前的司法运行机制并没有以法律至上、依法独立行使审判权为其最高原则，而是把行政化的价值追求整个嵌入其中。行政化运作过程中的"命令—服从"模式秉承的理念并非法律至上，而是权力至上。例如，裁判文书签发制度中，行政级别高的法官可以决定行政级别低的法官所审案件的结果，就是一种典型的行政权力决策模式。这种模式虽然在法制恢复之初法官业务素质整体不高的情况下发挥了重要的把关作用，但其本质上是与司法权的内在要求相抵触的，不仅很大程度上否定了法官的独立审判地位，而且人为延长了权力的运行环节，也就是增加了权力寻租的机会，增加了权力运行不规范的可能性③。司法权力运行不规范，表面上的影响是进入诉讼程序的案件无法得到公正审理，深层次上却会导致公众对司法权力产生不满情绪，从而使司法公信力逐步下降。不能规范运行的司法权力易突破法律规定的程序约束，造成冤假错案，当事人乃至社会公众会对司法产生不满甚至对立情绪。"在目前有罪推定

---

① 即在选任人民陪审员时，把选任范围定得过窄，所选任的人民陪审员大部分是地方党委、政府机关的公务员，而来自其他阶层的少而又少，甚至没有，没有体现人民陪审员来源的广泛性。

② 即人民法院对人民陪审员本应该加强管理，人民陪审员也应当服从人民法院管理，但在具体实际工作中，因为没有严格的管理办法和激励机制，法院对陪审员无法从深层次、根本性问题上实施管理。人民陪审员在接受法院管理时表现为松散型、被动式的。

③ 谢鹏程：《克服司法权运行的机制障碍》，《学习时报》2013 年 6 月 10 日第 5 版。

思想尚未完全根除、无罪推定思想尚未真正树立的情况下，冤假错案发生的概率比较大；在中国现实体制背景下，冤假错案往往是法院奉命行事、放弃原则或者工作马虎失职的结果。"① 为去除司法运行过程中的行政化，避免司法权力运行过程中的权力寻租，建立和完善规范化、科学化的司法权运行机制，湖北省各地市州积极践行、规范和探索本地案件审理过程中的司法权运行机制。譬如，在 2014 年 8 月 26 日上午，湖北省咸宁市中级人民法院在咸宁监狱公开开庭审理了 6 名"三类"罪犯的减刑、假释案件，并当庭作出宣判，裁定 4 人获假释，2 人获减刑。此次开庭，是咸宁市中级人民法院落实中央政法委、最高人民法院对"职务犯、涉黑犯、金融犯"等三类犯罪减刑、假释案件新程序规定的具体举措，也体现出法院在审理减刑、假释案件中的司法权运行公开、公正、高效，当庭裁决更达到了法律效果与社会效果的有机统一。

## （三）提升司法透明度和公信力

司法公信力是指社会公众和当事人对司法的认同程度与信服程度，包括他们对司法判断准确性的信任、对司法裁决公正性的认同，以及对司法执行包括强制执行的支持等。司法权威是司法的外在强制力与人们内在服从的统一。按照德国著名社会学家和哲学家马克斯·韦伯对权威的理论分类，司法权威是一种法律理性权威。中国进行法治建设的时间较短，而人治的历史却源远流长，这是造成当下中国司法公信力不足的重要原因。随着法治建设的推进，社会公众的法律意识、权利意识逐步提高，对司法公信力也提出了更高的要求。

为提高司法透明度和公信力，湖北省各地市州出台了一系列具有可操作性、符合地方实际、能起到良好社会效果的办法与措施。以湖北省十堰市中级人民法院为例，2014 年 7 月 28 日，十堰市中级人民法院在腾讯网实名认证微信"十堰中院"正式上线运行，之前十堰市中级人民法院在新浪网实名认证微博"@十堰中院"已于 2013 年 12 月 30 日上线运行，目前各方面状态良好。此次腾讯微信的正式上线运行，标志着十堰市中级人民法院在进一步推进司法公开和新媒体运用上又迈上了一个新的台阶。司法公开进一步提高了司法的透

---

① 沈德咏：《我们应如何防范冤假错案》，《人民法院报》2013 年 5 月 6 日第 2 版。

明度。湖北省襄阳市襄州区人民法院为提高司法透明度和公信力，2014年以来通过推行"执行廉政纪律告知制、执行进展即时告知制和建立执行信息公开平台"，全力打造阳光执行升级版。该院推行执行廉政纪律告知制度，制定了《廉政纪律的六条规定》，并印制成《法院工作人员廉政纪律告知书》，列明六种违纪行为，请当事人进行全程监督，对当事人未签收告知书的一律评定为不合格案件。实行执行进展即时告知制度，由执行法官将执行进展即时回告申请执行人，回告情况记入笔录并存卷备查。2010年以来，该院执结案件3090件，向申请执行人即时回告1.8万余件次。大力推进执行信息公开平台建设，在完善执行公开网的基础上，充分利用法院政务网、微博等媒体，及时公开相关执行信息；搭建执行案件短信互动平台，为执行干警配备"法务通"电话，将执行干警联系方式等信息向申请执行人公开，申请人一旦发现被执行人下落或者可供执行财产线索，可立即拨打执行热线，执行人员根据具体情况第一时间出警执行；依托襄州区法院网站，实行执行文书上网公开制度，做到一周一更新，一月一通报，一季度一考核；在诉讼服务中心设置触摸式执行案件信息查询平台，当事人可自主获知个人执行案件信息。

十堰市中级人民法院和襄阳市襄州区人民法院出台的这些得力措施，在提高地方司法管理透明度和公信力方面迈出了坚实的一步，其实践成效显著。

## 三　湖北省各地市州在深化司法体制改革方面的基本经验

### （一）在健全人民陪审员制度层面

#### 1. 合理选任人民陪审员，使人民陪审员来源体现广泛性

结合不同类型的案件和不同性质的纠纷，着眼于集合社会各种力量化解各种矛盾，始终坚持人民陪审员来源广泛性原则，拓宽陪审员选任面，从社会各阶层、各行业中选任人民陪审员。在具体选任环节，除婚姻家庭纠纷案件陪审需要从妇联组织中选任一定比例女性陪审员外，要注重从教育、文化、医疗、劳动、民政等部门多选社会阅历深、工作经验足、综合素质好、年富力强的公民担任人民陪审员，还可从农村和街道居委会选拔一些退休的村（居）干部

担任陪审员。这样，既体现了人民陪审员来源的广泛性，又促进了人民陪审员队伍结构的优化。

**2. 加强人民陪审员业务培训，切实满足陪审工作的需要**

人民陪审员来自各行业，他们对法律的认知度以及掌握的法律知识各有差别。为确保人民陪审员正常进行陪审工作，就必须对他们加强法律知识和审判业务培训。人民法院要主动担当培训之责，认真组织培训。要把陪审员培训工作作为一项重要任务，列入法院年度教育学习计划中去，做到一起研究，一起部署，一起检查。在具体培训过程中，确实做到培训时间要集中，培训内容要系统，培训效果要落实。切忌只图形式、不求效果的"短、平、快"做法。培训结束时，可根据需要对陪审员进行业务考核，以检查培训效果，促使陪审员更加积极地学习法律知识，掌握庭审技能，不断提高陪审工作能力。

**3. 制定奖惩激励措施，加强对人民陪审员的管理**

《最高人民法院关于人民陪审员管理办法（试行）》第3条规定："人民陪审员人事管理工作由人民法院政工部门负责。"依照此规定，人民法院对人民陪审员要实施大胆管理，政工部门要认真结合实际，制定相关制度和措施，促进管理工作落到实处。首先，建立人民陪审员工作绩效档案。对他们在任期内的责任履行、工作表现以及完成任务情况记录归档，并报人大常委会进行备案。其次，建立奖惩机制。对积极参加陪审、完成任务出色、当事人满意度高的陪审员，要大力进行表彰，并通过新闻媒体广泛进行宣传。对无故不愿意参加陪审工作的陪审员要及时进行批评教育；经批评教育屡教不改的，报请人大常委会，随时免去其人民陪审员资格。再次，落实经济待遇。结合案件审理的需要，人民法院要视情况给予陪审员必要的办公经费和办案差旅费。同时，建议参照法官津贴发放办法，适当发放人民陪审员津贴，以调动人民陪审员参加陪审工作的积极性。

**4. 让人民陪审员参与更多的案件审理**

全国人大常委会《关于完善人民陪审员制度的决定》第10条规定："依法参加审判活动是人民陪审员的权利和义务。人民陪审员依法参加审判活动，受法律保护。"因此，人民法院应当依法保障人民陪审员参加审判活动。在具体实践中，建议取消随机抽取确定陪审员的做法，避免陪审不均衡现象。要根据个案情况，从有利于化解矛盾出发，有针对性地抽调陪审员参与案件审理。例如：婚姻家庭案件，可抽调从事妇联工作的女性陪审员参审；劳务纠纷案件，可抽调工商、劳动界的陪审员参审；医患纠纷案件，可抽调医疗卫生和社会保障部门的陪审员参审。总之，既要依法保障陪审员参与案件审理，又要考虑发挥陪审员的专业特长，真正实现人民陪审员和审判员优势互补，促进法律效果、社会效果有机统一。

## （二）规范司法权运行机制

在司法权运行机制层面，湖北省地市州法院、检察院探索并积累了一些较为丰富的经验。

### 1. 改革司法行政化管理体制和制度

从尊重司法属性的角度考虑，湖北各级法院逐步将司法机关内部上下级之间的行政领导关系改革为业务领导、指导和监督制约关系，适当扩大合议庭、主审法官、主办检察官的权力，解决权力过分集中于领导、行政管理权干预司法权导致的司法机关领导干部犯罪问题。同时加强对法官、检察官的监督，"放权"的同时强化责任，防止一线法官、检察官权力增大引发新的腐败。

### 2. 加强监督制约，保证司法权的公正行使

权力不受监督制约，必然导致腐败。在司法改革中，要始终处理好依法独立行使审判权和检察权与加强对司法权的监督制约的辩证关系，在着力破除依法独立行使审判权和检察权的体制机制性障碍的同时，把健全内外监督制约机制、解决人民群众反映强烈的突出问题，作为改革的重中之重，以监督促公正、防腐败。

### 3. 在检察机关推进"两个适当分离"改革

湖北检察机关近年来根据强化法律监督和加强自身监督制约的需要，积极探索"两个适当分离"，即诉讼职能与诉讼监督职能适当分离、案件办理职能和案件管理职能适当分离。主要采取了将职务犯罪大要案侦查指挥中心办公室改为单设机构，公诉、民事行政检察部门不再承担职务犯罪侦查职能，在全省13个规模较小的基层检察院推进内部整合改革试点，审查批捕与侦查监督、公诉与刑事审判监督机构分设、职能分离，控告申诉检察部门集中管理诉讼违

法线索等五项措施。通过推行"两个适当分离"，既强化了法律监督，同时也回应了理论界和社会上对"检察机关监督别人、谁来监督检察机关"的质疑，加强了内部监督制约，逐步形成了决策权、执行权、监督权既相互制约又相互协调的权力结构和运行机制，确保了对自身执法活动的监督制约更加清晰有效，有利于进一步规范执法行为、促进公正廉洁执法。我们认为，有必要在总结经验的基础上，在全国范围内稳步推行"两个适当分离"改革试点。

## （三）提高司法透明度和公信力

为进一步提高审判质效，提升司法公信力，咸宁市中级人民法院从十个方面提出了开展公信法院创建活动的主要措施。

一是进一步提高审判质效，严格依法办案、规范执法尺度，加强审判管理，要把群众意见较大的超审限、审判质量瑕疵等问题作为审判质效管理的重点，加强整改，确保司法公正。二是进一步推进司法公开，全面落实公开审判制度，加大程序公开、实体公开和审务公开力度，积极回应社会关切，最大限度地满足公众对法院工作的知情权、监督权。三是进一步强化司法为民，要着力筑牢司法为民的思想根基，认真落实司法利民惠民便民举措，进一步简化立案程序，优化办案流程，让群众更加便捷地行使诉权，切实减轻群众诉累，着力维护群众合法权益。四是进一步规范司法行为，规范自由裁量权行使，依靠严格的程序规则和制度约束，防范司法行为的随意性，以严谨规范的司法行为赢得公信。五是进一步强化能动司法，牢固树立"服务发展是第一要务"和"法治环境是最好的软环境、是核心竞争力"的观念，在尊重司法规律、坚持依法办案的前提下，增强为经济发展服务的主动性、创造性。六是进一步改进司法作风，深入开展以"为民务实清廉"为主要内容的党的群众路线教育实践活动，认真贯彻党中央、最高人民法院及湖北省政府关于改进工作作风、密切联系群众的各项规定，着力培养优良过硬的司法作风，取信于民。七是进一步加强廉洁司法，强化党风廉政建设责任制，要认真开展司法巡查，严格落实"四个一律"要求和"五个严禁"规定，以"零容忍"的态度，坚决惩治腐败现象，确保法官清正、法院清廉、司法清明。八是进一步畅通监督渠道，大力弘扬司法民主，健全完善民意沟通机制，从群众意见建议中找到改进工作的着力点。九是进一步培育公信文化，以开展"文化建设推进年"活动为抓手，开展"办案标兵""调解能手""精品案件""优秀庭审""优秀裁判文书"等评比活动，大力培养、树立、宣传两级法院先进典型，把培育法院公信文化与弘扬法治精神结合起来。十是进一步提升司法能力，深入开展创建学习型法院和争做专家型法官活动，开展办案竞赛活动，推行青年法官导师制度，加大教育培训力度，努力造就一支政治坚定、业务精通、作风优良、司法公正、清正廉洁、品德高尚的法官队伍。

# 四　启示与展望

## （一）推进司法制度的科学化、现代化和法治化

未来国际竞争不仅体现在经济发展的"硬实力"、文化发展的"巧实力"上，更在于制度优越的"软实力"的比拼上。中国特色社会主义司法制度的优越性必须体现制度的现代化与核心竞争力。

### 1. 推进司法权配置科学化

建立司法裁判与执行相分离的制度，将审判机关对民事、行政生效裁判的执行权划归司法行政机关；将公安机关对生效司法裁判余刑三个月以下罪犯的监禁权和未生效判决的犯罪嫌疑人、被告人看守监管权划归监狱机关，形成遵循司法规律，权责明晰、分工负责、互相配合、互相制约的司法权运行体系。加快制定"诉讼监督程序法"，规范对刑事诉讼、民事诉讼、行政诉讼活动的监督。

### 2. 在预防和惩治腐败中进一步理顺司法机关与纪检监察机关的关系

建立健全纪检监察机关对涉嫌犯罪案件及时移送、依法办理、衔接介入、协调配合和制约机制。加快制定"预防和惩治腐败法"，推进预防和惩治腐败由政策主导型向法治规范型转变，把"双规""双指"纳入法治化轨道；严格按照法律程序办理案件，依法保障人权。

### 3. 建立健全对行政权的监督制约机制

目前，检察机关主要通过查办贪污贿赂案件、渎职侵权案件，法院主要通

过审理行政诉讼案件，加强对行政权的制约，建议加强这方面的机制创新。比如：完善行政机关接受司法意见的回复反馈机制；完善行政执法与刑事司法相衔接的机制；强化对破坏国家法律法令政令统一实施的重大违法事件的检察；建立健全检察机关适度介入重大行政执法案件、行政监管领域重大违法事件的同步调查机制；赋予检察机关代表国家行使提起公益诉讼的职能，维护国家利益、公共利益及社会利益。

## （二）健全司法权运行机制

以健全办案组织体系、建立司法机关职权清单制度为切入点，建立权责明晰、权责统一、监督有序、配套齐全的司法权运行机制。

### 1. 健全司法组织体系

一是完善组织结构。修改相关法律，明确四级法院职能定位，规范上下级法院的审级监督关系，确保审级独立。设置同行政区划适度分离的行政法院、知识产权法院、环境保护法院、土地资源法院，相应建立专门检察院。二是探索建立分院体制。适应区域主体功能区发展战略实施的新形势，总结湖北省汉江等地跨行政区划直管（天门、仙桃、潜江）的司法体制运行经验，探索设置跨区域司法体制，解决好司法权配置"地方板结化"的问题，优化中央、省委对司法权的统一领导。三是调整基层司法机关管辖和内部机构设置。对于50人以下规模较小的基层法院、检察院可以进行合并，设置跨行政区划管辖的法院、检察院，以破解分类管理、人员"瘦身"、辅助人员及行政管理人员比例偏大、办案力度不足等难题；对于60人以上规模较大、不宜合并的基层法院、检察院，可以借鉴"大部制"改革的思路，整合内设机构，实行扁平化管理。

### 2. 完善基本办案组织

修改相关法律，选拔优秀、资深法官、检察官担任主审法官、主办检察官；组建以主审法官、主办检察官为主导的基本办案组织。这里应当说明的是，按照精英化的制度设计，由于目前法官、检察官队伍过于庞大，只宜采取主审法官、主办检察官的过渡性措施，今后要逐步减少法官、检察官数量，现在的主审法官、主办检察官就是未来的法官、检察官。

### 3. 建立司法责任制

修改相关法律，建立司法职权清单制度，科学界定主审法官与院长、副院长、审判委员会、合议庭，主办检察官与检察长、副检察长、检察委员会之间的权力边界，建立执法办案责任制，真正实现"让审理者裁判、由裁判者负责"；建立审判委员会委员和检察委员会委员履职责任制。通过强化执法办案责任制，实现五个转变，即由行政化组织体系向符合司法规律的组织体系转变，由科层制组织形式向扁平化组织形式转变，由权责边界模糊向权责边界清晰、权责利相配套转变，由集权独揽、层层审批向分权制衡、协调制约转变，由责任分散向责任担当、终身负责转变。

## （三）增强司法透明度和提高公信力

通过规范审判公开、检务公开、警务公开、狱务公开制度，有序开展司法机关公众开放日活动，充分运用新兴媒体等形式建立互动平台，让司法权在阳光下运行。严格规范减刑、假释、保外就医程序，强化监督制度。大力推行司法公开，强化检察机关对诉讼活动的法律监督，不断增强司法透明度和提高公信力。

### 1. 大力推行司法公开

要完善法律法规，除法定应当保密的情况外，能公开的都应当公开，将司法活动置于最广大人民群众的监督之下，不断提高司法工作透明度。在警务公开方面，公安机关要建立对刑事立案的社会监督机制，对受理报案情况、侦破情况和因故未能侦破等情况应当向检察机关说明，在不影响案件保密的情况下，应当向社会公开，实现刑事案件的发案、立案、破案信息透明化。在检务公开方面，除按照最高人民检察院有关规定执行外，对一些自侦案件线索不予立案或撤销案件的情况和理由、对不批准逮捕和不起诉案件的情况和理由等也应在一定范围内逐步公开，接受监督。在审判公开方面，人民法院要将立案、审理、裁决、执行等各个环节的程序予以公开；将执行人员、执行措施、执行进度、执行财产的处理全部向当事人公开，接受监督。在司法行政事务公开方面，监狱、劳教所等监管场所部门要增强工作透明度，接受检察机关、审判机关和社会各界的监督，特别是对在押人员管理、奖惩、报请减刑、假释和暂予监外执行的条件、依据和程序应当公开，杜绝暗箱操作。

**2. 强化检察机关对诉讼活动的法律监督**

在当前新一轮司法改革中已经出台了一系列关于强化检察机关法律监督工作的规定，包括湖北在内的 21 个省、自治区、直辖市人大常委会先后制定出台了加强检察机关法律监督工作的决定或决议，为进一步强化法律监督提供有力的制度保障。

**3. 强化对司法权力运行的监督制约**

注重"放权"与"控权"并重的制度设计。建立健全司法职业宣誓，案件管辖立办分离，审理违规违法紧急叫停、及时更换办案人，司法裁判异议咨询，司法岗位轮换，司法不良记录，司法弹劾，司法公正指数评价发布等监督制约与社会评价制度；设立对法官、检察官的听证质询制度、特别问题调查制度；自觉接受权力机关、专门监督机关、新闻媒体和社会各界的监督。

### （四）推进司法体系和司法能力现代化

目前，司法体制改革试点工作正有序进行，重点是研究从体制机制上破解影响司法公正、制约司法能力的深层次问题，实现司法理念、制度与方法的现代化转型。

**1. 建立司法人员分类管理制度**

有三个问题值得注意。一是司法人员如何分类。中央司法改革框架意见将司法人员分为法官、检察官、司法辅助人员和司法行政人员，但对法官、检察官是否包括助理审判员、助理检察员没有界定。目前有两种意见：一种认为只包括审判员、检察员；另一种认为，在《法官法》《检察官法》未修改之前，将助理审判员、助理检察员排除在外于法无据，将会造成优质司法资源的流失，形成改革驱逐人才的负面效应。需要统筹考虑助理审判员、助理检察员这一现实，经过改革过渡期之后，再逐步解决法官、检察官的"瘦身"问题。二是员额如何确定。全国应当按照东、中、西部的区域特点进行综合考虑。据调查，广东确定为40%～60%，5 年内逐步减少到35%～50%，并预留5%～10%的机动员额，对广州、深圳两个副省级城市适当调高；青海方案拟定为45%；吉林方案拟定为43%；海南方案拟定法院为35%，检察院为45%；湖北方案拟定过渡期为51%，5 年后减少到42%。这是切合实际的。三是过渡办法如何设定。建议在过渡期按照"老人老办法，新人新办法"逐步消化，现有员额内无法解决的法官、检察官可以通过到龄退休、交流及调剂到紧缺地区工作、挂职锻炼等方式逐步"瘦身"消化，并在全省预留一定的机动员额。

**2. 建立职业保障制度**

重点是要建立以法官、检察官职业保障为主体，兼顾司法辅助人员、司法行政人员的整体利益，体现单独职务薪酬序列相对均等化、与《公务员法》相协调的职业保障制度。一是工资保障标准有别于普通公务员。在法官、检察官工资适当高于普通公务员工资的国际通行做法中，日本高于30%，韩国高于20%，越南高于40%。美国联邦法官、检察官的工资年收入在13万～16万美元，州法官、检察官在6万～12万美元。据对2005～2010年的调查，中国东部检察人员比中部、西部检察人员年人均津补贴分别高出108.26%、85.31%；其中上海检察人员年人均津补贴高达9.86万元，甘肃则人均为1.9万元，相差近8万；深圳福田区人均33万元，是甘肃人均的17倍多。湖北省武汉市江汉区津补贴人均达到7.8万元，保康县、利川市人均不足8000，相差8倍多。这表明，以省为单位建立相对均等化的保障标准是非常急迫的。同时，区域差异化也是客观存在的。因此，相对均等化的职业保障体系主要以省为单位统一推行，而不是盲目追求全国拉平。建议津补贴标准可考虑以省会城市的平均数作为保障基数，在全省统一拉平设定。建议增设基层津贴、贫困边远地区津贴，鼓励司法人员扎根基层、安心贫困山区；建议设立年终司法奖金制度，激励司法人员公正廉洁文明执法。二是建立职业廉政保证金制度。借鉴发达国家和地区的做法，职业廉政保证金可按年度缴纳，单位和个人按比例缴纳，如无不廉洁行为或者犯罪行为，司法人员退休或者在岗死亡时本息一次性发放。三是住房保障制度。对遴选到上级司法机关工作的优秀法官、检察官，有计划地提供公租房、周转房。四是职业荣誉制度。

**3. 实行省以下法院、检察院人财物统一管理**

一是要建立全省统一的机构编制管理制度。管理体制由省委政法委（省司法委员会）与省编办共同统一管理，两院负责日常管理。对于历史遗留下来的各级法院、检察院地方行政编、事业编、工勤编、财政供养的无编人员及其他非编人员，进行合理安置。二是干部统一管理。如果考虑成立省司法委员会，统一管理司法机关干部人事，可以由省政法委常务副书记（司法委员会常务副主任）兼任省委组织部副部长，便于对司法人员的管理和协调，并采取分级授权、下管一级的体制，厅级及相当职级的司法人员由省委管理，处级及以下干部实行授权分级管理。三是遴选委员会的职责问题。我们实行党管干部原则，遴选委员会的作用主要是对司法人员初任、职业准入的专业素质统一评定审查把关，为省委、省司法委员会、省检察院党委、省法院党组选任司法人员提供前置条件，即未经遴选委员会评定通过的不得录用，形成遴选委员会对司法准入的审查、否决机制；有关法官、检察官的职务晋升、下级被上级遴选、岗位轮换、任职交流、提拔使用等职责不宜赋予遴选委员会，否则同党委组织部门、政法委、法院和检察院政治部门的关系难以协调，制度运行的成本将会居高，造成对遴选委员会的监督成为新问题。四是财物管理体制。在省财政预算体制中，建议省以下市州与县区的法院、检察院为全省法院、检察院系统的二级、三级预算单位。既要解决保障不均衡、基层保障不力的问题，又要解决依法应收尽收、应缴尽缴的问题，防止涉案财物处理不规范、不严格、不廉洁的倾向。重点建立"两机制一体系"，即司法机关经费统一管理机制、资产统一管理机制和经费保障标准体系，加强预（决）算管理与涉案财物管理，提高资金使用效率。

**【专家评论】**

在十八届三中全会决定大力推动司法改革的背景下，湖北省各地区司法机关根据中央的改革精神采取了一些符合本地实际的改革措施。例如：在健全人民陪审员制度方面，扩大了人民陪审员的代表性，引入了一些有利于人民陪审员履行职责的奖惩机制；在确保司法透明度方面，湖北省个别地区法院推行的"执行廉政纪律告知制、执行进展即时告知制和建立执行信息公开平台"也颇具特色。十八届三中全会和四中全会有关司法改革的决定，为中国司法未来进一步走向独立和公正展现了良好的愿景。如果这些改革措施能够真正落实，中国司法制度长期以来存在的司法地方化和行政化的弊端就可以得到很大程度的改善。

（黄金荣，中国社会科学院法学研究所副研究员）

# 北京市 2013～2014 年司法
# 公开实施状况调研报告

北京市高级人民法院 *

**摘 要：**

2013～2014 年，北京市法院在推进司法公开过程中，积极搭建司法公开的信息化平台，充分利用"12368"电话查询平台、北京法院审判信息网、手机 APP 查询服务平台、微博发布互动平台，不断拓展司法公开的范围和及时性，提高诉讼服务工作信息化水平，为人民群众提供更加便捷的诉讼服务。同时，将司法信息进行社会化共享，推进了社会诚信体系建设，有助于实现司法公信。

**关键词：**

司法公开 审判流程公开 司法公信

十八大报告提出的民生、法治、反腐等各项目标，以及公平正义的实现，落实到法院工作中，都要求提高运用法治思维和法治方式的能力，确保对外履行好职能、对内实现自身发展，而实现这一目标的突破口就在于深化司法公开。从 2013 年开始，北京市法院提出司法公开走在全国法院前列的工作目标，充分利用信息化技术，全面推进裁判文书公开、审判流程公开、执行信息公开"三大平台"建设，并以此为抓手，努力实现变被动公开为主动公开、变内部公开为外部公开、变选择性公开为全面公开、变形式公开为实质公开的"四个转变"，不断满足人民群众特别是律师以及案件当事人对法院工作的知情权、监督权、参与权的需求。

---

\* 执笔人：张新平，北京市高级人民法院研究室助理审判员。

# 一　司法公开的主要举措

在继续落实司法全面公开的基础上，近年来，北京法院注重通过打造信息化平台，将信息化技术引入司法公开工作中，不断扩大司法公开范围，提升司法公开效率，注重公开的效果。信息化的司法公开平台以"服务"为导向，不仅为执行法官提供提示提醒、移动办公等服务，更重要的是，为当事人和社会公众提供了更便捷、更具人文特点的公开服务。一是注重公开的多渠道。对案件当事人，公开方式人文化，实现了多媒介、多渠道公开。通过北京法院APP移动应用软件主动推送审判和执行情况；开通互联网查询通道，让当事人随时随地能够查询到其需要的案件信息；开通"12368"语音平台，让不方便使用网络的当事人也有途径了解案件进展情况。通过以上举措，给当事人提供多种选择，适应不同人群的多元化需要，所有当事人都能够享受到法院的公开服务。二是注重公开的互动沟通。在单向信息传输的基础上，研发专门的"我要找法官"软件，为当事人提供网上咨询和反映意见的通道，实现互动沟通人文化。为督促法官及时回复，实现"没有当事人找不到的法官，没有当事人的意见得不到回复"的目标，系统对相关回复情况进行统计。三是注重及时公开信息。利用北京法院审判信息网平台，及时提供未实际执结案件信息与失信被执行人信息，使社会公众能够从公开渠道获知被执行人的履行能力和信用状况，最大限度避免交易风险。

## （一）全面公开裁判文书

裁判文书上网公开是依法公开独立行使审判权的具体表现，也是规范司法运行权的有力措施，更是新一轮司法改革的重要内容。早在2003年，北京法院即着手推进裁判文书上网工作。2003年11月，北京三级法院已经开始在北京法院审判信息网上将审理的所有知识产权方面的生效裁判文书正式向社会公布，并每月在北京市高级人民法院《知识产权审判情况反映》中公布各中级人民法院及有管辖权的知识产权基层法院报送裁判文书（电子版）的数量、时间等情况，并对各类案件结案方式进行分析和研究，形成了一整套裁判文书上网的工作机制。自 2006 年和 2008 年起，北京法院又先后在互联网上公布了部分刑事裁判文书和商事裁判文书，并专门制定了裁判文书上网规定和考评规则。这一工作的开展，增强了司法审判工作的透明性，体现了司法文明、司法透明、司法民主和司法公正，也有利于公众知情权的实现，便于公众参与或了解司法裁判的情况以及全社会对司法公正的监督。

《中共中央关于全面深化改革若干重大问题的决定》提出"增强法律文书说理性，推动公开法院生效裁判文书"后，北京法院认识到，裁判文书上网公开工作已经不单是法院的一项工作，而且上升到了深化改革的重要举措。按照最高人民法院关于裁判文书上网工作的要求，为进一步规范北京市法院裁判文书上网工作，在总结以往裁判文书上网公开工作经验的基础上，2013 年 12 月 31 日北京市高级人民法院审判委员会审议通过了《北京市高级人民法院关于人民法院在互联网公布裁判文书规定的实施细则（试行）》和《北京市高级人民法院关于上网信息更新和维护工作的管理办法（试行）》，创建了完整的裁判文书公布上网的管理体系。自 2014 年 1 月 1 日起，除涉及国家秘密、个人隐私、未成年人犯罪以及调解结案的案件外，北京法院已经将民事、刑事、行政、执行等各类案件的生效裁判文书通过北京法院审判信息网和中国裁判文书网公开发布，裁判文书上网公开逐步走上了日常化、制度化、规范化的轨道。为增强裁判文书的可利用度，在提供案由、案号、审理法院、生效日期等固定索引词的基础上，主动研发运用可以搜索任意关键字的全文搜索功能，便于当事人和社会公众快捷、准确地查阅裁判文书。截至 2014 年 6 月 20 日，北京法院审判信息网上公布各类裁判文书 28348 份，其中刑事 5804 份、民事 20521 份、行政 1675 份、执行 348 份（见图 1、图 2）。

为通过上网公开裁判文书，切实提升裁判文书质量，北京市高级人民法院制定《北京市法院审判质效考核办法（试行）》，将裁判文书上网率明确纳入考核范围，作为考核审判效果的指标之一，以考核促规范，提升裁判文书上网的主动性。同时，定期发布裁判文书上网情况通报，对生效裁判文书的上网率、差错率以及存在的主要问题以法院为单位进行通报，及时发现问题，提升公开裁判文书的质量。第二中级人民法院召开"千份裁判文书评选"表彰会，通过评比表彰的正面激励与文书上网的倒逼机制相结合，全面提升裁判文书质量，提高审判人员司法能力；门头沟法院对所有的裁判文书均建立了承办人、内勤、庭领导、校核办"三校一核"的审查流程。

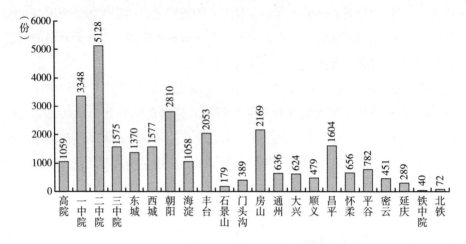

**图1 2014年上半年全市法院公布裁判文书数量**

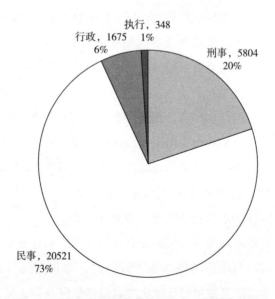

**图2 2014年上半年各类裁判文书上网公开情况**

## （二）公开重要审判流程信息

审判流程信息公开属于司法过程的公开，对司法公正具有直接的塑造作用。审判流程信息公开工作将案件审判、执行的全过程完全置于社会的监督之下，不仅可以有效地防止以权谋私、以案谋私、徇私枉法等"人情案、关系案、金钱案"现象的发生，而且为当事人行使诉权提供了便利，在一定程度上为社会公众对司法实施监督提供了条件，缩短了司法过程与人民群众之间的距离，扩大了司法的宣传效应。为此，2014 年 3 月北京市高级人民法院专门出台了《北京市法院审判、执行信息公开范围》，按照审判运行规律对审判流程节点信息进行全面梳理，明确了审判流程公开的范围和方式。自 7 月 1 日起，所有案件的立案、审理、执行、审限、结案等 5 大类 93 项审判流程信息实现了从法院案件信息系统直接采集和同步公开。为保证审判流程信息公开的准确、及时，审判流程公开的信息全部来自法官在立案、审理过程中产生的案件节点信息和动态变化信息，由相关部门维护的信息以及业务部门提供的特色诉讼服务。办案法官在系统中完成本人案件办理的同时，系统会自动采集相应信息，统一公开。这种审判流程信息直接从法院案件信息系统采集的做法，不仅可以确保当事人在第一时间了解审理动态，当事人和律师可以随时通过北京法院审判信息网查询相关信息，或通过接收北京法院 APP 信息推送第一时间了解案件动态，而且，也方便诉讼当事人和律师监督审判人员严格依法依程序办理案件。

审判流程信息公开的价值不仅在于发布信息，还在于以审判流程公开为契机推动人民法院工作质量和效率的提高。为此，北京法院高度重视审判流程信息公开的互动沟通，初步建立了信息反馈"闭环服务"模式，为当事人及律师提供"案件查询""我要联系法官""我要评价""我要咨询""我要投诉"等涉及审判全过程的信息服务与法律支持。通过"案件查询"，当事人及律师可以查询本人涉诉案件或本人代理案件的基本信息，以及法院根据《北京市法院审判、执行信息公开范围》规定公开的案件流程信息。对于已正式立案的案件，"我要联系法官"为案件当事人及律师提供与承办法官直接沟通的渠道，大大提升了法院案件的办理效率，提高公众满意度。"我要咨询"功能进一步优化北京法院审判信息网用户体验，收集社会公众对北京法院审判信息网使用中的疑问和改进意见，逐步完善司法公开及诉讼服务的功能。"我要投诉"服务实现了信访和纪检监察的网上登记、受理、处理、答复的功能。一方面，节省了社会公众往返于法院的投诉时间；另一方面，也拓宽了投诉、举报渠道，促进法院工作透明化。通过"我要评价"功能，当事人及律师可以对已审结的案件进行满意度评价，社会公众可以对参与的诉讼服务进行满意度评价，全面客观地体现北京法院司法公开及诉讼服务的工作情况，进一步提高法院服务质量。参与到"闭环服务"的法院法官，可以在相关系统中查看案件参与人及社会公众的留言并对留言进行反馈。案件参与人及社会公众可以从审判信息网上查看反馈结果。

此外，北京法院审判信息网根据减刑假释公示书中的公示期，向社会公众公开减刑假释公示书的具体内容，以便广泛搜集各方意见，保证减刑假释案件审理的公正性。

### （三）基本实现了实时、全部静态执行信息的上网公开

针对人民群众反映突出的"执行难"问题，早在2010年11月13日，北京市高级人民法院就正式启动了全国首家执行信息查询中心。通过查询中心，全市各法院能够查询到被执行人的个人身份、婚姻、工商登记、企业代码、出入境、房产、车辆、土地权益和采矿权、人民币结算账户等20余项信息，并且可以通过网络对被执行人的房产办理查封手续。各协助执行部门也能够从法院获得被执行人不履行生效法律文书的信息，对被执行人采取限制措施。自2014年7月1日起，北京法院已基本实现了实时、全部静态执行信息的上网公开。目前，共计公开执行信息42项，其中向社会公众公开的信息包括执行指南信息和失信被执行人信息两大类10项信息。失信被执行人信息通过与北京法院执行办案系统相连，完成了执行信息自动采集和动态发布功能，为社会征信体系提供了实时的公开数据。具体公开内容包括：①执行业务规范性文件；②执行指南信息，包括执行案件立案标准、启动程序、收费标准和根据、执行费缓减免的条件、执行费缓减免的程序、执行风险提示、执行公告等；③失信被执行人信息，包括失信被执行人名单信息、限制出境被执行人名单信息以及限制高消费被执行人名单信息。向执行当事人公开信息32项，主要包括：①执行立案信息；②执行人员信息；③执行程序变更信息；④执行措施信息；⑤执行财产处置信息；⑥执行裁决信息；⑦执行款项分配信息；⑧暂缓、

中止、终结执行信息；⑨重大执行案件信息等。

目前，北京法院已完成了执行信息自动采集和动态发布功能，能够实时发布各级法院正在执行的案件数量，并为社会诚信体系提供实时的公开数据；此外，执行信息公开平台于 2014 年 12 月底前投入运行，将以执行办案系统、执行指挥管理平台作为公开数据源，自动对执行案件办理平台录入的相关信息进行整合，让执行立案、执行启动、财产调查、财产控制、财产变价、案款发还、执行结案等案件执行各个阶段需要公开的信息都可以自动形成与推送，并提供动态查询服务。

### （四）积极推行庭审直播

北京依托网络技术，积极推行网络庭审直播，努力打造"看得见的公正"，让司法与民众"零距离"。自 2003 年开展首次网络视频直播以来，发展至今全市法院全部具备了庭审网络直播能力。北京法院审判信息网开通了庭审视频直播、图文直播、点播服务。从案件信息管理系统可自动发布直播预告，各院的高清数字法庭系统通过统一的安全交换平台与互联网云平台直接相连，实现全市法院统一的直播视频出口。在直播工作中，各法院还尝试在直播题材和直播形式上广泛化、多样化。在直播题材上，网友除了能够看到庭审直播，还可以根据自己的兴趣选择观看法律研讨会、法官论坛等北京市各级法院组织的活动。在直播形式上，通过远程连线访谈，网友还可以不定期地与北京一些法院的"一把手"进行交流，畅谈法院工作，与一线法官探讨热点法律问题。

## 二　主要经验

### （一）积极搭建司法公开的信息化平台

借力科技，提高诉讼服务工作信息化水平，努力为人民群众提供更加便捷的诉讼服务，对提升全市法院诉讼服务水平具有重要意义。自 2013 年以来，北京法院坚持集约化建设，统一三级法院技术应用，全面推进司法公开信息化平台建设，司法公开范围和及时性都得到了很大提升。

### 1. "12368" 电话查询平台

为进一步深化司法公开，落实司法为民，提升司法服务的科技化和信息化水平，畅通群众与人民法院之间的联系渠道，早在 2009 年初，北京市法院系统就首先开通了"12368"静态信息查询服务功能，为当事人提供包括法院立案流程、审判流程、庭审程序和信访程序等基本的司法信息查询服务。在此基础上，北京部分法院作为首批试点单位，经过前期调研和测试，于 2009 年 10 月 10 日正式通过"12368"司法信息公益系统启动了动态信息服务。人民群众到法院立案时将收到一份"12368"服务平台告知书，提示其"可以自收到告知书之日起三日后拨打 12368 电话对本案的进展情况进行查询"，并获取查询密码。立案后，当事人凭借此密码即可随时拨打电话查询案件进程，了解案件在立案、分案、开庭、延长审理期限、上诉等各个阶段的具体信息，获取承办庭室、承办人的姓名及联系电话。与此同时，在征得当事人同意的情况下，法院还将主动向当事人发送手机短信，提示确认或变更承办法官以及开庭、延长审理期限、移送管辖等重要事项。此外，社会公众也可以通过拨打"12368"电话，查询未来三天法院的开庭公告信息。

为进一步贯彻司法为民宗旨，向人民群众和当事人提供更为便捷的诉讼服务，2014 年北京法院在前期电脑自动应答的基础上，将"12368"升级为人工语音服务平台。该平台是以人工语音方式为社会公众和诉讼当事人提供各项诉讼服务的综合性服务管理平台，开展诉讼咨询、联系法官、查询案件、举报投诉、工作建议、内部评价六项职能。"线连线"的"12368"人工语音服务将在信息化的互联网时代，为人民群众提供迅速、便捷、无时差、跨地域、全方位的诉讼服务，架起人民群众、当事人和法院、法官之间的沟通桥梁，很好地解决当事人案件查询难、找法官难等问题。

### 2. 北京法院审判信息网

2013 年 12 月 31 日，北京法院审判信息网（www. bjcourt. gov. cn）正式上线，网站主要具备信息发布、在线服务和查询三方面功能。普通公众不仅可以查到全市各个法院的开庭信息，还能查到各法院已经生效的裁判文书（判决、裁定等）。此外，公众可通过该网观看具体案件的庭审过程，并了解全市法院重大部署、重要会议、重要通报及查办的重大案件。北京法院审判信息网的开通，主要实现了以下几项功能。一是实现信息同步公开。该网与中国裁判文书网数据同步，及时公开北京法院裁判文书，并提供个性化的查询检索功能。二是促进公众了解法院。公众通过法院公告、法官信息、开庭信息、案件查询、诉讼指南、法院指引等了解全市法院案件审理、法院地址、人员组成等相关信息。三是减轻当事人诉累。该网站提供网上立案、文书样式、法规查询等服务，减少当事人往返法院次数，便利其参与诉讼，节约司法成本。四是拓宽监督渠道。公众可通过该网观看具体案件的庭审过程，促进司法公正，树立司法公信。五是推进普法宣传。及时发布全市法院重大部署、重要会议、重要通报及查办的重大案件，汇集展示各级法院工作中的创新实践、成果经验等，宣扬司法正能量。六是提供数据服务。提供诉讼工具、数说审判、视说诉讼等服务，内容丰富，数据权威，方便实用。截至 2014 年 8 月底，北京法院审判信息网点击量已超过 859 万人次，公布裁判文书 4.3 万篇，发布审判流程信息 27 万项，3720 人查询；公布失信被执行人、限制出境、高消费、招投标被执行人 2.4 万余人。对外发布开庭公告 2.8 万条，发布鉴拍公告、拍卖公告等公告 980 条，访问量超过 125 万人次；公布全市法院 4237 名法官信息、审判委员会成员和人民陪审员信息，访问量超过 30 万次；发布法院要闻和重要通知 300 余条，访问量超过 20 万次；公布各类案件参阅案例 49 件，访问量超过 14 万次；公布北京法院各类指导文件 41 项、最高法院各类指导文件 99 项，访问量超过 29 万次；提供 10 类 35 项诉讼指南信息，访问量超过 26 万次。

### 3. 手机 APP 查询服务平台

在通过互联网站公布审判信息的基础上，2014 年，北京法院着手开发了"移动诉讼服务平台"APP 软件，向社会公众提供法院要闻、裁判文书、公告发布、案例分析、诉讼指南、法院导航、诉讼工具、法规指引、审理动态等诉讼服务，不仅可以提供静态诉讼服务信息，而且还可以实现审理动态等案件信息的查询。在方便社会公众和当事人应用 APP 软件获取法院各类信息的基础上，北京法院还充分利用 APP 的推送功能，主动向当事人推送法院要闻和相关信息，满足当事人的知情权。

#### 4. 微博发布和互动平台

2013 年，北京市高级人民法院正式开通了官方微博"京法网事"，"京法网事"主要有两大职能。一是与北京法院网形成呼应，发布全市法院审判信息、司法动态，展示北京法院公开、透明的形象。截至 2014 年 9 月底，"京法网事"共发布各类信息评论 2800 余条，受到专家学者、律师以及媒体记者等各方人士的广泛关注。"京法网事"还实时直播首都机场爆炸案、韩磊摔童案等一系列社会关注的大要案审理情况。在 2013 年大兴摔童案现场，"京法网事"进行微博直播，先后发布微博 11 条，对"法庭调查""举证质证""法庭辩论""播放证明案发经过的视听资料""宣读民事诉状""最后陈述"等关键环节进行实时播放。11 条微博共有文字约 500 字，现场图片 5 张，另外还包含了 7 条长微博，其文字量达 1500 余字。每条微博均有网友转发并评论，11 条微博转发量共 530 次，评论 200 余条。2014 年，针对网友质疑李某某等五人涉嫌强奸案法院不公开审理有暗箱操作之嫌，通过整理发布未成年人案件和涉隐私案件不公开审理的有关法律规定，让更多网友了解法院不公开审理的法律依据，获得了网友的好评。二是代表北京法院发出权威声音，对相关问题进行及时回应，收集、整理群众意见和建议。2013 年，"京法网事"微博收到网友"青柠檬 ABC"发来的私信，称自己是一起劳动争议纠纷的申请执行人，因自己案件的承办人相继发生工作变动，一直联系不上执行法官，希望能够尽快执行。"京法网事"微博管理员在第一时间将私信内容向承办此案的法院反馈，使得此案得以顺利执行。当事人拿到案款后，向"京法网事"发送私信表示感谢。目前，全市三级法院均已开通官方微博，并建设了北京法院微博发布厅，将"昌平法院回龙观法庭"等八个庭室认证实名微博，以及市第一中级人民法院"姜颖"、西城区法院"赵海"在内的 52 名优秀法官个人认证实名微博，全部纳入统一平台。开设法官网络公开课堂，策划推出了"法官的时间去哪儿""带着微博去执行"等多期微博直播主题活动。

### （二）认真研究处理司法公开中的几类关系

在司法公开平台建设过程中，北京法院始终尊重司法规律，找准司法公开的定位，划清司法公开的范围和限度，处理好司法公开的价值冲突。

**1. 坚持依法公开，正确处理公开与保密的关系**

司法公开必须依法进行，不仅需要严格履行法律规定的公开审判职责，切实保障当事人依法参与审判活动、知悉审判工作信息的权利。同时，也需要处理好司法公开与保守秘密的关系，准确把握公开的范围和尺度，严格依据法律规定的公开范围，在审判工作中严守国家秘密和审判工作秘密。为此，按照相关法律和最高法院的要求，北京法院针对裁判文书、审判流程信息和执行信息等公开环节，规定了严格的公开范围，并加强各公开环节的审核，防止泄漏国家秘密和审判秘密。

**2. 坚持及时公开，正确处理公开与效率的关系**

传统上，限于技术手段和司法公开法定程序的制约，人民法院的司法公开往往在网络舆论讨论已经"轰轰烈烈"时才得以启动。尤其是在应对重大案件时，网络舆论的即时性更彰显了法院司法公开的滞后性，也使得法院的司法公开工作带有被动色彩。为此，在司法公开的具体操作层面，北京法院高度重视处理好司法公开与效率的关系，借助现代信息技术，及时、快速、准确地发布审判信息，保障人民群众对司法工作的知情权、表达权、参与权和监督权。以裁判文书公开为例，按照《北京市高级人民法院关于人民法院在互联网公布裁判文书规定的实施细则（试行)》的规定，裁判文书从生效到在北京法院审判信息网上公开的用时最多为 14 天。为保证裁判文书的及时上网，北京市高级人民法院还将裁判文书上网率明确纳入考核范围，作为考核指标之一。

**3. 坚持全面公开，正确处理公开与保护的关系**

人民群众期望的公平正义，不仅应当是公正、及时的，还应当是可以看得见、感受得到的，这就要求司法工作必须最大限度、最全面地向社会公开。"公开是原则，不公开是例外"，在案件审理过程中不仅要做到公开开庭，公开举证、质证，公开宣判，根据审判工作需要，还要公开与保护当事人权利有关的人民法院审判工作各重要环节的有效信息，要做到能公开的，尽量完整、客观地公开，全面回应社会公众的关切和疑惑。但公开的同时，必须注意平衡好公共利益与私人利益的关系，注意保护好当事人的个人隐私和个人信息，不能过度过限，侵犯当事人权益。再以裁判文书上网公开为例，北京法院在互联网公布裁判文书时，在保留当事人姓名、名称等真实信息的基础上，对下列当事人及诉讼参与人的姓名进行匿名处理：①婚姻家庭、继承纠纷案件中的当事人及其法定代理人；②刑事案件中的被害人及其法定代理人、证人、鉴定人；③被判处三年有期徒刑以下刑罚以及免予刑事处罚，且不属于累犯或者惯犯的被告人。同时，对于下列信息予以删除：①自然人的家庭住址、通信方式、身份证号码、银行账号、健康状况等个人信息；②未成年人的相关信息；③法人以及其他组织的银行账号；④商业秘密；⑤其他不宜公开的内容。防止因司法公开过度和公开方式的不当，侵犯当事人应有的隐私，努力将司法公开的负面效果降到最低。

**4. 坚持多元公开，正确处理公开与媒体的关系**

网络、微博、微信的技术发展为司法公开的实现提供了技术条件和载体。在司法公开上，北京法院在坚持传统的公开方式，继续通过媒体宣传、板报专栏、宣传资料等进行公开的基础上，更加注重开发现代网络方式载体进行公开，积极通过涵盖网站、微博、微信、广播、视频、博客、电话语音等各种形式的全媒体，建设三大司法公开平台，使之成为服务社会、化解矛盾、宣传法治、接受监督的重要方式。在信息化建设中，积极丰富信息内容，提高信息质量，方便公众查询，增强信息公开的主动性、及时性和准确性，营造理性、平和的法治舆论氛围和司法环境。

# 三　初步成效及努力方向

通过北京法院的共同努力，全市法院在落实审判公开制度方面，呈现出几个显著的特点。一是实现了公开方式的创新。通过建设完成并实际运行北京法院审判信息网、积极应用微博等民意沟通工具、构建并运行诉讼服务平台、大力推广使用手机 APP 等手段，全面搭建司法公开的平台体系。二是实现了公开内容的深化。实现了符合条件的裁判文书全部上网公开，实现了满足诉讼当事人信息需要的审判流程信息全部上网，5 大类 93 项审判流程信息直接从法院案件信息系统同步采集和公开，基本实现了实时、全部静态执行信息的上网公开，执行信息公开平台于 2014 年 12 月底前投入运行。三是实现了公开效果的互动。变单向公开为双向互动，并以司法公开为推手，全面提升人民法院司法服务质量和效率。

第一，发挥倒逼机制作用，维护司法公正。深入推进司法公开，进一步完善了内外结合的监督制约机制，规范和限制法官的自由裁量权，对法官形成了倒逼机制，促使法官自觉增强业务素质，确保法官和其他法院工作人员依法正确行使职权，公正高效地处理案件。同时，通过审判质效态势分析、案件评查、专家咨询委员会成立等多种方式，逐步统一了上下级法院、不同法院之间的裁判标准，推动法律职业共同体形成统一的认知体系，有效缓解了同案不同判问题，全面提升了法院的整体审判质效。2014 年上半年，全市法院共受理各类案件 256884 件，同比上升 11.58%，审结 190017 件，同比上升 12.37%。全市法院人均结案上升了 9%，法官人均结案上升 5.9%，审判工作效率进一步提高。北京法院与审判质效密切相关的 8 个核心指标，如二审改判发回重审率、法定期限内结案率等，与同期相比均有明显提升，法定（正常）审限内结案率达到 99.18%，法定期限内立案率达到 98.18%，一审服判息诉率达到 82.37%，一审案件陪审率达到 93.4%。

第二，有效缓解"六难三案"。司法公开的现代化公开模式，以及诉讼服务平台的全力打造，使得人民群众可以不用再为立案申请、为询问案件信息而来回奔波，能够亲身参与、见证诉讼程序，亲历诉讼过程，与承办法官及时进行沟通互动，有效缓解"门难进、脸难看、事难办、立案难、诉讼难、执行难"（即"六难"）的问题。同时，司法公开将案件审判、执行的全过程完全置于社会的监督之下，有效地防止了以权谋私、以案谋私、徇私枉法等"人情案、关系案、金钱案"（即"三案"）现象的发生。

第三，树立司法公信。北京法院通过司法公开，将司法信息进行社会化共享，向公安部、市工商局等提供各类审判案件信息 488 万余条，共同推进了社会诚信体系建设。同时，法院审判业务部门审判职能、工作报告、规范性文件、重要研究成果、非涉密司法统计数据等司法信息的公开、推送，让人民群众可以更及时地了解相关法律领域的最新动态，有效减少了信息传播中的误解。

但应该看到，目前司法公开工作还面临不少困难和问题。一是司法公开工作的可持续发展问题。司法公开工作是一项系统性、整体性、长期性的工程，如何统筹多个部门配合开展工作，如何将三大平台建设与其他公开方式相融合，如何将司法公开工作常态化、固定化，都需要进一步探索实践。二是司法公开工作的质量和效率问题。随着社会公众对司法公开工作关注度的不断提升，司法公开工作的质量和效率必将成为影响法院形象的突出问题，亟待解决。三是司法公开工作不断深化带来的实质性公开问题。进一步深化司法公开，需要切实解决影响司法公正和制约司法能力的深层次问题，进一步推进社会公众及当事人最关注、最希望了解的实质性公开。

下一步，北京法院将严格按照"公开是原则，不公开是例外"的标准，完善公开机制，强化公开力度，保证生效裁判文书以及审判、执行流程中实时发生的案件信息，全部及时上网公开，确保公开工作取得实效。同时，在不断总结司法公开工作经验的基础上，深入调研解决影响司法公正和制约司法能力的深层次问题的对策，引入外部机构对司法公开工作情况进行评估，探索通过科学量化的方式，切实提升司法透明度，不断提升公开质量，增强司法公开的社会认同感。

## 【专家评论】

近年来，在最高人民法院的推动下，司法公开迅猛发展，已然成为各级法院的主旋律。随着司法公开工作的纵深发展，越来越多的深层次矛盾暴露和显现出来，是时候对司法公开进行顶层设计和精细化制度整合了。

首先，司法公开平台亟待顶层设计。目前，司法公开平台由法院官方网站、全国专项司法公开网站、手机 APP 以及微博微信等微平台共同组成。司法公开平台的多样性方便了公众多渠道了解司法工作，然而，多平台建设又会造成资源浪费、信息不一致、公众无所适从等弊端。要对司法公开平台进行顶层设计，不妨采取集约化建设模式，即建设省、市、县三级法院统一网站，集中发布三级法院的个性信息；裁判文书、失信被执行人等专项信息由全国统一平台发布；强调网站是司法公开的第一平台，一些互动信息可以借助微平台发布，起到补充作用。

其次，要实现从形式公开向实质公开的转变，司法公开必须建构立体式文书公开模式。目前，按规定，绝大多数裁判文书已纳入公开范围，这属于结果公开和静态公开，为推动司法的实质性公开，还要增强裁判文书的说理性，做到讲明案情，列明案由及当事人主张，全面回应当事人诉求，详细阐明法律适用的理由，让当事人及社会公众对判决结果心服口服。当然，还要做好裁判文书的繁简分流，不可一味为追求说理而弃简就繁。

最后，要处理好司法公开与案多人少矛盾之间的关系。通过优化内部管理，运用技术手段等提升司法公开效率和水平，让广大一线法官从烦琐的事务性工作中解放出来，专心研究案件。

（王小梅，中国社会科学院法学研究所副研究员）

# 河北法院"一乡（镇）一法庭"
# 建设情况调研报告

河北省高级人民法院专题调研组*

**摘 要：**

河北省高级人民法院坚持因地制宜，加强监督指导，创造性地设立了"一乡（镇）一法庭"工作模式，为进一步发挥人民法庭作用作出了有益尝试。通过不断创新工作理念，转变工作方法，整合各种调解力量，加强对民间调解组织、人民陪审员的业务指导，既扩大了纠纷化解主体的力量，节约了审判资源，减少了群众诉累，降低了群众诉讼成本，又切实加强了基层政权执政能力建设，也有利于人民法院长远建设发展。

**关键词：**

人民法庭　纠纷解决　社会治理

为进一步发挥人民法庭便民的独特优势，河北法院创新人民法庭建设工作思路，从 2013 年下半年开始，除中心法庭规范化、标准化建设外，在全省农村地区探索开展"一乡（镇）一法庭"工作模式，并计划用三年时间，逐步实现在每个乡（镇）设立一个人民法庭的目标。目前新建了 624 个人民法庭，加上原有的 830 个中心法庭，全省人民法庭数量达到 1454 个，实现了 70% 的覆盖率，发挥了人民法庭司法为民排头兵的作用。

---

* 专题调研组成员：王越飞，河北省高级人民法院党组成员、副院长；赵倩，河北省高级人民法院研究室主任；赵长山，河北省高级人民法院研究室副主任；于荣，河北省高级人民法院研究室科员。

# 一 基本情况

2013 年，河北省高级人民法院提出，在多元化解决民事、商事矛盾纠纷上，要重新思考和定位全省人民法庭的布局，在广大农村逐步建设不同于传统法庭的"一乡一庭"模式，调整人员搭配、改变法庭规模、转变职能任务，重新审视适合河北实际的人民法庭建设模式。自此，河北法院开始推动"一乡（镇）一法庭"建设。

## （一）结合实际，对"一乡（镇）一法庭"模式进行科学定位

针对法庭布局、职能运作、受案范围不尽合理，人民法庭撤并后基层法院纠纷化解职能弱化，法院联系基层的纽带断裂等问题，为有效回应基层人民群众司法需求，河北省高级人民法院确定了建设"一乡（镇）一法庭"的工作思路：努力使人民法庭的设立和职能更加契合全省基层社会特别是广大农村的司法需求，走人民法庭职能多元化道路，通过合理设立法庭，加快法庭职能转型，在全省范围内实现"一乡（镇）一法庭"全覆盖。

新设立的"一乡（镇）一法庭"不同于传统意义上的人民法庭，具有以下基本特点。在人员配置方面，新设立的乡（镇）人民法庭，不增加基层法院编制，只选配一名政治强、业务精且善于做群众工作的优秀法官担任法庭庭长，再从乡（镇）所在地推选若干名人民陪审员参与法庭工作。如果庭长人数不够，可根据乡镇需求，由一名法官兼任若干个法庭的庭长，在几个乡镇巡回办公。在办公场所方面，新设法庭不新建办公用房，法庭选址充分依靠当地乡镇政府，尽可能安排在乡镇政府院内，临近司法所、派出所，老百姓可以自主选择人民调解或司法调解，既有利于形成矛盾纠纷化解合力，使"三位一体"多元纠纷解决机制充分黏合，又可保证法庭安全。主要职能方面，"一乡（镇）一法庭"模式，区别于传统定义的中心法庭模式，其主要职能不是审判，且一般不赋予案件的裁判权。主要职能包括：一是诉前调解，调解不成，将案件移交中心法庭或基层人民法院审理；二是依法指导民间调解组织开展调解工作，充分发挥社会力量化解矛盾纠纷；三是积极参与基层社会综合治理，

为维护社会稳定提供司法保障；四是进行法治宣传教育，促进公民法律素养提升；五是对经民间调解组织调解达成的调解协议进行司法确认；六是联系、培训和使用好人民陪审员。工作模式方面，法庭庭长可以驻庭办公，也可以每周定期到法庭开展工作，到庭工作日对社会公示，平时由人民陪审员轮流值班接待人民群众。矛盾纠纷现场调解，调解不成，及时移送中心法庭或基层法院。新设法庭出具调解书、司法确认等法律文书由法庭庭长和人民陪审员组成合议庭按普通程序完成，这样既可健全和保障监督机制，又实现了人民陪审员倍增计划。

### （二）制订推进方案，确保人民法庭建设工作落到实处

河北省高级人民法院将"一乡（镇）一法庭"工作列入年度工作重点。全省三级法院院长均把"一乡（镇）一法庭"工作作为"一把手"工程，坚持亲自担任推进工作领导组组长，亲自研究部署、亲自安排落实、亲自检查督促。坚持以调研带动指导，各级法院领导多次实地调研推进情况，将调研会与工作部署推进会相结合，并在此基础上及时出台指导文件。河北省高级人民法院制定《关于在全省设立一乡（镇）一法庭的通知》，全面安排部署"一乡（镇）一法庭"工作；先后与河北省人大和河北省司法厅联合下发《关于认真做好全省人民陪审员工作的意见》《关于抓紧做好全省人民陪审员增补选任工作的通知》，加大人民陪审员的增补力度。各地市结合地域实际，纷纷出台相关文件，对河北省高级人民法院的规划进一步细化，强力推进。

### （三）试点先行，做到推广经验与因地制宜相结合

河北省高级人民法院采取典型引路、以点带面、分类指导的工作方法，详细制订了试点工作方案，设立了首批试点法院。从成效来看，试点运行良好，通过了省市两级法院评估验收，职能发挥明显，已向河北全省进行推广。"一乡（镇）一法庭"建设全面铺开后，河北省高级人民法院积极推广各地的先进经验。同时，省、市、县三级新闻部门及时对法庭建设进展情况及特色做法进行宣传报道，以促进全省工作整体推进。在推广典型经验的基础上，省、市、县三级法院坚持分类指导。根据各地区经济基础、地理区位条件、司法环

境、法庭建设进度等具体情况，始终坚持以契合当地司法需求为标准，不照搬典型经验的具体做法，不搞绝对化和一刀切。同时尊重基层法庭的首创精神，鼓励并支持新设法庭大胆探索、勇于创新，增强了指导的针对性和实效性，突出了地域特点。

### （四）主动汇报，以工作实绩积极争取外部支持

在河北省委的有力支持下，各级党委政府高度重视，都给予了大力支持和帮助。许多地市市委、政法委专门下发文件，对成立"一乡（镇）一法庭"工作提出明确要求。各乡镇党委政府也对新设法庭办公场所、用品等给予了支持落实。新设的人民法庭积极开展工作，通过工作实效赢得地方党委政府认可。邢台开发区东汪人民法庭新建之初，乡镇只协调解决了一间办公室。因法庭不到两星期调解处理了多起棘手纠纷，极大地减轻了乡镇党委政府的工作压力，乡镇主动将党委会议室改为审判庭，交给法庭使用。

## 二　取得的成效

新设立的人民法庭运行以来，通过不断创新工作理念，转变工作方法，整合各种调解力量，加强对民间调解组织、人民陪审员的业务指导，既扩大了纠纷化解主体的力量，又节约了审判资源，减少了群众诉累，降低了群众诉讼成本，"一乡（镇）一法庭"建设取得了阶段性成绩。

### （一）构建了便捷高效的司法服务网络，使司法更加便民亲民

人民法庭贴近群众的优势得到发挥。新设法庭贴近基层群众，司法触角延伸至诉讼之前，将矛盾化解场所从审判庭转移到村民家门口，方便当事人诉讼，减轻当事人诉累，使老百姓不跑冤枉路、不花冤枉钱，以较低成本解决矛盾纠纷。在工作中尊重和保障当事人诉讼权利，强化诉讼指导，为群众提供最实用的法律指导和诉讼服务。不仅为当事人提供了便捷的纠纷解决方式，对他们生产生活的影响降到最低程度，也使人民法院的形象更加富有亲和力。

人民群众参与司法的程度得到提高。各人民法庭均从乡镇、村委会挑选了

不同行业、生活工作在基层一线、同人民群众广泛接触的群众代表作为人民陪
审员，部分法庭还从基层人民调解委员会中选任优秀民调员担任人民陪审员。
乡村干部、人民调解员等更多社会基层力量的参与，扩大了司法民主，使更多
的群众了解司法、维护司法、监督司法。同时通过汲取群众的智慧和力量，增
强了人民法庭的司法能力，提升了司法水平，赢得了司法公信和权威。广大群
众的参与使许多民间纠纷化解在萌芽状态，筑牢了纠纷化解的第一道屏障，做
到小事不出村，大事不出镇，矛盾不上交，切实维护了基层和谐稳定。

### （二）加强了诉与非诉的衔接，完善了矛盾纠纷多元化解决机制

矛盾纠纷诉前调解率得到提高。人民法庭加大了诉前调解的力度，提高了
调解率，减少了诉讼数量。通过对试点法院的调研，实施"一乡（镇）一法
庭"半年期间，诉前调解矛盾纠纷6300余件，法院立案数与上年同期相比减
少了17%；解决老上访户问题百余件，现场解答法律咨询2200余人次，有效
化解了社会矛盾，维护了社会稳定，人民群众对法院工作的满意度大幅度提
升。到2014年底，全省大多数基层法院将完成"一乡（镇）一法庭"建设任
务，预计受理案件数与上年同期相比减少10%左右。

对调解组织的指导得到强化。人民法庭为人民调解和群众自治组织调解提
供指导和支持，支持民间组织特别是各类行业组织开展调解工作，推进完善基
层矛盾纠纷预防和化解机制，形成基层社会治理合力。法庭与人民调解委员会
建立协作制度，采取双向联络方式，与人民调解员实现了互联，并对一些复杂
纠纷进行沟通研究，依法调处纠纷。

大调解格局得到加强。人民法庭充分发挥在纠纷解决方面的纽带作用，在
每一个乡镇都能把行政调解、人民调解、司法调解紧密地衔接在一起，实现了
人民法庭与其他多个职能部门、民间组织在纠纷化解方面的优势互补，使得多
元纠纷解决机制在程序上无缝对接，形成高效、便民、低成本的纠纷解决渠
道。在法庭设立时，调解室与乡镇司法所共用，不仅极大降低了运行成本，而
且密切了与乡镇司法所的配合。当事人申请确认人民调解委员会调解效力的，
经过审查不违反法律、行政法规强制性规定的，法庭出具法律文书对其效力予
以确认。

### （三）强化了法庭队伍建设，使队伍素质能力进一步提升

人员配备得到进一步优化。各地新设法庭严格选任法庭工作人员，均选拔政治过硬、业务精通且善于做群众工作的优秀法官担任法庭庭长，定期到法庭开展工作。部分地区重新启用退居二线的"老庭长"，使这些有多年审判、调解经验的老同志继续发挥余热，也使优秀调解经验得以传承，一些地区还要求原中心法庭庭长进行帮带，均取得了良好的效果。

队伍综合素质得到进一步提升。法院干警通过轮岗到法庭工作，更深入具体地了解社情民意，增加了社会阅历，对公序良俗及法律精神有了更深刻的理解和把握。与社会组织、民间人士一起参与调解，增强了社会工作经验和群众工作能力。另外，法庭庭长职级全部按副科级配备，落实干警职级待遇，解决了基层法院一大部分干警的政治生活待遇问题，极大地调动了干警的工作热情。

## 三　启示与思考

第三次全国人民法庭工作会议特别强调了人民法庭工作在推进平安中国和法治中国建设、实现国家治理体系和治理能力现代化中的重要作用，要求积极探索新形势下司法服务人民群众的有效形式，进一步创新便民利民机制；积极参与基层社会治理创新，促进社会和谐稳定。河北省"一乡（镇）一法庭"工作模式，符合其提出的人民法庭的职能定位，为进一步发挥人民法庭作用作出了有益尝试。

### （一）推进"一乡（镇）一法庭"建设，是切实加强基层政权执政能力建设的需要

乡镇是国家最基层的政权，司法作为国家权力的重要组成部分也必须延伸到最基层，如果人民法庭在乡镇职能缺位，乡村社会矛盾化解、法制宣传就不能及时跟进，一定程度上就会影响基层政权执政能力的整体发挥。人民法庭增强了基层司法参与社会治理的主动性，与地方党委政府进行了对接，特别是积

极配合有关部门对农村面貌提升、对城乡接合部等重点地区进行综合治理等方面，能够发挥积极作用。人民法庭还可就社会稳定及经济安全形势进行研判，及时向相关部门提出司法建议，共同维护基层社会稳定和谐。加快推进"一乡（镇）一法庭"建设，是人民法院在乡镇政权建设、法治建设、社会建设中不缺位，确保人民法院有效参与基层社会治理、促进农村法治建设的重大举措。

### （二）推进"一乡（镇）一法庭"建设，是人民法院长远建设发展的需要

人民法庭作为基层法院的派出机构，是人民法院的最基层单位。基层稳，则天下安。人民法庭在国家和社会治理特别是县域治理中承担的责任特别重大，任务十分艰巨。人民法院始终坚持抓基层、打基础，十分重视人民法庭建设。加快推进"一乡（镇）一法庭"建设，使人民法院在工作重心下移、把矛盾化解在基层、参与社会综合治理等方面有了机构上的支撑，延伸了人民法院的司法服务职能，给人民群众就地维权带来诸多便利。在每个乡镇，法庭要有位，法治要有声，法官要有影，以依法公正办案、创新社会治理为着力点，充分发挥人民法庭职能。

### （三）"一乡（镇）一法庭"建设，是更好地满足人民群众司法需求的需要

人民法庭与人民群众打交道多、审理的案件与人民群众生产生活息息相关，要以人民群众多元司法需求为导向，充分发挥自身的特色和优势，尊重和保障当事人的诉讼权利，强化诉讼指导，提高诉讼效率，使人民群众既能打得起官司，又能打明白、方便、有尊严的官司。加快推进"一乡（镇）一法庭"建设，完善了便民服务网络，能够方便当事人诉讼，减轻当事人诉累，解决好人民群众最关心、最直接、最现实的利益问题。

在社会治理创新的大背景下，人民法庭只有积极回应经济社会转型期广大农村社会的司法需求，在保持规范化运作的同时，通过司法理念转变、法庭职能转型、主动作为、联动创新，才能顺应政法机关深入基层、服务基层的历史

大潮，最终形成以司法后盾为支撑，以融入基层社会治理为关键，司法与非司法相衔接、共同治理的新格局。

【专家评论】

河北省法院系统为贯彻司法为民的精神而推行的"一乡（镇）一法庭"建设，试图在不增加法官编制以及营建专门法庭设施的前提下"送法下乡"，以达到化解基层矛盾、促进社会稳定的目的。此类人民法庭与所谓"中心人民法庭"的区别在于，法官并不一定要常驻法庭，并且法庭一般只负责调解，只可以调解结案。在法庭设施和正式性不足（如可能因没有配备法警等导致法庭缺乏应有的庄严性）以及法官参与社区生活较深入的情况下，调解结案无疑是其发挥功能比较好的方式。在法官的公信力能够得到保证的前提下，其深入社区提供咨询和解调等司法服务的做法也确实可以为基层群众及时化解矛盾和纠纷。不过，这种实质上是基层法院以"巡回法庭"方式送法下乡的模式可能更适合案件数量并不是特别多的地区。这种审调分离的模式以及法官需要下乡提供服务的方式对于很多本来法官就已不堪重负的地方来说可能还是一种奢侈品。

（黄金荣，中国社会科学院法学研究所副研究员）

# B.12

# 萧山法院网络司法拍卖调研报告

杭州市萧山区人民法院课题组 *

**摘　要：**

　　本文以杭州市萧山区法院 2012 年 9 月至 2014 年 9 月的网络司法拍卖实践为研究样本，统计分析该院两年来司法网拍运行情况，回顾总结该院在推进司法网拍工作中采取的有力举措。在实证考察的基础上，归纳现行网络司法拍卖模式的主要特点，并对实践中发现的突出问题进行梳理，提出合理化建议，以期为进一步完善网络司法拍卖工作机制提供有益参考。

**关键词：**

　　司法拍卖　司法网拍　委托拍卖

　　为最大限度地保护当事人合法权益，实现拍卖价格最大化和拍卖成本最小化，同时防止暗箱操作，确保司法廉洁，浙江法院系统自 2012 年开始，积极探索网络司法拍卖。杭州市萧山区法院系全省网络司法拍卖首批试点法院之一，于 2012 年 9 月在淘宝网"网络司法拍卖"平台注册网店，有序推进司法网拍工作，《人民法院报》曾先后 5 次刊文报道该院司法网拍工作。为了全面掌握司法网拍运行情况，萧山法院组织课题组，对 2013 年以来的网络司法拍卖基本情况进行统计分析，总结司法网络拍卖的主要特点，归纳梳理出实践中存在的突出问题并提出对策建议。

---

* 课题主持人：楼军民，杭州市萧山区人民法院党组书记、院长。课题组成员：袁金伟，杭州市萧山区人民法院司法行政装备科副科长。宋晓敏，杭州市萧山区人民法院办公室副主任。张杰，杭州市萧山区人民法院司法行政装备科科长。主要执笔人：袁金伟、宋晓敏。

# 一　萧山法院网络司法拍卖的基本情况

2013 年 1 月至 2014 年 9 月，萧山法院共在淘宝网上推出拍品 362 件，累计拍卖 591 次，占同期司法拍卖数的 71.4%。其中，成功拍卖 317 件，流拍 14 件，尚在拍卖中的 31 件，成交率 95.77%，总成交金额 86546.48 万元，平均溢价率 53.21%（见表 1）。成交率高于全省平均水平 6.17 个百分点，平均溢价率高于全省平均水平 6.13 个百分点。

表 1　2013 年 1 月至 2014 年 9 月萧山法院网络司法拍卖情况

| 拍卖情况＼拍品类型 | 拍品件数 | 拍卖中 | 流拍 | 已成交情况 | | | | | | | |
|---|---|---|---|---|---|---|---|---|---|---|---|
| | | | | 首拍 | 二拍 | 三拍 | 变卖 | 成交额（万元） | 成交率（%） | 首拍成交率（%） | 平均溢价率（%） |
| 机动车 | 102 | — | — | 96 | 6 | — | — | 1391.12 | 100.00 | 94.12 | 101.98 |
| 住宅 | 127 | 12 | 3 | 33 | 57 | 20 | 2 | 17466.4 | 97.39 | 29.46 | 17.7 |
| 商业用房等 | 61 | 8 | 5 | 19 | 21 | 8 | | 15388.2 | 90.57 | 39.58 | 16.97 |
| 国有土地使用权 | 6 | 1 | | 3 | 1 | 1 | | 6554 | 100.00 | 60.00 | 10.15 |
| 工业用房等 | 30 | 10 | 3 | 11 | 3 | | | 44044.5 | 85.00 | 64.71 | 35.29 |
| 机器设备等 | 14 | — | 3 | 6 | 3 | | 2 | 1023 | 78.57 | 54.55 | 32.69 |
| 港口经营权 | 1 | — | — | — | 1 | | | 621 | 100.00 | 0.00 | 86.49 |
| 金银饰品 | 5 | — | — | 4 | 1 | | | 4.7014 | 100.00 | 80.00 | 27.45 |
| 股权 | 1 | — | — | 1 | | | | 49 | 100.00 | 100.00 | 96 |
| 二手手机、电脑 | 14 | — | — | 13 | 1 | | | 4.06 | 100.00 | 92.86 | 171.77 |
| 有价卡券 | 1 | — | — | 1 | | | | 0.494 | 100.00 | 100.00 | 9.78 |
| 合　　计 | 362 | 31 | 14 | 187 | 94 | 32 | 4 | 86546.48 | 95.77 | 58.99 | 53.21 |

具体工作举措如下。

（1）明确网拍优先原则，提升规模效应。在全省法院系统中，率先开设淘宝网店，实行集约化运作，实现网拍资源利用最大化。在拍品种类的选择上，大胆尝试，对于机动车和产权明晰、已腾空或易腾空的房屋以及其他有意向竞买人的拍品，原则上均优先上网拍卖。从试点期间完成全国首例不动产司法网拍，到 2013 年 8 月杭州地区首例国有工业用地使用权司法网拍、同年 12 月浙江省首例内河港口经营权司法网拍，拍品种类涉及机动车、住宅、商业用房、工业用房、国有土地使用权、机器设备、成品零件及原材料、港口经营权、金银饰品和二手手机、电脑等，涵盖执行标的物、刑事罚没物品及涉案赃物等涉讼资产。

（2）强化部门横向协作，提高工作质效。网拍工作由院领导亲自挂帅，各相关职能部门分工负责、协同配合，大大提高了工作质量和效率。执行局负责筛选拍卖标的物，查清拍品权利及瑕疵状况，提出建议保留价，并向当事人做好网络拍卖的宣传释明工作；司法行政装备科负责拍卖公告、拍卖须知等文书以及照片、视频等展示资料的制作，确定保留价，接受意向竞买人咨询及现场看样，监督网上拍卖活动，签订成交确认书，确认保证金及拍卖余款到账等事务性工作；办公室负责新闻宣传工作，通过舆论先行，引导社会公众关注网络司法拍卖。

（3）优化机构人员调配，实现常态运作。为推进网拍规范化、专业化和常态化，提升网拍规模效应，经过积极争取，2013年7月萧山法院增设司法技术管理科，增加科级领导职数1名，专门负责组织网络司法拍卖，并承担对外委托司法鉴定、评估拍卖事务等管理工作。与此同时，充分优化现有人员配置，建立由对外委托管理人员、信息技术人员及司法辅助人员组成的网拍小组，协同完成各项事务性工作。在网络司法拍卖的常态化运作下，网络拍卖占同期司法拍卖总数的比例，从2013年初的10%提高到2014年第三季度的100%，初步形成规模效应（见图1）。

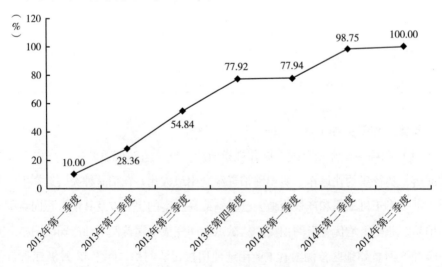

**图1　2013年1月至2014年9月萧山法院网拍率走势**

注：报告期网拍率为71.4%。

## 二 网络司法拍卖的主要特点

从网络司法拍卖一年多来的运行情况看，网络司法拍卖无论参与人数、竞价次数、成交率还是溢价幅度，都较传统司法拍卖具有明显优势（见表2）。同时，网络拍卖平台的公开、透明、开放等特性堪称天然的"防腐剂"，能够有效防止暗箱操作，确保司法廉洁。

表2 网络拍卖与传统拍卖对比情况

| 项目 | 拍卖案件数（件） | | 成交额（万元） | | 成交率（%） | | 首拍成交率（%） | | 平均溢价率（%） | |
| --- | --- | --- | --- | --- | --- | --- | --- | --- | --- | --- |
| | 网络 | 传统 | 网络 | 传统 | 网络 | 传统 | 网络 | 传统 | 网络 | 传统 |
| 数据 | 362 | 145 | 86546.48 | 36517.36 | 95.77 | 80.59 | 58.99 | 63.94 | 53.21 | 19.55 |

具体而言，萧山法院司法网拍主要有以下几个特点。

（1）拍卖信息发布范围广，能够突破地域限制，有效增加潜在竞买者，实现涉讼资产交易价格最大化。2013年10月拍卖的一辆松花江牌轿车，3000元起拍，经过111轮竞价，最终以15000元成交，溢价400%；同年12月拍卖的一台联想笔记本电脑，220元起拍，最终以1580元成交，溢价618%。在已成功拍卖的317件拍品中，溢价率超过50%的有97件，其中47件超过100%；成交价超过评估价的有127件，其中不动产最高溢价超过203.64%，动产则达到769.57%。

（2）网络平台的公开透明及竞买人的匿名性，有利于拍品的充分竞价，有效遏制了围拍、串拍现象的发生。2013年7月拍卖的萧山商业城综合市场一处商铺，竞拍结束前最后一小时加价高达170次，经过系统12次自动延时，15名竞买人223轮竞价，最终以高出起拍价79万元的价格成交，溢价165%，成为淘宝网司法拍卖开拍以来最热门的拍品之一。在目前已成功拍卖的317件拍品中，报名人数超过10人的有119件，经过延时竞价成交的有246件，出价次数超过50轮的有105件，其中24件突破100轮。

（3）网络拍卖真正实现零佣金，有利于实现当事人利益最大化，减轻诉讼负担。2013年8月，萧山法院成功拍卖迄今为止成交金额最大的一件网拍拍品——起拍价为7745万元的国有工业用地使用权、厂房、机器设备、室内装修、绿化苗木及存货一揽子拍卖，经过15轮竞价，最终以7885万元成交，为买受人节省拍卖佣金高达77.58万元。2013年以来，萧山法院累计为买受人节省拍卖佣金1790.22万元，单笔节省佣金在5万元以上的有106件，其中39件在10万元以上。

## 三 网络司法拍卖存在的问题

网络司法拍卖虽然具有公开透明、低成本、高溢价率等优点，但也存在一定的问题。

（1）因公众对网拍了解不够深入全面以及部分拍品的特殊性，阻碍公众参与度及网拍率的进一步提升。一是现有的网拍公告方式单一，一般以网络公告为主，极少在报纸、电视、广播等传统媒体上发布，导致部分非网络用户无法及时了解网拍信息，直接影响社会公众的司法网拍参与度[①]。二是部分拍卖标的物的天然属性及其权利或物理瑕疵，导致其不宜进行网络司法拍卖。例如，拍品为农村合作银行股权的，由于网络拍卖平台的开放性，无法对报名人员的身份进行限制，容易导致竞买人因不符合股权户籍要求（如要求须为萧山籍人员）而导致网拍成交结果无效；而不动产拍品则因某些主观原因经常出现短期内无法腾空的状况，也不宜进行网拍；对于部分存在权利或物理瑕疵的标的物，为谨慎起见，多数法院仍选择委托拍卖方式，便于就瑕疵状况向竞买人作出详细说明或展示。

（2）网络拍卖的局限性、短期内全额付清成交款的压力等因素影响潜在竞买人参与网拍及竞价。一是网络拍卖虽然比委托拍卖便捷，但由于竞拍必须通过计算机登陆淘宝网参与，而且不动产拍卖基本设定在工作日的10：00结

---

① 丽水中院2013年下半年对该市两级法院司法网拍工作的问卷调查显示，虽然90.75%的受访者表示知道司法网拍，但有23.47%的受访者不了解司法网拍在淘宝网上进行，有52.1%的受访者不知道可通过司法网拍购买机动车、机器设备及房屋商铺等，且有36.53%的受访者担心司法网拍的资金交易方式不安全。在拍品合适的情况下，仅有14.29%的受访者表示会通过司法网拍竞买。《浙江省高级人民法院简报》（情况反映第58期），2013年10月23日。

束竞价，对于没有计算机或互联网，以及上班时间不能登陆淘宝网的竞买人造成较大不便。二是网拍成交后，需要在短期内一次性付清余款，对于起拍价成百上千万甚至上亿的拍品，往往会失去潜在竞买人，并最终影响网拍的参与人数、成交率和成交金额。

（3）因买受人违约、拍卖中止或撤回导致重新拍卖和再行拍卖的情况时有发生。一是网络拍卖的竞拍较传统拍卖激烈，容易引发竞买人因一时冲动而出价过高后又毁约的现象。二是部分竞买人实际居住地距离拍卖法院较远，竞买前未能实地踏勘拍品，可能因拍品存在潜在的无法预见的瑕疵等问题，而拒绝履行支付价款义务。三是评估标准不统一、评估人员责任心不强、评估结果缺乏权威性及评估周期过长等因素，严重制约资产处置效率，并直接影响司法网拍工作的顺利开展。2013 年以来，萧山法院网络司法拍卖共出现 3 起买受人违约事件，既有成交后对拍品不满意拒绝办理手续的，也有成交后因无法及时筹措资金付清余款等原因放弃的；出现 5 次网拍中止、撤回的情况，一次是因为机动车涉及刑事案件被公安机关扣押而中止，一次是因为执行局鉴于被执行人提供担保而要求暂缓拍卖，另三次是因为评估工作瑕疵需要重新核定评估价而中止。上述三种原因导致的重新拍卖和再行拍卖，既增加了法院的工作量，降低了资产处置效率，也容易引发公众对网拍透明度的质疑。

（4）首拍成交率处于较低水平，制约网拍效果的提升和资产处置周期的控制。以萧山法院为例，网络司法拍卖工作开展初期，首拍成交率可达 90% 以上，成交率更是达到 100%。但是，随着司法网拍工作的持续深入推进，网拍影响力不断扩大，首拍成交率反而降至 58.99%，成交率也下降到 95.77%，住宅和商业用房的首拍成交率仅为 29.46% 和 39.58%。究其原因，一是网拍工作开展初期精心选择拍品，有利于网拍顺利成交；二是国家持续出台房地产调控政策，一定程度上影响了不动产拍品的网拍；三是部分竞买人意图利用二拍、三拍降价规则，故意不参与首拍或报名参与竞拍后不出价，该现象在 2013 年第四季度以来的司法网拍中表现得尤为明显。

（5）网拍专职工作人员配置不足，限制网络司法拍卖的规模化发展。网络拍卖较传统拍卖而言，法院须承担大量的事务性工作，包括查清拍卖标的物权利及瑕疵状况，制作拍卖公告、拍卖须知等文书以及照片、视频等展示资

料，接受意向竞买人咨询及现场看样等。工作量大幅提升的同时，人员配置不足，导致法院网络司法拍卖在拍卖须知、公告制作、答复咨询、展示拍品上所投入的精力无法与专业拍卖公司相比。随之出现了拍卖公告中对拍品参数、权属、瑕疵情况描述不够完整准确，拍品无法及时上线等一系列问题。

## 四　完善网络司法拍卖的对策建议

网络司法拍卖应从以下几个方面加以完善。

（1）加强内部监督管理，进一步提升网拍率。要按照"网拍优先，能上网就上网"的原则，明确网拍拍品的选择标准，加强人员、物资配备，对执行法官、执行局进行网拍工作考核，督促其积极参与网拍工作，继续提升网拍规模效应，把网拍工作全面推向深入。执行法官认为不适宜网拍的必须说明理由，并由部门负责人审批；明确不进行网拍的，须经分管院领导审批。对因标的物实际情况发生变更等原因，需要暂缓或撤回网拍公告的，由执行局分别提交执行和司法鉴定部门分管院领导会签同意后，方可撤回或延期拍卖。同时，要加强对评估机构的监督，缩短评估时间，提高评估质量，有效控制资产处置周期。

（2）扩大信息发布范围，进一步提升公众参与度。除继续加大媒体宣传引导外，还要整合各类资源和平台，扩大网拍公告覆盖面。除常规性地在人民法院诉讼资产网、淘宝网、法院门户网站进行公告外，还要探索通过法院官方微博、微信进行公告，并在人口密集的专业市场，街道、社区、住宅小区公告栏，马路沿线报刊栏及本地主要网站、报刊等处张贴、发布网拍公告，提高公众知晓度。建议最高人民法院选择合适时机，在人民法院诉讼资产网推出网络司法拍卖，统一规范全国法院网络司法拍卖，使司法网拍更为权威、更具影响力。

（3）采取有效措施避免买受人成交后不按约定支付价款。一是要做好网拍服务工作，工作人员在现场查看拍品和拍摄展示用照片、视频时，应注意拍品资料收集的完整性，方便竞买人全面了解拍品情况；二是对于拍品存在权利和物理瑕疵的，应在拍品描述中对瑕疵进行详尽说明，提示竞买人尽到注意义务；三是对于起拍价较低的拍品，应相应提高保证金，对个别竞买人随意参与竞拍的行为进行规制，并建立未按约定支付价款的竞买人黑名单，1年内禁止其再次参与司法网拍；四是对于不愿支付价款的买受人，执行法官应积极介入，对拍卖规则及违约责任进行释明，做好买受人思想工作。

（4）完善网拍平台，搭建贷款平台，提高首拍成交率。一是要在拍卖须知、拍卖公告中详尽描述拍卖规则，让竞买人充分知晓网拍规则。二是在法院门户网站和淘宝网提供拍卖预约服务，及时通过短信、微信等媒介向网拍意向人推送拍卖信息。三是适时推出手机网络拍卖平台，方便竞买人随时随地参与网拍。四是适当增加在夜间、双休日和节假日进行的网拍次数，并由淘宝客服提供在线支持，以便解决拍卖过程中出现的突发状况。五是会同金融机构建立不动产网拍贷款平台，缓解网拍一次性付款难题，增加潜在竞买人。六是合理确定拍品起拍价和保留价，吸引更多的竞买人参与首拍，实现以较低的起拍价、合理的保留价、较高的成交价，达到涉讼资产交易价格最大化和首拍成交率最高化的目标，提高司法网拍的效率和效果。

**【专家评论】**

执行环节不透明给司法执行权力寻租提供了一定的空间，也是诱发司法拍卖腐败的重要原因。面对司法拍卖沦为司法腐败重灾区的严峻现实，各地法院积极探索，创新司法执行权运行机制，其中浙江法院与淘宝网合作开发的司法网拍格外引人注目。借助开放透明的网络平台，司法网拍不仅能够突破地域限制，增加潜在竞买者，最大限度实现被执行财产的价值；还能有效减轻诉讼负担，实现零佣金，进而实现当事人利益最大化；这种做法还切断了法院与拍卖行业的利益链条，将司法拍卖全过程置于公众监督的视野之下，有助于遏制司法腐败，倒逼司法公正，提升司法公信力。

杭州市萧山区法院作为浙江省网络司法拍卖首批试点法院之一，在实践中大胆尝试，完成了全国首例不动产司法网拍，明确了网拍优先原则，提升规模效应，并通过优化机构人员调配、强化部门横向协作，来提高工作质效，实现常态化运作。针对司法网拍存在的普遍性问题，萧山区法院提出，通过加强内部监督管理、扩大信息发布范围、搭建贷款平台等措施，进一步提升网拍率和

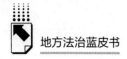

公众参与度,避免买受人成交后不按约定支付价款,提高首拍成交率。在全国司法公开工作纵深发展的时代背景下,司法网拍的价值将会得到社会更广泛的认可,相信会有更多的法院会以司法网拍为突破口,借助日益完善的网络平台,谋求司法过程全公开,提升司法公信力。

(王小梅,中国社会科学院法学研究所副研究员)

# 河南法院年度案例分析报告

河南省高级人民法院*

**摘　要：**

本报告以河南法院系统2013年度各级法院报送的2125篇案例为分析对象，总结了刑事、民事、行政案例的编报特点，归纳了案例所反映的疑难突出问题，为省高级人民法院有针对性地加强审判指导工作提供参考。同时，本报告在统计分析的基础上，总结了参考性案例在编选、审核、发布等环节存在的问题，对相关工作进行了深入思考，并提出了加强和改进案例指导工作的意见和建议。

**关键词：**

案例指导　参考性案例　类型化

案例指导制度是中国社会主义司法制度的重要组成部分。2010年11月，最高人民法院出台了《关于案例指导工作的规定》。2011年5月，河南高级人民法院制定下发了《关于加强案例指导工作的规定》。该规定实施以来，全省各级法院高度重视案例编选、审核、报送等工作，案例报送数量、质量逐年上升，2012年、2013年、2014年（截至10月份）全省法院共编写案例1650件、2125件、1723件，编选、发布工作日益规范，共发布了三批23个参考性案例，对全省法院审判执行工作发挥了积极作用。为创新案例工作机制，深度挖掘案例资源，充分发挥案例总结司法经验、指导司法审判的功能，我们以

---

＊ 课题组成员：王韶华，河南省高级人民法院专职委员、院长助理；叶慈年，河南省高级人民法院研究室主任；王少禹，河南省高级人民法院研究室副主任；马磊，河南省高级人民法院研究室综合科科长；郭宇凌，河南省高级人民法院研究室干部。

2013年各地报送的案例为分析对象，总结案例编报特点，分析存在的问题及原因，归纳梳理案例所反映的疑难突出问题，提出对策和建议，努力推动案例指导工作向纵深发展。

## 一 2013年度案例编报基本情况

### （一）总体情况

2013年，全省各级法院围绕审判、执行工作中的代表性、典型性问题认真开展案例编报工作，一年来，共编写各类案例2125篇（不包括国家赔偿及执行案例），其中刑事案例619篇，民事案例1353篇，行政案例153篇，分别占编写案例总数的29.1%、63.7%、7.2%。截至2013年12月底，省法院研究室共收到各中级法院、基层法院和省法院各审判业务部门报送的各类案例1166篇，其中中级法院和基层法院报送1056篇，省法院各审判业务部门报送110篇。经认真评审、校改，省法院《审判研究》（案例专刊）采用各类案例233篇。与此同时，全省各中级法院普遍创办了专门的纸质案例载体，编选辖区法院典型案例，供辖区法官交流学习。

在国家级案例报送方面，全省各级法院积极向有关国家级案例载体选报典型案例。《人民法院公报》《人民法院案例选》《中国审判案例要览》《中国法院年度案例》《人民司法·案例》《人民法院报》及最高人民法院各审判业务部门编写的《案例参考》等刊物采用河南法院案例163篇，提升了河南法院典型案例在全国的影响力。

在开展日常性案例编报工作的同时，全省法院持续探索专题性案例编报工作，以案例专题归纳总结、对比分析某一类型案件法律适用的共性问题，以及具体案件裁判的差异性问题，较好地发挥了对审判实践的指导作用。2013年，全省法院编选专题性案例13项43篇，内容涉及危险驾驶罪的认定与量刑、农村信用社改制过程中金融犯罪的定性分析、二手房交易中的法律关系认定与处理等法律适用问题。

在全省法院报送案例的基础上，省法院按照参考性案例发布的程序和标准，认真筛选、评审、修改案例，经省法院审委会讨论决定，以文件形式发布了第二批"吕某某盗窃案"等七个参考性案例，为全省法院审理类似案件提供参考。2013 年 2 月，最高人民法院发布了第四批指导性案例，平顶山中级人民法院编写的《董某某、宋某某抢劫案》入选其中，为全国法院正确适用"禁止令"提供了权威指导。

### （二）案例编报工作存在的问题

一是案例编报的总体数量不多，案例的典型性、代表性、指导性不足。近几年，全省法院的案例编报数量虽然在逐年提高，但与北京、上海等省市法院相比，河南省法院的案例编报数量基数较小。2013 年全省法院一审判决结案的案件是 190056 件，编报的 2125 篇案例只占一审结案总数的 1.1%，审结案件转化为案例的比率较低。主要原因有以下几方面：一是对案例工作的重要作用认识不到位，有的同志认为编写案例是一种额外负担，以办案压力大、没有时间为由不愿写案例；二是对如何编写案例，编写哪方面的案例不了解，导致一些法官不会写案例；三是还有一些法官担心案例公布出去之后，会造成负面效应或给自己带来不必要的麻烦，缺乏"晒"案例的自信心而不敢写案例。

二是案例编报质量有待提高。从报送案例类型来看，传统类型案例较多，新类型案例较少；常见的、共性的案例较多，涉及法律规定空白、法律规定比较原则以及适用新法、新政策的法律适用问题较少，案例编报的新颖性、针对性、前瞻性不够，个别案件甚至存在法律理解和认识方面的偏差，导致许多案例指导价值不高。另外，某些类型的案例重复编报，造成不必要的重复劳动。从案例编报的格式要求来看，一些案例存在格式不规范、裁判要旨提炼不准确、裁判理由说理不透等问题，说明案例筛选、审核、报送等机制还没有很好地建立起来，案例指导功能尚不能得到充分发挥。

三是案例报送工作不平衡，案例编报工作机制需要进一步完善。第一，上下级法院之间报送不均衡，基层法院报送数量最多、中级法院次之，省法院最少。当然，这与三级法院受理案件的数量也有关系。第二，各地市之间报送不均衡。有些中级法院对案例工作较为重视，措施比较有力，报送案例数量多、

质量较高。有些地方受人员少、任务重、措施不到位等因素影响，报送案例数量较少、质量不高。第三，报送频度不均衡，年底突击报送的较多，把案例编报作为日常工作有计划地报送的较少，案例报送频度不均衡，案例指导效果不突出。

另外，指导性和参考性案例标准不清晰，所编报案例转化率较低，案例培训工作不到位、案例编写队伍未能有效建立等因素也影响了案例编报工作的开展。

## 二 刑事案例编报情况及反映的疑难突出问题

### （一）刑事案例编报基本情况

2013 年，河南省高级人民法院收到刑事案例 445 篇，其中省法院编报 21 篇，各中级法院编报 424 篇。从刑事案例编报的情况来看，呈现出以下特点。

一是从刑事案例反映的犯罪种类看，侵害财产、侵犯公民人身权利、危害公共安全等犯罪种类的案例较多，主要集中在"两抢一盗"、危险驾驶等犯罪；其次是妨害社会管理秩序、破坏社会主义市场经济以及国家工作人员贪污、受贿、渎职等种类的犯罪；同时，反映食品安全、环境污染、证券、金融市场等犯罪领域的案例也成为各级法院编报案例的一个关注点。整体上看，各类刑事案例编报数量的多少与审结的各类刑事案件的数量成正比①，该类案件审理的多，编报的案例相应也比较多，这说明刑事法官编报案例的选取方向和重点，主要以常见多发的案件为主。

二是编报了一批在全国有影响的刑事案例，产生了良好的法律效果和社会效果。例如，平顶山"9·8"矿难案，被最高法院评为全国十大典型案例之首。"瘦肉精"案以"以危险方法危害公共安全罪"判处制售"瘦肉精"主犯死刑，缓期两年执行，被社会各界誉为食品安全领域由乱转治的"里程

---

① 2013 年审结的刑事案件中，案件数量排名前十位的依次是：盗窃，故意伤害，危险驾驶，交通肇事，寻衅滋事，诈骗，强奸，抢劫，制造、贩卖毒品，掩饰、隐瞒犯罪所得。

碑"。"李怀亮案"对当前刑事审判工作贯彻"疑罪从无"的刑事司法理念产生了积极的影响。"赵作海案"推动了最高法院及时出台《关于办理刑事案件排除非法证据若干问题的规定》。

### （二）刑事案例中反映出的疑难突出问题

#### 1. 刑法上的间接因果关系认定问题

对于如何认定行为人的犯罪行为与危害结果之间存在间接因果关系，不但实务界认识不一，理论界也没有定论。例如，被告人张某某对被害人李某某实施了伤害行为，该行为给被害人造成了重伤后果，在医院救治被害人过程中，因存在医疗过失，进一步加重了被害人的伤情，最后导致被害人死亡。被告人伤害行为与被害人的死亡结果之间是否存在间接因果关系，关系被告人的定罪及量刑问题。

#### 2. 关于自首的认定

如黄某误认为酒后到其家如厕的张某是小偷，未问明情况，对张某进行追打，致张某轻伤。事发后，黄某当场报警称抓住一小偷，请求出警处理。事后，张某将黄某告上法庭。案件审理过程中，承办人员对被告人黄某是否构成自首产生了分歧。另外，对于共同犯罪，如何准确把握共同犯罪人供述的"自己的犯罪事实"范围，在审判实践中把握尺度不一。

#### 3. 关于量刑的问题

案例反映出的量刑问题主要有以下几个方面。

一是影响死刑适用的条件和因素较多，导致审判实践中对死刑适用的尺度不一。

二是危险驾驶案件审理中，主刑仅设置了拘役，缺乏量刑"纵深"，导致一般情节和严重情节的量刑无差别，刑罚的威慑作用发挥不够。另外，该罪的罚金刑采用了无限额罚金制，实践中罚金刑自由裁量空间较大。

三是贪污贿赂犯罪案件量刑缺乏标准化。主要问题表现为：对贪污贿赂犯罪案件量刑失衡，如数额相同而判决结果却不同。另外，对贪污贿赂犯罪案件的财产刑处罚不一。实践中，部分贪污贿赂犯罪案件没有判处财产刑，有的判处财产刑了也没有真正去执行。

**4. 关于入户抢劫罪中"户"的认定**

被告人在既作为经营又作为家庭生活场所的店铺中实施抢劫,能否认定为入"户"抢劫,实践中有不同认识。一种观点认为,如果抢劫发生时,被害人正处于日常生活状态中,即已经停止经营活动了,或经营活动弱化,而生活功能特征显著,则可认定为"入户抢劫"。另一种观点则认为,店铺不具有刑法上"户"的生活性、私密性、安全性、稳定性的特征,不能认定为"入户抢劫"。

**5. 关于民刑交织案件中罪与非罪的认定**

民刑交织案件在经济类纠纷中常见多发,往往引发于一方侵犯对方的财产权益,对方以合同诈骗罪等提出控告。审判实践中,对于被告人的行为究竟是违反民事法律行为还是犯罪行为,如何认识和把握罪与非罪的标准、依据和危害后果,成为此类案件审理的难点,亟须出台相关司法解释或指导性案例。

**6. 关于集资诈骗罪与非法吸收公众存款罪的区分**

在非法集资共同犯罪案件中,对部分行为人具有非法占有目的,按集资诈骗罪定罪,其他行为人没有非法占有集资款的共同故意和行为的,符合非法吸收公众存款罪的构成要件的,按构成非法吸收公众存款罪定罪,做到共同犯罪中的区别定罪,罚当其罪,成为审理此类案件的难点。

**7. 关于利用影响力受贿罪的认定**

本罪的主体是特殊主体,审判实践中,如何把握行为人与国家工作人员的密切联系程度,足以对该国家工作人员产生实质非权力性影响成为此类案件审理的难点。

**8. 对不负刑事责任的精神病人审理程序与强制医疗措施程序的转换与衔接问题**

对不负刑事责任的精神病人在审理中经鉴定,符合强制医疗的条件,是直接转入强制医疗程序作出强制医疗决定,或是审理程序和强制医疗程序同时进行,作出行为人不负刑事责任的判决和强制医疗决定,审判实践中,各地做法不一,需要明确。

**9. 关于追缴、责令退赔赃款、赃物的判决能否作为强制执行根据的问题**

在侵犯财产类犯罪案件中被告人非法占有、处置被害人的财产,依据《刑法》第64条和《最高人民法院关于适用〈中华人民共和国刑事诉讼法〉

的解释》第 139 条的规定，被害人不能提起附带民事诉讼，只能由法院判决予以追缴或责令退赔，追缴、退赔情况作为量刑情节予以考虑。在被告人不能完全退赔的情况下，法院依据该条判决追缴或责令退赔。被害人拿到判决书后要求法院强制执行，但执行局以该判决不能作为强制执行的根据不予立案。这样的判决无疑是空判，不仅影响司法权威，还容易引发被害人对法院的不满，造成上访甚至群体性事件。

## 三 民事案例编报情况及反映的疑难突出问题

### （一）民事案例编报基本情况

2013 年，河南省法院各业务庭及各中级法院一共报送民事案例 632 篇，其中，各中级法院报送 551 篇，河南省高级法院各业务庭报送 81 篇。从报送情况看，呈现以下特点。

一是传统类型案例较多，新类型案例较少。从所报送案例类型来看，保险纠纷、道路交通事故纠纷、劳动争议纠纷、民间借贷纠纷、医疗纠纷、房屋买卖纠纷所占比例较大，这与当前全省法院受理各种民事案件类型所占比例较为接近。这一方面说明这些案件总体数量多，另一方面也说明问题比较多，这些问题能否及时有效解决，对民事审判整体质量影响较大。在所报送的案例中，公司诉讼、信用证纠纷等新类型的案例比较少，一定程度上与该类案件较少有关。

二是所报案例主要涉及法律适用问题，程序方面和事实认定方面的案例较少。各地所报案例中，大部分案例涉及法律适用方面的热点难点问题，且共性问题比较多。程序方面案例比较少，主要涉及法院应否受理（如"一事不再理原则"如何适用等）、主体是否适格、因诉讼保全错误如何赔偿等。在事实认定方面，主要涉及证据效力问题、举证责任分配问题等。还有几个案例涉及诉讼时效问题，主要涉及对最高人民法院《关于审理民事案件适用诉讼时效制度若干问题的规定》的理解和适用。

三是所报送的案例常规性问题多，具有指导性的问题少。从所报送案例来看，共性问题、常规性问题比较多，如交强险"第三者"的认定问题、民间借贷四倍利息的认定问题等，虽然也有一些案例较为典型，但真正具有指导性和参考性的案例还不多。另外，审判实践中一些急需统一司法尺度的问题并没有相应的案例报上来。例如，企业拆借的效力问题、建设工程合同纠纷中的问题等比较突出，但报送的此类案例较少，远不能满足审判实践的需要，也说明一线法官选报指导性案例的敏感性还不够。

### （二）民事案例中反映出的疑难突出问题

2013 年各地所报送的民事案例较为集中地反映了一些长期未得到解决的老问题和新出现的问题，具体归纳如下。

**1. 彩礼纠纷中的问题**

该类案件存在诉讼主体确定困难（如是否将双方父母也列为当事人等），彩礼的范围、数额及返还比例确定困难等问题，实践中对其的认识及处理不尽一致。

**2. 离婚诉讼中事实收养子女抚养问题**

日常生活中，存在大量未经登记的事实收养关系情况，此种情况下，如何确认收养关系、抚养权如何确定、抚养费如何承担等问题成为此类案件审判的焦点，各地处理方式不尽一致。

**3. 离婚后女方及子女在集体经济组织中的权益保护问题**

如闫某某与某村委会侵害集体经济组织成员权益纠纷案中，原告作为该村集体经济组织成员，应享有与其他村民同等待遇。但被告认为原告为出嫁女，不在该集体收益分配范畴，因此拒绝支付征地拆迁安置费。集体组织成员的资格是以"户籍"作为认定标准，还是以形成"长期稳定的生产生活关系"为认定标准，成为司法实践中的难点。

**4. 用人单位未与劳动者签订劳动合同而产生的索要双倍工资方面问题**

在某公司诉金某某劳动争议纠纷一案中，金某某是人事经理，其职责之一就是代表公司同职工签订劳动合同，但其本人一直未与公司签订劳动合同，离职后要求公司承担双倍工资。那么，在没有签订劳动合同时，哪些情形不应支付双倍工资，实践中认识不一致。

**5.** **"道路交通事故"及交强险中"第三者"的解释及认定问题**

关于道路交通事故，如在停车修理期间，轮胎爆裂将修车人炸伤，是否属于"道路交通事故"有不同看法。关于交强险中"第三者"的身份认定，如发生交通事故时从车上甩下，是否属于交强险中的"第三者"，有不同认识，存在同案不同判的情况。另外，各种复杂情形中如何认定"第三者"的身份问题，实践中争议较大。

**6.** **道路交通事故中车辆贬值损失应否赔偿不统一**

"车辆贬值费"本身不是规范的法律用语，一般是指车辆发生事故后，其使用性能虽已恢复，但其本身的经济价值却会因事故而降低。由于现行法律及司法解释并没有明确对"车辆贬值费"的赔偿进行明确规定，司法审判实践中存在不同认识。

**7.** **保险合同纠纷中免责条款效力的认定问题**

例如，保险公司关于"根据驾驶人在交通事故中所负责任比例承担相应赔偿责任"的格式条款，将自身应当承担的保险责任，界定为按被保险车辆驾驶人在事故中所负责任比例承担相应的赔偿义务，是否有效？司法实践中还有其他类型的免责条款，其效力往往成为争议焦点。

**8.** **投保人及相关利益人告知义务的认定问题**

《保险法》规定订立合同阶段投保人未履行告知义务时，在不同情况下应承担的不同后果，并区分了故意及重大过失两种情形。当前由于投保人相比保险公司处于弱势地位，其告知义务一般同保险人的说明义务相结合，遵循"有限告知"义务。但如何判定"故意"及"重大过失"是实践中的难点。

**9.** **与交通事故纠纷有关的死亡赔偿金的分配问题较为突出**

2013年，各地报送的此类案件有十余件。此类案件一般情况是受害人因交通事故死亡或其他原因死亡后，获得了巨额赔偿金，亲属之间因分配问题产生纠纷，诉至法院。比如，死亡赔偿金的性质及如何分配，实践中有争议。

**10.** **医疗损害赔偿纠纷中的鉴定问题**

案例中反映出的问题是，医疗事故鉴定结论与司法鉴定结论不一致情况下法院如何采信较为困难。例如，医学会认为构成三级丙等医疗事故（对应伤

残等级为八级），医疗机构负轻微责任，但司法鉴定却认为构成六级伤残，没有对过错参与度进行判断。在此情况下，法院在判决时应适用哪种结论，实践中争议较大。

**11. 约定利息高于人民银行同期贷款利率四倍的处理问题**

当事人约定的利率高出法定利率，贷方诉请法院判令借方支付的，法院不予支持。但对于借方已经支付过的超过法定利率的部分如何处理，此一问题实践中同案不同判较为突出。

**12. 关于农村建房过程中的人身损害赔偿问题涉及法律关系较为复杂，且处理不一致**

近年来，不具有建筑资质的农村建筑包工队从事建房活动的现象较为普遍。在包工队建房过程中，松散的管理、薄弱的安全意识和简易的劳动工具引发了大量的人身损害赔偿纠纷案件。在这些案件的审理过程中，由于对包工队的法律性质、建筑资质要求、雇佣与承揽关系的区分、建房合同性质、赔偿责任主体等存在着不同的认识，导致出现"同案不同判"的结果。

**13. 房屋买卖合同纠纷中的问题**

随着房地产市场的繁荣兴盛，房地产买卖纠纷高发易发，且处理难度较大。问题集中在一房多卖问题、夫妻一方处分房产的效力问题、小产权房纠纷等。例如，三门峡中级法院选送的"李超泽案"，对房屋买卖合同纠纷中合同一方的主观恶意对合同效力的影响进行了认定。在当前房屋买卖纠纷大量发生的情况下，应加强对此类案件的调研力度。

**14. 环境污染、网络侵权等一些新类型纠纷中的问题**

例如：鹤壁中级法院选送的"廉某某诉某公司水污染纠纷案"，对环境污染者和受害者举证责任的划分问题进行了探讨；开封鼓楼区法院选送的"汪某某诉某公司网络侵权纠纷案"，涉及受害人与侵权人之间的利益关系以及用户与网站经营者之间的关系，还涉及精神损害赔偿的确定等问题，具有一定的参考价值和借鉴意义。

**15. 在商事案例中，公司诉讼案件应引起重视**

例如，焦作市解放区人民法院选送的"刘某某等7原告请求撤销公司临时股东会关于解散董事会、选举董事的相关决议案"依据《公司法》规定对临时股东会决议的效力进行认定和处理。还有诸如公司解散之诉等各种公司诉讼近年来逐年增多，应引起充分重视。

## 四 行政案例编报情况及反映的疑难突出问题

### （一）行政案例编报基本情况

2013 年河南省法院收到各类行政案例 89 篇，其中，行政确认类 37 篇、行政处罚类 21 篇、信息公开类 8 篇、不履行法定职责类 8 篇、行政征收类 4 篇、行政复议类 3 篇、行政强制措施类 3 篇、行政许可类 3 篇。上述案例呈现以下特点。

一是案例类型以传统型以及与个人利益密切相关的类型为主，新类型案例、涉及公共利益诉求的案例初步显现。从报送案例类型来看，行政确认和行政处罚类案例居多，共 58 篇，占全部行政案例的 65%。行政确认案例中涉及工伤认定 14 篇、婚姻登记 8 篇、房屋登记 7 篇、土地登记 6 篇、退休审批 1 篇、身份登记 1 篇，行政处罚案例中涉及治安处罚 7 篇、交通处罚 4 篇、土地处罚 2 篇、规划处罚 2 篇、工伤处罚 2 篇、卫生处罚 1 篇、水事处罚 1 篇、房屋处罚 1 篇、开除处分 1 篇。

通过数据分析，工伤待遇、婚姻、土地、房屋等涉及民生行政案例比例较大。同时，信息公开这一新类型案例无论是结案数还是报送数均比较多。一方面，反映出《政府信息公开条例》实施之后，公民的维权意识普遍增强，而行政主体对公民的信息公开诉求满足力度不够，导致此类案件数量增多；另一方面，从这些案例要求公开的内容来看，除了和个人利益相关的信息之外，也包含了涉及重大社会公共利益的信息公开诉求，反映出信息公开涉及的范围日益扩大。

二是案例内容涵盖了程序和实体两方面的问题。在所报送案例中，涉及程序方面问题的案例共 17 篇，占全部行政案例的 19%；涉及实体方面问题的案例共 72 篇，占全部行政案例的 81%。程序方面的问题主要涉及行政诉讼受案范围、原告的主体资格、起诉期限、管辖权异议等问题。实体方面的问题主要

涉及对工伤认定条件的把握、对违反法定程序的处罚行为如何处理、能否在判决重新作出具体行政行为的案件中明确具体行政行为的内容等问题。

三是一些审判实践中比较突出的问题，并没有通过报送案例反映出来。例如，城中村改造中的房屋征收补偿等问题，说明行政案例的选编与审判实践还存在一定程度上的脱节。

### （二）行政案例中反映出的疑难突出问题

**1. 违反法定程序的行政处罚是否一律应予撤销**

行政机关在作出行政处罚之前没有严格遵循法定程序的情况时有发生，审判实践中是否一律应予撤销，处理结果不统一。

**2. 行政判决中能否明确行政主体作出具体行政行为的内容**

审判实践中，法院在判决行政主体重新作出具体行为时，大多只是判决行政主体在一定期限内重新作出行政行为，而并不明确重新作出具体行为的内容，导致经常出现行政机关重新作出了与被判决撤销的具体行政行为完全一样的行政行为，特别是在工伤认定案件中此种问题较为突出，增加了当事人的讼累，浪费了司法资源和行政资源。针对这种情况，应通过发布指导性案例予以明确。

**3. 因申请人提供虚假登记材料致使不动产登记错误并给权利人造成损失的，如何承担赔偿责任**

近年来，因为不动产登记错误引发的行政诉讼案件不断发生，对于申请人提供虚假材料，最终造成登记机构错误登记，且对权利人造成损失的，如何赔偿、能否在行政诉讼中判决第三人承担赔偿责任认识不一致。

**4. 过程性信息是否应当公开的问题**

《政府信息公开条例》规定行政机关在履行职责过程中制作或获取的，以一定形式记录、保存的信息应予公开。但司法实践中对于过程性信息应否公开存在较大争议。例如，张某、刘某因土地使用权问题发生争议，政府作出处理决定，参与作出处理决定的有关人员的姓名能否公开、签发人姓名能否公开等都有不同认识。

**5. 冒用他人身份信息进行结婚登记领取的结婚证的效力问题**

由于《婚姻法》中规定的无效婚姻和可撤销婚姻情形中均没有冒用他人身份信息进行结婚登记这种情形，故司法实践中对于要求撤销冒用他人身份信息进行结婚登记的结婚证的案件处理结果不一。

**6. 关于行政诉讼的受案范围问题**

一是行政执法机关移送涉嫌犯罪案件之前作出的行政扣押决定是否可诉，实践中认识不一致。二是以被处罚人的行为构成犯罪为由提起行政诉讼，请求撤销行政处罚决定的，是否属于人民法院行政诉讼受案范围，实践中的认识不一。

**7. 公司登记案件的原告主体资格问题**

审判实践中，公司经营形成僵局后，一方股东通过工商机关变更公司股东登记、法定代表人登记或者以公司名义声明本由另一方股东持有的公司公章作废，申请公安机关重新刻制公章。此时，原公司登记法定代表人或公章持有人能否以个人名义提起诉讼？

**8. 不作为案件的起诉期限问题**

不作为案件的起诉期限如何计算一直是审判实践的难点问题，裁判标准也不统一。一种意见认为，不作为案件的起诉期限应当从最后一次申请行政机关履行职责满 60 日的次日起算。另一种意见认为，不作为案件的起诉期限应当从当事人第一次申请行政机关履行职责满 60 日的次日起算。

# 五　加强案例指导工作的对策和建议

通过对全省法院 2013 年度案例编报情况的统计分析发现，在案例发现、筛选、审核、发布等环节均存在不少问题，为加强和改进案例指导工作水平，提出以下对策和建议。

## （一）完善案例发现机制，努力解决优秀案例"发现难"问题

就河南省案例编报情况来看，一是案例报送数量还不多，二是所报案例的广泛性和代表性还不够。以民事案件为例，民事审判仅案由就有 424 种，而报

送案例案由集中在 20 余种，代表性不够。在这些类型的案件中，又集中在十多个方面的问题，这些问题很多是常见的共性问题，还有许多问题没有被挖掘出来。解决这一问题的关键是完善案例发现机制，要改变过去主要靠一线法官随机报送的做法，主动去发现和挖掘优秀案例。一方面要引导法官报送典型案例；另一方面要拓宽典型案例发现途径，多通过请示案件或者审委会研究的疑难复杂案件来发现优秀案例。

另外，通过征集专题性案例发现优秀案例也是一种很好的方法。具体做法是先通过调研，发现审判实践中的疑难典型问题，然后选择较为突出的某一类或几类问题作为专题性案例征集对象。例如，保险合同免责条款的效力问题等，通过对征集来的案例进行横向比较，从中选取较为典型的案例。也可对专题性案例进行汇总，指导该类案件的审判。

### （二）明确案例审核标准，切实解决案例"审核难"问题

最高人民法院《关于案例指导工作的规定》第 2 条规定了指导性案例的标准：①社会广泛关注的；②法律规定比较原则的；③具有典型性的；④疑难复杂或者新类型的；⑤其他具有指导作用的案例。但上述标准比较模糊，实践中难以把握。有的学者又进一步将指导性案例分为影响性案例、细则性案例、典型性案例、疑难复杂案例等，但同样不好把握。实践中需要对疑难问题进行类型化分析，在此基础上再深入研究哪种疑难问题适宜通过发布指导性案例来解决。以民事案件为例，法律适用中的疑难问题主要有以下类型。

**1. 文义歧义型**

所谓文义歧义型是指法律虽有明文规定，但由于成文法的制定需要高度概括和抽象，不可能将现实生活中的具体情形——列明，使得法律条文比较简练，法律概念高度抽象，一些概念的内涵和外延不易确定，在具体运用法律条文时，需要先进行解释，由此便可能产生分歧。

**2. 规范冲突型**

此种情况是指法律虽然有规定，但不同位阶的法律法规之间规定不一致；或者虽然处于同一位阶，但由于制定实施时间有先有后，新法已经实施，但旧法或者前法中相关法条未作相应修改以致相关规定有矛盾或冲突；或者虽系同

一位阶且同一时期制定的法律法规，由于分属不同的法律调整范围，可能导致相关规定有不一致的地方。

**3. 法律漏洞型**

所谓法律漏洞，指现行法体系中存在影响法律功能且违反立法意图的不完全性。由于社会经济快速发展，出现了法律没有规定的情形，此种情况下，需要办案法官替代立法者为此类案件创制相应的裁判规则，在创制规则的过程中，难免产生分歧。

**4. 边界问题型**

所谓边界问题型，是指一些问题处于道德与法律的边界、侵权法与合同法的边界等，这些问题处于法律"射程"的边缘，法律能否调整，如何调整，难以判断，实践中易生歧义。较为典型的问题有"夫妻忠诚协议"问题、机会损失问题、纯粹经济损失问题等。

**5. 交叉问题型**

所谓交叉问题型，是指民事审判中的问题有许多民事与刑事、行政交织在一起，即使纯属民事问题，有时合同法、侵权法、物权法、婚姻法等问题交织在一起，很难处理。

**6. 价值判断型**

所谓价值判断型，是指民事审判中对许多问题的判断涉及价值衡量，尤其在涉及多个价值的时候，该优先考量何种价值，审判中往往发生争议。民事审判中涉及价值判断的问题很多，如禁带酒水是否属于霸王条款的问题、知假买假行为的性质问题、醉酒驾驶保险是否有效的问题、保险纠纷中无责免赔条款的效力问题，等等。

上述六种类型是民事审判中较为常见的问题，应当说，这些问题都有通过发布案例统一执法尺度的必要。相对而言，法律漏洞型和价值判断型的问题发布案例的必要性最强，因为这些问题实践中最易产生分歧，且意见难以统一。那么，究竟哪些类型的问题急需通过发布案例来解决，有必要在深入研究的基础上进一步明确，以免在审核过程中意见难以统一，影响案例审核的效率。

### （三）完善案例发布机制，解决案例"发布少"的问题

案例指导制度确立以后，最高人民法院仅发布了七批 31 个案例，远远不能满足实践需要。河南省也仅仅发布了三批 23 个案例。由于发布的案例少，满足不了需求，一线法官适用案例的积极性也不高。因此，就案例发布机制而言，要深入研究每年中国产出的优秀案例是多少，一线法官的需求是多少，应当一年发布几次、每次发布多少案例才能大致满足需求。这些问题都需要在深入调研的基础上进行量化分析，然后制定较为科学严谨的案例发布制度，改变当前较为粗放的做法。当前案例发布的频度、批次、数量均没有相关规定，每年发布几次，每次发布多少不统一，一定程度上会影响案例指导工作的权威性。

因此，就案例发布工作而言，应当建立案例发布规划制度。首先通过调研发现当前审判实践中的突出问题，以及一线法官迫切需要相关案例提供指导或参考的问题，然后制定案例发布计划，并提前向下级法院公布，引导下级法院有针对性地报送案例，提高案例发布的实效性。

### （四）强化案例激励机制，激发和调动案例工作积极性

指导性案例的作用类似于司法解释的个案批复，参考性案例的作用虽然不能与个案批复相比，但一个好的参考性案例能够统一辖区内某类案件的裁判标准，其作用也是显而易见的。目前的问题是，一线法官把报送优秀案例视为额外负担，报送案例的积极性不高。由于绩效考核的要求，业务庭的同志出于完成任务的较多，积极主动报送的较少，这直接导致报送的优秀案例少，案例工作的基础就比较薄弱，审核、发布等工作必然受到影响。要改变这种状况，激励措施必不可少。应当比照优秀调研文章给予案例编报者一定的精神奖励和物质奖励，使优秀案例的提供者和编写者感到自身工作的价值，产生自豪感和成就感，愿意为案例指导工作付出努力，这项工作才能持续开展下去。目前，河南省高级法院没有相应的激励措施，各中级法院也大多没有建立激励机制，这种局面不利于案例指导工作的开展。

### （五）案例指导与专题研讨相结合，努力解决"同案不同判"问题

如前文所言，案例指导制度也有其局限性，一是可作为指导性或参考性的案例有限，并非所有的疑难问题都适合通过发布案例的形式解决；二是其作用的范围有限，只有类似案件才可参照指导性或参考性案例作出裁判，不类似的案件难以参照适用。基于上述两点，案例指导制度的作用也不应无限放大，特别是在当前发布案例数量较少的情况下，大量的问题恐怕还是要通过专题研讨的方式来解决。比如，关于交强险中"第三者"身份的确定问题，由于道路交通事故的情形繁多，不同情形中"第三者"的身份难以认定，那么，通过发布参考性案例的方式来解决较为困难，因为至少要发布 10 个以上的案例方能解决实践中各种各样的问题。此种情况下，通过召开专题研讨会，在充分研讨的基础上出台会议纪要予以解决更为有效。在前文所述问题类型中，概念模糊型问题就比较适合通过研讨会一揽子解决，而不是通过一个个参考性案例来解决。

### （六）重心向基层倾斜，强化对基层法院的案例指导

在对 2013 年报送的案例进行统计分析时，我们发现基层法院报送的案件最多，共性的问题也最多，同案不同判的现象也较为突出。需要引起我们注意的是，受案件管辖制度的制约，河南省三级法院所受理案件的类型存在显著差异，尤其是高级法院和基层法院受理案件的类型大不一样。基层法院民事案件较多的是婚姻家庭、保险纠纷、交通事故、民间借贷、劳动争议等，而省高级法院受理案件较多的是建设工程、借款担保、买卖纠纷等，全省法院 80% 的案件都在基层，基层遇到的问题也最多，急需上级法院加强业务指导。但是，由于基层法院所处理的案件高级法院较少遇到，所以省高级法院在指导方面有力不从心之感。通过加强案例指导工作，多发布一些基层法院急需的案例类型或许是一个解决途径。

### （七）加强培训工作，提高业务审判和案例编写水平

如前所述，当前，河南省审判实践中同案不同判的情形较为常见，其中一

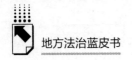

个很重要的原因在于没有统一的裁判方法和裁判思维。当然，这与中国法官的养成机制有关，过去很多法官没有受过统一的系统技能培训，即使在当前对初任法官培训日益重视的情况下，仍然缺乏一套系统而成熟的培训教程。这就导致面对同一个案件，合议庭成员之间会有不同的理解和认识。因此，加强对法官的技能培训，使其养成科学统一的裁判方法和思维，是保证法律统一适用、避免同案不同判的重要举措。同时，还要加强对案例指导工作的培训，使法官掌握案例编写的格式和方法，将有助于全省法院案例编写水平的提高。

**【专家评论】**

案例指导制度作为一个极具中国特色的司法制度，该制度的设计目的是总结审判经验、统一法律适用，通过发布指导性案例，对目前法律没有规定或者规定不明确或者司法解释没有解释到的问题，起到填补空白、弥补立法和司法解释不足的作用。

事实上，早在2002年，河南省郑州市中原区人民法院就实行了"先例判决制度"：将经审委会讨论决定后裁判生效的典型案例选编为"先例"，全院各合议庭和独任审理的法官在审理案件时，应参照相应的"先例"作出裁判，以解决司法实践中同案不同判的问题。河南法院这一开先河的做法，之后作为案例指导制度被写入最高人民法院第二个五年改革纲要。此后最高人民法院又在多方面总结经验的基础上，于2010年正式确立了现行的案例指导制度。因此可以说，河南法院在案例指导制度的实施上，已具备较为深厚的基础。

然而，我们从本报告所呈现的状况和反映出来的问题看，河南法院案例指导工作的开展，似乎并不尽如人意。这主要体现在无论是刑事、民事还是行政案例的编报，都难以符合指导性案例应有的要求。河南省各级法院报送的案例中传统类型案例较多、新类型案例较少，涉及常规性、共性问题的案例较多，涉及法律规定有空白、法律规定比较原则以及新法、新政策的法律适用问题少，许多报送的案例价值不高。这固然是因为河南与北京、上海等经济发达地区的法院相比，案例编报数量基数较小、具典型性代表性的新型案例较少；但河南法院案例编报的实践也反映出，基层法院和中级法院所编报的案例集中涉及的关于法律理解和适用问题——如民事案件中关于交强险"第三者"的认定问题、民间借贷四倍利息的认定问题——因为其所涉情形繁多，这类问题其实并不适合通过发布案例的方式来解决。为此，河南省高级人民法院课题组提出，通过召开专题研讨会，以出台纪要的方式予以解决可能更为有效。而这一点，在最高人民法院自2014年4月起明确建立典型案例月度发布制度的举措中也得到了印证。最高人民法院发布的典型案例，无论从其形式、编撰还是发布方式看，都并非指导性案例。但是集中在专题领域（如征收拆迁、政府信息公开、保障民生等）发布典型案例，可能更有助于下级法院把握事实认定与法律适用问题。由此可见，案例指导制度能否真正实现其制度设计的目标，如何建立起适合中国国情的案例制度，仍需要各级法院相当长时间的探索。

（徐卉，中国社会科学院法学研究所研究员）

# B.14
BLUE BOOK

# 浙江省危险驾驶犯罪情况调研报告

浙江省高级人民法院刑事审判第三庭课题组*

**摘　要：**

本报告归纳了危险驾驶案件数量大幅上升、涉案机动车类型中两轮摩托车比例较高、缓刑适用率低且不均衡等情况，分析了案件数量上升的主客观因素，并对司法机关在工作中存在的主要问题和不足作了梳理：落实宽严相济刑事政策尚不到位，少数司法机关执行"会议纪要"有偏差；各地法院量刑标准不统一，存在"唯酒精含量"论处倾向；案件数量大幅上升给审判工作带来很大压力；利用案例开展法制宣传亟须加强等。

**关键词：**

危险驾驶　"醉驾"犯罪审判浙江

为有效遏制醉酒驾驶等危险行为，2011年5月1日施行的《刑法修正案（八）》增加了危险驾驶罪。近年来，浙江高级人民法院一直密切关注全省各地有关危险驾驶犯罪在侦查、起诉、审判工作中出现的新情况新问题，并于2012年9月与省公安厅、省检察院共同出台了《关于办理"醉驾"犯罪案件若干问题的会议纪要》，对强制措施适用、诉讼证据要求、缓刑适用标准等问题提出了统一要求。这是全国省一级统一规范危险驾驶执法的第一个业务指导性文件。但是到2013年，全省危险驾驶罪案件数量又出现大幅上升的情况，

---

\* 课题组负责人：崔盛钢，浙江省高级人民法院副院长。课题组成员：崔盛钢、丁卫强、刘延和、邱传忠。执笔人：丁卫强，浙江省高级人民法院审判委员会专职委员。刘延和，浙江省高级人民法院刑事审判第三庭副庭长。邱传忠，浙江省高级人民法院刑事审判第三庭助理审判员。

为总结审判经验，查找问题原因，提出解决对策，浙江高级人民法院刑事审判第三庭专门成立课题组进行了深入调研。

## 一 浙江省审理危险驾驶犯罪案件的基本情况

### 1. 2013 年案件数量较 2012 年大幅上升

2013 年，浙江全省法院新收一审刑事案件 86200 件，其中新收一审危险驾驶刑事案件共 17969 件，与 2012 年的 11321 件同比上升了 58.72%。从全省案件比重上看，危险驾驶刑事案件占全部刑事案件的 20.85%，在所有刑事案件中排第二位（第一位是盗窃案件，占全部刑事案件的 28.26%）。从全国案件比重看，浙江省的危险驾驶案件数量占到全国的五分之一（全国收案 91042 件），而刑事案件却只占全国的十分之一左右，比例明显偏高。广东、江苏、山东 2013 年 1～11 月危险驾驶刑事案件分别是 6093 件、10749 件、4500 件。这几个省份的刑事案件总数与浙江相差不多，但是，危险驾驶案件却少很多，也显示浙江危险驾驶案件数量偏高。

另从全省危险驾驶犯罪案件分布情况看，杭州、温州两地全年收案均超过了 3000 件，宁波、金华两地超过了 2000 件（见图 1）。课题组分析认为，各地受理危险驾驶案件数与当地人口数、经济发展状况等关系密切，多数地区与当地一审刑事案件总量成正比关系。例如，杭州、宁波、温州等地人口多、经济相对发达，刑事案件多，危险驾驶案件也多，而衢州、丽水等地就相对较少。但调研中同时发现，少数地区此类案件占全部刑事案件的收案比例很不平衡。例如：最高的杭州、丽水占 29%，嘉兴占 26%，温州、宁波等多数地区在 20% 左右，与全省占 20.85% 的比例基本相当；而最少的绍兴，却只占 8.7%，与杭州、丽水相差 20 个百分点。其主要原因在于，各地公安机关查处"醉驾"力度不同，如杭州与绍兴经济发达程度差距不是很大，但绍兴的一审收案只有 525 件，而全部一审刑事案件收案却达 6060 件。

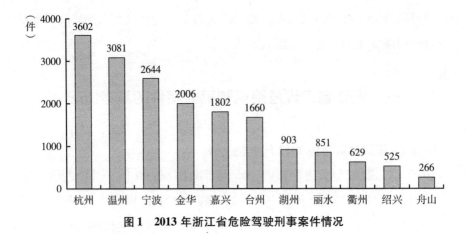

图1　2013年浙江省危险驾驶刑事案件情况

**2. 危险驾驶案件所涉机动车类型中，两轮摩托车的比例较高**

危险驾驶罪主要是指醉酒驾驶机动车。根据国家对机动车的分类标准，机动车除汽车外，还包括摩托车（两轮摩托车、三轮摩托车）和轻便摩托车（含一般轻便摩托车、燃油助动车以及超标电动车）。危险驾驶罪中对公共安全危害最大的显然是四轮及以上多轮汽车，摩托车和超标电动车的危害性要小许多。为了解全省危险驾驶刑事案件中各种机动车的类型所占比例情况，课题组选取全省91个基层法院中的10个法院进行了抽样调查，被抽查的法院涵盖城市城区法院、城乡结合区县法院和偏远县法院。这10个法院2013年共审结危险驾驶刑事案件3024件，其中醉驾汽车的1982件，占总数的65.5%；醉驾摩托车的（含三轮）973件，占32.2%；醉驾超标电动车的69件，占2.3%。后两项合计占三分之一强（见表1）。

表1　危险驾驶罪中机动车类型情况分析

单位：件

| 法　院 | 总　数 | 汽　车 | 摩托车 | 超标电动车 | |
|---|---|---|---|---|---|
| | | | | 造成轻伤 | 其他 |
| 杭州市上城区法院 | 297 | 291 | 6 | | |
| 杭州市余杭区法院 | 299 | 175 | 124 | | |
| 杭州市萧山区法院 | 381 | 231 | 143 | | 7 |
| 宁波市鄞州区法院 | 376 | 311 | 65 | | |
| 慈溪市法院 | 353 | 148 | 205 | | |
| 温州市鹿城区法院 | 382 | 308 | 73 | 1 | |

续表

| 法　　院 | 总　数 | 汽　车 | 摩托车 | 超标电动车 | |
|---|---|---|---|---|---|
| | | | | 造成轻伤 | 其他 |
| 永嘉县法院 | 260 | 122 | 82 | 2 | 54 |
| 金华市婺城区法院 | 464 | 309 | 150 | | 5 |
| 浦江县法院 | 175 | 69 | 106 | | |
| 嵊州市法院 | 37 | 18 | 19 | | |
| 总　计 | 3024 | 1982 | 973 | 3 | 66 |

　　从区域特征看，在中心城区法院审结的危险驾驶刑事案件中，醉驾车辆基本是汽车，摩托车等两轮机动车较少。例如，杭州市上城区法院审理的危险驾驶犯罪案件中，醉驾汽车的比重高达98%，宁波市鄞州区为82.7%，温州市鹿城区为80.6%。相反，城乡结合区县和偏远县市法院审结的危险驾驶案件中醉驾摩托车的比重明显较高，甚至占多数。例如，浦江醉驾摩托车的危险驾驶案件占60.6%，慈溪占58.1%，嵊州占51.4%。

　　从抽样调查的情况看，绝大多数法院均能严格执行省"两院一厅"联合下发的《关于办理"醉驾"犯罪案件若干问题的会议纪要》，在突出惩治打击"醉驾"汽车为重点的同时，对于醉酒驾驶超标电动车，凡是没有发生致他人轻伤以上事故且对事故负有责任的，不作为犯罪处理。但个别法院执行上述会议纪要仍有不到位的情况。从抽样调查的情况看，在总计69件涉超标电动车（其中有少数是三轮电动车）危险驾驶案件中，造成轻伤以上事故的仅3件，绝大多数案件没有造成轻伤以上事故的，也被认定为危险驾驶犯罪予以处罚。

　　**3. "醉驾"被告人身份复杂，但以农民、私营个体劳动者、无业人员居多**

　　2011年5月"醉驾"入刑以来，截至2013年底，全省法院生效判决共判处罪犯人数28885人，其中农民13420人，无业人员4245人，私营企业主及个体劳动者4111人，一般职员2686人，工人1037人，国家工作人员224人，其中国家机关工作人员71人，其余的3162人。从统计数字上可以看出，农民和无业人员占到半数以上，该人群的文化程度相对较低，对危险驾驶罪不够了解，对醉驾可能造成的社会危害认识不足，守法意识较为淡薄。

　　在"醉驾"的被告人中，国家工作人员人数虽少，但因其公职身份在当前的社会舆论环境中极为敏感，社会关注度高。特别是政法机关工作人员，尤

其是领导干部被查处，影响更大。据统计，全省公安、检察、法院、司法行政机关都有干警因"醉驾"被查处，一些还是领导干部，如温州高速支队副支队长、某法院办公室主任、省检察院一中层副职，等等。在司法处理上，国家机关工作人员"醉驾"案件的处理难度较大，阻力较多，从《行政机关公务员处分条例》第 17 条第 2 款关于"行政机关公务员依法被判处刑罚的，给予开除处分"的规定看，公职人员因"醉驾"犯罪付出的代价确实十分沉重，如果被判处拘役，即便是判处缓刑，也会被开除公职。许多人都认为，由于喝酒开车而被开除公职，法律过于严苛。因为相对于其他违法乱纪行为，"醉驾"属于"小恶"，而开除公职的附随处罚相对比较严厉，意味着国家工作人员的养老、医疗待遇都将被剥夺，故有人说"辛辛苦苦几十年，喝几口酒就回到解放前"，因而要求判处免于刑事处罚的呼声比较高，法院审判面临比较大的压力。但调研显示，各地法院没有发现"法外开恩"的情况。

### 4. 缓刑适用比例明显提高且渐趋平衡

在"醉驾"入刑第一年（即 2011 年 5 月至 2012 年 4 月底），全省多数法院对危险驾驶刑事案件严格控制缓刑的适用，适用缓刑的比例非常低。全省适用缓刑共计 583 人，免予刑事处罚 5 人，总体适用非监禁刑比例仅为 11.9%，大大低于其他刑事案件非监禁刑比例。各地区缓刑适用很不平衡，如杭州、温州、绍兴等地几乎不适用，宁波、湖州等地适用比例则高达 35% 以上。缓刑适用率低的主要原因在于，修改立法前，公安机关凡查处到"醉驾"，就"一律拘留 15 天"，所以多数同志认为如果"醉驾入罪"后判缓刑反而不羁押，不利于打击这类危害公共安全的行为，不符合立法精神。而在少数地区则认为，危险驾驶犯罪是刑法中最轻微的犯罪，应当而且可以多适用缓刑。

针对缓刑适用率偏低，以及各地区适用极不平衡的问题，浙江高级人民法院牵头与省公安厅、省检察院于 2012 年 9 月联合出台了《关于办理"醉驾"犯罪案件若干问题的会议纪要》，规定对酒精含量在 120 毫克/100 毫升以下，无纪要中规定的 10 种从重情节且认罪的被告人，可以适用缓刑；对酒精含量 90 毫克/100 毫升以下，没有特别从重处罚情节且认罪的被告人，可以免予刑事处罚。经过这一政策调整，全省缓刑适用率大幅上升。2013 年，全省法院审结危险驾驶刑事案件共 17919 件，同期生效判决判处罪犯人数 16357 人，其中宣告缓刑 4261 人，占总数的 26.1%，已与全省全部刑事案件的缓刑适用率基本持平。但地区间仍一定程度上存在缓刑适用不均衡的问题，如温州、金华等地缓刑适用率仍然偏低，与宁波、丽水等地落差较大（见图2）。

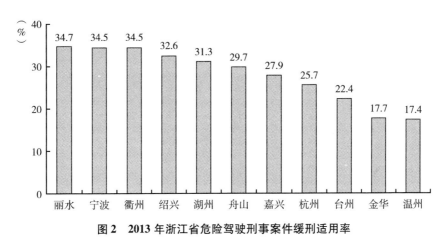

图2　2013 年浙江省危险驾驶刑事案件缓刑适用率

## 二　2013 年全省危险驾驶案件大幅增加的原因分析

**1. 客观因素：经济发达、机动车拥有量大**

根据有关部门的统计，截止到 2013 年 11 月份，浙江全省机动车保有量达 1235 万余辆，1428 万人拥有机动车驾驶证（尚不含拥有外省机动车驾驶证），分别位居全国第六、七位（前三位分别是广东、山东、江苏）。机动车保有量大、驾驶人员多，是"醉驾"案件多发易发的客观条件。

**2. 主观因素：公安机关对严查酒后驾驶机动车常抓不懈**

"醉驾"入刑以来，浙江省公安机关一直将查处酒驾、醉驾作为一项重要工作来抓。通过机动巡逻、定点执勤、异地执法等多种形式上路查处，其查处力度和案件数量，在全国居于前列。2013 年全年，全省公安机关共查处酒后驾驶机动车 12.2 万余起，其中醉酒驾驶 1.8 万余起，分别占全国的 23.7%、24.6%。在全省 1.8 万余起案件中，通过路面执勤查获的 14333 起，占近 80%，处理交通事故查获的 3719 起，约占 20%。

近年来，由于对"醉驾"犯罪行为的严格查处，交通肇事犯罪案件特别是因酒后驾车交通肇事致人死亡案件明显下降。2009年杭州"5·7"飙车案发生前的几年，全省因交通肇事致人死亡的都在6000人以上，伤3万人以上，且逐年上升。此后，公安机关严厉打击酒后驾车，省高级人民法院也出台了对交通肇事犯罪"严格控制缓刑"的指导性文件，把醉酒驾车作为一律不准适用缓刑的情形之一。经过几年努力，交通肇事致人死亡的情况有所好转，呈现逐年下降态势。2013年死亡4860人，较2012年下降2%。从法院统计看，2011年，全省的交通肇事案件在各种犯罪案件中居第四位，达到4077件。但是，在"醉驾"入刑以后，交通肇事案件明显下降。2012年全省法院审结交通肇事刑事案件3828件，同比下降6.1%；2013年审结3213件，同比减少615件，下降16.1%，下降幅度明显（见图3）。

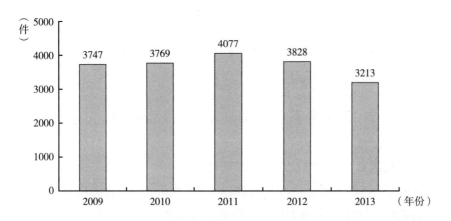

图3  2009~2013年全省法院审结交通肇事刑事案件情况

## 三  处理危险驾驶案件面临的主要问题及其建议

全省公安、检察、法院等国家机关对"醉驾"等危险驾驶犯罪的严格查处，总体上取得了良好的社会效果，得到了社会公众的拥护和支持，但在具体工作中也还面临一些问题。

**1. 落实宽严相济刑事政策尚不到位，少数司法机关执行有偏差**

"会议纪要"规定，惩治"醉驾"犯罪，打击的重点是醉酒后在公路、城市道路、高速公路上驾驶各类汽车的行为，特别是对醉酒驾驶营运客车（公交车)、危险品运输车、校车、单位员工接送车、中(重)型货车,以及在城市道路上驾驶工程运输车。对于醉酒驾驶超标两轮电动车,凡是没有发生致他人轻伤以上事故且对事故负有责任的,可以不作为犯罪处理。但据抽样调查,全省法院判处"醉驾"摩托车(含超标电动车)的占三分之一左右。虽然摩托车(包括轻便摩托车)也属于机动车,但是,"醉驾"摩托车的潜在危害要远远小于汽车。在少数地方,仍然较多判处"醉驾"超标电动车。这些都是有违宽严相济精神的。调研中发现,一些公安机关查处"醉驾"时,为了不让自己单位的排名落在后面,就"胡子眉毛一把抓",当查处汽车数量不足时,就大量查处两轮摩托车和超标电动车,以求完成指标。而两轮摩托车和超标电动车是农村群众最常用的交通工具,加上他们的法制意识不够强,酒后驾驶情况比较突出,但危害远远小于"醉驾"汽车,因此,大量查处这些酒驾(醉驾)行为,执法的社会效果并不好。

少数执法人员也存在机械执法的问题。例如,有媒体报道,因为被告人违章停车,经交警电话通知,被告人从KTV出来挪车,在处理被告人违章停车时,交警闻到被告人有酒气,酒精测试含量为1.76毫克/毫升,起诉审判被判处拘役一个月并处罚金2000元。还有已经叫了代驾司机,但代驾司机找不到具体位置,被告人就自己挪车等候,结果被查到,酒精测试为1.13毫克/毫升,被判处拘役一个月,缓刑三个月执行。这种情况应当属于"醉驾"情节比较轻微的,几乎不可能对公共安全造成危害,以不认定为犯罪为妥。

对此课题组认为,应将"醉驾"汽车作为打击重点,严格对"醉驾"摩托车的入罪标准,对"醉驾"摩托车没有致人轻伤事故以上且负有责任的,建议不作为犯罪处理(酒精含量200毫克/100毫升的除外)。仅这一项就能减少全省危险驾驶刑事案件总量的三分之一左右。要进一步严格掌握"醉驾"超标电动车的入罪标准,对于没有造成轻伤以上事故且驾驶人负有责任的情况,不宜定罪处罚。对一些情节很轻的"醉驾"行为,不作为犯罪处理,或者给予免予刑事处罚,以缩小打击面。

**2. 各地法院量刑标准不尽统一,存在"唯酒精含量"论处倾向**

醉酒驾驶机动车犯罪,血液中的酒精含量是反映该种犯罪危险程度的主要

量刑因素，驾驶的车辆种类、行驶的道路种类、实际损害后果是重要的量刑因素。同时，还要综合考虑被告人的认罪悔罪态度、曾经酒后或者醉酒驾驶机动车被处罚的情况以及其他交通违法情况等情节。

"醉驾"入刑以来，全省多数中级法院都有了统一本地区量刑的标准，即主要根据被告人血液中的酒精含量，结合其他情节，对被告人进行量刑。从调研情况看，总体上量刑是平衡的，但也发现不同地区在具体量刑时依然存在差异，甚至存在较大的差异。课题组抽样调查了危险驾驶案件数量排在全省前三位但缓刑适用率存在明显差异的杭州、宁波、温州等地区。杭州中级人民法院规定，酒精含量在 180 毫克/100 毫升以下的，起点刑为 1 个月，240 毫克/100 毫升以下的为 2 个月，超过 240 毫克/100 毫升的为 3 个月。宁波中级人民法院规定，酒精含量在 100 毫克/100 毫升以下的，可以免予刑事处罚；120 毫克/100 毫升以下的，可以适用缓刑；140 毫克/100 毫升以下的，起点刑为 1 个月，在特殊情况下也可以适用缓刑；200 毫克/100 毫升以下的为 2 个月；超过 200 毫克/100 毫升的为 3 个月。温州中级人民法院规定，酒精含量在 120 毫克/100 毫升以下的，起点刑为 1 个月；每增加 40 毫克/100 毫升增加 1 个月，即 160 毫克/100 毫升以下的为 2 个月；200 毫克/100 毫升以下的为 3 个月；超过 200 毫克/100 毫升的为 4 个月。调研中发现，如以酒精含量 180 毫克/100 毫升为例，排除其他量刑情节，在杭州判处 1 个月，在宁波判处 2 个月，在温州则判处 3 个月，量刑差异过于明显。虽然危险驾驶罪的法定刑仅限拘役（1 个月至 6 个月），也应当区别情况量刑。但不少法院存在"唯酒精含量"论处倾向，没有具体区别考虑车辆种类、道路种类、犯罪的情节进行量刑，尤其是在缓刑适用上存在宽严不均的问题。

为此，浙江高级人民法院加强了审判指导监督。①通过量刑规范化建设，平衡量刑。2014 年 7 月 1 日起全省正式施行量刑规范化，在修改《〈人民法院量刑指导意见（试行）〉实施细则》时，将危险驾驶罪纳入量刑规范化的罪名之一，并对量刑标准予以细化，即根据醉酒程度设定不同的量刑起点，并将"会议纪要"中规定的造成他人重伤或者死亡，尚未构成交通肇事罪的；在高速公路上醉酒驾驶的；醉酒驾驶营运客车（公交车）、危险品运输车、校车、单位员工接送车、中（重）型货车等机动车的；醉酒后在城市道路上驾驶工程运输车的；造成他人轻伤且负有主要责任的；无驾驶汽车资格醉酒驾驶汽车的；明知是无牌证或者已报废的汽车而驾驶的；在被查处时逃跑，或者抗拒检查，或者让人顶替的；在诉讼期间拒不到案或者逃跑的；曾因酒后、醉酒驾驶机动车被处罚的等10种从重情节作为增加刑罚量的因素。②根据调研情况，对适用缓刑的酒精含量标准予以适当提高，使全省"醉驾"犯罪缓刑适用率在40%～45%，以更好地贯彻宽严相济刑事政策。③加大对危险驾驶刑事案件的指导力度，促进各地区量刑（包括适用缓刑）相对均衡。

**3. 案件数量大幅上升给审判工作带来很大压力**

2013年浙江省危险驾驶刑事案件大幅上升，这给本已任务十分繁重的刑事法官增加了很大工作量。目前，全省刑事法官不到800名，要办理8万多件刑事案件，人均年结案达到100多件。随着劳教制度取消后一部分治安案件将进入刑事诉讼领域，轻罪案件仍将增加，压力还会加大。

为此，课题组认为，各级法院应积极从内部挖掘潜力和资源，调动法官的工作积极性，顺利完成审判任务。①注重繁简分流。新刑事诉讼法扩大简易程序的适用范围后，全省法院在繁简分流上已有了一定经验和行之有效的做法，今后要继续深化。②积极探索、试行、完善速裁机制，更加合理地配置司法资源，提高办案效率。同时，省高级人民法院将建议有关单位对国家工作人员"醉驾"犯罪被判刑的一律开除公职问题进行研究。《行政机关公务员处分条例》是2007年发布的，当时醉驾还没有入刑，也不可能考虑到对属于比较轻微的"醉驾"犯罪如何处分问题。"醉驾"犯罪与其他的犯罪甚至严重违纪行为相比，并非特别恶劣，情节差距也较大。可以不必作"一律开除"处分，这样更加人性化。一律作开除处分，过于严苛，事实上已给法院、法官造成非常大的工作压力，不利于司法机关查处"醉驾"犯罪。

**4. 利用案例开展法制宣传亟须加强**

"醉驾"犯罪是轻罪，打击显然不是主要目的，目的是通过打击减少对公共交通安全的危害。治理"醉驾"犯罪，应当"两手抓"，一手抓严肃查处，依法审判；一手抓宣传，利用典型案例加强教育引导，从而改变"酒后驾车"的陋习，逐步减少"醉驾"。

## 四 《解答》作出后的审判动态

2014年4月30日，浙江省高级人民法院刑事审判第三庭作出《关于"醉驾"犯罪审判中若干问题的解答》（以下简称《解答》），供各级人民法院审判此类案件时参考。《解答》认为，惩治"醉驾"犯罪，也要坚持宽严相济刑事政策。在突出惩治重点的同时，要实事求是地处理好醉酒驾驶超标两轮电动车、摩托车问题，区别处理好其他情节较轻的"醉驾"案件，以取得较好的社会效果。对于醉酒驾驶超标两轮电动车，凡是没有发生致他人轻伤以上事故且对事故负有责任的，可以不作为犯罪处理。对于醉酒驾驶两轮摩托车构成危险驾驶罪，酒精含量在200毫克/100毫升以下，如果没有发生致他人轻伤以上事故且对事故负有责任的，可以适用缓刑；对其中犯罪情节轻微不需要判处刑罚的，可以免予刑事处罚。对于醉酒驾驶汽车构成危险驾驶罪，酒精含量在160毫克/100毫升以下，且无所列10种从重情节并认罪的，可以适用缓刑。对酒精含量在110毫克/100毫升以下，且无所列10种从重情节并认罪的，可以免于刑事处罚。

《解答》作出后，危险驾驶刑事案件数量大幅上升的势头得到有效遏制。2014年第一季度，全省法院新收一审危险驾驶刑事案件3834件，同比仍上升27.59%。但《解答》作出后，从2014年5月开始，截止到10月底，新收一审危险驾驶刑事案件9613件，同比上升仅为0.64%。同时，危险驾驶刑事案件非监禁刑适用比例大幅提高。2013年，全省法院共宣告缓刑4261人，占判决罪犯总人数的26.1%。2014年5月至10月底，全省法院审理危险驾驶刑事案件生效判决判处罪犯9857人，其中宣告缓刑3973人，免于刑事处罚309人，非监禁刑适用比例达到43.44%。缓刑适用在各地区之间也渐趋均衡。

### 【专家评论】

近年来，因醉酒驾驶车辆、严重超速驾驶车辆（俗称飙车）以及无视交通信号驾驶车辆等行为所造成的重大交通事故急剧增加，致人伤亡的数量也明显增多。针对这类具有严重社会危害性的行为，《刑法修正案（八）》在《刑法》第 133 条后增加了一条，规定："在道路上驾驶机动车追逐竞驶，情节恶劣的，或者在道路上醉酒驾驶机动车的，处拘役，并处罚金。有前款行为，同时构成其他犯罪的，依照处罚较重的规定定罪处罚。"该条将"醉驾""飙车"这两种违反交通安全管理法规的行为确立为犯罪，将其从行政处罚领域纳入刑法控制范围。最高人民法院和最高人民检察院《关于执行〈中华人民共和国刑法〉确定罪名的补充规定（五）》将这两种行为确定的罪名为"危险驾驶罪"。

浙江省高级人民法院刑事审判第三庭《浙江省危险驾驶犯罪情况调研报告》一文，介绍了浙江省审理危险驾驶犯罪案件的基本情况。总的来说，2013 年案件数量较 2012 年大幅上升，"醉驾"被告人身份复杂，审判工作压力很大。

危险驾驶罪属于行为犯，即只要行为人实施了法律规定的行为，就构成了犯罪既遂，无须像结果犯那样造成物质性的和有形的犯罪结果，也无须像危险犯那样要"足以"发生特定的"危险"状况。其中，对于"追逐竞驶"即飙车型危险驾驶罪只有情节恶劣的行为才构成犯罪，而对于醉酒型的危险驾驶罪，没有规定任何限制性条件，只要醉酒并驾驶，就构成该罪。

从立法上看，《刑法》中规定醉酒型的危险驾驶罪突破了传统的立法模式。中国《刑法》第 18 条第 4 款规定："醉酒的人犯罪，应当负刑事责任。"该条款是作为刑事责任能力在总则中加以规定的，原来的分则条文中并没有将"醉酒"作为犯罪构成要件之一，醉酒后杀人构成杀人罪、醉酒后抢劫构成抢劫罪，"杀人""抢劫"本身是犯罪行为，不因是否"醉酒"而改变，非犯罪行为（醉酒）＋犯罪行为（杀人、抢劫等）＝犯罪行为（故意杀人罪、抢劫罪）。而在醉酒型的危险驾驶罪中，"醉酒"和"驾驶"本身都不是犯罪行为，只要在"醉酒"后"驾驶"，就构成犯罪，即非犯罪行为（醉酒）＋非犯罪行为（驾驶）＝犯罪行为（醉酒驾驶罪）。从立法基础来看，《刑法修正案（八）》增设醉酒型的危险驾驶罪是将"原因中的自由行为"中的"原因行为"直接规定为犯罪。原因中的自由行为，是行为人应当预见到或已经预见到自己在责任能力丧失或降低的情况下可能实施危害社会的行为，而故意或过失通过醉酒、吸毒、药物、疲劳等方式使自己陷入该种责任能力丧失或降低的

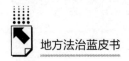

状态，从而实施了危害社会的行为。"原因中的自由行为"解决了《刑法》规定醉酒的人犯罪应当负刑事责任的主观方面问题，即虽然行为人实施犯罪时主观上是不清醒的，但行为人对导致其不清醒的原因行为却是有罪过的。鉴于在中国醉酒驾车犯罪呈多发高发态势，严重危害了广大人民群众的生命安全，《刑法修正案（八）》突破了传统的立法模式，直接将原因行为规定为犯罪，从而有利于充分发挥刑罚惩治和预防犯罪的作用，严厉打击醉酒驾车行为，使中国的刑事法网更加严密和严厉。

（黄芳，中国社会科学院法学研究所研究员）

# 丰台法院妨碍民事诉讼不当行为
# 及其处置情况调研报告

北京市丰台区法院课题组 *

**摘　要：**

本文通过系统梳理基层法院实践中常见多发的八类不当行为，对司法处置中暴露的问题及背后的深层次原因进行深入剖析，从司法实践的角度提出了建立遏制不当行为有效制度体系的意见和建议。

**关键词：**

丰台法院　妨碍民事诉讼不当行为　暴力抗法

妨碍民事诉讼不当行为，是指在民事审判执行工作中，相关人员为达到或者帮助他人达到诉讼目的而实施的试图扰乱司法秩序、干扰办案人员、逃避法定义务的各种行为。这些行为长期存在于基层法院司法实践中，已经成为困扰人民法院工作的一大难题。如何积极应对并妥善处置，是不仅关系到审判执行工作的顺利开展和司法权威的有效树立，而且关系到社会主义法治国家建设和和谐社会建设的重要课题。为此，北京市丰台区人民法院（以下简称"我院"）通过对基层法院司法实践中常见多发的各类不当行为的现状梳理，分析当前司法处置中存在的问题及其背后原因，并提出今后解决问题的对策和建议。

## 一　民事诉讼不当行为的实践表现形式及其处置情况

实践中民事诉讼不当行为采取的手段和形式多样。根据粗略统计，2013

---

\* 课题组负责人：王安生，丰台区人民法院院长。执笔人：王静，丰台区人民法院立案庭副庭长。

年我院在民事审判执行过程中共发现各类不当行为7273起，占民事、执行案件收案总数的23.3%。按照行为特征，我们将其划分为以下八种类型，各类行为所占的比重（见图1）及其处置也各不相同。

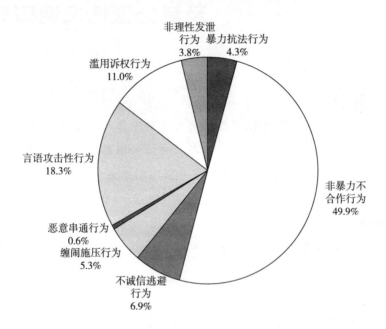

**图1　2013年北京市丰台区法院发现的民事诉讼不当行为类型示意图**

## （一）暴力抗法行为

即诉讼中各种矛盾和对抗情绪的升级或极端反应，共310起，占4.3%。包括当事人双方之间或者当事人对审判人员及法警进行推搡、撕扯甚至殴打[①]，聚众冲击法庭、办公场所或者执行现场，被执行人或者有关单位暴力抗拒执行活动[②]，

① 例如，2011年12月5日，丰台法院在对一起民事纠纷进行宣判时，原告委托代理人系该案中原告的妹妹，其对判决结果不满，大声哄闹法庭，撕毁文书，当场辱骂法官，并纠集其家人围攻、殴打赶来制止其不法行为的法官、法警。

② 例如，2013年4月16日，丰台法院在执行北京市丰台区人民政府房屋征收办公室申请安某房屋拆迁一案的过程中，两名被执行人暴力抗法，其中一名被执行人手持枪支疯狂向司法警察头部方向连开两枪，法警迅速将被执行人制服，缴获其枪支，并在现场查出被执行人事先准备用于暴力抗法的汽油、燃烧瓶、煤气罐、菜刀、砍刀、匕首、弹弓、电击棍、镐把等多件危险品。后经鉴定，暴力抗法人使用的"枪支"为"灭火枪"。

纠集他人毁损、抢夺执行案件材料、执行公务车辆及其他执行器械等，以及对法官、诉讼参加人等有关人员实施打击报复等行为。由于此类行为情节严重、影响恶劣，一般应依照法律规定予以罚款、拘留，构成犯罪的，依法追究刑事责任。

### （二）非暴力不合作行为

即以消极不作为方式妨碍相关诉讼程序顺利进行，共 3628 起，占 49.9%。包括无正当理由拒不到庭，应当出庭作证的证人、鉴定人拒不出庭作证或者出庭后拒绝回答问题，被执行人故意躲避法院查找，当事人有履行能力而拒不配合执行[①]，以及有关单位或人员对法院协助调查或执行的要求拒不配合等行为。对此类行为主要以说服教育为主，告知行为人相关的法律后果，要求其主动配合法院工作。对经说服教育仍不配合的，审判阶段多适用替代性程序，如适用缺席判决以及相关证据规则等，较少对其进行强制或处罚。而执行阶段由于涉及判决义务的最终落实，必要时会采取强制措施督促被执行人或有关单位履行法律义务。

### （三）不诚信逃避行为

即以欺骗、隐瞒、威胁或者贿赂等积极作为方式混淆法官视听，逃避应当承担的法律责任，共 499 起，占 6.9%。包括在法庭上作虚假陈述或虚假证言，伪造、毁灭证据[②]，指使、贿买、胁迫他人作伪证，被执行人虚假报告财产情况，隐藏、转移、变卖、毁损财产[③]，达成调解协议或执行和解协议后拒

---

① 例如，2011 年 7 月，在一起建设工程施工合同案件的执行过程中，丰台法院经调查发现被执行人名下有多套房产、多辆名车（包括悍马、奔驰等）。在丰台法院向其发出报告财产令后，其未向法院申报财产，在丰台法院将其车辆档案查封后，未将车辆交至法院，属于有履行能力而拒不履行生效法律文书确定的义务。丰台法院最终作出对其罚款 30 万元的决定。

② 例如，2012 年 3～9 月，丰台法院在审理一起交通事故案件中，发现原告向法院提交虚假误工费证据材料，经承办法官核实后，对原告进行了批评教育，并裁定罚款 3000 元，判决中也未支持原告的误工费主张。

③ 例如，2013 年 3 月，丰台法院在一起房屋买卖合同的执行过程中发现，被执行人擅自将执行标的出售并过户给第三人。该被执行人明确承认，其在收到人民法院生效判决书及执行通知书后仍将该房屋出售给案外人的原因是不想让申请人得到房产，并表示因该房屋已过户给案外人，被执行人已无法将该房屋过户至申请人名下。丰台法院认为，被执行人的行为涉嫌触犯《刑法》第 313 条"有能力执行而拒不执行，情节严重"拒不执行判决裁定罪规定。目前该案已报区委政法委并协调公安机关进行立案侦查。

不履行，有关单位出具前后矛盾或者不真实的证明材料，有关单位给当事人通风报信或妨碍法院查询、冻结、划拨银行存款，以及妨碍法院依法搜查等行为。此类行为较为隐蔽，难以发现。审判阶段在没有查实的情况下，法官一般存疑不采信，即便查实也鲜少进行处罚。而执行阶段则更严厉一些，对妨碍执行情节严重的，依法采取限制出境、公布拒执人名单、限制高消费等措施，或者予以罚款、拘留，直至追究相关刑事责任。

### （四）缠闹施压行为

即以给法院及法官施加压力为目的而实施的各种示威、要赖、撒泼、纠缠及威胁性行为，共384起，占5.3%。包括以自杀、自残等过激极端行为相要挟，诉讼过程中以大字报、横幅、公开信等方式引起舆论关注①，披麻戴孝、抱着家属遗像、携同年迈老人孩子到法院静坐，聚众围堵法院大门，装病、装死、哭闹、打滚等博同情，案外围堵拦截甚至尾随跟踪法官②，非法获取法官及其家庭成员隐私等行为。目前法律没有明确规定法院对此类行为应当如何处置，法院只能采取说服教育和劝诫安抚手段，对影响恶劣无法劝止的，则只能协调有关部门帮助解决。

### （五）恶意串通行为

即民事诉讼各方当事人恶意串通，采取虚构法律关系、捏造案件事实方式提起民事诉讼，或者利用虚假仲裁裁决、公证文书申请执行，使法院作出错误裁判或错误执行，以获取非法利益的行为③，共42起，占0.6%。通常发生在

---

① 例如，2012年5月14日，丰台法院审理的一起房屋腾退案件的被告将写有"抗腐班车"字样的面包车停在法院门口，车上挂满写有"冤假错案""腐败"等字样的大字报、横幅等。由于被告拒绝与法院沟通，车辆在法院门口停留数天，造成了极坏的影响。

② 例如，2013年10~11月，丰台法院受理的两起房屋租赁关联案件中，被告先后对一、二审法官及执行法官进行跟踪尾随，获取法官居住的小区、楼房号及家庭成员姓名、电话、上班地址等个人信息，用"你不出来和我见面谈就别怪我不客气，我跟你半年多了"，"我用得着威胁你吗？我就是干实事的"，"大老爷们就得上你家去，你敢这么判，我就敢找你"等语言相威胁，造成恶劣影响。

③ 参见浙江省高级人民法院《关于在民事审判中防范和查处虚假民事诉讼案件的若干意见》（浙高法〔2008〕362号）第1条。

欠款、借贷、买卖合同、财产权属纠纷案件中。包括通过另诉确权将个人房产变成夫妻共有财产来逃避合同义务，离婚纠纷中虚构债务侵害配偶财产权或逃债，在外地虚构假案将房产查封导致无法过户，假离婚造成"一套住房不能执行"等情形，以此达到转移财产、逃避债务或骗取国家优惠政策的目的。2012年修订的《民事诉讼法》首次明确恶意串通的虚假诉讼行为属于妨害民事诉讼行为，可以对其罚款、拘留甚至追究刑事责任。但实践中此类行为的隐蔽性更强，法官难有确切证据证明其虚假诉讼行为，一般只能在发现问题后谨慎应对，加大审查力度，防止落入陷阱。

### （六）言语攻击性行为

即各种口头或书面的侮辱、诽谤、诬陷、诅咒、威胁行为，内容涉及对方名誉、人格、人身安全等各方面，共1333起，占18.3%。包括当面或以写信、短信等方式言语威胁法官人身安全，通过电话、当庭或者在其他办公场所大声辱骂法官，在微博、论坛等网络媒体上大肆发布对法院及法官不利的不实言论，聚众哄闹法庭或执行现场，以及当事人双方大打骂战严重影响庭审秩序和法院正常办公等行为。

### （七）滥用诉权行为

即当事人缺乏合理根据，违反诉讼目的而行使法律所赋予的各项诉讼权利，通过法院公权力的行使而影响对方当事人、拖延诉讼时间，从而造成不必要的人力和财力损失的行为，共802起，占11%。包括滥用起诉权（如对同一合同以不同原告的名义和不同的案由进行诉讼），毫无理由地提起管辖权异议或申请回避，将于己方明显不利或证据不足的案件以撤诉后再起诉的方式多次起诉，以及滥用申请财产保全、司法鉴定、调查取证、申诉审查等权利行为。此类行为的特点是，披着合法外衣，法律也无明确规定。

### （八）非理性发泄行为

即当事人借机发泄不满情绪的激烈表达行为，共275起，占3.8%。包括送达时扔传票甚至撕传票，当庭撕毁证据或笔录，在庭审笔录上乱写乱涂，宣判时撕毁判决书，故意撕毁法院执行公告、封条，以及未经法庭允许用手机等设备对庭审过程进行录音、录像或摄影，法庭上随意走动，故意打断他人讲话等违反法庭规则干扰庭审的行为。法官在处置此类行为时以训诫为主，对于法律没有明确规定的只能采取批评教育手段，责令行为人严肃检讨其错误行为，消除不良影响。

## 二 民事诉讼不当行为司法处置中暴露出的问题

面对各种不当行为，法院的司法处置较为温和的有说服教育和劝诫安抚等手段，带有强制性的既包括传统的拘传、训诫、责令退出法庭、罚款、拘留措施，也包括 2007 年出台的在执行工作中适用的限制出境、公布执行债务人名单，2010 年出台的限制高消费以及 2013 年出台的公布失信被执行人名单①等新型强制措施②。实践中，法院一般根据行为性质和情节轻重的不同，审时度势采取相应处置方法。但在调查研究中③我们却发现，处置效果并不尽如人意，暴露出以下问题。

### （一）处罚力度小，制裁威慑严重不足

首先是处置手段偏软，强制措施适用极少。从近三年的数据来看（见表1），司法处置以温和的说服教育、劝诫安抚为主，拘传为零，罚款、拘留措施相对于当年的民事执行案件收案数量而言，适用率在审判阶段基本趋于零，

---

① 即《最高人民法院关于公布失信被执行人名单信息的若干规定》，于2013年10月1日起施行。实际上是对《民事诉讼法》第255条"在征信系统记录、通过媒体公布不履行义务信息"的进一步细化。此前法院采取的一般是在媒体公布执行债务人名单的措施。

② 关于限制出境、公布执行债务人名单、限制高消费、公布失信被执行人名单等措施是执行措施还是强制措施，理论上还存在争议。但《强制执行法草案（第六稿）》第90条规定："警告、责令具结悔过、罚款、拘留、拘传、公布执行债务人名单、限制出境、限制消费等强制措施，可以合并适用。"北京市高级法院下发的《执行工作手册》中也明确了将其作为强制措施的观点。实践中也确实能够发挥教育、制裁、惩戒的作用。因此，我们认为它们应当属于近几年推出的新型强制措施。

③ 课题组对审判人员及当事人对民事诉讼不当行为的认识和观点开展了双向调查，共向当事人及其代理人、律师发出调查问卷253份，收回有效问卷251份；共向丰台区法院民事审判法官、执行法官发出调查问卷91份，收回有效问卷88份。

在执行阶段分别为 0.2%、0.08%、0.04% 和 1.6%、1.1%、0.9%，而追究刑事责任的也极少。另外，根据粗略统计，2013 年丰台法院对违反法庭规则的行为人，共采取训诫措施 139 次，责令退出法庭措施 28 次。这与民事诉讼不当行为的发生频次及不良后果形成了强烈对比，说明绝大多数不当行为没有得到应有的惩罚和制裁。其次是处置手段单一。法院自身能用的办法不多，难以对当事人形成有效震慑，很多时候不如协调相关部门出面更具威慑力，也有很多时候需要有关单位的协助和支持，新型强制措施也才初步探索适用。

表 1　近三年来强制措施的适用情况

| | 2011 年 | 2012 年 | 2013 年 |
|---|---|---|---|
| 审判阶段 | 拘留 1 人 | 罚款 1 件 3000 元 | 0 件 |
| 执行阶段 | 拘留 144 人次<br>罚款 15 件 46.8 万元<br>限制出境 8 人次<br>公布执行债务人 18 人次<br>限制高消费 30 人次 | 拘留 84 人次<br>罚款 6 件 3.7 万元<br>限制出境 40 人次<br>公布执行债务人 9 人次<br>限制高消费 130 人次 | 拘留 87 人次<br>罚款 4 件 31.2 万元<br>限制出境 91 人次<br>公布失信被执行人<br>名单 32 人次<br>限制高消费 15 人次 |
| 追究刑责 | 帮助毁灭、伪造证据罪 3 件<br>拒不执行判决、裁定罪 1 件<br>其他 0 件 | 帮助毁灭、伪造证据罪 1 件<br>其他 0 件 | 0 件 |

## （二）违法成本低，违法行为层出不穷

在绝大多数民事诉讼不当行为不会受到处罚、司法处置力度小的情况下，当事人抱着"闹了比不闹好""反正被发现了也没事""我就是要恶心一下你们"等心理纷纷效仿。通过发放调查问卷，当事人对不当行为层出不穷的现状也给出了自己的答案（见表 2）。从他们的角度考量，立法设定的违法成本和实际发生的违法成本，明显低于其获得的审理期限无限延长、案件事实无法查清或被歪曲、自身博得各方及舆论同情、案件无法执行等收益。因此，必然催生出更多不当行为，并且也更加肆无忌惮。80.7% 的法官表示近年来妨碍民事诉讼的不当行为有所增加，且越来越难处理，75% 的法官表示强制措施"实践效果不好"或者"没什么用"。

表2　当事人认为民事诉讼不当行为多发的原因

| | 选项 | 得票 | 比例(%) |
|---|---|---|---|
| 1 | 试图逃避应承担的民事法律责任 | 164 | 65.3 |
| 2 | 双方矛盾及对抗情绪在诉讼中进一步激化的表现 | 128 | 51 |
| 3 | 对司法不信任,对判决不服,借机发泄不满情绪 | 134 | 53.4 |
| 4 | 有协助义务的单位怕惹麻烦,认为事不关己,能躲就躲 | 103 | 41 |
| 5 | 有关人员或单位法律意识淡薄 | 98 | 39 |
| 6 | 相关法律规定仍然不够完善,没有达到立法目的 | 84 | 33.5 |
| 7 | 强制措施的实践操作性不强,威慑力不够 | 105 | 41.8 |
| 8 | 其他 | 4 | 1.6 |

### （三）处置起来顾虑多，精神损耗无形增加

法官如果对不当行为采取强制措施，普遍存在"三怕"心理：一是怕麻烦，在当前较为繁重的结案任务前，如果采取强制措施，除了要走严格的审批程序，还有可能引发诉讼中止、延期审理、超审限责任、错案风险等一系列后续问题，法官担心案子审理起来将更加麻烦；二是怕激化矛盾，担心当事人闹得更厉害或者引发信访，另外也担心当事人走极端，采取自杀、自残等过激行为；三是怕遭到报复，担心自身及家人的人身安全受到威胁。如果不采取强制措施，法官则不可避免要投入大量精力来应付周旋，既要考虑程序的顺利推进，又要考虑准确查明案件事实，还要费尽唇舌说服当事人配合工作，并同时照顾好他们的情绪，避免造成不良的社会后果，法官因此压力倍增，心力交瘁。在"不求有功但求无过"的心理下，基层法官对于默默忍受各种不当行为已经形成惯性，法官无奈地称"被当事人骂是正常的，不骂才是不正常"，许多优秀人才也因此流失。

### （四）司法资源浪费，法律公器遭到挑战

民事诉讼不当行为严重干扰了正常的司法审判秩序。发生不当行为的案件往往成为难办案件、"硬骨头"案件甚至积压案件：程序中断难以恢复、案情久查不明、判决执行不能、信访程序启动、法官跑断腿说破嘴、法警全副武装开赴执行现场……这些无不浪费法院的人力物力，最终还可能卖力不讨好，不

仅无辜者的正当权益遭受损害，始作俑者也没有受到应有惩罚，致使部分案件一拖好几年，时间和精力耗费在当事人的反复纠缠信访中。在这种形势下，民事诉讼程序理应传达宣示的公正、自由、效益、秩序等价值被破坏，国家的司法权威和人民法院的司法公信力在公众心中大打折扣，"司法"这架社会救济机器不能正常运行，导致不可估量的负面影响。

## 三 问题背后的深层次原因

北京市丰台区法院的实践反映出民事审判执行工作面临不当行为日趋严重、立法制度设计被空置、司法不堪其扰却又无计可施的困境。现行制度体系整体表现疲软，形成恶性循环，只有找出其背后的深层次原因，才能从根本上摆脱困境。

### （一）司法环境发生深刻变化，维稳压力倒逼

随着全面深化改革的推进，社会转型期各种深层次社会矛盾和问题充分暴露出来，司法环境也随之发生了深刻变化。主要表现为案件数量急剧攀升、社会利益错综交织、当事人过激偏执行为增多、舆论关注度前所未有，一起案件或案件中的突发事件处置不当，就可能产生"一石激起千层浪"的连带效应，给法院造成极大压力。为应对形势变化，法院在开展审判执行工作中，不得不高度重视在公正司法之外肩负的维稳责任，法官在办案过程中同样也高度重视判决、执行的法律效果和社会效果有机统一。在这种共识下，案外不稳定因素成为办案的重要考量，当然也包括对各种民事诉讼不当行为的处置是否妥当、是否会产生不利后果等。事实上，许多情况下案外因素牵涉的维稳问题要远复杂于案子本身的法律问题，因此，法院自上而下都表现得谨小慎微。

### （二）相关立法规制不力，存在诸多法律空白

针对民事诉讼中的不当行为，立法主要规定于《民事诉讼法》第十章"对妨害民事诉讼的强制措施"，并在《最高人民法院关于适用〈中华人民共和国民事诉讼法〉若干问题的意见》（以下简称"民诉法若干意见"）、《最高

人民法院关于人民法院执行工作若干问题的规定（试行）》（以下简称"执行工作若干规定"）等法律法规中进一步细化了适用情形，《刑法》中妨害公务罪以及"妨害司法罪"中部分罪名也涉及民事诉讼不当行为。但相对于复杂的司法实践和当前严峻的维稳形势，立法滞后的问题凸显出来，很多审判执行过程中非常普遍且性质恶劣的不当行为，并未纳入妨害民事诉讼强制措施的调整范围，《刑法》罪名中也仅有妨害公务罪，妨害作证罪，帮助毁灭、伪造证据罪，打击报复证人罪，扰乱法庭秩序罪，拒不执行判决、裁定罪，非法处置查封、扣押、冻结的财产罪7个罪名与民事诉讼不当行为相关。因此，对于法律规制之外的许多不当行为，法院处置无法可依，难免有力不从心的感觉。

### （三）强制措施适用困难，实践可操作性不强

#### 1. 对行为及其处罚规定比较笼统

在定性上，对违法特征表述含糊。例如，拘传"负有赡养、抚育、抚养义务和不到庭就无法查清案情的被告"，哪些应认定为"不到庭就无法查清案情"；"伪造、毁灭重要证据"中，哪些属于"重要证据"；哪些行为方式可以认定为"恶意串通"等，法官难以把握。在处罚上，手段没有区分度。例如：训诫和责令退出法庭之间、罚款和拘留之间的法律适用条件基本相同，界限比较模糊；罚款规定的处罚幅度太大（个人在10万元以下、单位5万元以上100万元以下），缺乏对轻重情节的具体描述，赋予了法官过大的自由裁量权，容易引发当事人对执法不统一、处罚不均衡的质疑。因此，法官要非常慎重，不是在确有把握的情况下，不敢轻易适用。

#### 2. 审批程序烦琐复杂

除训诫、责令退出法庭可以当庭适用之外，拘传、罚款、拘留措施均要经过庭长、主管院长、院长层层审批。考虑到复杂的手续以及周期可能较长、领导可能不批等不利因素，在具有可选择性的情况下，法官往往会放弃这种费时费力且结果和时间都不可控的措施。

#### 3. 后续诉讼程序衔接不明

对强制措施引起的程序中断问题，如责令原告或被告退出法庭或拘留之后，本次庭审的效力，特别是能否缺席判决，是否需要再行组织开庭，是否属

于诉讼中止、延期审理的法定情形，法官是否承担超审限责任等，由于关系到案子能否顺利审结，是承办法官最关注的问题，但法律均无明确规定，让法官无所适从。

### 4. 措施本身威慑力不足

最严厉的是拘留 15 日，一方面，在许多案件中，当事人"挺过" 15 日所付出的代价要远远小于依法履行义务的代价，大量被执行人明确表示，就算拘留也不履行义务；另一方面，不利于针对行为的严重程度拉开处罚差距，做到行为与处罚相适应。而拘传、训诫、责令退出法庭对当事人来说就更是不痛不痒了。在"成本核算"下，当事人面对强制措施可能仍不配合[1]，导致强制措施实践效果较差，法官面对的是徒劳无益与尴尬无奈。

## （四）司法相关配套措施不健全，处置时四处掣肘

### 1. 与检察院、公安机关配合不畅，刑事程序启动难

实践中，三机关往往对此类案件罪与非罪的认识不一，立法上也没有统一明确的标准。公安、检察机关不会主动介入涉嫌相关罪名的调查和审查批准逮捕。特别是在异地执行受到阻碍甚至围攻，执行人员遭到伤害时，由于还涉及异地公检法三机关的协调配合，实践中更难操作，执行法院只能自咽苦水，行为人却逍遥法外。因此，如确需追究行为人的刑事责任，往往需要法院与检察院、公安机关之间事先多次协调，报告领导机关同意后，才能启动公安机关立案侦查、检察院批准逮捕、提起公诉、法院审判的刑事诉讼程序，大大削弱了刑罚的震慑作用。

### 2. 司法联动机制不健全，处置手段易落空

民事审判执行活动涉及面广，需要社会各部门发挥协调监督、协助配合和引导督促等联动作用。但目前大多数的联动尝试限于法院与各部门的单独协调甚至是口头协议，不仅在法律上缺乏明确具体的顶层设计，在实践中也容易呈现短期化、分散化、消极化的状态，在长效机制构建、权责划分、激励制裁等

---

[1]　苍山县人民法院一名法官从事民事审判 14 年，只在 2002 年实施过 1 次拘传。被告被拘传到庭后，除了提出回避申请外一言不发。参见高德玲《被告拒不到庭的效率桎梏之破解——以取消民事诉讼拘传制度之切入点》，载《山东审判》2009 年第 1 期，第 100 页。

方面均存在诸多问题。如需要其他部门配合的限制出境、公布拒不执行人名单、限制高消费等措施，均在实践中遇到了上述问题，可能在措施刚出台时作用比较明显，但时间一长就没有效果了。又如罚款措施，如果当事人名下没有财产或早已转移，也面临"执行难"问题，需要其他部门配合采取执行措施，否则罚款决定将成为一纸空文。在这种情况下，法院想创新其他处置手段更是一筹莫展了。

**3. 涉诉信访规范化和制度化程度不高，法官投鼠忌器**

主要表现为门槛低、非程序化、功能定位不明、对无理信访缺乏甄别等问题，尤其是诉讼程序中的来信来访如何界定，与诉讼之间的关系如何处理，尚有许多争议和不明之处。实践中，法官可能因办案中的态度问题即遭到当事人信访，导致在办案过程中经常接待各种信访当事人。许多当事人就是抓住这个空子，利用信访行妨碍民事诉讼之实。因此，法官普遍反映对当事人不当行为采取说服教育或劝诚安抚的方式最为妥当，以免当事人借此将矛头转向法院，用信访向法官施压。

**4. 司法资源配置不足，法官有心无力**

基层法院人少案多的矛盾依然存在，不当行为使法院本就紧张的司法资源更加捉襟见肘。不堪审案压力的法官对于推进诉讼或执行的迫切性实际上并不亚于当事人，"多一事不如少一事""忍忍也就过去了""别自己给自己找麻烦"等心理普遍存在，妨害民事诉讼行为如果尚在可控范围内或有其他替代性措施，他们宁愿忍让以求尽快结案。另外，对不当行为进行司法处置还需要警力保障，警力不足以及管理序列不同的制约也构成法官放弃采取强制措施的重要原因。

## （五）司法人身安全保护力度不足，相关保障缺失

在社会不稳定因素增多，而规制处罚乏力的情况下，法官对自身安全保障问题存在很大顾虑。从法律规定来看，只有《法官法》第 8 条第 5 项规定了"人身、财产和住所安全受法律保护"，而这仅有的一条规定执行起来又缺乏相应的配套措施，法院又缺乏有效的内部保护机制，故当事人与法官缠闹时，法官一般只能采取消极躲避的方式，不敢与伤害人发生正面冲突，自我防卫手

段又相对欠缺，法官一旦遭受当事人、案外人的伤害，一般是处以罚款，情节严重的也就是予以司法拘留等经济、行政手段处罚，加害人伤害法官后被追究刑事责任的案件极少，追究民事责任也存在主客观障碍，这些欠缺使法官成为一个容易受到攻击又缺乏保护的群体①。这些不利因素让法官对各种不当行为颇为忌惮，不敢采取严厉手段。

## 四　有效遏制民事诉讼不当行为的对策和建议

可见，当前形势下遏制妨碍民事诉讼的不当行为，"牵一发而动全身"。它立足的是法治的神圣和尊严，关系到整个社会对法律的尊重和法治秩序的建立，其意义不仅是现实的，更是长远的。但它又是一项系统工程，许多现实情况使其不可能一蹴而就：①部分地区法院审判执行任务过重、司法资源短缺的现状，在今后很长一段时间都不会改变，想方设法尽快结案仍然是法官首要关注的焦点；②司法公信力不高的问题还需综合治理，公众对司法的不信任以及由此对法院产生的各种消极影响短时间内不会消除，公众对信访制度的青睐将继续存在；③司法环境的优化，社会对法律的敬畏，不可能毕其功于一役，而有赖于长期的潜移默化。因此，我们既要有长远的综合治理规划，也要有眼下的具体方案，抓住症结，对症下药，坚持对妨碍民事诉讼不当行为"当宽则宽、当罚则罚"，确保民事诉讼程序良性运转，牢固树立司法权威。

### （一）加强社会诚信建设，优化司法环境

中国的社会转型期将持续很长一段时间，其间社会价值体系、价值观念和社会规范体系的新旧交替，不仅需要法律的调整，也需要社会道德的引导。应当在加强法治建设的同时，不断加强社会诚信体系建设，通过建立个人诚信档案和社会诚信数据库，将妨碍民事诉讼的不当行为纳入社会诚信管理体系，对那些缺乏诚信、一味以违法乱纪追求不当利益的人，给予必要的警示和约束，

---

① 朱宏：《浅谈对法官的人身保护》，中国法院网，http://www.chinacourt.org/article/detail/2007/01/id/233884.shtml，2013 年 11 月 5 日访问。

使其在社会大众的消极否定评价下，树立正确的道德观和价值观，倡导良好的社会风气和正当的诉讼观念，从思想根源上有效遏制不当行为的出现和蔓延。同时，司法工作人员也要正确认识和处理不当行为和社会效果的关系，不能片面地将社会效果仅与社会稳定联系在一起，更要与社会需求、社会价值、社会道德、司法权威等大局利益联系在一起，加强对惩戒妨碍民事诉讼不当行为的法制宣传教育，以司法应有的教育、引导、示范、惩戒等作用助力社会诚信体系建设，进一步改善当前不利的司法环境。

## （二）完善强制措施制度设计，增强实践可操作性

强制措施立法已随着《民事诉讼法》修改经历了三次调整，其中，对有协助义务单位的强制措施从种类到适用情形，共修改三次；罚款数额三次修改三次提高；对恶意诉讼行为专门增加了两条，均呼应了司法实践中的迫切需求，修改重点在于扩大适用范围和加大处罚力度。按照这个立法完善的方向，建议上级法院制定司法解释或指导意见，从以下几方面细化相关规定。

第一，细化违法特征，扩大适用范围，区分处罚程度。分解细化当前归纳概括式的法条规定，采用描述式语言准确说明妨害行为的违法特征，列明各种具体情形。运用扩大解释方法将强制措施适用范围扩大，厘清实践中八大类型不当行为中哪些应当采取强制措施，为司法处置提供有力依据。同时，建议区分不同主体、不同行为、不同情节、不同结果差别化地采取强制措施。例如，日本《民事诉讼法》规定，"证人没有正当理由而不出庭时"，法院可处10万日元以下罚款（第192条），"第三人不服从提出文书命令时"，法院可处20万日元以下罚款①（第225条）。同时，对不同强制措施的适用应既相互区分又相互衔接。例如：对被告拘传后仍拒绝配合的可以进一步对其处以罚款；对行为人单纯的消极不作为应以罚款为主，造成严重后果的可以拘留；如果行为人实施了暴力、威胁、欺骗等积极行为，则应视情节轻重予以罚款或拘留；对仍不悔改的允许连续适用，以增强威慑力。

第二，规范程序适用和权利保护机制。明确告知义务，保障当事人的知情

---

① 《日本新民事诉讼法》，白绿铉编译，中国法制出版社，2000，第81、88页。

权。在行为人有妨害行为时运用庭审录像、监控、鹰眼等设备以及见证人签字的工作记录等手段固定证据，确保处罚的正当性。缩短院长判断和审批的时间，同时建议将院长的审批权扩大解释为主管院长的审批权，逐步简化烦琐的审批程序。明确采取强制措施引起的程序中断问题，加强程序衔接。

第三，充分考虑适用的实际效果，优化配置司法资源。一是有效果才适用。《美国联邦民事诉讼规则》第 11 条明确对罚款等措施的适用进行了限制。一方面，在条文中明确规定，"制裁应当限制在能够充分制止同样行为或其他相似情况下的类似行为重复发生"，也就是说，如果通过罚款无法达到制止该妨害行为再次发生的效果，就不得罚款；另一方面，考虑到某些罚款不会有效果，以列举的方式规定不得罚款的情形，如由他人代为诉讼时他人故意对请求所依据的法律作不当表述时，当事人自己对此无法控制，故不得对当事人本人罚款①。二是达到目的就解除。如果行为人在作出决定后承认错误并道歉，及时停止妨害行为，积极配合民事诉讼工作，消除对司法权威的损害影响，法院可以酌情减轻或撤销之前的相关决定。三是要求当事人配合。允许当事人通过申请要求法院制裁妨害行为，但为了防止司法资源被浪费，当事人应当在申请中写明理由并附相关证据。这样既提高了当事人的积极性，也减轻了法官压力。

### （三）正确认识刑事责任追究，发挥刑罚震慑功能

民事诉讼不当行为损害他人合法权益、严重干扰司法、损害法律公器，对产生严重社会危害性、构成犯罪的行为应当坚决追究其刑事责任。立法上应当明确妨碍民事诉讼不当行为构成刑事犯罪要件的规定、定罪和量刑的具体标准、完善刑法罪名以及追究相关犯罪行为的诉讼程序规定，统一公检法三机关的认识，以便实际操作。在对行为人追究刑事责任的过程中，要以维护司法权威为己任，积极争取上级领导机关的大力支持，坚持侦查机关、检察机关和审判机关各司其职、分工负责、互相配合、互相制约的工作原则，同时也要担当

---

① 郭翔：《论民事诉讼中的罚款——立法预期与实践效果的背离及修正》，载《当代法学》2013年第 1 期，第 50 页。

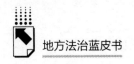

好受害者发言人的角色，积极提供和移交相关证据材料，实现对妨碍民事诉讼犯罪行为的"精确打击"，从而对不当行为人达到普遍震慑的目的。

### （四）健全司法联动机制，形成社会制裁合力

首先，应当加强法律顶层设计，尽快制定和完善司法联动的相应法律法规或司法解释，进一步明确细化法院及其他协助义务部门、单位与个人的权利、义务及责任分配等，为司法联动机制发挥制裁合力提供可靠的法律保障。其次，应当明确实施细则和具体操作。近年来，丰台法院在执行联动机制建立上进行了许多有益探索，拓展完善了协调监督、协助配合和引导督促三个联动层级体系，将法院单打独斗的执行模式转变为以法院为主、各部门协作联动的执行模式，取得了一定的成效[①]。今后可以尝试将这种模式引入审判阶段，在需要各部门协助查清案件事实、警示约束当事人配合审判工作的重要环节建立联动机制。通过贯穿审判执行全过程的联动机制，一方面督促有协助义务的单位履行法定义务，避免推诿责任；另一方面也有利于落实制裁手段，创新处置方法，树立司法权威。例如，最高人民法院于2013年7月1日出台公布失信被执行人名单的相关司法解释，并于11月14日与中国人民银行征信中心签署合作备忘录，共同明确了失信被执行人名单信息纳入征信系统相关工作操作规程，使相关规定得到了协助单位的有力配合和执行，取得了良好效果。

### （五）加快信访规范化、制度化改革，形成良好导向

2008年7月6日公安部修订了《关于公安机关处置信访活动中违法犯罪行为适用法律的指导意见》，对缠访闹访、自伤自残、妨碍公务、舆论中伤、扰乱国家机关工作秩序等恶意行为均规定了明确的处理意见。司法部门应尽快建立衔接机制，加强与公安机关的协调配合，争取主动权，对涉诉信访中借信访之名干扰司法公正的违法犯罪行为加大打击力度。但问题的根本解决还依赖于涉诉信访的规范化、法制化改革，进一步完善信访立法，规范信访受理范围和处理程序，将带有非法目的的无理信访、违法信访等行为剥离出

---

① 参见丰台法院调研课题组《丰台区法院调研执行联动机制实施情况、存在的问题及对策建议》

信访程序，形成良好的导向，才能有效防止行为人利用信访行妨害民事诉讼之实。

### （六）充分保障司法人身安全，解除法官的后顾之忧

加强相关立法，增加对法官特别保护的法律规定，如设立藐视法庭罪，庭外侮辱、诽谤法官罪等专有罪名；加强司法警察建设，配足配强警力，强化司法警察在维护法庭秩序与安全方面的职责，提高处置突发事件的能力；探索建立申请保护制度，审判人员在自身安全确实受到威胁时，应向院领导及时提出，采取预防保护措施；加强各项安保设施设备建设，在法官外出工作时采取必要保护手段；对法官个人信息实行保密；落实禁止私自、单独会见当事人的审判纪律，建立健全接待当事人来访制度；处理好安全防范与司法为民的关系，提高法官的安全防范意识；对危害法官人身生命安全的犯罪行为，要依法处理；等等。

### 【专家评论】

目前在中国基层法院的司法实践中，妨碍民事诉讼的不当行为已经日益成为严重困扰并影响人民法院正常审理、执行工作的一大难题。尽管本报告是立足于丰台区法院展开的调研，但实际上，报告中所反映的问题在全国范围内都具有普遍性和典型性。

妨碍民事诉讼不当行为普遍存在的现象所揭示的问题是深刻的。事实上，现行《民事诉讼法》第十章"对妨害民事诉讼的强制措施"、关于虚假诉讼的规定，《刑法》中妨害公务罪以及"妨害司法罪"中部分罪名的规定，都对这些不当行为作出了相应的惩处规范。但在司法实践中，对于负责审理案件的法官来说，如要针对这些违法行为适用强制措施，不仅要履行严格的审批程序，还可能引发诉讼中止、延期审理、超审限责任、错案风险等一系列后续问题，这对于案件数量剧增、身处结案压力下的法官来说，往往只能选择默默忍受各种不当行为。其结果不仅使基层法官已成为一个容易受到攻击又缺乏保护的群体，而且进一步加剧了立法制度设计被空置、执法成本高、守法成本高、违法成本低、违法行为层出不穷的状况，致使司法公信力严重不足，司法权威更加

无法得到保障。

　　妨碍民事诉讼的不当行为作为一个剖面，真切地反映了当下中国基层法官日常的司法生态环境，揭示出中国现行法律制度运行的深层次缺陷。能否严肃对待并切实有效地解决这个问题，不仅事关人民法院民事审判与执行工作的顺利开展，而且直接关系到依法治国的基本方略能否真正得到实际推进和贯彻。

　　　　　　　　（徐卉，中国社会科学院法学研究所研究员）

# 社会法治

## Social Law

**B.16**

# 在法治平台上解决
# 信访不信法问题调研报告

广东省依法治省工作领导小组办公室

**摘　要：**

解决"信访不信法"问题必须由党委牵头、统一谋划，进行顶层设计、综合治理，分步推进，才能最终实现依法治理的目标。为此，要加强信访地方立法和制度设计，厘清各方职责；整合、建设三个平台，完善信访工作机制；明确各单位的分工与责任，统筹各方力量化解矛盾纠纷；健全完善司法救助、民政救济、社会救助相协调的综合救助体系，救助经费列入财政预算；坚守法治底线，强化对违法信访行为的处置；提高司法公信力，树立法律权威；加强法制宣传教育，提高群众法治意识。

**关键词：**

群体性事件　信访　法治

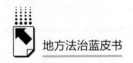
为进一步摸清广东省当前化解基层矛盾的基本情况和主要渠道，分析存在的问题，找准突破点，把群众的大部分诉求引导到法律渠道解决，广东省依法治省领导小组办公室会同省委政法委 2013 年末到 2014 年初开展了专题调研，分别到省人大常委会法工委、省法院、省检察院、省公安厅、省司法厅、省法制办和省信访局等 7 个单位了解情况，听取意见和建议。

总体上看，广东省目前的基层矛盾仍较为尖锐，各种纠纷居高不下，群体性事件、上访"维权"事件常有发生。在各种矛盾纠纷中，除通过诉讼、行政复议、调解、仲裁等法定途径解决以外，大量的基层矛盾，尤其是农村基层矛盾、群体性事件纷纷涌入了信访渠道。部分群众"信访不信法"，越来越热衷于通过信访解决矛盾纠纷。信访已成为当下社会、基层反映矛盾的主要渠道。信访工作在化解大量社会矛盾的同时，也出现了某些功能的错位、越位和消极效果。由于运行时间长、沉积问题多、涉及面广，解决这些问题已不是单一措施和某一部门能够做到的，也不可能一蹴而就。必须由党委牵头、统一谋划，进行顶层设计、综合治理，分步推进，才能最终实现依法治理的目标。

## 一 信访已成为群众反映诉求、寻求问题解决
### 最直接、最普遍的渠道与窗口

目前信访工作依据的是国务院颁布的《信访条例》，该条例规定政府信访工作受理的范围是"依法应当通过诉讼、仲裁、行政复议等法定途径"和"各级人民代表大会以及县级以上人民代表大会常务委员会、人民法院、人民检察院职权范围"以外的，属政府职能范围内的事务。政府信访工作机构的主要职能是受理、分流和督办条例规定范围内的事项。但在实际中，信访事项不但超越了条例规定的范围，而且事实上已成为基层群众尤其是农村基层群众，以及涉及面较广的利益群体反映诉求、寻求问题解决最直接、最普遍的渠道与窗口，并由此而产生了诸多错位。

### （一）通过上访解决矛盾纠纷总体呈上升趋势

2010～2012 年，广东省各级党政信访部门受理群众来信来访总量分别为

50 万、35 万、26 万件次，一直处于高位运行。虽然群众来信来访的总量下降，但群众越级上访的数量持续增加，到省级部门上访的增幅明显。2012 年群众到省委省政府上访人次同比上升 55.4%；2013 年 1~5 月到省级部门上访人次同比上升 54.3%。

### （二）大量不属于信访途径解决的矛盾纠纷走向了信访

按《信访条例》规定，信访应是向有关部门反映情况，提出意见、建议或者投诉请求的渠道。但在现实中，信访在基层群众的心目中，已从原来的反映诉求转化为解决矛盾纠纷的主要途径。一些刑事、民事、商事纠纷和非政府工作范围的事务也大量进入了信访渠道；许多本应或者已经通过诉讼、行政复议、仲裁和市场自主调控方式解决的矛盾纠纷，群众也寻求或继续通过信访渠道来实现自己的利益诉求。

### （三）大量非正常信访行为扰乱了正常的信访秩序

按《信访条例》规定，"信访人提出信访事项，一般应当采用书信、电子邮件、传真等书面形式"，采用走访形式的，"应当到机关设立或者指定的接待场所"；多人共同信访的，"应当推选代表，代表人数不得超过 5 人"。但现实中，不少信访人不到指定的接待场所上访、聚众闹访的现象屡屡发生，甚至出现冲击机关、破坏公共财物、堵塞交通、扰乱公共秩序的现象，个别人采取自杀、自焚等极端行为制造恶劣影响。

### （四）上访成为少数人谋取非法利益的手段

少数上访人企图"以访谋生"，"狮子大开口"，提出远远超出损失补偿可能的诉求，要求政府予以解决。有的甚至以党代会、人代会召开等特殊时期或政治敏感节点到省赴京上访为要挟，胁迫政府部门支付旅游费、差旅费、误工费等不合理开支。一些人为谋取非法利益，雇人上访或唆使群众闹事。一些人以非法代理上访牟利，为上访人出谋划策，教唆诉求人非法上访。极个别上访人联合境外媒体营造声势，甚至成为境外敌对势力的工具。

## 二　信访工作出现错位的原因分析

信访工作出现的上述问题，群众"信访不信法"思想的存在及蔓延，在一定程度上积累和激化了矛盾，扰乱了正常的社会秩序。究其原因主要如下。

### （一）信访法规不健全

广东省机关、单位、部门间信访工作的职能、受理范围、权责等界定不清，协调不力；加之基层群众对机关、部门间职能分工不清楚和认识上的错位，造成了信访范围的无限宽泛，而单位、部门在处理信访问题上缺乏统一的法律依据，处置非法上访行为缺乏手段。此外，从源头上预防信访事件产生的机制以及属地和法定事权单位处理解决本级信访案件的机制、制度也不健全；对信访工作中出现的新情况新问题没有及时规范；一些新老政策制度未能很好衔接，又进一步加剧了信访秩序的混乱与问题的复杂化。例如，社会救助等领域在立法上仍然空白，信访救助、司法救助与社会救助没有形成体系等。

### （二）信访工作机制不够科学

一是一些地方以维稳的理念指导开展信访工作，出现了认识和功能错位。二是信访的考核机制不够科学。例如，"领导问责制""停访息诉""领导包案""一票否决"等刚性要求，导致一些地方领导为了避免被追究责任，突破法律政策底线，采取满足上访人非法诉求、对上访行为围追堵截等办法满足考核需要。三是《信访条例》未得到严格执行。本应该通过法律途径解决的涉法涉诉案件与普通信访案件混同，一些已经司法终局裁决的涉法涉诉案件再次通过信访渠道改变了判决，成为了"法外终审"，成为更多本应通过法律途径和正在法律程序进行中的案件走向信访的负面示范。

### （三）各地各部门的信访工作和信访处置资源未有效整合

一是信访与其他职能部门的工作未能有效衔接。例如，信访与各案件处置职能部门的衔接机制不够紧密，许多应当或者已经通过职能部门解决的案件由于未能满足诉求人的要求又走向了信访。又如，法律服务未能与信访工作紧密配合，律师、公证、司法鉴定、法制宣传等预防和化解矛盾纠纷的作用未能充分发挥。二是各地各部门的信息资源未能有效共享，信息渠道不畅。同一事件、同一问题、同一案件多头信访、重复信访、越级信访的情况大量存在，不但造成巨大的资源浪费，影响了政府部门的公信力和司法机关的权威，也因处置结果不一而制造了更大的矛盾和冲突。

### （四）司法权威未能很好地在全社会确立

一是一些司法机关公职人员办案不文明，司法不公，甚至以案谋私，影响了社会对司法判决的普遍认同。二是法院判决的执行力度不足，政府诚信、社会诚信、个人诚信的缺失，使案件判决得不到有效执行，当事人为维护自身权益，无奈走上信访之路。三是司法机关人力不足，基层办案水平不高，未能满足人民群众的期望和要求，使已经被打破界限的信访渠道成为群众维护自身权益的另一选择，并造成了对司法权威的再度冲击。四是通过正常的诉讼方式解决矛盾纠纷时间长、环节多，举证责任要求高，判决的结果不能满足诉求。五是一些领导干部缺乏法治思维，以行政权力干预甚至替代司法权力，进一步加剧了群众"信访不信法"的错误认识，严重损害了司法权威。

### （五）部分群众法治素质不高，不懂得、不善于通过法律途径表达诉求

一是通过信访渠道寻求利益诉求的群众往往法治素质不高，对通过法律渠道维权缺乏相应的了解和基本的知识，使部分原可以通过行政复议、仲裁、诉讼等渠道化解的矛盾纠纷转至信访。二是部分群众认为，法律途径环节多、时间长、费用高，信访上访方式简单快捷方便，而热衷于信访和越级上访。三是部分上访人认为"不闹不解决、大闹大解决"，闹得越厉害，得到的利益越大。

## 三　在法治平台上解决"信访不信法"问题的总体思路

建议由党委牵头，统一谋划、分工合作、分步推进，通过加强立法、健全

制度、完善机制、规范秩序、整合资源、强化宣教、明确责任等措施，逐步把信访问题引导到有序的法治轨道上来，最终实现依法治理。

## （一）加强信访地方立法和制度设计，厘清各方职责

一是贯彻落实《广东省信访条例》，构筑信访工作的法规界限和行为底线；按事权明确人大、政府、司法机关以及各级地方、单位、部门受理和解决信访问题的职责及相互关系；明确信访受案的范围和事项处理原则；规范信访的终结程序和违法责任追究。二是健全和完善广东省目前与信访工作相关的各单位、部门在处置信访案件中的制度规定，以及各方相互协调与衔接的机制。三是修订、健全信访工作通报考核制度，制定科学、客观的考核指标；确保相关各级机关、各单位、各部门间的信息畅通，工作协调与责任落实，以及渎职追究。四是建立完善信访案件终结后的社会管理机制，明确责任管理机构；研究出台事件处理已终结但信访人仍不服不息访的教育帮扶办法和相应处理措施。

## （二）整合、建设三个平台，完善信访工作机制

以现有的信访网络平台为基础，完善省、市、县、镇四级相衔接的信访网络，在省、市、县分级建设受理督办、处置、终结三个平台。一是建设信访受理督办平台。以社会综合治理信访维稳中心为接访、信访基点，并将受理督办平台建至行政村、社区、大型企业等，拓宽群众反映诉求的渠道。通过受理督办平台，归集各个渠道的信访案件，对接收案件进行分类后转送至各个处置平台。同时，对已分类转送的案件进行统计督办，必要时对信访人进行情况反馈。对处理已终结但信访人仍不息访的，按规定转至帮扶、处理部门。二是建设信访处置平台。推进各相关信访案件承接单位网络与信访平台连接，建设信访处置平台，实现信息共享。按案件分类，依据不同的性质，由不同的各级事权机关、单位、部门承接办理，实现处置分流，杜绝多头多方办理的现象；进入各分类平台后，由各个平台按法律、制度和规定程序进行处理；需要协同办理的案件由承办单位牵头协调。三是建设信访终结平台。收集、统计处置平台各分类案件办理终结情况，并反馈至接收平台不再重新受理。

### （三）明确各单位的分工与责任，统筹各方力量化解矛盾纠纷

一是科学调整目前各相关责任单位的分工、职能，充分整合各单位的资源与力量，形成解决信访问题的合力。明确各级平台的分工、责任、办理时限及相互关系，以及各责任单位的失职违规追究，切实把信访问题解决到位。二是加强与调解、诉讼、行政复议、仲裁等渠道的衔接，形成联动机制，可考虑在信访受理督办平台设立调解、行政复议、仲裁等受理点，将不属于信访的事项进行现场分流，减少非正常信访的发生。以集中开展行政复议宣传活动、推进行政复议委员会试点、继续实施"阳光复议"工程为抓手，畅通行政复议渠道，把更多可由行政复议化解的矛盾，引导到行政复议的途径来解决。同时，切实加大对行政执法违纪行为的查处力度，确保严格规范、文明执法，从源头上避免产生行政纠纷和引发社会矛盾。三是进一步发挥律师事务所、基层司法行政机构的作用，采取法律服务进受理平台、进社区、下镇村、到厂区、结对子等形式，引导帮助信访群众通过法律途径解决问题。四是明确属地事权单位、部门是化解基层矛盾的第一责任人，把基层的矛盾最大限度化解在当地、在基层。

### （四）健全完善司法救助、社会救助相协调的综合救助体系，救助经费列入财政预算

对因执法不当给当事人造成伤害或损失的，应依法予以纠错、赔偿；对因涉法涉诉案件造成生活困难的，应按规定及时给予司法救助；对司法救助后仍然存在实际困难的，应通过社会救助等方式帮助解决实际困难。在保证正常救助经费的前提下，通过健全和完善综合救助体系，解决当事人的生产生活困难，避免由此而产生的重复上访。

### （五）坚守法治底线，强化对违法信访行为的处置

一是将涉法涉诉信访与普通信访分离，导入司法程序，由司法机关依法定程序处理。对那些已终审结案或无法再导入司法程序的案件，不再作为信访案件处理，并向信访人做好解释、疏导、劝说等息诉罢访工作。二是对违法缠访

闹访行为，由所在地或所辖事权单位、部门对信访人进行宣传教育，引导其依法合理表达诉求。三是对劝解教育无效的违法信访人，依法依规严肃处理，并通过媒体适当曝光，在社会中营造"合法权益须以合法途径维护"的氛围。特别是对拦路堵车、损毁公物、寻衅滋事、非法代理上访牟利、借上访之名制造事端等严重危害社会公共秩序、损害公众利益的违法上访行为，要坚决依法惩处，以儆效尤。

## （六）提高司法公信力，树立法律权威

一是建立起领导干部带头维护法律权威的体制机制。各级领导干部要确立司法最终裁判的理念，不得对案件作具体处理批示和干预司法裁决。二是明确不提倡以"大接访""领导包案"等形式处理信访问题，避免矛盾上行。三是推进司法运行机制的创新与完善，优化工作程序，实现繁简分流，提高司法效率，确保司法公正。加大诉前联调和人民调解工作力度，调解结果由司法机关加以确认。四是提高司法干部的素质，文明办案，公正司法，实行案件终身负责制。五是加大判决执行力度，提高执行率，维护法律的权威和当事人的合法权益，增强群众通过司法途径解决矛盾纠纷的信心。

## （七）加强法制宣传教育，提高群众法治意识

开展信访相关法律法规宣传，引导群众依法表达诉求。围绕"六五"普法，加大法制宣传投入，扩大公益性法制宣传，将普法资源下沉，在广大人民群众中树立学法、尊法、守法、用法意识。加强对诉讼、行政复议、仲裁等解决矛盾纠纷途径的宣传和引导，让群众懂得运用法定途径解决矛盾纠纷。

**【专家评论】**

报告所反映的部分群众"信访不信法"问题不是广东省独有的问题，而是全国性的普遍问题，部分群众"信访不信法"的成因、表现形式和造成的危害后果等程度不同地在其他省份同样存在。"信访不信法"的问题实际上呈现了两种可能产生冲突的纠纷解决机制，一种是以政策/领导为主导的纠纷解决机制，另一种是以法律/司法为主导的纠纷解决机制。前者有可能是不久前

还被作为经验推广的"领导问责制""领导包案""一票否决"等所谓的刚性制度，后者则要求在行政复议、行政诉讼等法定程序的基础上依法处理纠纷，但解决纠纷的主体不再是哪一级的领导，而是负有法定职责且分工明确的国家机关及其工作人员。报告提出，"各级领导干部要确立司法最终裁判的理念，不得对案件作具体处理批示和干预司法裁决"，既是解决"信访不信法"问题的法治要求，也为最终破除"法外终局"的非法治方式提供制度保障。为此，进一步的制度建设需要从根本上解决领导干部以参与信访工作名义批示和干预案件的非法治行为。

（贺海仁，中国社会科学院法学研究所副研究员）

**【专家评论】**

信访制度是有中国特色和悠久历史的民众诉求反映和解决机制，它是民众反映诉求、寻求正义的重要制度平台，政府尤其是中央政府与民众进行信息沟通、了解社情民意及下级政府施政状况的重要沟通渠道，在实际上也是中央政府和上级政府监督与敦促下级政府廉政、勤政的一个重要手段。

但由于经济快速发展、社会迅速分化所导致的利益多元、认知歧异，中国目前正处于矛盾高发阶段。从人类历史上看，社会的迅速发展与急遽变化会导致矛盾多发，具有规律性。与西式民主国家以民主来动员社会和化解社会不满，以法治来解决社会纠纷、维持社会稳定所带来的高成本与低效率相比，中国通过信访机制，在一定程度上更高效地畅通了民意诉求、解决了民众困难、化解了社会矛盾、维持了社会稳定，并成为中国在快速发展的同时仍能保持社会政治稳定的一个重要因素。

但有利即有弊，西方国家的转型一般都经历了两个世纪左右，虽然历经波折，但如今都大体建立起了健全的法制体系，司法整体上比较有公信力和权威，全社会因此进入稳定发展的常态社会。而中国还正处于高速发展阶段，矛盾多发，虽然信访机制在一定程度上解决了问题，但正如本文中广东省依法治省工作领导小组办公室的总结，它也产生了一些弊端，尤其是一些信访由表达诉求转化为解决纠纷，司法权威难以树立，政府公信受到影响，甚至出现了一些"牟利型"上访。为此，广东省依法治省办公室建议由党委牵头，统一谋划、分工合作、分步推进。通过加强立法、健全制度、完善机制、规范秩序、整合资源、强化宣教、明确责任等措施，用3~5年时间，把信访问题的解决逐步引导到法治化的、有序的轨道上来，最终实现依法治理。应当说，这是一个比较务实的解决方案。

但也有几点值得关注。

首先，信访从表达诉求转变为纠纷解决，其中很重要的一个因素就是某些地方政府及其工作人员作风粗暴、不能依法行政甚至违法乱纪，甚至干预司法，导致正常的民间纠纷无法得到公正解决，最终导致纠纷转变为上访。

其次，建立多部门、综合性的纠纷解决机制非常重要，因为树立司法权威并不意味着"司法中心主义"，也不意味着所有的纠纷都应由法院解决。法院诉讼因注重程序而导致的低效与昂贵，决定了司法途径尽管是最专业、最权威的纠纷解决方式，但它并不是最佳的。要建立和谐社会，确保地方政府和干部依法行政，不产生、激化矛盾，某些矛盾产生之后，在合乎法律且条件允许的情况下，先通过民间调解或行政调解来解决，矛盾不上交，当是更佳选择。应充分利用民间的纠纷解决方式，以及行政或行业调解来解决矛盾的模式，最后依然无法化解的矛盾才走入法院，可能更好。也即，"依法行政减少矛盾、多元解决化解矛盾、公正司法裁决争议"。

再次，党委主导与依法独立审判之间的关系仍然需要进一步厘清。党委的支持是法院能够依法公正独立审判的坚强后盾，但某些地方党委尤其是个别领导干部动辄干预或介入司法，也是无法树立司法权威，甚至导致冤假错案的重要原因。党委及党的干部应根据宪法和法律的要求，不介入司法个案。对于特殊案件，如果确需发表地方党委政府的意见，应通过党委委员（常委）会议或地方行政首长办公会，经过民主讨论和表决之后，形成集体意见，以地方党委或政府的名义，向法院发出公函。而且，即便是集体意见，也只能是供法院参考，而不能对其如何判决进行指示。个别领导干部私下向法院批条子、下指示的现象应依法杜绝。

（支振锋，中国社会科学院法学研究所副研究员）

# 广东医疗纠纷处理调研报告

法治广东研究中心广东医疗法治发展状况研究课题组 *

**摘　要：**

自行协商、调解、行政处理、诉讼、法律法规规章规定的其他
途径以及医疗纠纷仲裁等是广东医事纠纷处理的六种法定方式。
要理顺和应用好医事纠纷处理方式，还需要以法治思维和法治
方式就六种法定方式的适用与效益进行再分析，医方更应当自
觉按照《侵权责任法》第58条的"过错推定"规定，进一步加
快推进医事纠纷的专业化审判工作，加快建立医疗损害鉴定机
构的统一管理制度。

**关键词：**

医疗法治　侵权　医疗纠纷　仲裁

广东作为华南地区的中心，是医疗资源大省，其接诊量在全国居前，在全
国有影响的医事纠纷案件也不断发生。在法治中国建设的新形势下，面对医事
纠纷预防和处理的时代难题，回顾过去、总结经验和展望未来，总结梳理广东
医事预防与处理的六大问题，对进一步实现医患和谐、构建法治医疗和推进法
治广东建设，具有重要价值和深远意义。

## 一　广东医事纠纷的现状与特征

医事纠纷多在市级层面处理完毕。省以下的地市行政机关等是处理医事纠

---

\* 课题组负责人：宋儒亮，法治广东研究中心主任。课题组成员：官健、佘琼胜、潘盛鹏、赖永
洪、葛志坚、庹明生、王辉、张兆金、刘晓绛、王文倩、赖嘉敏、栗燕杰。

纷的主要单位。比如，2013 年广东省级层面没有收到医事类行政投诉个案，但在市级层面则医患纠纷广泛发生。据广州市司法局统计，2010～2013 年，广州市每年发生医患纠纷 700 余起，其中，严重扰乱医疗秩序的 400 余起，引发突发事件的 100 余起。

据报道，2010 年以来，广州市检察机关共查处"医闹"（建议以后要将"医闹"改称为"医事类犯罪案件"）案件 12 件 40 人，其涉及妨害公务、聚众扰乱公共场所秩序、聚众扰乱交通秩序、寻衅滋事、故意伤害、绑架罪等罪名，其中涉嫌"职业医闹"的 6 件 19 人，分别占 50% 和 47.5%。"职业医闹"案件数已占穗之"医闹"案一半，一些外来人员甚至将"医闹"作为解决医患纠纷的主要途径。

第一，争议规模整体呈上升趋势，并不平衡。2010 年全省法院受理医疗纠纷一审案 900 件，2011 年增加到 1014 件，2012 年回落到 910 件，2013 年又出现增长，1～10 月份受理 953 件。2010 年 7 月 1 日《侵权责任法》实施以来，广东全省法院受理医疗纠纷案件的数量并没有出现井喷式的增长，而是呈现有升有降、总体上缓慢增长的态势。具体到各级法院，年度之间的表现也存在差异。比如，广州市各基层法院 2011 年 1 月至 2014 年 5 月医疗纠纷案件的结案数为 826 件，其中 2011 年结案 325 件，2012 年结案 217 件，2013 年结案 212 件，2014 年 1 月至 5 月结案 72 件。广州中院 2011 年 1 月至 2014 年 5 月医疗纠纷案件收案总数为 344 件，其中 2011 年收案 106 件，2012 年收案 98 件，2013 年收案 93 件，2014 年 1 月至 5 月收案 47 件。2011 年 1 月至 2014 年 5 月医疗纠纷案件结案数为 347 件，其中 2011 年结案 123 件，2012 年结案 102 件，2013 年结案 95 件，2014 年 1 月至 5 月结案 27 件。

第二，地域和专科分布不均衡。在地域分布上，医疗纠纷主要集中在大城市。从 2013 年 1～10 月份的统计数据来看，广州地区法院受理医疗纠纷一审案 293 件，占了全省的 31%；深圳地区 198 件，占 21%。广州、深圳的数量合计占全省的 53%。而整个粤东地区汕头、汕尾、潮州、揭阳 4 个城市只有 10 件。这与城市人口规模以及医疗资源集中在大城市是密切相关的。

在医疗专科的分布上，医疗纠纷主要集中在妇产科、骨科、普通外科、神经外科与呼吸内科等科室。上述领域医疗行为风险相对较大。

第三，鉴定数量不断增加。2011 年广东省高院出台的《关于人民法院委托医疗损害鉴定若干问题的意见（试行）》，指定了 20 家医学会和司法鉴定机构。从鉴定数量看，全省法院受理的医疗损害纠纷案件逐年上升。2008 年有 645 宗，2009 年升至 797 宗，2010 年 988 宗，2011 年破千，达到了 1437 宗。2012 年 1~6 月份达到了 1019 宗。

第四，调撤率较高，但低于民事案件的平均调撤率且呈下降趋势（见图 1）。由于医疗纠纷裁判难度大，判决难以实现服判息诉、案结事了，法官在审理过程中都会尽力调解结案，全省医疗纠纷的调撤率并不算低，有的年份甚至超过 50%。但总体上仍低于民事案件的平均调撤率，而且似乎越来越难以调解，调撤率呈现下降的趋势。

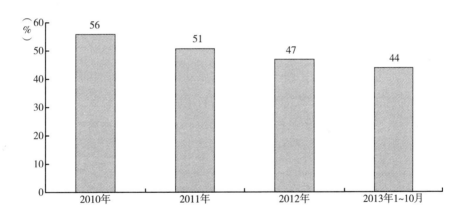

图 1　广东省医疗损害责任纠纷一审案件调撤率

第五，再审率较高。2013 年 1~9 月，广东省法院共处理 208 件医疗纠纷再审审查案件，其中 19 件裁定再审，再审率为 9.13%，而同期民事案件的平均再审率为 8.72%。在案件数量较多的 8 大类民事案件中，医疗纠纷再审率排第 5 位（见图 2）。

总体上，医事纠纷案涉及民事、行政和刑事，但案件在政府、法院和检察院领域的分布并不均衡。在 2013 年，就医事纠纷行政执法投诉而言，在省级法制办并未发生，但民事、刑事方面比较多。比如，在民事层面，纠纷影响大、较典型的多在 2011 年和 2013 年，2011 年影响全国的有"佛山南海弃婴

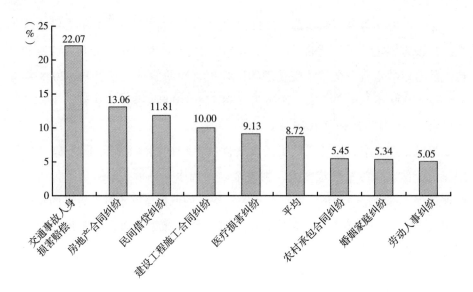

图 2　广东省法院 2013 年 1~9 月 8 大类民事申请再审案件再审率

事件""深圳儿童医院八毛门事件""广东妇幼保健院录音门事件";2013 年影响全国的有 2013 年 2 月 21 日广东卫视知名主持人发表"想砍人"言论惹风波事件等。在刑事方面影响比较大的,如 2013 年 3 月 4 日潮州中心医院发生的患者家属纠结百余人押住一位医生在医院内游行事件,2013 年 10 月 21 日广州医科大学附属第二医院重症医学科 ICU 病房两名医生被患者家属打伤事件,2013 年 12 月广州市伊丽莎白医院发生了近百名患者亲友、家属在医院门前设灵堂、撒纸钱、打砸医院事件。

## 二　预防化解医事纠纷面临的直接障碍

从广东近年的情况看,医事纠纷与其他一般的民商事、行政纠纷均有差异,这成为预防化解纠纷的直接障碍,主要表现在以下方面。

第一,病历的真实性、完整性是医事纠纷争议的焦点。病历往往是医疗纠纷的主要证据,病历是否真实、完整,又是医疗纠纷中最常见的争议。其中的原因是,病历是医疗机构单方制作的,住院病历也由医疗机构单方保管。患方质疑病历的真实性和完整性具有天然合理性。这是医疗纠纷的诉讼证据与其他民事案件证据的显著区别。因此，除了严格按照规范制作和管理病历外，如何防范病历争议是包括医疗卫生行政监管等在内各方的共同难题。

第二，专业性较强，给纠纷化解带来障碍。一方面，医事纠纷案件处理不仅涉及大量的医学专业知识，还涉及大量的法律法规规章乃至政府文件，而纠纷处理方往往很难兼具两个专业领域的知识。另一方面，医事纠纷涉及医学专门问题，法官非医学专业人士，对医疗行为是否有过错，过错行为与损害后果是否有因果关系以及原因力的大小等，难以单独作出准确判断，常常需要借助医学鉴定来认定。突出表现为相关司法案件审理高度依赖鉴定，鉴定成为法院审理医疗纠纷案件的常用工具。以广州市白云区法院为例，该院在2011年1月至2014年5月受理的142件医疗纠纷案件中，约85.92%的案件进行了一次鉴定（鉴定类型包括医疗事故技术鉴定或者司法鉴定，下同），约8.45%的案件进行了两次鉴定（主要为二次医疗事故技术鉴定，或者一次医疗事故技术鉴定与一次司法鉴定），只有约14.08%的案件没有委托鉴定，个别案件甚至曾委托两次医疗事故技术鉴定及进行了一次司法鉴定。

第三，医患双方矛盾对立性强，协调化解难度较大。在医疗纠纷中，患方往往存在伤残或者死亡等情形。通常情况下，患方的情绪比较激动，对医方产生不满甚至抵触情绪。在调解时，患方往往提出不切实际的高额赔偿要求。相反，医方大多强调患方的损害结果系因患者自身原有疾病自然转归或者现有的医学条件或者诊疗水平的局限所致，认为患方属于无理取闹，协调化解双方冲突的难度较大。医方即使出于平息事态的动机愿意接受调解，往往也只接受赔偿或者补偿数额较低的调解方案，由此导致案件的调解工作难以进行。

第四，医事纠纷处理耗日持久，常常超过一般民事案件审限。医事纠纷具有较强的专业性，法律关系牵涉主体多样，处理难度比其他一般案件大得多。医疗纠纷案件的审理高度依赖鉴定，但由于现阶段鉴定机构人手不足等各种原因，通常需要半年甚至一年的时间才能完成鉴定。同时，由于近年来医患双方对鉴定的争议越来越多，特别是对鉴定所依据的病历材料争议很大，鉴定前往往需要对病历进行多次质证，鉴定程序进展缓慢。这导致法院审理医疗纠纷案件所需时间一再加长。比如，广州市白云区法院2011年1月至2014年5月审结的121件医疗纠纷一审案件的自然审理天数（含节假日）平均为539天，已远远超出一般一审民事案件的审理期限。广州中院2011年至2014年5月审结的298件医疗纠纷案件的自然审理天数（含节假日）平均为152天，也远远超出一般二审民事案件的审理期限。

第五，法官多回避或者不愿意从事相关案件审理工作。医疗纠纷横跨两个高度专业领域——医学和法学，现实中，多数情况为"学医的不懂法、学法的不懂医、患者不懂医也不懂法"，兼具医学和法学知识的复合型人才稀缺。随着审理者裁判、裁判者负责为核心的司法改革进程推进，在这方面的问题将更为凸显。由于审理难度大、周期长、社会压力大等原因，法官多回避或者不愿意长期从事医疗纠纷案件的审理工作。这不利于审判经验的积累和业务水平的提高。

第六，部分患方的诉求过高，案件存在信访隐患。医疗纠纷案件中，受医疗水平的局限性、患者病情的个体差异等因素的影响，并非所有的疾病都能得到治愈，亦并非所有的损害都可以归咎于医院。但患方往往由于专业知识限制以及诊疗规范、常规不健全等因素，不能客观认识医患双方各自的过错程度，以致部分患方在诉讼中提出不切实际的高额赔偿请求。同时，在此类案件中，医患双方往往因对赔偿数额的分歧太大而无法达成调解，法院虽以判决方式结案，但在案件判决后，患方发现其获赔的数额与预期的数额相去甚远时，往往不能理性看待判决结果，容易上访、闹访、缠访等。

## 三 医事纠纷处理难的深层次原因

医事纠纷频发，难以处置，且冲突不断升级，既有医事纠纷自身特殊性的直接因素，也有深层次原因值得关注。其深层次原因包括以下方面。

一是医疗体制的市场化取向，公立医院公益性不足。"看病难、看病贵"问题长期存在，多为人诟病，昂贵的医疗费也成为普通民众不能承受之痛。对医护人员的激励机制往往与其为医院创造的经济效益挂钩。一些医务人员收回扣、收红包、开大处方、开贵药、态度不好等问题，又加剧了医患不信任问题。

二是医疗从业人员缺乏必要的法治培训，依法行医意识不强。据课题组调查，执业医师阅读《执业医师法》一遍两遍的比例很低。用情、说理仍是基本方式，靠法往往不是基本方式。即便对医疗工作者开展法治教育培训，也多是以教育培训如何防范风险的各种操作性、应用性的内容，缺乏对法律、法制和法治的整体性、基础性的教育培训，法律多成为或者作为一种工具被对待，这不利于后续的依法行医工作。

三是医事纠纷的法治化解观念仍然不到位。鉴定成本高、久拖不决导致等待期长、难以预测诉讼结果，导致医患纠纷发生后，患者往往绕开合法正当的途径，通过"闹"的方式发泄不满或争取更有利的赔付。如报道所言，"一些患者家属认为，打医疗官司成本太高，做医疗事故鉴定又是'医医相护'，不如闹一闹，赔钱快"。更有人错误地认为，"大闹大赔、小闹小赔、不闹不赔"。而有些医院、有些卫生行政部门为了息事宁人，寄希望于用钱来解决问题，无形中助长了"闹"的发生。以法为先的正确合法有效纠纷解决途径指引不力，医患纠纷解决常常偏离或者远离法治思维及方式。

四是医疗活动的规范性和为民意识仍有待加强。从司法实践看，诸如诊断过失、治疗过失、未充分履行告知说明义务、未严格执行病历管理制度、跨执业范围及地点执业（甚至出现未取得执业医师证书的实习医生在没有上级医生指导的情况下单独实施诊疗行为）、值班制度存在漏洞、未尽必要安全保障义务（特别是对于精神异常但因身体其他疾病需要入住非精神专科病房的患者，医院对其潜在自杀、伤人、逃逸等医疗风险及陪护要求）等情况并非罕见，医疗活动不合规导致的纠纷和诉讼案件比比皆是。

不少大医院人满为患，医生接诊任务繁重，有时缺乏精力和耐心与患者交流。患者排队几个小时挂号，医生态度冰冷、三言两语便被打发的现象也非个案，令不少患者心理失衡。加上医患双方基于权利和义务性的法治类沟通明显不足，医疗效果不理想，医患矛盾加剧。

五是对"医闹"的惩治不力甚至过于纵容。相关部门对"闹"的处理滞后或不力，变相鼓励了患者及其家属的过激行为。长期以来，对"医闹"的违法行为并未作鲜明而有导向性、示范性的处理。久而久之，一些人就认为不仅闹的"违法成本不高"，甚至闹得理直气壮，甚至出现"依法维权，事倍而功半，违法的却事半功倍"的反效果。比如，在粤东潮汕地区某地级市，2010 年和 2011 年，该市两家医院各发生一起产妇羊水栓塞死亡事件，其中一

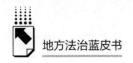

宗通过鉴定、信访、上访，历时一年，最后在卫生行政部门调解下，患方家属获得了 18 万元补偿款。另一宗则采取"闹"的方式，患方家属通过聚众到医院设灵堂、摆花圈、拉横幅、堵大门、打医生、砸设备，甚至威胁要抬尸上路，到市政府请愿，迫使政府责令医院赔钱了事，在维稳、和谐、同情死者、保护弱者虚伪的高调下，医院赔了 72 万元，纠纷 3 天解决。二者比较，通过"闹"索赔获得金额是依法索赔得到金额的 4 倍，而时间仅是 1/100。"息事宁人"的"怕事"心理，传递给闹者错误信息，以致"闹"愈演愈烈，形成恶性循环。

六是保险机制的作用未得到有效发挥。保险在中国医疗行业的功能和价值还停留在理论层面。在参考国外做法和借鉴交通赔偿处理的背景下，一些地方强力推行医疗机构购买商业保险，但其效果并不尽如人意。例如，粤东潮汕地区某地级市某医院自 2014 年 4 月 16 日开始购买医疗责任险。之后，医院共发生 7 宗医疗纠纷，保险公司并未按照医院要求派人到场，并以纠纷没有通过医疗事故鉴定或省公司不同意等理由，全部拒绝赔偿。事实上，该市推行医疗责任险后，购买医疗保险的医疗机构发生纠纷后，至今均没有获得保险公司赔偿。

七是媒体作用存在错位。医患纠纷关系民生，社会关注度很高，媒体对涉医事件尤为关注，参与度相当高。据法制日报社统计，凡是医疗事件，70% 有媒体参与。近年来，虽然社会舆论、媒体报道高度关注医事纠纷，但专业性和中立性不足，存在未能发挥正确的引导作用的现象。众所周知，医患关系比较特殊，患者往往是以"弱"的群体形象出现，社会舆论情感上往往倾向于患者一方，对其过激行为给予一定程度的包容，甚至不乏有些媒体为博眼球而不顾事实，真实、专业、公允的报道比较少，客观上助推医患矛盾的激化，让"闹"一直成为医事纠纷难以处理的主要原因之一。

## 四　广东处理医事纠纷的主要做法及效果分析

自从"八毛门""录音门"事件发生后，广东省就加快了医事纠纷解决方面的探索。根据法律法规和《广东省医疗纠纷预防与处理办法》，在广东进行医事纠纷处理包括六种法定方式：自行协商、医疗纠纷人民调解委员会或者医患纠纷人民调解委员会调解、卫生行政部门行政处理、人民法院诉讼、医疗纠纷仲裁等。

## （一）"双方自行协商"方式

据广州市卫生局数据，协商方式在处理医患纠纷中占比最大。以广州市某三甲综合医院为例，协商方式数量及比例见表1。

表1    2009～2013年广州市某医院协商途径解决纠纷数量情况

单位：件，%

| 年份 | 纠纷总数量 | 协商数量 | 协商占比 |
|------|-----------|---------|---------|
| 2009 | 27 | 24 | 88.9 |
| 2010 | 40 | 36 | 90.0 |
| 2011 | 28 | 24 | 85.7 |
| 2012 | 49 | 47 | 95.9 |
| 2013 | 32 | 21 | 65.6 |
| 合　计 | 176 | 152 | 86.4 |

协商解决纠纷数量占比五年平均为86.4%，为该院医事纠纷的主要解决途径。但随着《广东省医疗纠纷预防与处理办法》的实施，该方式不断弱化，作用和价值将大打折扣。根据该办法，一万元以上的赔（补）偿，医院已经无权进行。将协商的金额限制在1万元之内，意味着自行协商和解方式只能应用于争议较小、责任不重、问题不大的纠纷中，这虽在一定程度上抑制了协商的被滥用和规避监管的情况，但实践中，医事纠纷往往涉及的金额较大，该种方式因可协商数额较小，协商和解范围大大缩小，大部分医事纠纷无法适用该方式。虽"双方自行协商"作为法定方式，但该方式日见式微，正逐步退出纠纷处理方式。

## （二）"医疗纠纷人民调解委员会或者医患纠纷人民调解委员会调解"方式

这是当前大力推进的一种方式。以《广州市医疗纠纷预防与处理若干规定》为例，调解被当作一种优先方式。调解不成，再选择以行政、司法、仲

裁等合法途径解决纠纷。国内医疗纠纷第三方调解模式主要包括"宁波解法""天津模式""山西模式""南通模式""济宁模式"等。

在广东，调解也是被推荐的方式。调解的长处很明显，但也面临日益增加的难度和非议。突出问题包括以下方面。

一是调解的常态就是给钱结案。一些地方滥用调解，只要能结案就行，"摆平就是水平"。以致不少医院专门准备用于"摆平"纠纷的费用。对错、是非、合法与非法等都不是关注的要点，只要能结案就行。调解往往让"案之事"演变成为"钱的事"。

二是调解往往无书面的对错分析，缺乏后续指引，难为类似事件的预防和处理提供借鉴和启示。有调解，但无后续指引；有经验教训，但缺乏示范指导。个案处理是调解的特色，但在案能结、事能了之外，却并未给当事人、社会正确的后续的指引和制度预期。不能创新理念、缺乏示范功能，调解必然局限于一时一地，而不能发挥更加普遍性、规范性的功能，更遑论用于提高医术、提升管理和提高依法行医能力。总之，调解立足于个案，治标差强人意，治本则尚未提上议事日程。

三是模糊法院、行政、调解委员会之间的权责界限。调解作为自治领域，既不适合直接官办，也不宜由官方直接参与进行。但现实是，一方面，官方参与度过高，如很多地方由政府机关等组织，有编制、有经费、有办公场所等；另一方面，不少地方法院、法官解决医事纠纷也强调突出应用调解。法院调解大幅上升的同时，法院、行政和调解委员会之间走向趋同，其权责界线不明。法院本应提供有理由和有依据的法理说明、法律答案与后续指引等功能，这些均告落空。

总之，调解的滥用和误用，并不利于医事制度建设，也不利于法治主导下的医患和谐的有序形成。

### （三）"行政处理"方式

行政处理虽是一种法定方式，行政调解也是行政处理中的一种方式，其同其他调解方式也有综合使用，但种种原因，该方式基本上既不作为一种日常的常规选择，也让按此方式处理的案件处于低量徘徊。

要提醒的是，虽在医事纠纷中，比较其他方式，"行政处理"方式基本或者甚至不用，但从政府法治建设角度，"行政处理"的缺位也表明这样一种行政监管在调整医患关系、医生管理、医院监管等方面处于乏力甚至不力之状况。

## （四）"向人民法院提起诉讼"方式

诉讼方式虽然存在审理周期长、判决金额不高等特点，却是一种值得期待和需要不断提升水平的法定方式。诉讼具有严格的程序性要求，在医疗纠纷诉讼中，通过法庭审理能够更加客观与清晰地对事实及法律问题进行判定，划分责任，并作出相对客观公正的判决。而且诉讼具有终极性及权威性，其作出的调解书或判决书具有强制执行力，如果一方拒绝履行生效的法律文书，另一方可以向法院申请强制执行。诉讼可谓是医疗纠纷最可靠、最说理的解决方式。相对于前两种解决方式来说，民事诉讼是最具权威的医疗纠纷解决途径。

但在目前的司法实践中，并没有发挥其应然实效。根据广州市司法局统计数据，实践中医事纠纷处理的司法途径仅占全部解决方式的2.4%。司法资源紧张、病历证据认定困难、审判高度依赖鉴定、诉讼周期过长、诉讼风险高和诉讼成本高昂等是重要原因。

## （五）医疗责任保险

为解决赔偿等风险，有关部门推出了医疗责任保险。2007年，国家卫生部、中医药管理局、保监会就曾共同发文，为医疗责任保险提供了政策支持。《广东省医疗纠纷预防与处理办法》第9条规定："鼓励和支持医疗机构参加医疗责任保险，鼓励患者参加医疗意外保险。卫生行政部门应当引导医疗机构参加医疗责任保险。"医疗责任保险虽然能缓解一些矛盾，但实际效果远未达到制度设计状态，处于医院不积极投保、保险公司谨慎观望和医生感受不到实际帮助的两难境地。其原因包括：①医疗责任保险不具强制性，投保单位少；②缺乏数据和经验不足，保险业务难开展；③开拓医疗责任保险的兼具医学与法学专业的复合型人才缺乏；④医疗体制改革缓慢，不利于医疗责任保险的发展。对保险成本是否计入成本、计入方式，对医生个人是否缴纳保险费意见不

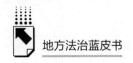

一，保险费的支出与保险保障的对价比、平衡点难以确定①。

从司法实践看，下面的问题更要真实面对，否则，医疗责任保险难以推动。第一，立法资源不足。把"医疗责任保险作为法定保险强制购买"存在立法依据不足的问题。第二，赔偿数额并不是医方最担心和最关心的。已有的司法判决一再表明：即便医方承担全部赔偿责任，同医院的收入和支付能力相比，实际赔偿额不仅不高，而且很低。第三，担心医院赔不起的司法环境，现在既不存在，也还没有形成。第四，期望能把医事争议引到院外，像车险一样交由保险公司处理的初衷很好，这也是医院最需要保险公司的理由，但实践中根本或者难以做到。人身医事纠纷同已有的车辆保险纠纷完全不是一回事，患方是不愿意离开医院的。第五，医院是法人，保险是商业行为，是否购买保险医院完全可自由作主。除非存在国家利益、社会公益等法定事由，否则，强制购买存在对法人自由意志不当侵害之疑。

## （六）"医事纠纷仲裁"方式

医疗法律法规中并未明确规定仲裁解决方式。广东明确了地级以上市可以试行医疗纠纷仲裁。比如，深圳医患纠纷仲裁院首批仲裁员24人，现有仲裁员56人，主要来源于深圳各大医院的专家，有部分律师参与。首席仲裁员几乎全部属于法律专业人士。

据深圳医患纠纷仲裁院统计：目前深圳申请人仅支付100元即可立案，其他所有的费用由财政承担。截至2013年底共收案118件，标的额3200多万元，仲裁支持1500多万元，支持赔偿额低于标的额的50%。2014年至今已受理75件，标的额约2150万元，2014年可能超百件，案件80%调解解决。

但深圳医患纠纷仲裁院表明，仲裁仍高度依赖鉴定结果。各大医院医学专家作为仲裁员缺乏法律理论知识和法律实践，往往会走向两个极端：要么闭口不讲专业判断而主张进行医疗鉴定；要么忠于其选定人，发表意见缺乏中立

---

① 参见常敏毅《建议推行强制医疗责任保险》，中国政协新闻网，网址：http://cppcc.people.com.cn/GB/45853/4748542.html，最近访问于2014年12月8日。

性。目前深圳医患纠纷仲裁可能出现两种趋势，一是存在医学会（仲裁员80％来源于当地各大医院）鉴定面临鉴定的中立性困境；二是法院几乎所有的疑难案件都依赖鉴定，根据鉴定进行仲裁调解或者裁决。

目前，如何启动医事纠纷仲裁程序、选择恰当的仲裁员和保证仲裁员的中立性等正成为难题。

### （七）信访等其他方式

除上述方式之外，实践中处理医事纠纷还有信访、媒体曝光等方式。虽然已明确建立涉法、涉诉案件信访终结制度，但"信访"仍是一种客观存在且被适用的方式，医事纠纷相关信访在现实中仍有大规模发生的可能。

## 五 建议与展望

医事纠纷的防范与化解，是医疗法律制度的重要组成部分，也是现代中国纠纷解决的难点问题。立足广东，放眼全国，医事纠纷法治的改革完善，应从以下方面展开。

第一，各方均应树立起应有的法治思维和法治方式之认识。医事纠纷的责任认定不仅涉及民事、行政责任，还涉及刑事责任。面对三种不同性质的责任，如何正确区别和依法适用，医院、医生不仅在法律教育、培训以及适用上准备不足，政府、法院和检察院也还有很长的路要走。如何提高运用法治思维和法治方式化解医事纠纷的水平，还有许多工作要做。

第二，医事纠纷处理思路上要查清法律性质，定好位置，走类型化和法治化的治理之路。不同类型纠纷，其处理关键并不相同。民事类纠纷，主要处理好平等和有偿问题，金钱是问题的焦点。行政类纠纷，主要适用好监管处罚问题。刑事类纠纷，主要确定好定罪量刑问题。行政类、刑事类纠纷，难点在于有法必依、执法必严和违法必究。宪法类，主要涉及主权和人权问题，难点在于宪法实施及其监督机制。

第三，进行医事纠纷处理，应当在认识上要明确医事问题不只是治病的问题，更不仅是医生的事情。必须意识到，人的生死关系一个家的存亡，更是治

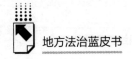

国的问题。医事纠纷处理与医事法学，绝不能仅停留在治病层面、治家层面，而要上升到治国的层面。病和人、医和法让我们更清楚：医事法治关系政府法治和国家治理体系与治理能力现代化。医和老百姓联系最近、最密，只有把老百姓的医事问题搞好了，才可能最大程度地尊重和保障人权，才能更好地体现政府法治的价值和目标，实现国家治理体系和治理能力现代化。

第四，进一步加快推进医事纠纷的专业化审判工作。一是建议医疗纠纷案件较为集中的区域的基层法院设置医疗审判专业合议庭，推动医疗纠纷案件审理的专业化，统一审理尺度，增强司法判决的公信力。二是应探索成立医事法院。中国人口最多，也是全世界病案最多的国家。如同建立知识产权法院一样，医事纠纷更需要有专门审理的法院，若能探索成立医事法院，将更专业、更长久地保护生命健康权，更好地落实尊重和保障人权。三是有计划地吸纳有医学背景的法律人才参与医疗纠纷案件的审判，破解法官的医学专业知识壁垒，提高办案质效。

第五，建立医疗损害鉴定机构的统一管理制度。应当尽快建立由医学专家和司法鉴定人员共同参与、鉴定的依据和标准由其共同制订、鉴定意见取舍以法庭为核心内容的统一的医疗损害鉴定制度。医疗损害鉴定机构应独立于卫生行政部门，在司法行政部门进行登记和监管，以保持中立性；医疗损害鉴定专家应同时具有医学和法律相应的专业知识，以保证专业性。应在严格遴选的基础上建立医疗损害鉴定机构的名册，并对纳入名册的鉴定机构进行统一管理。医疗损害鉴定机构可借助现有医学会建立专家库，将其作为鉴定机构的专家顾问库。鉴定机构和审案法官均可以根据鉴定需要，在专家顾问库中随机抽取专家作为鉴定辅助人，将专家的意见记录在案，作为得出或者接受和放弃鉴定意见的重要参考，以保障鉴定意见的专业性。

法治医疗是法治中国中最具有人权特性的法治建设类型。法治医疗建设离不开对各种社会关系的依法处理。医患关系作为社会关系的一种，处理状况直接关系法治社会建设大局。在法治中国建设的新形势下，应当进一步深刻认识和准确把握医患关系的新特点和规律，认真思考和总结医事纠纷案件处理中的新问题，进一步探索医事纠纷预防与处理机制和路径，为提出切实可行的法治应对思路，为预防和化解医事纠纷、实现医事法治和建设法治广东而不懈努力。

**【专家评论】**

近几年来,"医闹"事件在全国各地纷纷上演,法院受理的医疗纠纷案件一直呈现增长趋势,民众对通过司法途径解决医患纠纷也提出了更高的期待。此类案件专业性强,诉讼请求复杂,案件审理难度大,调解工作也很难开展。作为改革开放的前沿阵地,广东省在这方面进行了可贵的探索,取得了一定的成绩和经验。首先是医疗纠纷有法可依。除了国家层面的法律,该省还结合自身实际制定了《广东省医疗纠纷预防与处理办法》《广州市医疗纠纷预防与处理若干规定》等地方法规,作为处理医疗纠纷的指导思想和法规依据。其次是动员各方力量(如医学系统、政法系统、社会系统等),采取多种方式(如举办医事法学高峰论坛、合办"医事法学栏目"、举办研讨会,包括医事法规培训班或巡讲等),参与和帮助医事纠纷预防处理工作。再次是处理医事纠纷的法定途径多种多样,如自行协商、人民调解、行政处理、法院诉讼和仲裁等。在实践中,该省对不同类型的纠纷,有不同的处理要点,在思路上分清民事、行政、刑事、宪法等不同法律定位,而且在医疗损害鉴定等关键性问题上取得了某些基本共识。不足之处是,公立医院的公益性仍显不足,行政处理、刑事追究在医事纠纷中不得力,而且各类处理途径的效益比较还需要深入研究,在法治思维和法治方式上也有待进一步提高。

(余少祥,中国社会科学院法学研究所副研究员)

# 未成年人法治

Law on the Protection of Minors

# B.18

# 河南法院未成年人犯罪案件调研报告

河南省高级人民法院课题组*

**摘　要：**

河南省高级人民法院对近几年来全省法院审理未成年人犯罪案件的情况进行梳理后发现，自2009年以来，全省未成年人犯罪数量及比例呈现逐年下降趋势。本报告全面分析了未成年人犯罪的现状、原因和主要特点，总结了少年法庭在审理未成年人犯罪案件，预防未成年人犯罪，特别是送法进校园方面的探索和取得的成效。在简要分析未成年人犯罪原因的基础上，就如何进一步加强和改进未成年人犯罪预防工作，从落实家庭职责、完善学校教育、强化行政干预、注重群治群防、坚持惩防并举等五个方面，提出了合理化建议。

**关键词：**

未成年人犯罪　少年法庭　预防

---

\* 课题组负责人：田立文，河南省高级人民法院常务副院长。课题组成员：李剑非，河南省高级人民法院刑事审判第一庭庭长；韩轩，刑事审判第一庭副庭长；常晖，刑事审判第一庭审判长。执笔人：韩轩、常晖。

为准确把握河南省未成年人犯罪总体态势，进一步加强和改进少年法庭工作，河南省高级人民法院对2009年1月至2014年8月全省法院审理的未成年人犯罪案件进行了调研分析。

# 一　近年来河南省未成年人犯罪的总体趋势

2009～2013年五年间，河南各级法院共判处未成年人犯19234人，占同期判处罪犯总数的5.48%（见图1），其中，不满16周岁的未成年人犯2589人，占未成年人犯总数的13.46%。2014年1～8月，判处未成年人犯1824人，占同期判处罪犯总数的4%。

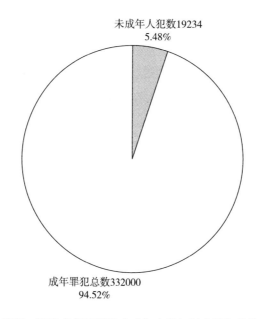

未成年人犯数19234
5.48%

成年罪犯总数332000
94.52%

**图1　2009～2013年河南判决未成年人犯与判决罪犯总数的关系**

近五年，河南省未成年人犯罪呈现以下特点。

（1）未成年人犯总数连续五年下降。2009年，全省法院判处未成年人犯5262人，此后4年，未成年人犯总数逐年下降。2013年，全省法院判处未成年人犯3003人，较2009年减少了2259人，降幅达42.9%（见图2）。

（2）未成年人犯罪比率连续五年下降。2009年，判处未成年人犯占判处

图2　未成年人犯罪五年来趋势

罪犯总数的比例为7.80%。此后4年，未成年人犯罪比率逐年下降。五年间，未成年人犯占判处罪犯总数的比例下降了4.19个百分点。

（3）未成年人犯罪呈现低龄化的趋势。2009～2011年，不满16周岁的未成年人犯罪占未成年人犯罪总数的比例基本稳定在12.5%左右，但2012年、2013年有上升的趋势。

## 二　近年来河南省未成年人犯罪的特征

### （一）未成年人犯罪的主要类型

河南省未成年人涉案的主要罪名详见表1。

表1　近年来河南未成年人犯罪涉案的主要罪名

| 年份 | 类型 | 抢劫 | 盗窃 | 故意伤害 | 强奸 | 寻衅滋事 |
|---|---|---|---|---|---|---|
| 2009 | 人数 | 1919 | 1520 | 535 | 314 | 374 |
| | 比例(%) | 36.47 | 28.89 | 10.17 | 5.97 | 7.11 |
| 2010 | 人数 | 1588 | 1106 | 491 | 227 | 380 |
| | 比例(%) | 36.46 | 25.40 | 11.27 | 5.21 | 8.73 |
| 2011 | 人数 | 1100 | 799 | 522 | 228 | 328 |
| | 比例(%) | 31.29 | 22.73 | 14.85 | 6.49 | 9.33 |

续表

| 年份 \ 类型 | | 抢劫 | 盗窃 | 故意伤害 | 强奸 | 寻衅滋事 |
|---|---|---|---|---|---|---|
| 2012 | 人数 | 843 | 798 | 428 | 234 | 309 |
| | 比例(%) | 27.20 | 25.75 | 13.81 | 7.55 | 9.97 |
| 2013 | 人数 | 663 | 779 | 487 | 211 | 358 |
| | 比例(%) | 22.08 | 25.94 | 16.22 | 7.03 | 11.92 |
| 2014 年 1~8 月 | 人数 | 447 | 412 | 267 | 156 | 223 |
| | 比例(%) | 24.51 | 22.59 | 14.64 | 8.55 | 12.23 |

未成年人犯罪在具体类型上呈现以下特点。

（1）主要涉案罪名相对固定。居于前列的是抢劫罪、盗窃罪、故意伤害罪、寻衅滋事罪和强奸罪。

（2）半数以上未成年人犯实施的是财产型犯罪。2009 年，法院判处犯抢劫、盗窃犯罪的未成年人 3439 人，占未成年人犯总数的 65.36%。2012 年，这一比重为 52.95%。可见，未成年人实施犯罪行为的主要目的在于获取经济利益。

（3）性犯罪占有相当比重。未成年人实施强奸犯罪的比重始终在 7% 左右，低的年份（2010 年）为 5.21%，高的年份（2012 年）为 7.55%，2014 年 1~8 月，这个比例更是上升到 8.55%。这些案件的被害人往往也是未成年人，受到的伤害极为严重。

（4）暴力性犯罪特征较为明显。表 1 所列举的 5 种犯罪类型中，除了盗窃罪以外，其他 4 种犯罪均是以暴力作为作案手段或者涉及暴力因素。可见，暴力性已成为未成年人犯罪的重要特征。

在实践中，我们还发现，未成年人犯罪事先精密预谋的越来越多，犯罪手段越来越成人化，应引起关注。

## （二）未成年人共同犯罪情况

2009~2013 年，全省法院共审理未成年人共同犯罪（含集团犯罪）案件 1020 件 2496 人，占未成年人犯总数的 12.98%。具体情况见图 3。

由图 3 可见，共同犯罪和集团犯罪在未成年人犯罪案件中占有一定的比

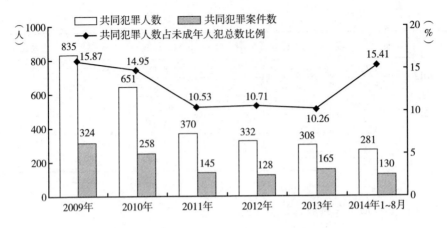

图3　未成年人共同犯罪（含集团犯罪）情况

重。究其缘由，一是未成年人崇尚哥们儿义气，喜欢结交朋友，易于拉帮结派、组成小团伙；二是未成年人在作案时心存孤独感和恐惧心理，往往依仗人多势众相互壮胆；三是未成年人个体犯罪能力不强，往往通过结伙的方式提高作案成功率；四是结伙在一起的未成年人容易相互影响和感染。我们也注意到，自2009年以来，未成年人共同犯罪和集团犯罪案件数量呈逐年下降趋势。

### （三）未成年人犯的身份情况

未成年人犯中，农民、无业人员和学生占大多数，还有少量的工人、无业者以及其他职业者。

未成年人犯罪在身份、职业分布上有下列特点。

（1）近半数未成年人犯的职业为农民。受经济发展滞后、文化程度偏低、接受外界信息较少、法律意识淡薄等因素的影响，河南省刑事被告人中，农民所占的比例相对较高。未成年人犯罪的情况也是如此。2009～2013年，全省法院判处的未成年人犯中，职业为农民的比例分别为47.59%、47.26%、43.33%、44.60%和47.51%。

（2）闲散未成年人犯罪占较大比重。闲散未成年人通常是指不在校、无职业、未满18周岁的青少年群体。5年间，共有6986名闲散未成年人因实施犯罪行为受到审判，占未成年人犯总数的36.32%。

（3）在校学生的犯罪现象凸显。5年间，共有2251名在校学生因实施犯罪行为受到审判，占未成年人犯总数的11.7%。因此，各地法院应当坚持开展送法进校园活动，加强对中小学生的法制宣传教育。

### （四）未成年人犯的性别情况分析

统计表明，男性犯罪是主流，女性犯罪比重较小，但有所抬头。2009～2013年，共有538名女性未成年人犯，占未成年人犯总数的2.80%。近两年来，这一比重有所上升，2011年，未成年人犯中女性所占比重为3.04%，2012年上升为3.38%，2013年，这一比重为3.55%，2014年1～8月，这一比重上升为4.5%。

### （五）未成年人犯的学历情况

学历即受教育情况，与犯罪有一定的关系。未成年人犯的学历及在人犯中的比例见图4。

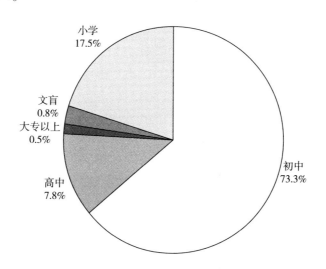

**图4　未成年人犯的学历及比例**

我们发现，未成年人犯中，拥有初中文化程度的占绝大多数，其次是拥有小学和高中文化程度的，文盲和大专以上文化程度的较少。其中，拥有初中文化程度和小学文化程度的人犯占九成以上。这反映出大量未成年人犯只接受过九年

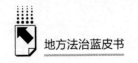

义务教育，相当一部分甚至没有接受完义务教育即进入社会。这部分人过早进入社会后，缺乏谋生技能，在经济窘迫时极易走上犯罪道路。

### （六）未成年人犯罪的主要原因

未成年人走上犯罪道路是多种因素共同作用的结果。这中间既有自身的原因，也有社会外部的客观原因；既有普遍性的原因，也有个案的特殊目的和动机。我们着重分析导致未成年人实施犯罪行为的普遍性原因。

一是未成年人自身的原因。未成年人心智尚不成熟，对社会的认知能力、是非判断能力以及自我控制能力比较差，往往有程度不同的逆反心理、求胜心理、好奇心理和自我中心意识，一旦受到不良因素的影响，很容易走向歧途。再如，未成年人文化程度低，法治观念淡薄。

二是家庭教育方面的原因。家庭教育对未成年人的成长有着至关重要的影响，而且无法替代。通过对郑州、安阳、商丘、洛阳、南阳等5市近年来办理的300件未成年人犯罪案件进行抽样调查，我们发现，结构不完整的家庭、关系不和谐的家庭、教养方法不当的家庭、父母有不良行为的家庭等4种形态的家庭对未成年人监管不力，可能发生未成年人犯罪。

当前，留守儿童犯罪比较常见。在广大农村地区，父母外出打工，将未成年子女交由祖父母、外祖父母等亲属代为照顾的现象较为普遍，致使子女长期得不到父母的关爱、教育和管束，更易滑向犯罪的深渊。在商丘、南阳两市随机抽取的120件未成年人犯罪案件中，留守儿童作案的有47件，所占比例高达39.2%。

三是学校教育方面的原因。学校是未成年人除家庭以外最重要的生活学习场所。少数学校在学生教育方面存在一些问题，成为影响未成年人健康成长不可忽视的因素。例如，办学理念存在偏差，重考分、轻德育，重教书、轻育人，片面追求升学率，不注重对学生法治观念和人生观、道德观、价值观的培养。又如，学校周边环境问题，少数地处城乡接合部和县城、乡镇的中小学校周边环境较差，网吧、电子游戏厅、录像放映厅等不适合未成年人进入的娱乐场所依然随处可见，使不少学生在耳濡目染中接受了一些不利于他们成长的东西，易引发犯罪。

四是社会环境方面的原因。社会不良因素是滋生违法犯罪的温床。当前，影响未成年人健康成长并导致其违法犯罪的社会环境因素主要有：消极观念和丑恶现象的侵蚀，拜金主义、享乐主义等观念沉渣泛起，贪污腐败、见利忘义、唯利是图、坑蒙拐骗、生活腐化等现象对未成年人有较深的影响；暴力色情文化的蔓延，据统计，在实施强奸犯罪的未成年人犯中，有60%以上看过淫秽色情文化产品；互联网的消极影响。随机抽取平顶山市2011年294名未成年人犯中的100人进行调查，发现有73%的未成年人经常去网吧上网，有53%的未成年人承认自己走上犯罪道路因网络引起或与上网有关。

### （七）近五年未成年人重刑适用率及非监禁刑适用率

对未成年人的量刑呈现轻刑化的趋势。

（1）对未成年人适用重刑率逐年降低。2009年，对未成年人适用重刑的比率为12.01%，以后逐年下降，至2013年，该比率已下降至6.79%。

（2）对本地未成年人犯与外地未成年人犯适用非监禁刑比率失衡。河南省五年来判决的未成年人犯中，对未成年人判处非监禁刑比例为43.33%，基本与全国比例接近。其中，对本地未成年人犯判处非监禁刑比例为50.83%，对外地未成年人犯判处非监禁刑比例仅为17.64%，二者比例严重失衡（见图5）。

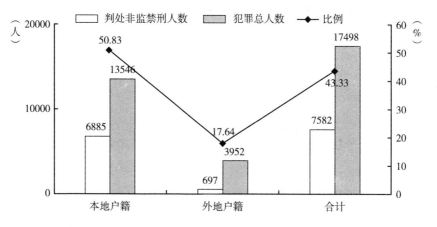

图5　未成年人非监禁刑适用情况

## 三 河南法院审理未成年人犯罪刑事案件的主要做法

多年来，全省法院少年审判法官树立保护理念，全方位保护未成年人的利益；秉承教育为主、惩罚为辅的方针，坚持对失足未成年人开展教育、感化、挽救工作；强化参与理念，送法进校园、进社区，把少年法庭作为人民法院服务社会、参与社会管理综合治理工作大局的重要窗口和践行能动司法的重要平台，为减少和预防未成年人犯罪做了大量的工作。

### （一）普遍建立少年法庭专门机构

组织机构建设是少年审判工作的基础，是有效开展预防和减少未成年人违法犯罪工作的保障。只有建立专门独立的机构，配备熟悉未成年人身心特点的审判人员，才能更多地突出对失足未成年人的教育、感化和挽救，对未成年人的保护工作才能更专业、更全面。基于这方面的认识，全省法院强化少年法庭组织机构建设，特别是独立建制的少年法庭建设。河南省高级人民法院通过树立典型，召开座谈会、现场会，定期通报少年法庭工作进展，点名表扬或批评等方式，积极敦促全省中级法院和基层法院建立独立建制的少年法庭。截至目前，全省已有16个中级法院有独立建制的少年法庭，普及率达84%，只有情况特殊的鹤壁、济源中院和郑州铁路运输中级法院没有建制少年法庭。基层法院独立建制的少年法庭已有122个，普及率为75%。其他法院也都有少年合议庭或者指定专人负责少年审判工作。河南省实现了最高人民法院要求的所有未成年人犯罪案件都由少年法庭审理的目标。独立建制的少年法庭中，未成年人案件综合审判庭35个。河南省少年法庭机构建设稳居全国前列。独立建制的少年法庭建设，为改革少年审判工作机制，提升预防未成年人犯罪工作水平打下坚实的组织基础。

### （二）改革少年审判庭审方式

全省各级法院通过改革少年审判方式，把庭审变成教育、感化、挽救失足未成年人的课堂，把法庭变成法制教育的课堂，最大限度地减少庭审对未成年人的心理压力，便于他们以后顺利回归社会，也避免未成年人犯重新犯罪。

针对各地少年审判庭审程序不一的现象，河南省高级人民法院2009年制定下发《审理未成年人刑事案件程序规则（试行）》，统一全省少年法庭审理未成年人一审刑事案件的程序。该程序规则要求，把教育贯穿在庭审始终，明确了开展社会调查制度及圆桌审判模式；增加了量刑事实调查和辩论内容；规定了庭审向后延伸的方式方法，加强对失足未成年人的帮教工作。2010年，河南省高级人民法院联合省人民检察院、省公安厅共同下发了《关于办理未成年人刑事案件规范强制措施适用的暂行办法》《关于办理未成年人与成年人共同犯罪案件实施分案起诉、分案审理的暂行办法》，要求侦查机关将失足未成年人与成年犯罪嫌疑人、被告人分别羁押，避免交叉感染；要求对共同犯罪中的成年被告人与未成年被告人分别起诉、分案审理，有效地避免了未成年人受到二次污染，保证办理未成年人案件有关特殊程序的贯彻落实。2013年3月，河南省高级人民法院联合省人民检察院、省公安厅、省司法厅下发了《未成年人刑事案件社会调查实施办法》，明确要求对于刑事诉讼时未满18周岁故意犯罪的未成年人，应当开展社会调查，全面推开社会调查工作。各级法院充分挖掘人民陪审员制度的优势，结合少年审判工作特点，聘请心理医生、心理咨询师等专业人士，从关工委、共青团、妇联、工会等机构的工作人员以及中小学教师中聘请有爱心、社会责任心的人士担任人民陪审员，参与未成年人案件的审理，对未成年被告人进行心理疏导和情理教育，缓解他们的心理压力。

## （三）试行未成年人量刑规范化

严格依法量刑是对未成年人更实在、更有力的司法保护。同一个案件，各地法院往往因理念、认识上的不一致，造成量刑不均衡，出现量刑偏差较大的现象。为规范法官的自由裁量权，统一未成年人刑事案件的量刑标准，加大对未成年人的司法保护力度，2010年3月，河南省高级人民法院下发了《未成年人犯罪量刑规范化指导意见（试行）》，在遵循普通刑事犯罪量刑基本原则的前提下，提出适合未成年被告人特殊保护的量刑指导意见，规定了对未成年被告人量刑的基本方法，明确了从轻、减轻或者从重、加重处罚的幅度，对未

成年人量刑需审查的24种情节及不同的情节对量刑的影响，从而创新了刑罚裁量模式，使得对失足未成年人的惩处更加规范。

尽可能对未成年被告人适用轻缓刑。未成年人犯罪类型通常以侵财犯罪、故意伤害、性犯罪等犯罪类型为主，犯罪原因通常与他们生理、心理发育不成熟有直接关系，主观恶性不深，具有较强的可塑性。为此，各级法院少年法庭对未成年被告人尽可能多地适用轻缓刑，对那些心智尚未成熟，恶习不深、社会危害性不大，偶尔触法犯罪，真诚愿意悔过的未成年被告人在从轻、减轻处罚的同时多适用非监禁刑，给他们改过自新的机会，让他们在社会大环境中接受监管改造，未成年被告人被处非监禁刑的比例逐年上升。

### （四）开展争创标准化少年法庭活动

为了用全省乃至全国法院先进少年法庭的工作模式和经验指导河南省少年法庭工作，提升未成年人司法保护工作水平，推动全省法院少年审判工作整体发展，河南省高级人民法院于2010年4月下发了《关于开展标准化少年法庭创建活动的通知》，从指导思想、工作原则、案件审理、机构队伍建设、特色审判制度、延伸帮教、调查研究和参与社会管理综合治理等8个方面提出了具体的创建指标，指导全省法院少年法庭工作在规范化建设方面迈上新台阶，推动全省法院少年法庭工作的整体发展。经过近两年的努力，全省法院少年法庭向规范化健康发展，司法理念符合教育感化挽救的方针，少年法庭机构建设稳步发展，郑州、驻马店、周口、开封、商丘实现两级法院少年法庭全部独立建制，少年审判队伍趋于稳定，兰考等3个法院少年法庭被命名为"河南省优秀青少年法制宣传教育基地"。

### （五）落实判后帮教制度

办理未成年人犯罪案件，绝不能一判了之。为了取得更好的特殊预防效果，河南省高级人民法院指导各地法院少年法庭积极探索判后帮教新路子，帮助失足未成年人更快更好地回归、融入社会。一是针对不少未成年被告人是在校学生的现象，各地法院少年法庭在依法判处非监禁刑的同时，登门走访辖区学校领导，帮助未成年人犯联系返校复读事宜。二是一些法院积极与辖区内的职业技术学校、农业科技示范点联合成立"未成年人帮教培训基地",免费对判处非监禁刑的未成年人犯进行技能培训,帮助他们掌握一技之长,学会自食其力,重新回归社会。三是对被处监禁刑的未成年人犯适时进行回访,帮助他们克服厌世心理,树立重新做人的信心,巩固帮教效果。不少法院在"六一"、中秋等节日前后到少管所回访未成年人犯,送去学习用品,了解改造情况。据统计,截至 2013 年 6 月,已有 560 余名失足青少年在少年审判法官的帮助下重返校园,其中,72 人考上大学;有 400 余名失足青年通过这种方式学会了谋生的技能,走上了勤劳致富的道路。

2010 年底,河南省高级人民法院在平顶山、新乡法院开展了未成年人初犯、偶犯前科封存试点工作,累计受理申请 43 例,经考察、审核批准封存 38 例。被封存犯罪记录的未成年人中,已有 10 人考上大学,6 人返回高中就读,22 人顺利就业。在少年法庭法官的辛勤付出和艰苦努力下,一批失足未成年人悔过自新、走向新生,无数家庭重燃希望、重归和谐。

## (六)开展送法进校园工作

预防和减少未成年人违法犯罪,根本上是要帮助未成年人树立法治意识,教育他们知法、懂法、遵法、守法。各地法院少年法庭坚持能动司法,扎实开展司法延伸服务,送法进校园、进社区,积极参与社会管理综合治理。

为了帮助未成年人树立法治意识,在长期送法进校园活动基础上,2011 年底,河南省高级人民法院与共青团河南省委联合建立了"一校一法官"制度,将送法进校园工作制度化,要求各地法院组织法官与辖区大专院校、中小学校结成对子,通过多种形式送法进校园。2012 年 8 月,省法院通知要求各地法院在每个学期开学之际,开展"开学第一堂法律课"活动,帮助在校生树立法律意识。各地法院少年法庭以青少年学生和群众喜闻乐见的形式,广泛开展普法宣传和法制教育。据统计,五年来,全省法院少年审判法官累计到大专院校、中小学校举办法治教育讲座 1860 余场次,举办法制宣传图片展 160 余场次,开展模拟法庭活动 270 余场次,受教育人数超过 190 万人次。2013 年,高级人民法院还编写了《成长路上,我们与法同行》的普法口袋书,免费向中小学生赠送 10 万册。

### （七）加强与相关部门协作

预防未成年人违法犯罪是全社会的责任，需要全社会共同努力。河南省法院系统在预防未成年人犯罪方面，创造性地开展了"两条龙"工作体系，取得了良好的社会效果，并在全国推广。近年来，全省各地法院一方面加强了与公安机关、检察机关、司法行政机关的沟通协调，建立完善了"政法一条龙"工作体系。另一方面，加强了与共青团、妇联、教育行政主管部门及其他社会团体和组织的工作联系，完善了"社会一条龙"工作机制，形成了双龙共舞的可喜局面。2009年以来，河南省高级人民法院先后围绕非监禁刑适用、前科封存等问题召开专题座谈会，邀请检察院、公安厅、少管所、共青团、妇联等单位的同志参加座谈会，进行探讨、交流，赢得了理解，达成了共识。最高人民法院依托河南省高级人民法院成立的"中国审判理论研究会少年审判专业委员会"就是吸纳社会各界人士参加的研究会，共同研究少年司法及预防未成年人违法犯罪工作。登封、睢县等地法院主动向党委、人大汇报少年审判工作，争取支持。各地法院少年法庭还从工会、共青团、妇联、教育等部门聘请人民陪审员4200余人，特邀陪审员、社会调查员270余人，广泛吸纳社会力量参加案件审理工作。通过开展上述工作，吸引了各有关部门来关心青少年违法犯罪预防工作，为少年法庭开展预防和矫治工作创造了良好的外部司法环境。

## 四 加强和改进未成年人犯罪预防工作的对策建议

未成年人犯罪，从本质上分析，是个人、家庭、学校、社会等多方面因素共同影响的结果，从更深层次上考量，暴露出我国当前社会转型过程中所呈现的内在结构性矛盾以及社会资源整合机制的缺位。因此，要实现对未成年人犯罪的有效预防和控制，除了不断提高未成年人法制意识外，必须依靠政府各部门的统筹协调，社会各界的广泛参与，政法各机关的继续努力。最根本的是，必须依靠国家经济社会的健康发展和社会资源的科学整合，保障未成年人能在和谐、稳定、积极向上的社会环境中健康成长。

当前和今后一个时期，应当以公共权力部门为核心，着力形成家庭、学校、社会齐抓共管的未成年人犯罪防治体系。

一是强化家长责任，突出家庭在预防未成年人犯罪方面的基础地位。家庭是未成年人生活的主要场所，家长是孩子的第一老师，也是终身老师。家庭教育是否得当，关系到孩子的人生走向。审判实践中发现，未成年人违法犯罪问题的发生，与家庭环境尤其是父母的教育引导有很大的关系。许多误入歧途的未成年人，都是在成长阶段思想、心理和行为出现偏差没有得到及时引导和纠正，很多家长不知道如何正确教育引导孩子。此外，家庭还可能成为伤害未成年人的场所，有的家长缺乏未成年人权利意识，教育方式不当，对子女经常殴打辱骂，甚至家暴虐待引发恶性案件。因此，预防未成年人犯罪，最为重要的是强化家长责任，这就需要政府和社会各界进一步加大投入，加强指导。首先，政府有关部门、妇联、共青团等通过开展培训、发放宣传手册、接受咨询、走访家庭等形式，做好家庭教育指导服务，特别是向困难家庭、留守儿童家庭、流动人口家庭以及未成年子女涉嫌违法犯罪的家庭提供更多的指导服务。其次，指导家长花费更多的心思在孩子身上，照料其生活，监管其学习，让孩子体会到家庭的温暖和生活的幸福，避免孩子因感觉不到家人的关心而去"混社会"。再次，指导父母改进教育方法，避免简单粗暴，家庭教育不是简单的说服教育，更不是粗暴的辱骂与殴打，需要以教育学、心理学、伦理学、社会学等综合知识为基础，再辅以正确的教育技巧和方法。

二是完善学校教育，突出学校在预防未成年人犯罪方面的先导作用。"教育是最有效、最经济的社会控制工具，学校教育作为社会控制的工具不仅是现实的，而且是永久的。""多建一所学校，就少建一所监狱。"因此，一要持续加大学校法制教育的投入。无论是义务教育阶段的学校，还是非义务教育阶段的学校，无论是普通中小学校，还是职业技术学校，都应当保证对法制教育的足额投入，绝不能走过场，应付了事，更不应当搞花架子，不讲实效。二要不断丰富学校法制教育的内容。注重分析新时期新形势下未成年人犯罪的特点，及时掌握未成年人所思所想，关注社会热点，注重因时、因地、因人制宜，不断提高教育的针对性和有效性。三要努力创新法制教育的方式方法。通过组织学生编排法治情景剧、法治小品，拍摄、播放法制微电影等方式，丰富教育载

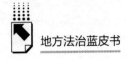

体,鲜活教育内容,引导学生从被动学习向主动学习转变,从死记硬背向活学活用转变。

三是强化行政干预,突出政府部门在预防未成年人犯罪方面的主体地位。承担社会管理主要职责的政府部门对于防范未成年人犯罪负有不可推卸的责任。现阶段,要加强和改进预防未成年人犯罪工作,政府应重点做好以下工作。一要加强外地户籍未成年人教育权利保障。外来务工人员在城市居住区普遍存在配套不完善、教育资源匮乏等问题,农民工子女上学难,而专门为农民工子女提供教育的学校,存在师资力量不足、师资素质不高、教学设施落后等问题,有的甚至存在安全隐患,教育质量与其他学校相去甚远。目前,一些省份虽然出台了异地中考、高考政策,在不同程度上解决了上述问题,但是,要解决外地户籍人员子女升学难问题,仍然任重而道远。二要推动城乡发展一体化,加快城镇化发展,就近提供务工岗位。留守未成年人犯罪是工业化、城市化进程中的产物,解决留守未成年人问题,需要通过发展本地经济,创造更多的就业和务工机会,吸引农村劳动力就近务工,或让农村未成年人可以随父母进城生活学习,这样能够保证农民工在务工挣钱的同时,对未成年子女进行监管和教育,避免父母监护职责的缺失。三要努力提高义务教育水平。中国未成年人犯罪主要集中在16~18周岁的未成年人,一般而言,16周岁恰好是高中教育的起始年龄,目前我国已满16周岁的未成年人同时处于失学、失业状态以及家庭监管缺失的情况非常严重。如能提高义务教育水平,将现行的九年义务教育延伸至12年义务教育,充分保证上述未成年人能够接受系统教育,将会有效解决这一年龄段未成年人犯罪居高不下的现状。四要加大文化市场整治力度。深入持久地开展"扫黄打非"专项斗争,将不良影视等文化产品对未成年人的不良影响降至最低;坚决依法取缔黑网吧、黑录像厅、黑游戏机房等非法经营场所,切实加强对营业性游戏机房、网吧、歌舞厅等娱乐场所的监督和管理,严禁未成年人进入;切实加强学校周边环境整治,努力为学生创造安全、文明、健康的学习环境;鼓励优秀文化产品的创作和传播,提供更健康的娱乐产品和休闲文化,积极引导未成年人健康成长。五要全面落实对未成年罪犯的社区矫正工作。充分发挥司法行政机关职能作用,努力吸纳社区义工、青年志愿者、教育专家和其他社区成员参与做好社区矫正工作,凝聚教育、改造未成年罪犯的强大合力。同时，积极探索对矫正对象的职业培训、文化教育、心理辅导，真正为每个未成年罪犯提供有所学、有所为、有所改变的社区环境。

四是注重群治群防，突出社会力量在预防未成年人犯罪方面的能动作用。积极发挥农村基层组织、乡村学校的功能。有条件的农村基层组织可以建立儿童之家，组织本地志愿者为留守未成年人提供生活帮助、心理辅导，让热心公益人士与留守未成年人结成帮扶对子。乡村学校要建立关爱留守未成年人帮扶制度，让有条件的教师与留守未成年人结成帮扶对子，在日常生活、学习中对留守未成年人进行管理和帮助。各级共青团、妇联、关工委等群团组织要关心、关爱、关注青少年健康成长，特别是要加强对闲散未成年人、进城务工人员未成年子女、服刑在教人员未成年子女、流浪乞讨未成年人、农村留守儿童和有不良行为的未成年人等重点群体的日常摸底排查，开展"一对一""多对一"的学习辅导、就业培训、心灵抚慰和生活帮扶，有的放矢地降低上述未成年人步入犯罪的可能性。切实加强对未成年人的救助和服务，通过开通法律援助热线、建立"心灵驿站"、开展大学生志愿行动、健全"代理家长"制度等多种方式，推动社会力量共同参与未成年人帮扶活动。与此同时，推动立法机关和相关职能部门完善立法、健全制度，提升未成年人犯罪预防工作的法制化、制度化水平。

五是坚持惩防并举，突出司法机关在预防未成年人犯罪方面的"闸门"作用。在预防与控制未成年人犯罪方面，司法是最后的"闸门"。中国30年的少年司法实践表明，公检法机关在防范和治理未成年人犯罪方面采取的分案起诉、分案审理、社会调查、圆桌审判、合适的成年人参与、法庭教育、心理辅导、判后帮教等措施是行之有效的。因此，有必要进一步总结经验，发扬成绩，全面推广。具体而言，在机构和人才队伍建设方面，要继续推进独立建制的未成年人案件公诉机构、审判机构建设，继续加强未成年人案件侦查、起诉、审判专门队伍建设，培养、打造一支热爱少年司法事业、精通未成年人保护工作业务的专家型警察、检察官和法官队伍；在司法制度方面，认真贯彻执行修改后的《刑事诉讼法》未成年刑事案件诉讼程序，切实贯彻教育为主、惩罚为辅原则，坚持保护与打击并重；在司法延伸工作方面，进一步创新判后帮教工作的思路、方法，努力推动有关部门联合建立失足未成年人安置帮教基地工作，有效整合社会资源，为缺乏监护条件的未成年人提供监管条件，实现未成年人平等适用非监禁刑罚，为失足未成年人提供学习知识和技能的条件，促使他们顺利回归社会；积极开展形式多样的送法进校园、进社区、进乡村、进家庭活动，努力推进未成年人法制宣传教育的普及和深化。

**【专家评论】**

从刑事政策上看，中国对涉罪未成年人坚持"教育、感化、挽救"方针以及保护未成年人与保护社会相结合的"双保护"原则。近年来，中国的未成年人犯罪案件总体数量呈下降趋势。《河南法院未成年人犯罪案件调研报告》对 2009 年 1 月至 2014 年 8 月全省法院审理的未成年人犯罪案件的统计资料显示，未成年人犯总数连续 5 年下降、未成年人犯罪比率连续 5 年下降。但在司法实践中，中国的未成年人犯罪仍然存在以下问题：一是犯罪年龄趋于低龄化，虽仍以 16～18 周岁的为主，但 14～16 周岁的呈逐年上升趋势；二是文化程度较低，初中以下文化程度占绝大多数；三是外来未成年人所占比重较高，非户籍地人员占受理审查起诉总人数的四分之一左右；四是所犯罪名比较集中，涉嫌最多的罪名分别是盗窃罪、抢劫罪、故意伤害罪、寻衅滋事罪，这五种犯罪占全部受理案件人数的 81%；五是犯罪手段呈成人化、暴力化倾向，犯罪作案手段残忍、犯罪后果严重的恶性极端案件时有发生；六是共同犯罪居多兼具耦合性，未成年人共同犯罪的案件数占总案件数的一半左右，而且这些共同犯罪中有很多是带耦合性的，就是临时聚集到一块儿实施犯罪。

对未成年人的保护一直以来都广为社会关注。由于未成年人处在体力、智力发育过程中，虽已具有一定的辨别和控制自己行为的能力，但其阅历短、社会知识少，其成熟程度还不同于成年人，因此，对于未成年时的犯罪记录与成年后的犯罪记录应当区别对待。《未成年人保护法》第 57 条规定："羁押、服刑的未成年人没有完成义务教育的，应当对其进行义务教育。""解除羁押、服刑期满的未成年人的复学、升学、就业不受歧视。"《预防未成年人犯罪法》第 48 条规定："依法免予刑事处罚、判处非监禁刑罚、判处刑罚宣告缓刑、假释或者刑罚执行完毕的未成年人，在复学、升学、就业等方面与其他未成年人享有同等权利，任何单位和个人不得歧视。"而 1997 年《刑法》第 100 条规定："依法受过刑事处罚的人，在入伍、就业的时候，应当如实向有关单位报告自己曾受过刑事处罚，不得隐瞒。"鉴于未成年人的特殊性及《刑法》的上述规定与《未成年人保护法》和《预防未成年人犯罪法》的规定不能有效衔接，《刑法修正案（八）》在《刑法》第 100 条中增加一款作为第 2 款，规定："犯罪的时候不满十八周岁被判处五年有期徒刑以下刑罚的人，免除前款规定的报告义务。"该条款是《刑法》中增加了免除未成年人前科报告义务的特别条款，贯彻了宽严相济的刑事政策，体现了对未成年犯实行教育为主、惩罚为辅，重在教育、挽救和改造的方针，是刑法典加强和完善对未成年人保护从宽处罚法律体系的重要进步。

根据《刑法》第 100 条第 2 款的规定，免除前科报告义务必须同时符合以下条件。①犯罪的时候不满 18 周岁。这里强调的时间点为"犯罪时"，即使在审判时、入伍时、就业时已经年满 18 周岁，只要其犯罪时不满 18 周岁，就构成适用本条规定的条件之一。②不满 18 周岁时所犯之罪被判处的刑罚必须为五年有期徒刑以下刑罚，包括被判处五年以下有期徒刑、拘役、管制、单处附加刑以及适用缓刑的情形。从这一量刑规定来看，不满 18 周岁时所犯之罪基本上不属于主观恶性极大、危害特别严重的犯罪行为。这些未成年人易于接受教育改造，免除报告义务有利于其摆脱犯罪记录的影响，鼓励和促使其重新做人、回归社会。

（黄芳，中国社会科学院法学研究所研究员）

# B.19
# 象山县学生犯罪案件的调查与思考

—— 以象山法院 2011 ~ 2014 年 6 月的数据为样本

浙江省象山县人民法院课题组*

**摘　要：**

浙江省象山县人民法院课题组以 2011 ~ 2014 年 6 月份该院审理的学生犯罪案件为样本，结合既有理论成果与实践做法，对学生犯罪案件现象及原因加以归纳和评述，梳理出学生犯罪案件数量攀升，犯罪平均年龄低，侵财型犯罪、团伙化犯罪和本地籍犯罪特点显著，学生犯罪判决轻缓化等特点。建议通过家庭、个人、学校、社会四个维度分析学生犯罪的成因，并对症下药，提出相应的对策建议，为预防学生犯罪提供有益的参考意见。

**关键词：**

未成年人犯罪　判决轻缓化　犯罪预防

学生是现实社会的成员之一，一般指正在学校或者其他教育机构学习的人。学生包括小学生、中学生、大学生、研究生、博士生等①。从人的一生来看，学生正处于身心发展最迅速的时期，具有极强的可塑性。学生在校期间应认真完成学业，切实履行本职，为今后走上社会奠定基础。然而，随着社会经济的发展，在校学生犯罪现象日趋严重，不仅影响个人前程，且易引发群体模仿和集体犯罪，对学生及其家庭、学校乃至整个社会均会形成不良效应，应当

---

＊　课题组负责人：冯光耀，象山县人民法院党组副书记、副院长。课题组成员：夏志勇，象山县人民法院未成年人案件综合审判庭庭长；王佩玲，象山县人民法院未成年人案件综合审判庭助理审判员。执笔人：王佩玲。

①　受审理范围所限，本文所指的学生仅包括实施犯罪时年龄为 14 ~ 18 周岁的中小学生。

引起全社会的足够重视。本文以 2011～2014 年 6 月象山法院审理的学生犯罪案件为样本①，分析学生犯罪案件的特点，从家庭、个人、学校、社会四个方面来揭示学生犯罪的根源，在此基础上提出预防学生犯罪的对策与建议。

# 一  学生犯罪案件的概况及特点

2011～2014 年 6 月份，象山法院未成年人法庭共审结未成年人刑事案件 186 件 245 人，其中学生犯罪案件 33 件 45 人，分别占总数的 17.7%、19.1%。在这 45 位学生犯罪人员中，男性 44 人，占总数的 97.8%，女性 1 人，占总数的 2.2%。初中学历学生 24 人，占总数的 53.3%，高中学历学生 21 人，占总数的 46.7%。数据分析发现，学生犯罪案件主要呈现以下特点。

## （一）学生犯罪收案数和涉案人数连年攀升

2011 年，本院审结学生犯罪案件 7 件 10 人；2012 年，审结学生犯罪案件 8 件 15 人；2013 年，该数据为 14 件 16 人；2014 年 1～6 月份，该数据有所下降，为 4 件 4 人（见图 1）。从未成年人犯罪案件总数情况看，2011 年，本院审结 43 件 56 人，2012 年为 74 件 100 人，2013 年为 49 件 65 人，2014 年 1～6 月份为 20 件 24 人。从以上数据可以得出以下结论。

（1）从学生犯罪案件数量和涉案人数看，呈现先上升后回落的趋势。

（2）从相邻年度的案件数和人数对比情况看，2012 年与 2011 年对比，在 2012 年，未成年人犯罪案件数和涉案人数总量均呈上升趋势，学生犯罪案件数和涉案人数也呈现上升趋势，两者呈现正相关；2013 年与 2012 年对比，2013 年在未成年人犯罪案件数和人数均呈现双下降的情况下，学生犯罪案件数和人数却依然呈现上升趋势，情况堪忧；而从 2014 年 1～6 月与 2013 年的对比情况看，两者又呈现出双下降的正相关性（见图 2）。

（3）从各年度学生犯罪人数及其占未成年被告人数的比例来看，2011 年

① 该院在对学生犯罪案件进行统计时，对犯罪学生的概念作了严格的界定：只有犯罪时系在校学生的犯罪人员才被收入统计范围，不包括犯罪前是学生，抑或犯罪后是学生的情况。

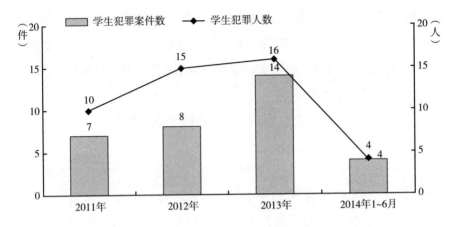

图1　2011～2014年6月份学生犯罪案件数与人数

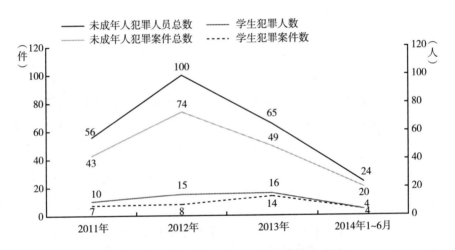

图2　相邻年度案件数和犯罪人数对比情况图

占17.9%，2012年占15%，2013年占24.6%，2014年1～6月份占16.7%。从中可以看出，学生人数占比在2012年有所回落，但在2013年又急剧上升，2014年1～6月份又再次回降，存在"大小年"特征（见图3）。

## （二）犯罪平均年龄低，分布较为集中

2011～2014年6月份，在这45名学生犯罪人员中，犯罪年龄为18周岁的2人，17周岁的11人，16周岁的19人，15周岁的11人，14周岁的2人，呈现出中间高、两边低的倒U型分布（见图4）。从各年的平均年龄来看，2011

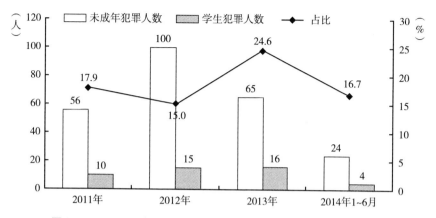

**图3　2011～2014年6月学生犯罪人数及其占未成年被告人数比例**

年，犯罪时平均年龄为16.4岁，2012年略有降低，平均年龄为15.7岁，2013年又有所升高，为16.06岁，2014年1～6月为16岁，其平均年龄为16岁。

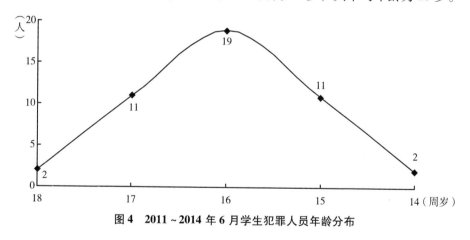

**图4　2011～2014年6月学生犯罪人员年龄分布**

### （三）学生犯罪"三高"特征显著

（1）侵财型犯罪占近七成。45人中，抢劫和盗窃的各14人，故意伤害和强奸的各4人，聚众斗殴3人，寻衅滋事和抢夺各2人，诈骗、容留他人吸毒各1人。以侵害客体分类，侵犯财产型犯罪人数最多，包括抢劫、盗窃、抢夺、诈骗，共31人，占总数的68.9%。其次是侵犯公民人身权利犯罪，包括故意伤害和强奸，有8人，占总数的17.8%。再次是妨害社会管理秩序罪，包括容留他人吸毒、寻衅滋事、聚众斗殴罪，有6人，占13.3%（见图5）。

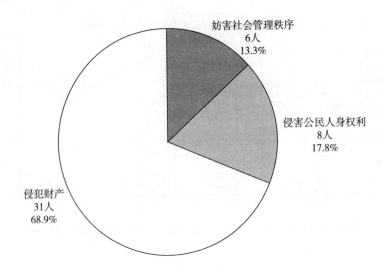

**图5　2011～2014年6月学生犯罪类型分布情况**

（2）本地籍学生犯罪占八成以上。本地籍犯罪学生38人，占总数的84.4%，外地籍犯罪学生7人（包括1人系宁波海曙区），占总数的15.6%。本地籍38人中，农村的20人，城镇的13人，海岛的5人，分别占总数的52.6%、34.2%、13.2%（见图6、图7）。

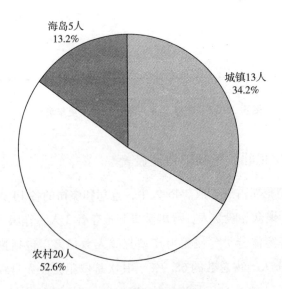

**图6　本地籍人员分布**

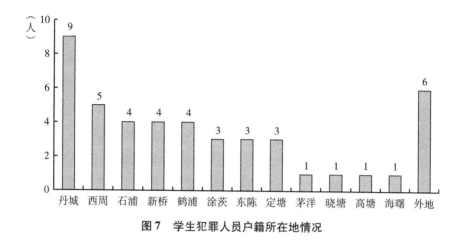

图7 学生犯罪人员户籍所在地情况

（3）团伙化犯罪占八成以上。在这45名学生犯罪人员中，有38人为共同犯罪，7人为单独犯罪，团伙化犯罪人数达84.4%。同时，在这38人中，共同犯罪同伙往往都在3人以上，人数多的甚至能够达到十几人。他们往往在节假日、周末等课余时间，拉帮结派实施犯罪。

## （四）学生犯罪案件判决轻缓化

司法机关秉承以教育为主、惩罚为辅的审判理念，除社会危害特别严重、主观恶性特别大的案件，均通过监禁替代刑罚来挽救犯罪学生。在这45名学生犯罪人员中，被判处实刑的8人，被判处免于刑事处罚的2人，被判处缓刑的35人，非监禁刑适用率高达82.2%（见图8），大大超过该院未成年人犯罪案件平均适用率（35%左右），充分展现了未成年人刑事审判的谦抑性特征。

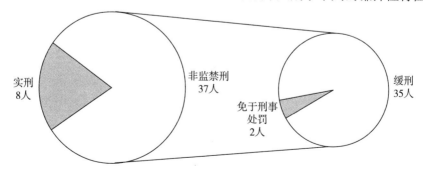

图8 学生犯罪案件判决情况

## 二 透过现象剖析学生犯罪原因

学生成长受教育的空间不是单向度的，而是家庭、学校和社会三位一体的整体空间，互为补充，不可或缺。司法实践证明，学生犯罪也是家庭、个人、学校和社会等因素综合作用的结果。

### （一）家庭因素

家庭是学生社会化的第一个渠道，也是预防学生犯罪的第一道防线。实践中，部分家长因教育方法不当，导致家庭的教育和保护功能没有得到应有的发挥，严重影响了孩子的个人发展。现实中存在"5＋2＝0"现象，即学校5天的主流教育正效应，与家庭2天的亚主流教育负效应相抵消。从涉罪的这些问题少年来看，无一不是来源于问题家庭，主要包括残缺型家庭、放纵型家庭、严管型家庭、不良恶习家庭（见图9）。

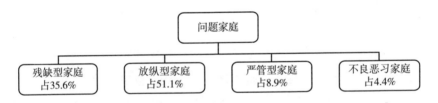

**图9 涉罪学生来源的问题家庭类型**

（1）残缺型家庭。残缺型家庭主要包括父母离异、逝世、离家出走等家庭不完整的情形。同时，结合象山县实际，由于象山县外出务工人数众多，孩子由一方或者隔辈抚养，本文亦将留守学生的家庭归于此类。在残缺型家庭中，学生因得不到父母完整的关爱而较易产生心理变化，且残缺型家庭监管能力弱于完整家庭，孩子在成长过程中产生的偏差行为往往得不到妥善纠正。

（2）放纵型家庭。放纵型家庭是指，父母因观念、工作、精力、身体等多方面原因而对子女的学习、生活疏于管教，放任自流的情形。也许受到"男儿要穷养、放养"的观念影响，部分家庭对孩子的成长缺乏足够的重视，对孩子的去向、做了什么、和谁在一起等问题均不关心，他们最多口头警告孩子"不要做坏事"，但很少与孩子进行心与心的交流沟通，导致家长对孩子的控制力减弱，子女缺乏应有的社会责任感，形成不良品性。其中，外来务工人员因忙于工作、赚钱而疏忽对孩子教育的情形是该类型的代表。

（3）严管型家庭。与放纵型家庭产生强烈对比的是严管型家庭，家长不仅什么都管，而且非常严格，甚至不惜侵犯孩子的隐私，使用家庭暴力管教子女。这些不恰当的监管手段不仅难以"棒打出孝子"，反而会适得其反，造成子女的强烈反感和亲子关系紧张。由此可见，家庭教育仍应把握适度原则，否则可能因管教失误导致子女到社会中寻求认同而离家出走，沾染犯罪诱因。

（4）不良恶习家庭。父母对子女的教化是潜移默化的，父母的行为、表现对子女的影响也是深刻的。父母良好的道德品质会使子女一生受益，反之，不良行为嗜好则会对子女产生负面影响。在问题家庭中，还有一类即父母本身就有赌博、吸毒等恶习，使学生易接受暗示，模仿成人的不良举止，久而久之，逐渐同化、堕落，最终滑入犯罪的泥潭。

## （二）自身因素

所谓"小错不断，大错必犯"，学生违法犯罪并非一朝一夕的事，而是一个从量变到质变的过程，若学生放任自己而不及时纠正这些不良行为，则最终易导致犯罪。学生犯罪正好比一面镜子，反映出了当前学生群体中普遍存在的不良行为。

（1）学生携带管制刀具现象。2011～2014年6月份，象山法院共审理犯罪学生45人，其中涉及故意伤害、聚众斗殴、寻衅滋事、抢劫等暴力型犯罪案件的23人。这些犯罪人员中，有15人携带管制刀具作案，占暴力型犯罪人数的65.2%。

（2）学生群体拉帮结派现象。当前，学生群体拉帮结派的现象日趋普遍，所谓的"八大金刚""五朵金花"正是这一现象的真实写照。一些平时比较循规蹈矩的学生，在同伴的感染下易做出失范行为，实施犯罪行为；更为严重的是，学生在同伴感染下作出的反常举动不但不会充满愧疚，反而有一种融入集体和得到同伴肯定的欣慰感。

（3）学生网络成瘾现象。网络与犯罪之间的关联路径主要有三个。一是侵财型犯罪。学生大多喜欢在网吧内上网，但因日积月累无力支付上网费用，进而萌发盗窃、抢劫、抢夺的想法。他们取得赃款后，再度上网挥霍，以致恶性循环。二是暴力型犯罪。如今不少学生喜爱网游，沉溺于暴力枪战的虚拟情境中，受到游戏潜移默化的影响，学生遇事后易采取简单的暴力方式解决，引发寻衅滋事、聚众斗殴、故意伤害等犯罪。三是性侵害犯罪。血气方刚、好奇心强的学生极易受网络中色情文字、图片、电影的刺激和诱惑，萌发懵懂欲试的强烈欲望，加之部分女生不洁身自好，性观念开放，放纵和加剧了学生性犯罪的实施。

（4）学生早恋现象。在这 33 件学生犯罪案件中，有 2 件系强奸案件，均涉及学生情侣。1 件系学生情侣同居致女生怀孕，另 1 件系前男友与 2 名男同学共同强奸前女友；涉及人数 4 人，其中 3 人系轮奸，均被判处三年以上有期徒刑。一些同学因无法处理好与异性之间的关系，导致擦枪走火，又因法律意识淡薄，最终导致犯罪行为。另外，男女关系处理不当，还容易引发争风吃醋，很多寻衅滋事、聚众斗殴、故意伤害案件就起因于男生之间争抢女朋友。

（5）学生酗酒现象。随着社会的发展，学生之间推杯换盏已经成为司空见惯的现象，但饮酒的危害也是显而易见的，学生饮酒后易失去理智而引发恶性事件，不少学生之间的故意伤害、聚众斗殴、寻衅滋事、强奸、抢劫等案件也就由此产生。

## （三）学校因素

通过对学校进行排摸，按照学校情况分类，这 45 名涉罪学生可以分为四类群体（见图 10）。象山县教育部门、学校对这四类群体的作用和控制力不同，在分析学校原因时应区别对待。从学校维度分析，造成学生犯罪的原因主要有以下几点。

（1）重视文化课程，忽视法制教育。目前，中小学阶段并未开设单列的法制教育课，而是将法制教育的内容融合在德育课之中。在应试教育的大背景下，德育课作为副课，并没有得到学生和教师应有的重视，有些学校甚至为了多上文化课而挤占、减少德育课时间，导致部分学生法制观念较弱。

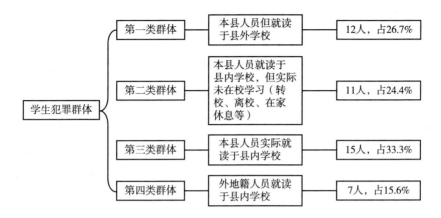

**图10　涉罪学生群体分类**

（2）以分数论英雄，对"差生"过早放弃。有些低年级的老师因学生成绩差而较早放弃对"差生"的辅导和教育，导致这些学生到了初中阶段，已很难再矫正固有的学习习惯。由于对学习缺乏兴趣，学生易产生自卑心理，甚至产生"破罐子破摔"的心态。有些学生为了排解学业烦恼，还会向社会寻求刺激，沾染不良习气。

（3）学校因故将学生从学校推向社会。部分学校为了维护校内正常管理秩序，保障学校良好的教学环境，要求一些严重不良行为学生（往往是学校认为已经"无法挽救"的学生）主动转学，或者干脆让学生"回家休息"而毕业证照发。这些处于学校监管"真空"状态的学生，极易接触社会不良诱惑，导致犯罪。

（4）教育方法未对症下药。单亲、贫穷等家庭因素，可能引发学生社会适应不良，产生暴力发泄等不健康心理，从而做出一些失范行为。有些教师不仅未给予这些学生及时的心理疏导，只是简单地将他们归因为道德品质有问题，甚至以"差生"的眼光看待、歧视学生，打骂甚至体罚学生，导致偏差不仅没有得到及时纠正，反而愈演愈烈。

（5）学校家访疲于应付，家访质量有待提高。象山县各中小学已经基本做到每年对80%以上的学生家长进行家访，但仍有20%的学生被遗漏。学生多，班主任少，这是学校家访面临的难题。受时间、精力所限，班主任在一学期内走访完每一位学生家庭几乎是"不可能完成的任务"，于是部分学生的家

访则由其他任课老师参与完成。而随之产生的问题是，一些平时与学生接触不多的老师（如体育老师、音乐老师等）在进行家访时，可能会浮于表面，导致一些深层次的问题无法得到沟通，遑论解决。

（6）放学、放假是学校监管的真空期间。一般来说，学生在校园内读书期间，学校对学生的控制力是最强的，此间，无论是从空间还是从时间上来说，学生均很少有犯罪的可能与条件。然而，在寒暑假，傍晚放学期间，学生则处于非学校监管状态，此时若家长亦放松警惕，便使得学生具备了犯罪的"时空条件"，若此时学生进入网吧、游戏厅并接触社会人员，或者受到外界的打击报复或者其他身体和情绪上的刺激，则极易引发犯罪。

## （四）社会因素

学生是社会成员之一，会不同程度地参与社会交往活动。家庭、学校对学生的监管固然是很重要的，但是家庭、学校的监管又不是万能的，要求两者对学生进行 24 小时实时监管也是不切实际的。因此，政府部门、社会组织、民间团体也应当承担起保护未成年人和预防学生犯罪的职责。结合上述四类学生犯罪群体，其社会因素主要有以下四点。

（1）缺乏未成年人示范行为的监督机制。第一类群体是本县人员但就读于外县学校。这一类学生中大部分是学习成绩堪忧的，对学习兴趣不大，缺乏进取心和上进心。这部分学生在县外学校上课期间脱离了家长的监管，当其放假回到家中，又脱离了学校的监管，家长与学校监管处于非此即彼的状态。由于缺乏社会功能的及时介入和控制，本地籍在外县学习的学生很容易走上歧途。

（2）部分娱乐场所违法违规经营。第二类群体是在本县学校就读但实际上并未在校学习。这类学生往往有严重的厌学、抵触情绪，不想学习、不愿学习。离开学校后，学生易混迹于社会之中，接触社会人员。白天家长均在单位上班，这类学生便处于"双真空"状态，他们上网、喝酒、吸毒的行为不仅不易被发现，而且步行街、游戏厅、小宾馆违规接纳、违规留宿学生，为学生实施犯罪提供了隐蔽场所。

（3）政府等相关部门监管不力。第三类群体是本县人员且实际就读于本县学校。这一类学生本是最不应该产生犯罪的群体，但是正如前文所述，一旦这类学生因无法排解学业烦恼而产生心理问题，或沉迷于网吧、酒吧等娱乐场所，仍有可能产生犯罪。实践中，未成年学生进入酒吧、网吧几乎是零障碍。政府有关部门查处、打击力度不大，导致部分学生自我堕落。

（4）外来民工子弟学校的教育质量不高。第四类群体是外地籍学生就读于本县学校。由于资金、人才等现实短板，县内部分民工子弟学校办学质量令人担忧，师资力量薄弱，教学方式落后，影响了学生的整体素质和能力的提升。部分学生缺乏基本礼仪规范、道德观念，极易踏破做人"底线"，实施犯罪行为。

## 三　预防学生犯罪可行路径探讨

学生犯罪不是一蹴而就的，是多种因素综合作用的结果，同时还须具备一定的犯罪环境和条件，综合上述分析，我们得出学生犯罪的基本路径（见图11）。只有进一步强化家庭、学校、社会预防，才能铸成预防学生犯罪的利剑。为此，我们提出以下对策与建议。

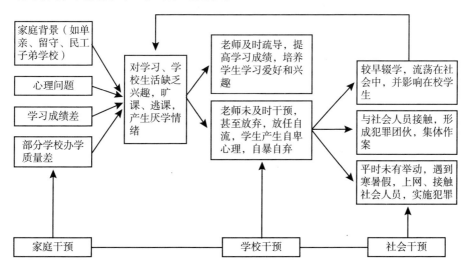

**图11　预防学生犯罪的基本路径**

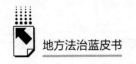

### （一）充分发挥家庭第一防线的功能作用

众所周知，开车须考驾驶证，而为人父母则无须任何证件。家庭功能的缺失、监管方式的偏差、家庭干预的不当、部分家庭素质较低等，如此种种使得家庭预防学生犯罪的第一道防线作用没有很好发挥。因此，我们建议：一是发展家长教育，提升家长素质，保障未成年子女得到科学、有效的监管，可利用演讲、座谈等形式对家长进行辅导，提高家长监护子女的能力；二是开展婚前"技能"培训，从提高结婚质量入手，通过测试、面谈等方式要求男女青年在结婚前系统地掌握家庭教育知识；三是将家庭教育课程列入素质教育行列，培养学生的责任意识和家庭观念；四是对问题家庭予以重点帮扶，解决燃眉之急；五是发现家长怠于履行监护职责的，适当追究父母责任；六是加强对家庭教育制度的研究和探索，推动家庭教育法等相关立法出台。

### （二）不断强化学校教书育人的职责功能

按照"蝴蝶效应"理论，学生对学习兴趣降低是产生违法犯罪行为的征兆。学校应及时介入，对逃课、旷课学生进行干预，提高其主动学习的积极性和融入集体生活的归属感，避免学生与社会人员接触，产生严重后果。

（1）推进"法校联动"机制，提高法制教育实效性。法律并不停留在纸面上，而是活跃在社会实践中。随着青少年法制教育被提升至新的高度，法制教育已经成为学校必不可少的教学内容和基本职责。学校可借用司法资源为教学所用，搭载丰富平台提升法制教育的生动性和趣味性，组织学生参与法制征文、法制绘画等活动，并利用全国法制宣传日、禁毒日等集中开展普法宣传活动。

（2）建立监督惩处机制。对两类学校，教育管理部门应予以监督惩处。第一类，多次发生学校安全事故的学校，应予以通报批评。第二类，为了本校的校内安全而过早放弃学生，通过让学生转学或者"回家休息"的方式变相剥夺学生学习机会的学校，应予以通报批评。发现上述情形的，教育部门还应协助学校一起做好未成年人保护工作。

（3）优先帮扶"后20%"学生。学校借每学期的考试摸排，将成绩在后

20%的学生予以重点帮扶，重点家访，提升质量和效果。教师对成绩较差的学生，应平等对待，关注学生的个体差异，注意教育方式方法，努力提高学生的学习兴趣和学习成绩。教育部门应考察学校该项工作完成的效果，对帮助后20%学生的综合素质有很大提升的学校，应通报表扬，并给予相应鼓励。

（4）成立学生互帮互助小分队。提高学生认同团结班集体的意识，通过互相帮助，提高学生对集体生活的融入感和认同感，避免成绩较差的学生产生自卑心理，也让成绩好的学生互相取长补短，增进同学间友谊，营造共同进步的良好氛围。

（5）开办假日学校，弥补假期监管空白。在寒暑假期间，邀请消防、安全、司法、文化、新闻等部门为学生们讲课，以学生喜闻乐见的方式，提高知识见闻，扩展文化视野，提升人际交往能力，避免学生在寒暑假因无聊而沉迷于上网、看电视等单独活动，甚至接触社会不良人员。

（6）改善民工子弟学校办学条件。鼓励优秀的老师到民工子弟学校办学、上课，帮助外来务工子弟接受同等质量的教学服务，提高外来务工人员的整体素质和人文素养。同时，社会各界应向民工子弟学校倾斜，给予他们更多的关怀与爱护。

### （三）进一步加强社会治理力度

司法实践表明，初始犯罪年龄与犯罪率有很大关系。成年犯罪中早年发生犯罪比成年后开始犯罪的多出七倍。从理论上讲，预防好青少年犯罪，可以减少六到七成的犯罪，预防青少年犯罪对营造安全、有序、和谐的社会环境有至关重要的作用，预防学生犯罪需要全社会共同努力。

（1）强化司法特殊预防功能。特殊预防是通过司法机关对刑罚的适用、判后帮扶、人文关怀等，预防犯罪人员重新犯罪。针对缓刑学生，通过QQ群、邮件、电话、传唤至指定地点等方式，了解缓刑学生的判后改造情况，鼓励其重启新生。针对羁押学生，法院与监狱、看守所等部门积极协调联系，定期到监管场所对学生进行回访考察并给予司法关怀。

（2）净化社会文化环境。学生是祖国的未来和希望。我们倡导全社会共同关心未成年学生的身心健康，为他们营造良好的社会氛围。一是加强网吧管理，净化网络环境。严格执行《互联网上网服务营业场所管理条例》，禁止未成年人进入网吧，严格打击网吧业主"上有政策，下有对策"的钻空子经营。二是加强 KTV、酒吧等场所的管理，明确部门职责，防止出现文化、公安、工商等部门"多头管理，难司其职"和"紧一时、松一阵"的现象，严厉禁止未成年学生进入酒吧、KTV 等娱乐场所。三是加强管制刀具和烟酒买卖的管理。依法严查在校园周边贩卖管制刀具的商贩，禁止向未成年人提供和出售烟酒类商品。

（3）加大宣传教育工作。《联合国预防少年犯罪准则》指出，"预防少年违法犯罪是社会预防犯罪的一个关键部分。青少年通过从事合法、有益于社会的活动，对社会采取理性态度和生活观，就可以形成非犯罪型态度"。建议团委、妇联、关工委等青少年权益保护组织充分发挥职能作用，为广大青少年学生组织丰富多彩的课余活动。如组织即将年满 18 周岁的青少年学生参加成人礼活动，对学生进行系统而生动的历史文化、社会责任、道德观念、家庭意识、法律常识教育，使他们掌握社会交往过程中所必需的知识，明确自己应承担的社会责任。

（4）建立沟通长效机制。建议综合治理部门和公检法等司法机关建立长效信息沟通机制，如联席会议制度等。司法机关将日常办案中发现的引发未成年人犯罪的情况及时反馈给综合治理部门，如针对学生群体中普遍存在的"网络沉迷""娱乐场所酗酒"等现象，法院可向教育、工商部门发送司法建议，并反馈给综合治理部门。综合治理部门按照相关部门落实、整改情况纳入综合治理年度考核。

（5）将外来流动学生纳入信息监管和帮扶安置范围。建立互联网数据库，对外来学生登记建档，实现外来学生信息管理畅通；对家庭条件差、缺乏监管的外来学生，及时联系有关组织，提供救济和帮助；对产生不良行为记录的学生，积极开展有效帮扶。

【专家评论】

学生犯罪一般是指正在学校或者其他教育机构学习的人实施的犯罪。学生包括小学生、中学生、大学生、研究生、博士生等，其年龄跨度很大。由于本文将犯罪人界定为实施犯罪时年龄为 14～18 周岁的中小学生，所以，本文的评析也将围绕未成年人犯罪以及在校学生这两个要素展开。

从《象山县学生犯罪案件的调查与思考》一文中我们可以看到，学生犯罪主要呈现以下特点：一是学生犯罪收案数和涉案人数连年攀升；二是犯罪平均年龄低，分布较为集中；三是学生犯罪"三高"特征显著——侵财型犯罪占近七成、本地籍学生犯罪占八成以上、团伙化犯罪占八成以上。学生犯罪的原因主要有家庭因素、自身因素、学校因素和社会因素等。

对未成年人特别是在校中小学生的保护一直以来都广为社会关注。由于未成年人处在体力、智力发育过程中，虽已具有一定的辨别和控制自己行为的能力，但其阅历浅、社会知识少，其成熟程度还不同于成年人，因此，对于未成年时的犯罪记录与成年后的犯罪记录应当区别对待。中国目前对此所作的制度设计前文点评中已有论述，不再赘述。

正是贯彻和执行上述刑事政策和刑法规定，象山法院未成年庭 2011 年至 2014 年 6 月份共审结的未成年人学生犯罪案件 33 件 45 人中，秉承以教育为主、惩罚为辅的审判理念，除社会危害特别严重、主观恶性特别大的案件，均通过监禁替代刑罚来挽救犯罪学生，在这 45 名学生犯罪人员中，被判处实刑的 8 人，被判处免于刑事处罚的 2 人，被判处缓刑的 35 人，非监禁刑适用率高达 82.2%，大大超过该院未成年人犯罪案件平均适用率（35% 左右），充分体现了对学生犯罪案件判决的轻缓化。除此之外，为了有效预防学生犯罪，更需要家庭、学校以及全社会的共同努力。

（黄芳，中国社会科学院法学研究所研究员）

# 法治指数

Indices of the Rule of Law

# B.20

# 中国地方量化法治的实践与评估

中国社会科学院法学研究所法治指数创新工程项目组*

**摘 要:**

在域外法治相关指数测评的理论与实践兴起的背景下,在中央部门的引导下,中国地方法治指数从无到有,迅速走向繁荣。发展至今,在立法、行政、司法等领域都已有相关法治指数的设计和评估。立法领域有立法前评估和立法后评估,地方法治政府的量化评估则出现依法行政考核、法治政府建设指标体系、法治指数等多种形态,司法领域已有案件质效评估、阳光司法指数、法院公信力指数、公众满意度评估等。在较为全面地介绍中国各种地方法治指数的基础上,本文还对其今后发展完善的关键议题展开讨论。

---

\* 项目组负责人:田禾,中国社会科学院法学研究所研究员。项目组成员:田禾、吕艳滨、王小梅、栗燕杰、郑博、赵千羚、刘迪等。执笔人:田禾;栗燕杰,中国社会科学院法学研究所助理研究员;吕艳滨,中国社会科学院法学研究所副研究员。

**关键词：**

> 地方法治　法治指数　第三方评估　量化法治

《中共中央关于全面深化改革若干重大问题的决定》提出，要"建立科学的法治建设指标体系和考核标准"。显然，对法治发展状况进行量化分析，用数量工具分析其得失，有助于直观地总结和发现法治发展的进展情况与存在的问题，并有针对性地加以完善。近年来，中国各地对量化法治开展了大量实践，有的是对当地整体法治发展进行量化评估，有的则是对立法、法治政府、司法等方面进行评估。其中，有不少实践是以指数这一数量工具对法治发展状况进行评价的，值得关注并加以总结。

# 一　对地方法治总体情况的量化和评估

对地方法治总体情况的量化评估立足于对法治建设的总体情况进行评估。从连续性与影响力来看，杭州市余杭区的法治指数脱颖而出。2007年底，"'法治余杭'量化考核评估体系"公布，2008年6月，余杭区宣布全国内地首个地方法治指数出炉。到2014年，余杭法治指数已完成第七次测评。其测评步骤有三，一是量化考核评估体系，二是搜集可量化法治数据，三是各方评分，最终计算出余杭法治指数得分。由区级九个目标分解出二级指标，再层层分解到区级机关、乡镇和街道、农村和社区三个层次。其测评指标内容包括民主执政优化、建设法治政府、司法公正权威、法律服务完善、市场规范有序、民众尊崇法治、全面协调发展、社会平安和谐、监督力量健全共九个方面。余杭法治指数的数据来源主要为纪委、公、检、法、司等部门的数据。客观数据仅是评估的参考依据，不计入分数。

余杭区的区域性法治指数对其他地方产生了示范效应。2013年，上海市静安区发布了上海市首个区级层面的依法治区评估体系及报告。静安区评估体系将各项指标量化，通过内部治理、工作绩效和社会评价构建了三维的指标体系框架。以街道为单位，在曹家渡街道、江宁路街道和南京西路街道开展了

"法治环境满意度调查",总计向市民发放问卷206份,其中有效回收问卷200份,有效率达97.1%。经过评估、统计,2012年静安区依法治区状况的最终得分为78.55分。评估报告不仅对静安区依法治区的工作经验、特色及挑战进行了梳理,还对静安区推进依法治区工作提出了对策建议。

2010年,"法治昆明综合评价指标体系"正式发布。该指标体系由"法治的社会环境指标""法治的制度环境指标"和"法治的人文环境指标"3个一级指标系统、13个二级指标群和33个具体要素指标构成。2011年,昆明市整体委托给独立第三方评估团队负责实施,采取法治量化评估方法,并兼顾社会指标评价和运算的原理,对昆明政府和社会运作的法治状况加以评估,最终得出分值为72.96分的年度"昆明法治指数"。

此外,一些地方还开发了法治城市考核指标体系。2008年,全国普法办和司法部开展法治城市、法治县(市、区)创建评选活动,随后司法部出台《全国法治城市、法治县(市、区)创建活动考核指导标准》。但该标准只是提出了指导性意见,主要指标均为相对原则性的要求,缺乏可操作性,也没有进行权重赋值。在该标准的指引下,一些地方积极探索形成指数化的地方法治城市考核评估体系,有代表性者如成都市。2009年,《成都市创建全国法治城市考核评估指标与测评操作体系(试行)》发布,包括党委依法执政能力、地方法制建设、依法行政、司法公开公正、公民法治意识、市场秩序、法律服务、法制监督等8项一级指标、72项二级指标和216项三级指标。在该指标体系基础上,成都市制发了《成都市创建全国法治城市工作评议考核办法》,各县(市区)创建办参照标准,制定了本级相应的标准、目标和实施细则、考评办法,将创建任务细化分解到基层,并建立了评估考核机制和监督激励机制。

另外,一些地方的其他相关测评、评估也有关注的价值。湖州市政府创设"阳光湖州服务指数",用量化数值反映各成员单位(市级机关部门)服务发展、服务基层、服务企业、服务群众的能力和水平及全市总体的作风效能状况。其基础性数据信息主要来源于"12345政府阳光热线"这一直接联系群众实践平台的工作运行数据,从而设置一个较为科学的评估体系。测评方法是服务对象主观评价和实际工作效能监测相结合,对"12345政府阳光热线"网络成员单位（市级机关部门）在办理群众诉求件中反映出来的即时响应情况、按时办结情况、及时反馈情况及群众满意度情况等赋予权重，测算后得出测评结果，并通过每季度定期公开发布的形式，发挥其评价、预警、督促功能，促进政府服务质量和水平的提高。

## 二 对立法活动的量化评估

对立法活动的评估既可以是以定性评价为主，也可以是以定量评价为主。本报告着重分析对立法的量化评估，这又分为立法前评估和立法后评估两种基本类型。

### （一）立法前评估

立法前评估是在法律文件出台前，为使编制的立法规划和计划具有科学性和可行性，列入立法规划的项目应当经过评估，对立法的必要性、可行性作出评估，也延伸到立法过程中对条文草案、出台时机、制度措施等内容的评估。立法前评估的鲜明特色是一次性，即评估在特定地方性法规、地方政府规章的出台甚至起草前进行，不按年度反复实施。

2014年3月，全国人大常委会领导提出要"探索法律出台前评估工作"。在此之前，地方人大及其常委会已经开始了立法前评估的探索与实践。2007年，海南省人大常委会在制定《海南经济特区机动车辆燃油附加费征收管理条例》时，侧重强调了评估立法成本，对立法自身的工作成本、执法成本和社会成本进行评估。青岛市也展开类似的立法前评估。2011年青岛市人大常委会委托青岛理工大学对《青岛市建筑废弃物资源化综合利用管理条例（送审稿)》展开立法前评估。在评估体制上，采取立法机关主导，以行政主管部门为基础，并引入专家评审、社会公众参与的评估程序。其基本步骤是：①市人大常委会法制工作机构根据法规类型的不同，有针对性地拟定立法前评估的指标；②行政主管部门根据评估指标，对立法项目进行分析评估，提出评估报告；③科研院校根据市人大常委会的委托，从立法、专业技术等层面，对行政主管部门的评估报告进行专家评审，提出评审意见；④通过网上公开、座谈等方式，征求有关部门及社会公众对立法项目的意见；⑤法制工作机构对评估报告、评审意见以及其他方面的意见进行汇总研究，提出综合评估报告，并向常委会主任会议报告。在评估方法上，青岛市的立法前评估采取了系统评价法、比较分析法、成本效益分析法等多种评估方法。在指标设计上，根据各个拟制定的地方性法规的不同情况，设计不同评估指标。其评估指标包括立法条件、立法成本、执法成本、守法成本、纠纷解决成本、立法效益、法规实施情况预测等板块①。

2012 年，天津市、山东省人大吸收起草单位、专家学者和社会公众对拟立法规进行"立法前评估"，以过滤掉不合法、不合适的立法项目。

总体上，立法前评估的强制性特征日渐凸显。立法前评估越来越成为立法前的必经程序。比如，2014 年浙江省出台《政府立法项目前评估规则》，要求向省政府申报和报送立法计划一类项目的，要开展立法前评估，并提交立法前评估报告；未展开立法前评估的，原则上不列入省政府一类立法计划项目，但省委、省人大常委会、省政府要求立即进行立法的项目除外。在成为必经程序的背景下，立法前评估必将发挥更加重要的作用。

## （二）立法后评估

立法后评估一般指法律法规颁行一段时间后，结合实施取得的成效与存在的问题实施评价，以更好地实施或修改，为相关立法、执法提供借鉴和指导。地方立法的后评估从对象上包括地方性法规和地方政府规章两大类情形。

在地方人大及其常委会的地方性法规层面，自 2005 年起，福建、上海、浙江、海南、山西太原、山东青岛等省市人大先后开展了不同形式的立法后评估。在地方政府的地方政府规章层面，2000 年起就有一些省份试点规章实施效果测评。2005 年，上海市人大法制委、法工委将《上海市历史文化风貌区和优秀历史建筑保护条例》作为首次立法后评估的对象，把法规实施的绩效及法规中各项制度设计和程序规定是否需要进一步完善作为评估的主要内容，并确定了执法部门评估、委托相关区人大常委会组织调研、向社会公众开展问

---

① 参见张桂芹、周怡萍《青岛市启动立法前评估试点》，《中国人大》2011 年第 16 期。

卷调查、专题调研、邀请市人大代表参与的评估方法。评估结论认为，该条例的立法目的基本实现，同时存在若干需要重视的问题。2006 年，山东省青岛市在对《青岛市专利保护规定》进行单项法规立法后评估的同时，在全国率先开展了对当地所有现行有效法规的全面评估。发展至今，各地的立法后评估已经开展了多种探索，取得丰硕成果。

广州市人大常委会开展的立法后评估比较有特色。广州市人大常委会于2012 年出台《广州市人大常委会立法后评估办法》，对立法后评估予以较为全面系统的规范。该办法要求地方性法规施行 5 年内应进行一次评估，评估前制订评估工作方案，成立评估组和专家组，制订由合法性、合理性、操作性、实效性、协调性、规范性六方面组成的评估指标，按百分制量化，确定具体细化的评估指标，制作评分表，通过实地调研、召开座谈会和专家论证会、书面发函等方式，以及通过网站、立法官方微博或者报纸公开征集公众意见，展开民意调查，汇总形成法规实施情况报告，进行集体评议，再量化评分，形成评估报告。广州市人大法制工作委员会根据该办法，委托机构对《广州市大气污染防治规定》等三部地方性法规进行立法后评估。其准备工作步骤包括制订评估计划，制订评估工作方案，确定委托评估单位并签订委托合同，成立评估组和专家组。评估方法包括文献研究法、问卷调查法、座谈访谈法、量化评分法。满分 100 分，其中合法性评价占 15 分，合理性评价占 25 分，操作性评价占 25 分，实效性评价占 25 分，协调性评价占 5 分，规范性评价占 5 分。最终量化评分的计算公式为：评估分数 = 评估组平均分 × 0.5 + 专家组平均分 × 0.3 + 法规实施部门评分 × 0.2。最终，评估组评分为77.29 分，专家组评分为 88.78 分，法规实施部门评分为 97 分。对《广州市大气污染防治规定》的立法后评估，按照计分公式计算得出的最终评估分数为 84.68 分。

另外，2011 年青岛市人大常委会的《青岛市人大常委会立法后评估暂行办法》，分别对评估的原则、评估对象、评估主体和组织机构、评估内容、评估程序、评估结果的使用等作出了规定。2013 年南京市人大常委会出台《南京市人大常委会立法后评估办法》，虽然可以引入第三方评估，也设置了评估的标准及方式方法、程序和评估报告，但并未强调量化技术的应用。

## 三 对法治政府建设的量化评估

近年来，地方法治政府的量化评估成为中国法治量化评估的一道亮丽风景线。地方法治政府的量化评估，与中央的领导与顶层设计具有密切关系。2004年国务院下发《全面推进依法行政实施纲要》后，2009年国务院办公厅《关于推行法治政府建设指标体系的指导意见》出台，对法治政府建设指标体系考评工作的考评主体、考评方法、考评步骤、结果运用等提出要求。该意见还附有"法治政府建设指标体系总体框架"，设置8项一级指标，50项二级指标，187项三级指标。2010年《国务院关于加强法治政府建设的意见》也要求，"加强依法行政工作考核，科学设定考核指标并纳入地方各级人民政府目标考核、绩效考核评价体系，将考核结果作为对政府领导班子和领导干部综合考核评价的重要内容"。

中央的政策文件给地方推动法治政府考核、评估以巨大激励，并确定了法治政府评估的基本框架与发展方向。之后，各地关于法治政府建设的量化考评指标大多以此作为蓝本，在其基础上，制订本地的法治政府指标体系。已经提出或正在进行依法行政考核、测评的省、自治区、直辖市人民政府包括北京、天津、内蒙古、辽宁、江苏、广东、福建、湖北、重庆、四川、贵州等地。一些地级市和较大的市政府也提出类似的考核指标。比如，浙江省温州市在2010年出台《温州市法治政府建设指标体系（试行）及2010年度考核评分标准》。江西省南昌市、陕西省渭南市、贵州省黔西南布依族苗族自治州、江苏省苏州市、广东省惠州市、辽宁省沈阳市、湖北省襄阳市、安徽省马鞍山市、河北省藁城市等也制订了当地的法治政府指标体系。在区县级政府层面，四川省金牛区、河北省永年县、江西省玉山县、贵州省普安县、江西省修水县、浙江省鹿城区、青岛市市南区、江苏省苏州市吴中区等也对法治政府指标体系进行了探索。

值得注意的是，在中央提出具体要求之前，一些地方政府对于法治政府指标考核已经有所试点。比如，安徽省宣城市的依法行政考核起步于2007年。根据《宣城市人民政府关于印发宣城市依法行政考核指标体系的通知》（宣政

〔2007〕32 号），该市设置了适用于县市区政府和政府所属部门、直属机构的两套考核指标体系，该考核指标体系采取百分制。由市政府法制办公室具体负责组织实施，考核对象对照指标体系将依法行政工作情况书面报告市法制办公室，考核名次靠前的单位由市政府给予表彰。

在省、自治区、直辖市层面，2010 年，湖北省政府宣布在全省范围施行《湖北省法治政府建设指标体系（试行）》。该指标体系由 8 个大项、35 个中项、160 个小项构成，涵盖了政府职能界定与机构职责配置、制度建设、行政决策、行政执法、行政服务、社会矛盾的防范和化解、行政监督、依法行政能力建设等方面。

上海市以构建"服务政府、责任政府、法治政府"为目标，对政府依法行政的实际运作情况进行评估。为了获知公众对市政府依法行政的感知情况，研究者制订了"制度健全度、公众参与度、信息透明度、行为规范度、高效便民度、行为问责度"六项测评指标，并由第三方机构对普通市民、企业以及律师进行问卷调查，根据对公众的调查结果对依法行政的状况进行打分①。上海市还建立法治建设满意度综合指数，设置 4 个一级指标，22 个二级指标，52 个三级指标。2013 年上海法治建设满意度综合指数值为 76.7 分，较 2011 年略有提高。

浙江省政府于 2013 年出台《浙江省法治政府建设实施标准》，全面推进依法行政工作。领导小组办公室对照该标准，牵头按年度组织开展法治政府建设考核评价工作。2013 年度的"浙江省法治政府建设专业评估指标及其权重"划分适用于设区市政府、省级部门两大类型，分别设置 8 个一级指标和数十项二级指标，并确定权重和赋值。其实施分为内部评价、专业机构评估和社会满意度测评三部分，分别占总分值的 50%、35% 和 15%。内部评价由领导小组办公室组织有关单位具体实施，专业机构评估由省社科院组织实施，社会满意度测评由领导小组办公室委托有关单位实施。根据考核评价的结果按分值高低排名，开展先进单位评选并给予通报表彰。

---

① 上海市人民政府法制办公室编《上海市依法行政状况白皮书（2004~2009）》，上海人民出版社，2011，第 89 页以下。

广东省以政府规章形式出台一系列规范，包括《广东省依法行政考评办法》《广东省法治政府建设指标体系（试行）》和《广东省政府规章立法后评估规定》等，共设 8 项一级指标，40 项二级指标，108 项三级指标。其考评包括社会评议、内部考核和自评自查三个板块。

## 四　对司法活动的量化评估

量化考核一直是中国司法机关管理的重要手段。一个值得关注的现象是，量化数据对司法管理有着强烈的吸引力，因此，被广泛应用。比如，为推进诉讼调解、撤诉，不少地方法院都提出明确的量化比例要求。2009 年河南省高院要求全省法院推行马锡五审判方式，民事案件的一审调解率要达到 60% ~ 80%。广东省《法治广东建设五年规划（2011 ~ 2015 年）》也要求，"力争全省法院一审民事案件调解撤诉率达到 55%"。

2008 年，最高人民法院出台《最高人民法院关于开展案件质量评估工作的指导意见（试行）》，将案件质量分为公正、效率和效果三个方面，并量化为 33 个指标，赋予其不同的权重，采用专门的数据收集和计算方法，得出案件质量的综合指数。2011 年，最高人民法院下发修订后的《关于开展案件质量评估工作的指导意见》，将公众满意度纳入指标体系。2013 年 6 月，最高人民法院印发《人民法院案件质量评估指数编制办法（试行）》。

2010 年，四川省高级人民法院出台《关于全省中级法院案件质效评估的实施意见（试行）》，旨在依托信息化建设，科学公正地评价各中级法院的工作成效。省高院对中级法院开展案件质效评估，各中级法院可结合实际开展自行评估及对辖区内基层法院的评估。按其文件表述，评估指标体系分为 3 个层级，由 1 个一级指标（案件质效综合指数）、3 个二级指标（公正、效率、效果）及 25 个三级指标组成，涵盖了结案率、上诉率、申诉率、诉讼调解率、信访投诉率等多方面内容。案件质效评估以案件流程管理为基础，省高院利用评估软件从网上提取各中级法院案件数据，自动生成任意时段案件质效评估数据（包括综合数据和各单项数据）。为便于进行类型案件分析，各项指标数据可以追溯。各中级法院可从查询接口查询该院数据。案件质效评估数据将作为对中级法院审判绩效考评的重要依据。

此外，浙江省高级人民法院在全国率先开展司法公开的第三方评估。2013年，浙江高院委托第三方机构对浙江省三级法院（2013年为2013家，2014年起为105家）开展阳光司法指数测评。2013年的测评涉及审务公开、立案庭审公开、裁判文书公开、执行信息公开、保障机制5个方面，2014年则包括审务公开、立案庭审公开、裁判文书公开、执行信息公开4个方面。评估采取观察法院门户网站、实地考察验证、评查案卷及庭审录像、调取法院日常统计数据等方式。长期以来，司法机关的量化评估工作中，第三方评估主体的作用相对有限。比如，案件质效评估中几乎没有第三方的参与，限于司法机关的自说自话而公信力和影响力缺乏。浙江法院的阳光司法评估则取得较大突破，其测评主体为第三方。并且，浙江高院对测评什么、怎么测评、测评结果不作任何干预；在测评中，要求全省各级法院做到"四不"，即不提示通知、不作动员、不提前布置、不告知测评科目，最大程度地保证了指数测评能够客观真实地反映司法公开工作的现状。为确保测评的准确和高效，浙江省高级人民法院还授权第三方测评机构直接从应用系统数据库中获取相关数据和信息，并随机调取案卷档案。

在浙江省启动阳光司法量化评估且经过两年测评之后，其他一些地方的法院也启动类似评估。比如，河北省法院系统于2014年出台《河北法院阳光司法指数评估暂行办法》，将立案、庭审、案件执行、听证、裁判文书的公开状况及法院接受监督状况，司法公开工作机制等量化为7项一级指数和27项二级指数，并明确规定了各项指数的评估权重。

2014年江苏省宿迁中级人民法院也发布了"宿迁法院阳光司法指数评估体系"。该体系分为内部评估指数和外部评估指数两部分，其中内部评估指数包括4项一级评估指标和30项二级评估指标，每项指标均设置了相应的权重。其阳光司法指数还引入外部评估，公开接受当事人和社会公众测评，通过纸质问卷调查和互联网在线调查，由诉讼参与人及社会公众对全市各法院司法公开程度进行量化打分，这包括向诉讼参与人和社会公众开展的共26项问卷调查。内部评估每半年进行一次，外部评估每年进行一次。根据各项指标的评估得分与权重，将综合计算出法院的"年度阳光司法指数"，连同评估报告向社会公

开发布。

有的地方还开展了针对司法机关的公众满意度测评。2008 年 9 月，江苏省高级人民法院启动了对全省法院的公众满意度调查工作，委托民意调查机构对各级法院司法公正、司法效率、司法公开、司法便民、司法公信力、工作作风、队伍形象、依法服务大局等方面进行调查。自 2010 年起，广东省高级人民法院委托第三方机构对全省 21 个中级法院和 128 个基层法院的各项工作进行群众满意度调查。

山东省淄博市中级人民法院开展了"公信法院"创建活动。这项活动拟采用量化评估方法，以规范司法权运行、提升司法公信力为目标，对法院、法庭、法官进行量化考核。

检察机关也开展公信力测评的试点。2014 年，宁波市 11 个县（市）区的基层检察院试点全国首个检察院公信力测评。宁波市检察院委托专业的第三方机构，采取打电话、计算机上网、访问等形式展开。测评结合各地情况，从每个县（市）区 18～75 周岁的城乡居民中随机抽取 500～1000 份样本，针对当地检察机关执法办案、队伍建设、检务公开、工作作风等四个方面展开。

## 五　对目前量化法治实践的总体评价

### （一）　总体成效

对法治进行量化评估是转变拍脑袋决策的根本出路，也是国家治理能力和治理体系现代化的具体体现。近年来，量化法治的实践取得了明显成效。

一是量化评估类型的广泛性与全面性。就测评对象而言，立法机关、行政机关、法院和检察院等司法机关均被纳入法治量化评估的实践中；就级别而言，省级、地市、区县都被纳入法治量化评估范围或开展独立的法治评估。从零开始的法治量化评估，短短数年时间就达到这种广泛性与全面性，其速度可谓空前。

二是第三方参与逐步发挥更大作用。在立法评估上，许多地方均强调根据需要，起草单位可邀请有关高等院校、科研院所等单位参与评估或委托第三方展开立法前评估。浙江省的《政府立法项目前评估规则》明确规定，起草单位根据需要，可邀请有关高等院校、科研院所等单位参与或委托其开展评估工作；在法治政府的评估方面，"开门评估"日渐成为共识，委托第三方实施部分评估的做法已屡见不鲜；在司法评估方面，已从第三方的有限参与，在一些地方发展到第三方独立参与，乃至第三方主导测评的模式。显然，第三方独立主导法治测评，必将成为大势所趋。

## （二）暴露的问题

### 1. 官方主导色彩较浓，第三方评估主体作用待提升

中国已有大量地方法治指数测评体系表现出强烈的政府主导色彩，政府不仅操刀确定评价指标体系、评价方式方法，甚至亲自动手评价的也不罕见。已有的地方法治指数相关测评大多以上级主导测评、被测评对象自我测评为主，虽然引入部分的公众和专家参与，但并未发挥应有作用。即便测评中采取了民意调查，或者其他方式的公众参与，测评结果依然难以取信于民。其测评的中立性无法得到保障，缺陷显而易见。

### 2. 定性指标占据比例仍然较高，赋值量化尚未到位

不少地方的法治指数测评均将"定性与定量"相结合作为重要的测评方式，其中定性评估往往占据重要位置；在测评结果上，各项板块、指数未予赋值的现象也是广泛存在。这在法治政府指标体系的起步阶段表现尤其明显。比如，深圳市的法治政府指标体系起步较早，但殊为可惜的是，该指标体系虽名为"指标"，但并未进行必要的赋值量化。再比如，《沈阳市人民政府关于印发沈阳市法治政府建设指标体系的通知》（沈政发〔2012〕41号），虽然名为"指标体系"，也初步划分了板块，但大量要求为"显著提高""及时""有力"，并未进行数字精确化，也无法进行量化评估考核。

### 3. 客观性指标仍较为缺失

客观性指标与主观性指标，在法治测评中应当予以合理配置，客观性指标基于其准确性、科学性具有不可或缺的作用。过于依赖主观性数据，采用满意度测评的方式是一些地方的主要测评方式。这种方式受制于问卷调查中样本选择的科学性、问卷设计的严谨性等因素，往往容易出现失真的情况，难以客观

真实地反映法治运行情况

**4. 指标设置及实施的科学性有待进一步提升**

通过权重量化赋值的方式，使得测评在外观上表现出一定的客观性，但其科学性仍有较大提升空间。

一是权重赋值本身是否合理，如何赋值，是否征求公众意见，如何展开专家论证，其论证研讨往往并不充分。

二是这种量化本身的客观性受到测评体制的严重削弱。测评的实施往往带有强烈的公权力主导色彩，由第三方主导的测评并未成为主流。即便个别地方委托第三方实施部分测评，也缺乏足够的中立性和独立性，而是由被测评对象国家机关如政府、法院主导。以法治政府的测评为例，或者由上级政府法制机构主导，或者由依法治省（市）领导机构主导，再引入不同程度的公众参与、第三方参与。这种第三方参与往往是有限的，甚至是被扭曲的。

三是不同地方的法治指数的设置、实施各自为政，并不统一，导致各地区的法治指数测评结果无法横向比较，并因此受到质疑。比如，昆明法治指数、余杭法治指数虽然最终均对外公布分值，但其分值意义如何，由于测评仅针对孤立的个别地方，不可能进行横向比较，其分值的意义并不大。

**5. 测评结果缺乏必要公开公示，应用不够充分**

不少地方政府已经较为重视法治量化评估结果的应用，注重强调发挥测评的评价作用、引导作用和督促作用。主要做法包括：对于测评指数排名靠前的政府、部门予以奖励，对于排名靠后或结果在一定限度以下，则予以督办；在指标中设置上级政府引领的改革方向；通过测评结果摸底下级的机构设置、惯例做法等。但是，与测评本身的兴师动众、轰轰烈烈形成鲜明对比的是，测评结果的外部公开与外部应用方面仍相当薄弱。绝大部分地方的测评结果仅通过新闻媒体公开排名靠前的若干机关，且大部分还是由测评对象以"自我表扬"的方式来公之于众，对于测评结果、测评报告缺乏系统、完整、全面的公开、公示。这里固然有"家丑不可外扬"的传统观念因素起作用，但对于测评结果更为广泛的应用、社会各界的监督作用发挥，都是极大的制约。

## 六 展望：地方量化法治的关键议题

从域外做法与已有地方做法的经验教训出发，地方量化法治在今后的改进完善，应充分考虑以下方面的议题。

### （一）建构第三方为主导的测评体制

评估主体的中立是评估结果客观、公正的最基本前提。从近年实践看，凡是突出第三方的测评，其效果往往都较好；凡是政府、法院主导，乃至关门测评的，其效果就相对较差。今后应突出独立第三方测评机构的作用和地位。具体而言，应由第三方主导测评而非国家机关自我主导，第三方机构应当有独立自主性，不应被上级机关、被测评对象过多干扰，但官方机构可以也应当从提供数据等方面给予必要配合与支持。

### （二）提升指标体系的科学性

测评指标科学与否直接关系到测评结果的科学性，除了依法、客观、可操作等因素外，评价指标的科学性还应当具有以下几个特点。

一是测评指标应具有连续性与灵活性。缺乏连续性的测评，年度纵向之间缺乏比较的可能；但指标缺乏灵活性，则必然走向僵化，进而流于形式。因此，如何兼顾连续性和灵活性，对指标设计者提出高层次的要求。

二是测评指标应兼顾地方性与普适性。地方量化法治的实践，表现出强烈的地方性创新与突破色彩。其指标体系也呈现出区域化特征，既有省一级的指标体系，也有地市级、区县级的指标体系。地方创新已成为中国法治指数实践的鲜明特色。有理由预期，今后中国的法治量化工作，在相当长时间内仍保持这种地方创新的特征，既要有普适性的指标，更要有凸显地方特色的指标；既要有适用于各个层级政府的一般性指标，也要有适用于地市级、区县级、各个部门机关的指标体系。因此，法治指标体系必然带有多元性、区域性，这也是针对不同测评对象的属性、特征的内在要求。

三是测评指标的设置与修订应兼顾公众意志、公众需求的主观性与法治自身规律的客观性。不能体现公意的测评指标，再完善也不过是空中楼阁，难以得到公众的认可。对法治的测评，需要充分考虑公众的法感情和法需求。因此，闭门造车的指标，不能适应社会需求。另外，法治的公平正义、公开透明、平等可预期等要求，也带有普遍性和客观性。以满意度调查来测评法治过于简单粗暴，无法适应胜诉方与败诉方、执行难与顺利执行的精微情感需要。必须意识到，传统社会抽样调查关注的是抽样对象的主观感受，尽管主观感受一定程度上能够反映客观真实性，但任何抽样调查的统计结果都不等于客观真实性。以问卷调查为例，调查样本越具有代表性，满意度的评估越真实；而样本的代表性取决于各类使用者的特点、问卷的选项和问卷对细节要求的程度。此外，法治类的调查相对于其他调查而言，专业性更强，体验性要求更高，对一个未体验过相关法律过程的个体而言，满意与否是一个无法回答的问题。即便是对于一个体验过该过程的个体，其是否满意与相关主体是否依法行事都是不同层面的问题，难以客观量化。对此需要强调的是，地方法治指数在相当长一个时期内，应当考虑根据客观数据（包括官方权威数据，以及课题组自行调研的实证数据），利用客观的方法进行分析，以及有针对性地进行制度实施状况测评，以保障指标的中立性、科学性和客观性。

### （三）测评指标及结果应合理适度公开

在阳光政府、阳光司法、开门立法等背景下，测评指标及结果是保密还是公开，并非不言自明的话题。

一是测评指标是否事前向测评对象公开。如果事先公开测评指标，作为测评对象的国家机关很可能根据指标调整自身做法或者其外观表现，这很可能使测评成为走过场。事实上，不少地方的已有测评正是如此，白白浪费宝贵的人财物资源。如果测评指标从起草到出台均严加保密，则测评指标的科学性从根源上就难以得到保证，测评结果也难以服众。面对如此两难问题，选择的出路需要智慧。可选措施有：测评指标的事先公开为部分公开，即考虑仅公开一级、二级指标，但三级或更具体指标则秘而不宣；另一种方案是测评前虽然不公开指标，但测评结果出来后在下一年度（或按其他测评时间段）测评开始前，公布上次的测评指标。但这种模式，要求每年测评指标必须更新，应有较大幅度的变动。

二是测评结果是否向社会公示。传统上一些地方政府将法治相关测评作为内部绩效考核的形式之一，因此测评结果也作为政府内部信息而存在，并无公开的必要。但发展至今，测评结果与公众并非无关，公开测评结果的呼声日渐强烈。对于公众而言，测评名次靠前的机关理应提供更规范更优质的公共服务，由此公开测评结果也有强化公众监督的客观效果；对于学术界而言，测评结果及相应报告的公开，更是提供了丰富的研究素材。显然，测评结果的逐步公开，将是大势所趋。

### （四）提升量化评估结果的可检验性与可比性

测评指标和测评结果并不是密闭于行政系统内部让行政机关孤芳自赏的，而应向社会各界开放。其开放既有利于提升量化测评的科学性与可信度，也有利于社会各界予以检验、比较。而无论是上级政府评估还是被测评对象自我评估，评估所依据的信息、素材往往是国家机关内部工作的文件、材料。加上测评指标、测评结果缺乏充分公开，社会公众、学术科研机构往往无从检验、比较。

对此，今后地方量化法治的实践中，应当注重指标体系、测评方式、评估结果的公开，提升其可检验性，以及地方之间、年度之间的可对比性。

### （五）警惕法治指数的异化

指标设置科学、测评体制顺畅、结果应用有力的"地方法治指数"将成为客观评价法治建设成效与存在问题的标尺，也可起到法治建设抓手的效果。因此，地方法治指数既有评价的客观功能，也有发现问题、不足的监督功能，还有鲜明的引导、预测、修正等建设性功能。

但是，在指数热的同时，也要警惕法治指数的异化。特别是在测评结果经常成为被考评对象负责人与一般工作人员的职务升降、奖励惩处的重要考虑因素的背景下，在指标考评中造假的动机将有增无减。而主导测评的上级国家机关也不希望测评结果过于"难看"以至于"难堪"，特别是在打造阳光政府的背景下测评结果的保密并无正当理由。最终，地方法治指数测评在各方合力之

下成为一项新的政绩形象工程，各级政府皆大欢喜而群众并不买账。如此这般，地方法治指数测评必将彻底异化，丧失存在的正当性。

为避免法治指数测评的异化，应考虑从以下的制度、规范建设方面加以预防。

一是测评指标的设置上，应兼顾全面性和重点内容，立足现有制度规范并有适度前瞻。既要避免将各个被测评对象都已经做到的规则作为主要测评指标，又要避免指标陈义过高而"逼良为娼"，促使测评对象靠做假来应付过关。另外，还应妥善设置客观性指标与主观性指标（如满意度、幸福感）的权重分配，避免主观性指标在测评中的走形变样。

二是测评体制上，以第三方独立、客观的测评为主导，避免受到测评对象的干扰。

三是测评指数的应用上，在强调更充分应用其成果改进工作的同时，避免与被测评对象的福利、晋升过度挂钩，克服滥用和误用。

# B.21

# 中国地方人大立法指数报告（2014）

## ——基于省级人大常委会网站的考察

中国社会科学院法学研究所法治指数创新工程项目组*

**摘　要：**

为把握人大立法工作的实际状况，提高立法的科学性和民主性，推进各级人大立法工作，法治指数创新工程项目组立足省级人大门户网站，从立法工作信息、立法活动、立法参与、立法优化4个方面进行了测评。测评发现，部分地方人大在加强立法公开、依法积极开展创制性立法和适用性立法等方面有不少亮点，但总体仍存在立法公开不到位、创制性立法仍处于探索阶段、立法参与待扩展等问题，需要在今后逐步完善相应的工作机制。

**关键词：**

地方人大　立法指数　网站

地方各级人大及其常委会的立法活动是中国社会主义法治体系的重要组成部分，对于确保国家法律在各地得到有效实施，维护国家法制统一、尊严和权威，推进地方依法治理、实现地方治理体系现代化具有积极作用。为了把握人大立法工作的实际状况，提高立法的民主性和科学性，推进法律制定与法律监督制度的不断完善，中国社会科学院法学研究所法治指数创新工程项目组（以下简称"项目组"）通过31个省、自治区和直辖市人大常委会①（以下简

---

\* 项目组负责人：田禾，中国社会科学院法学研究所研究员。课题组成员：吕艳滨、翟国强、王小梅、周婧、栗燕杰、缪树蕾、陈坤、赵千羚、郑博、刘迪。执笔人：翟国强，中国社会科学院法学研究所副研究员；周婧，中国社会科学院美国研究所副研究员。

① 港澳台地区不在此次测评之列。

称"省级人大常委会")门户网站对各地的立法情况进行了考察,并形成"中国地方人大立法指数报告"。

## 一 测评方法

立法是权力机关代表人民制定全体人民均需遵守的社会规范的活动。除极个别确有保密需要的信息外,立法活动应最大限度地向社会公开。唯有公开,才能做到有效参与;唯有公开,才能做到充分博弈,科学立法才能得到保障。据此,本测评立足于省级人大及其常委会的公开数据,开展独立第三方评估。当前,门户网站不仅是省级人大常委会公开法规草案、展示工作成效的有效途径,也是公民参与立法、实现民主立法和科学立法的重要平台。基于此,本次测评采用网上测评和实地调研相结合的方法,通过观察省级人大常委会的门户网站来分析、评估地方立法的情况。项目组根据宪法和法律的相关规定,用了近一年时间,在咨询专家、反复论证、预测评估和调整的基础上设定了指标体系。指标体系由四大板块组成,即立法工作信息公开(权重20%)、立法活动(权重35%)、立法参与(权重30%)、立法优化(权重15%)。

指标的设计围绕职权法定和民主立法、科学立法、公开立法四个方面。本次测评旨在测评省级人大履行立法职责的实际状况,依据法律规定来设计指标,根据《宪法》《立法法》和其他有关法律法规所规定的省级人大常委会立法职责职能来设定相应板块。人大常委会立法职责之外的其他事项,如人大常委会对本行政区域内的国民经济和社会发展计划、预算的部分变更,对人民法院副院长和人民检察院副检察长等人员的任免等不予测评。依据法律的规定,省级人大常委会的立法职责职能包括两部分。一是制定地方性法规,即省级人大常委会根据本行政区域的具体情况和实际需要,在不同宪法、法律、行政法规相抵触的前提下,制定地方性法规。二是在立法完成之后,通过立法监督、立法评估等机制优化立法,确保法律法规得到有效实施,维护社会主义法制的尊严和统一,提高立法质量,不断完善立法。各级有立法权的人大主要通过下列工作落实上述职能。首先,通过备案审查、法规清理等方式对地方性法规和其他规范性文件进行审查,确保其不违背上位法、具备合法性合宪性。根据

《立法法》的规定，省级和较大的市的人民政府制定的规章、较大的市的人大及其常委会制定的地方性法规以及自治州、自治县制定的自治条例和单行条例应当报省级人大常委会备案审查。省级人大常委会还可以进行地方性法规清理，对法规是否继续适用、修改、补充和废止作出决定。其次，省级人大对地方性法规的实施情况进行检查，以提升法规的有效性。这主要是针对行政机关执行法律的情况进行执法检查。再次，省级人大进行立法后评估，分析制定的地方性法规的实施效果，为今后的立法提供经验，以继续提高立法质量。基于此，本次测评从法规制定和立法清理优化两方面来测评省级人大常委会的立法工作情况。

除了职权法定，指标的设计还兼顾民主立法、科学立法和公开立法。民主立法和科学立法是中国立法活动的目标。一方面，民主立法是人民当家做主、社会主义民主的必然要求。中国是人民当家做主的社会主义国家，国家的一切权力属于人民。人民行使权力、当家做主的重要方式之一，就是制定真正体现人民意志的法律规范。而要实现这个目标，除了由人民的代表组成权力机关来立法之外，还要让广大人民群众参与立法，即民主立法。另一方面，科学立法是依法治国、建设法治国家的前提和基础。只有从中国的实际情况出发科学立法，合理调整社会关系，有效规范国家权力，才能制定出体现公平、保护权利的法律，保障和促进国家各项事业的发展，实现法治国家的目标。而要实现民主立法和科学立法，就需要推进立法公开。只有向人民群众公开有关立法的事项，如公开草案征求意见稿、立法规划和计划、立法计划完成情况、年度立法情况等，人民群众才能对法律草案、立法规划和计划乃至人大的整个立法工作表达自己的意见和建议，才能有效参与立法，从而实现民主立法。而且，通过人民群众参与立法，为立法献言献策，有助于提高立法质量，实现科学立法。基于此，本次测评着重从立法的民主、科学和公开三个维度来测评省级人大常委会制定地方性法规的情况。

## 二 立法工作信息公开情况

本次测评的第一个板块是"立法工作信息公开情况"，主要考察 31 个省级人大常委会通过门户网站公开立法工作相关信息的情况。该板块分为七个子板块，即"常委会领导信息""机构职能""年度工作信息""立法工作总结""本级人大代表信息""法规数据库""网站的检索功能"。"常委会领导信息"板块考察人大常委会是否在门户网站上提供常委会领导成员名单、简历和分工等信息。"机构职能"板块侧重于测评人大网站是否提供人大常委及其内设机构职能、负责人和联系方式。"年度工作信息"板块主要考察人大网站是否提供本年度和上一年度的常委会公报。"立法工作总结"板块主要考察人大网站是否提供上一年度立法工作的相关信息，如立法数据、立法的重点领域、过程和计划完成情况。"本级人大代表信息"板块着重考察人大是否通过门户网站提供本级人大代表的名单和联系方式。"法规数据库"板块考察人大网站是否设有法规数据库并提供搜索法规的引擎，并验证其有效性。"网站的检索功能"板块则考察人大网站是否提供了检索引擎，并验证其有效性。

测评发现，31家省级人大常委会都有门户网站，并且能够打开，但网站信息更新稍显滞后，有2家网站运行不稳定。西藏自治区、上海市等人大常委会网站开设了"立法工作"专栏，集中发布立法信息。这表明，网站正成为省级人大常委会发布信息、与公众沟通的重要平台。本板块测评得分见表1。

表1　省级人大常委会"立法工作信息公开情况"测评结果（满分：20分）

单位：分

| 省份 | 得分 | 省份 | 得分 | 省份 | 得分 |
|---|---|---|---|---|---|
| 上　海　市 | 17.5 | 宁夏回族自治区 | 12.0 | 陕　西　省 | 11.5 |
| 山　东　省 | 12.0 | 辽　宁　省 | 12.5 | 贵　州　省 | 13.5 |
| 山　西　省 | 11.0 | 吉　林　省 | 15.0 | 重　庆　市 | 14.0 |
| 广　东　省 | 14.0 | 西藏自治区 | 13.0 | 浙　江　省 | 14.0 |
| 广西壮族自治区 | 11.0 | 江　西　省 | 11.5 | 海　南　省 | 13.0 |
| 天　津　市 | 16.0 | 江　苏　省 | 13.5 | 黑　龙　江　省 | 11.5 |
| 云　南　省 | 7.5 | 安　徽　省 | 12.5 | 湖　北　省 | 13.5 |
| 内蒙古自治区 | 12.5 | 青　海　省 | 12.5 | 湖　南　省 | 13.0 |
| 甘　肃　省 | 12.0 | 河　北　省 | 12.0 | 新疆维吾尔自治区 | 13.5 |
| 北　京　市 | 15.0 | 河　南　省 | 11.5 | 福　建　省 | 12.5 |
| 四　川　省 | 12.5 | | | | |

说明：按照汉字笔画顺序排序，下同。

### （一）各地人大常委会立法工作信息公开的亮点

**1. 普遍建立人大常委会工作信息公开机制**

人大常委会作为人大的常设机关，在人大闭会期间可以制定和颁布地方性法规。人大常委会的信息对于公众了解其立法工作十分重要。基于此，本次调研考察了人大网站是否提供人大常委会的领导信息、机构职能、年度工作信息和立法工作总结。

31家省级人大常委会机构中，有28家在网站上提供了常委会正副主任的名单，占所测评人大常委会的90.3%；1家只提供了部分常委会主任的名单，占3.2%；2家没有提供相关信息，占比为6.5%。有18家提供了常委会领导成员简历，占测评人大常委会的58.1%；3家只提供部分领导成员简历，占9.7%；还有10家没有提供，比例高达32.3%。与上述公开情况相比，常委会领导分工的公开情况不尽如人意，只有2家人大常委会在网站上提供了常委会领导成员分管部门或业务的信息，占所测评31家人大常委会的6.5%；3家提供了部分常委会主任分管部门或业务的信息，比例为9.7%；其他人大常委会没有提供相关信息，所占比例为83.9%。

公开人大常委会的机构职能信息，不仅有助于增进公众对人大常委会职能的了解，而且方便公众直接向相关部门反映情况、表达意见。为此，项目组考察了省级人大常委会在门户网站上公开人大常委会职能、联系方式和内设机构职能、负责人信息和联系方式的情况。有19家人大常委会较详细地提供了人大常委会的职能信息，占测评的31家人大常委会的61.3%；2家人大提供了部分人大常委会的职能信息，占6.5%。8家人大提供了人大常委会的联系方式（包括地址和电话），占测评人大常委会的25.8%；6家仅提供人大常委会的地址或电话，所占比例为19.4%；还有17家没有提供人大常委会的任何联系方式，占54.8%。有28家人大常委会在网站上提供了常委会内设机构及其职能说明信息，占31家人大常委会的90.3%；还有3家没有提供相关信息，其比例为9.7%。10家人大常委会提供了内设机构全部负责人名单，比例为32.3%；2家人大提供了部分名单，比例为6.5%。通过网站提供内设机构联系方式的人大常委会更少，仅有2家，只占所测评31家人大常委会的6.5%。

**2. 常委会公报基本上网**

常委会公报是人大常委会发布重要决定（包括有关立法的决定）的载体。省级人大常委会大多在网站上设立了"常委会公报"栏目，并在此栏目提供了本年度的常委会公报。只有 1 家人大常委会网站没有在专门的"常委会公报"栏目提供本年度常委会公报，但可以通过检索找到。项目组同时还考察了上一年度常委会公报的公开情况。调研发现，26 家人大常委会在网站的"常委会公报"栏目中提供了上一年度常委会公报，并且可以有效打开，占被测评人大常委会的 83.9%；1 家没有在专门的"常委会公报"栏目提供上一年度常委会公报，但可以通过检索找到，占 3.3%；有 4 家没有提供上一年度常委会公报，比例为 12.9%。

**3. 常委会立法工作总结普遍公开**

31 家省级人大常委会都对 2013 年的立法工作情况进行了总结，但都没有在门户网站提供专门的年度立法工作总结，仅在常委会工作报告中提及。在 2014 年常委会工作报告中，30 家人大常委会介绍了年度的立法数量，如审议和通过的地方性法规数量，占测评总数的 96.8%。13 家人大常委会介绍了年度立法的重点领域，占比为 41.9%。例如，西藏自治区人大常委会在工作报告中介绍了三个重点领域的立法，一是促进经济社会发展，审查批准《拉萨市老城区保护条例》，对《西藏自治区实施〈非物质文化遗产法〉办法（草案）》《西藏自治区无线电管理条例（草案）》进行了初审；二是保障和改善民生，修订《西藏自治区实施〈中华人民共和国残疾人保障法〉办法》；三是促进依法行政、简政放权，修订政府规章，提高罚款限额标准，并对《西藏自治区环境保护条例》《西藏自治区建筑市场管理条例》《西藏自治区文化市场管理条例》和《西藏自治区实施〈中华人民共和国档案法〉办法》中有关登记、备案、许可等内容进行修正，减少和规范行政审批。6 家人大常委会在工作报告中虽提及立法的重点，但提供的信息不具体，如只提到"重点加强经济、环保和民生等领域立法"，并没有具体展开。就立法过程信息而言，15 家人大常委会在工作报告中提供了该年度制定法规的过程信息，占所测评 31 家人大常委会的 48.4%。例如：湖北省人大常委会工作报告中提到，在编制 2014 年度立法计划时首次增加"公推公选"、论证评估、民主票选三个环节，先后有 25 万网民直接参与立法选项投票，20 多位专家参与论证评估；河南省人大常委会工作报告中提到，就新型城镇化建设中的法制保障、户籍管理制度改革、农村土地使用权有序流转等问题进行专题调研，先后深入 12 个省辖市 50 多个县（市、区）实地察看，召开座谈会 40 余场次，广泛征求意见和建议。在上一年度立法计划完成情况方面，被测评的 31 家人大常委会并没有专门介绍是否以及在多大程度上完成了立法计划，只是在介绍年度审议和通过的地方性法规数量后，谈到完成了年度立法任务。

### （二）存在的问题

**1. 人大代表信息公开情况良莠不齐**

人大代表是由人民选举产生，而且代表人民参与国家权力机关的立法工作。了解人大代表的信息不仅是公众的权利，而且是公众通过代表参与立法的前提。在测评的 31 家省级人大中，30 家在网站上提供了本级人大代表名单，其中 10 家还提供了代表的职业背景信息，占所测评人大常委会的 32.3%。但在公开本级人大代表联系方式方面，除了上海人大网站提供了人大代表的工作单位与邮编信息，其余 30 家没有提供相关信息，比例高达 96.8%。

**2. 立法数据库建设仍有待加强**

建设完备的法规数据库是立法公开的重要形式，有助于公众便捷地查询立法信息。本次测评考察了 31 家省级人大常委会网站是否设立了法规数据库、是否具有检索功能。18 家网站设有法规数据库，而且数据库具备检索功能，占测评人大常委会的 58.1%；4 家网站有法规数据库，但数据库没有检索功能，占 12.9%；还有 9 家网站或者没有法规数据库或者无法打开，占 29%。项目组考察了 31 家省级人大常委会网站是否提供检索引擎，并对其有效性进行了验证。17 家网站提供了有效的全网综合检索引擎，2 家提供了简单的检索引擎。还有 12 家网站或者没有检索引擎，或者提供的是无效的引擎，占所测评人大常委会的 38.7%。另外，测评还发现，人大网站的检索功能普遍较差，检索的精确度也较低。这表明，公众通过人大网站查找信息的难度较大，网站的便捷性仍有待提高。

# 三 立法活动情况

"立法活动情况"板块主要考察人大常委会制定地方性法规的整体情况。省级人大常委会的立法工作涉及方方面面，本次调研并非逐一考察，仅测评31家省级人大常委会是否制定了本人大常委会的立法活动程序；是否制定了五年立法规划和2014年度立法计划；是否调整了2013年立法计划，计划的完成情况如何；在最近三年有无创制性立法，即在国家尚未立法的情况下，省级人大常委会在本地有需要且具备条件的情况下制定地方性法规的活动。同时，考虑到食品安全是与老百姓生活密切相关且近年公众关注度较高的立法领域，项目组还测评了人大制定食品安全相关法规和食品生产加工小作坊相关法规的情况。本板块测评得分见表2。

表2　省级人大常委会"立法活动情况"测评结果（满分：35分）

单位：分

| 省份 | 得分 | 省份 | 得分 | 省份 | 得分 |
|------|------|------|------|------|------|
| 上 海 市 | 24.0 | 宁夏回族自治区 | 27.5 | 陕 西 省 | 27.5 |
| 山 东 省 | 20.5 | 辽 宁 省 | 17.0 | 贵 州 省 | 25.7 |
| 山 西 省 | 21.4 | 吉 林 省 | 17.0 | 重 庆 市 | 17.9 |
| 广 东 省 | 24.0 | 西 藏 自 治 区 | 15.2 | 浙 江 省 | 18.7 |
| 广西壮族自治区 | 20.5 | 江 西 省 | 17.0 | 海 南 省 | 18.7 |
| 天 津 市 | 16.1 | 江 苏 省 | 22.2 | 黑 龙 江 省 | 21.4 |
| 云 南 省 | 18.7 | 安 徽 省 | 20.5 | 湖 北 省 | 29.2 |
| 内蒙古自治区 | 11.7 | 青 海 省 | 20.5 | 湖 南 省 | 19.6 |
| 甘 肃 省 | 24.9 | 河 北 省 | 11.7 | 新疆维吾尔自治区 | 15.2 |
| 北 京 市 | 20.5 | 河 南 省 | 20.5 | 福 建 省 | 23.1 |
| 四 川 省 | 21.4 | | | | |

从测评结果来看，各地省级人大常委会普遍做到以下几点。

## （一）立法活动有法可依

尽管《立法法》对全国人大及其常委会的立法程序、省级人大及其常委会的立法权限、地方性法规的调整事项和备案审查等作出了规定，但省级人大及其常委会的立法程序、省级人大常委会对地方性法规以下规范进行审查的程序等事项仍缺少明确的规定，需要各省级人大根据本省的具体情况来设定。在测评的31家省级人大中，已有18家人大常委会制定了立法活动程序，比例为58.1%。该程序规定了省级人民代表大会的立法程序，省级人大常委会的立法程序，较大的市的地方性法规、自治条例、单行条例的批准程序，地方性法规的解释，规章的备案审查程序等。这有助于指引立法活动的有序开展，规范立法活动、提高立法质量。但立法活动程序的公开程度仍须提高。只有广西、贵州、海南、福建、安徽的人大常委会在门户网站上公布了立法活动程序，其他13家并没有提供，通过百度、全国人大法律法规网站等搜索引擎才能找到。

## （二）普遍制定立法规划和计划

制定立法规划和立法计划是中国的立法惯例。人大常委会通过制定立法规划和计划来明确立法目标、原则、重点要求和任务分工，这有助于落实立法工作、实现任期立法目标。被测评的31家省级人大常委会都制定了本届常委会的立法规划和年度立法计划，而且在制定的过程中大多征求了公众意见。但并非所有人大常委会都在网站上公布立法规划和立法计划。仅10家人大常委会在网站上提供立法规划，占测评人大常委会的32.3%；7家网站没有提供，只有通过百度等搜索引擎才能找到，占22.6%；还有14家人大常委会的立法规划无法通过网络找到或无法打开，占45.2%。15家人大常委会的网站提供了2014年度立法计划，占31家人大常委会的48.4%；有4家网站没有提供，但通过百度等搜索引擎或者在地方立法网站可以找到，占12.9%；1家没有提供整个立法计划，但提供了人大各内设机构的工作要点，比例为3.2%；另有1家没有提供立法计划，只提供了草案，比例为3.2%。17家人大网站提供了2013年立法计划，占测评人大常委会的54.8%；2家人大常委会没有在网站公布2013年立法计划，但通过百度等搜索引擎能够找到，比例为6.5%；其他12家人大常委会的立法计划或者无法通过网络找到，或者无法打开，比例是38.7%。

年度立法计划制定之后，人大常委会可能根据具体情况进行调整。但调研的 31 家人大常委会没有在网站上提供有关 2013 年立法计划调整的信息。立法计划制定或调整之后，还须执行，否则不过是一纸空文。为此，项目组还考察了立法计划的完成情况。31 家人大常委会都没有就上一年度立法计划完成情况发布专门的公告。相关信息只能在人大常委会工作报告或者新闻报道中找到，但信息不够具体，大多是在介绍 2013 年立法数量之后捎带提及"顺利完成"上一年度工作任务或立法任务。

### （三）完成立法委托情况较好

近年食品安全事故时有发生，食品安全立法备受关注。2009 年全国人大常委会出台了《食品安全法》。该法第 29 条第 3 款规定，食品生产加工小作坊和食品摊贩从事食品生产经营活动，应当符合本法规定的与其生产经营规模、条件相适应的食品安全要求，保证所生产经营的食品卫生、无毒、无害，有关部门应当对其加强监督管理，具体管理办法由省、自治区、直辖市人民代表大会常务委员会依照本法制定。测评发现，29 家省级人大常委会制定了食品安全相关法规，比例高达 93.5%。其中，21 家人大出台了食品安全相关法规，且未设定食品生产加工小作坊许可；8 家出台了相关法规，但设定了食品生产加工小作坊许可。而在食品生产加工小作坊的立法方面，人大常委会直接制定相关法规的情况并不多见，大多是由省级政府依据省级人大常委会已经制定的食品安全生产条例或者其他法规，制定小作坊管理办法。

### （四）创制性立法仍处在探索阶段

《立法法》授权省级人大及其常委会根据本行政区域的具体情况和实际需要，在不同宪法、法律、行政法规相抵触的前提下制定地方性法规。省级人大常委会不仅为在本地更好地实施全国人大及其常委会颁布的法律而制定地方性法规，还可以在尚未有相关法律的情况下，为解决本地面临的突出问题，制定一些探索性法规。后者是一种创制性立法。测评发现，10 家省级人大常委会在近三年进行了创制性立法，占所测评人大常委会的 32.3%。例如，甘肃省人大常委会制定的《甘肃省废旧农膜回收利用条例》是国内首部相关地方性法规。在这 10 家人大常委会中，制定 1 件的有 5 家，制定 2 件的有 4 家，制定了 3 件以上创制性法规的只有 1 家。这表明省级人大常委会的立法工作主要围绕在本地区有效实施的法律和行政法规展开，创制性立法相对较少，仍处在探索阶段。

## 四 立法参与情况

立法参与既是民主立法、开门立法的必然要求，也是科学立法、提高立法质量的重要保障。立法参与的主体较多，如政府部门、相关利益群体、专家学者和普通公众，立法参与的形式也多种多样，如专家参与起草法案，召开专家咨询会、座谈会、论证会等等。本次调研主要从公众参与的角度，考察立法草案公开、公众参与平台和召开立法听证会三个方面。本板块测评得分见表 3。

表 3 省级人大常委会 "立法参与情况" 测评结果（满分：30 分）

单位：分

| 省份 | 得分 | 省份 | 得分 | 省份 | 得分 |
|---|---|---|---|---|---|
| 上 海 市 | 29.0 | 宁夏回族自治区 | 12.0 | 陕 西 省 | 17.0 |
| 山 东 省 | 13.0 | 辽 宁 省 | 12.0 | 贵 州 省 | 12.0 |
| 山 西 省 | 15.0 | 吉 林 省 | 14.0 | 重 庆 市 | 22.5 |
| 广 东 省 | 26.0 | 西 藏 自 治 区 | 9.0 | 浙 江 省 | 19.5 |
| 广西壮族自治区 | 14.0 | 江 西 省 | 32.0 | 海 南 省 | 18.0 |
| 天 津 市 | 19.0 | 江 苏 省 | 9.0 | 黑 龙 江 省 | 3.0 |
| 云 南 省 | 21.0 | 安 徽 省 | 22.0 | 湖 北 省 | 22.0 |
| 内 蒙 古 自 治 区 | 18.0 | 青 海 省 | 13.0 | 湖 南 省 | 14.0 |
| 甘 肃 省 | 9.0 | 河 北 省 | 20.0 | 新疆维吾尔自治区 | 3.0 |
| 北 京 市 | 28.0 | 河 南 省 | 17.0 | 福 建 省 | 12.0 |
| 四 川 省 | 20.5 | | | | |

## （一）多数立法草案在网上公布

立法草案公开是立法参与的前提和基础，测评首先考察了省级人大常委会公开立法草案的情况。在测评的 31 家人大常委会中，有 29 家在网站上提供 2014 年的立法草案征求意见稿，比例高达 93.5%。其中 26 家人大常委会在公布草案征求意见稿的同时，提供了草案征求意见有关事项的说明，如反馈意见的电话、邮箱、邮寄地址、时限。12 家人大常委会公布草案征求意见稿时还提供了草案说明。只有 6 家在网站上对公众意见进行反馈。根据立法程序的要求，人大常委会的内设机构还要对公众意见进行审议，并形成立法草案审议结果。在被测评的 31 家人大常委会中，有 9 家在网站上公布了 2014 年立法草案的审议结果，比例为 29%。例如，北京市人民代表大会法制委员会作出的《关于〈北京市控制吸烟条例（草案）〉审议结果》。这表明，网站已成为人大常委会公开立法草案、征集并回应公众意见的重要平台。

### （二）公众参与立法机制有待完善

为了方便公众对草案征求意见稿提出意见和建议，上海、山西、云南等 13 家人大常委会网站设立了公众参与平台，占所测评人大常委会的 41.9%。例如：福建省人大网站设有"立法意见建议"栏目，专门征集公众意见；江苏省人大网站公开立法草案时，条文下面可以在线提出意见，并设有意见与答复一栏。有的人大网站不仅设有公众参与平台，而且公布了公众的意见。例如，河北省人大在网站上公布了公众对《河北省国土治理条例（草案）》提出的意见。

### （三）立法听证会须进一步规范化

近年来，召开立法听证会已成为省级人大常委会听取各方意见、加强立法参与的重要方式。听证的内容涉及城市建设、市场物业管理、消费者权益保护、拆迁管理办法、环境资源保护等各个领域的立法。例如，甘肃省人大常委会于 2004 年举行了首次立法听证会，对《甘肃省消费者权益保护条例（草案）》中欺诈消费者行为的范围及处罚方式、医疗服务和中介服务是否属于该条例的调整范围等问题进行听证。而且，听证会的形式越来越多样，如江西省人大常委会就《江西省企业权益保护条例（草案）》举行网上听证。根据测评，2014 年有 9 家人大常委会在门户网站上提供了立法听证会的相关报道，占测评人大常委会的 29%。其中上海市人大常委会还公布了听证会的具体信息。

为了明确立法听证的步骤和方法、规范听证各方的行为，青海省、江西省等 14 家人大常委会制定了立法听证会的相关规则，占所测评 31 家人大常委会的 45.2%。早在 2004 年，北京人大常委会就出台了立法听证规则，对听证事项、听证方式作了详细规定。随后，一些人大常委会开始制定类似规则，如《广东省人民代表大会常务委员会立法听证规则》《甘肃省人民代表大会常务委员会立法听证规则》《湖北省人大常委会立法听证规则》《山东省人民代表大会常务委员会制定地方性法规听证规定》《天津市制定地方性法规听证办法》等。

## 五　立法优化情况

除了制定地方性法规，通过立法监督、立法评估等机制优化立法也是省级人大常委会的立法职责。这主要包括三个方面：一是对规范性文件进行审查，对地方性法规进行清理，纠正下位法违反上位法的情形，维护法制统一；二是进行立法后评估，提高立法质量；三是对地方性法规的执行情况进行监督，确保法规得到有效实施。基于此，"立法优化"板块主要考察省级人大常委会是否制定规范性文件审查办法；人大常委会对地方性法规以下的规范性文件进行审查的情况，审查结果是否公开；人大常委会是否制定地方性法规评估程序，并对地方性法规的效果进行评估；人大常委会是否制定地方性法规清理程序，并对地方性法规进行清理；人大常委会是否对政府执行地方性法规的情况进行监督检查。本板块测评得分见表 4。

表 4　省级人大常委会"立法优化机制情况"测评结果（满分：15 分）

单位：分

| 省份 | 得分 | 省份 | 得分 | 省份 | 得分 |
|---|---|---|---|---|---|
| 上　海　市 | 9.0 | 宁夏回族自治区 | 9.0 | 陕　西　省 | 12.4 |
| 山　东　省 | 9.0 | 辽　宁　省 | 6.0 | 贵　州　省 | 9.0 |
| 山　西　省 | 6.0 | 吉　林　省 | 9.0 | 重　庆　市 | 13.5 |
| 广　东　省 | 14.6 | 西藏自治区 | 11.3 | 浙　江　省 | 8.6 |

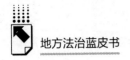

续表

| 省份 | 得分 | 省份 | 得分 | 省份 | 得分 |
|---|---|---|---|---|---|
| 广西壮族自治区 | 11.3 | 江 西 省 | 12.4 | 海 南 省 | 9.0 |
| 天 津 市 | 9.0 | 江 苏 省 | 9.0 | 黑 龙 江 省 | 10.1 |
| 云 南 省 | 11.3 | 安 徽 省 | 9.0 | 湖 北 省 | 9.0 |
| 内蒙古自治区 | 11.3 | 青 海 省 | 9.0 | 湖 南 省 | 11.3 |
| 甘 肃 省 | 9.0 | 河 北 省 | 9.0 | 新疆维吾尔自治区 | 10.1 |
| 北 京 市 | 10.1 | 河 南 省 | 10.1 | 福 建 省 | 10.1 |

对省级政府制定的行政规章、较大的市的人大常委会制定的地方性法规等规范性文件进行备案审查，是省级人大常委会的重要职责。为确立备案审查的程序、规范审查行为，省级人大常委会均制定了备案审查办法。而且，通过查阅人大网站或百度等引擎进行搜索，调研组发现有26家人大常委会启动了备案审查，占83.9%。2家人大网站设有"备案审查"专栏，但没有具体信息，占测评总数的6.5%。启动备案审查之后，人大常委会还作出审查决定，但审查决定的公开程度仍有待提高。只有8家人大常委会公布了备案审查情况，占25.8%。例如，贵州省人大常委会法制工作委员会的《关于2013年规范性文件备案审查工作情况的报告》。

为了维护法制的统一和尊严，省级人大常委会除了对规范性文件进行备案审查，还要对地方性法规进行清理。近年来，省级人大常委会大多对地方性法规进行了清理。但调研组通过浏览31家省级人大常委会门户网站和百度等搜索引擎检索，未能找到2014年法规清理的相关信息。有的人大常委会虽在网站上设立了"法规清理"栏目，但该栏目没有2014年的信息。为规范地方性法规清理活动，4家省级人大常委会制定了地方性法规清理程序，占12.9%。其中1家在网站上提供了此程序。可见，省级人大常委会法规清理工作的公开性和规范性还有待加强。

立法后评估是测评立法效果、提高立法质量的重要机制。在测评的31家人大常委会中，有8家在2014年进行了地方性法规评估，并在其门户网站或政府法制网上公布了相关信息，比例为25.8%。各地人大常委会在进行立法后评估的过程中形成了一些新的机制，如北京市人大常委会在制定立法工作计划时，就设立了对立法后评估的项目；福建省人大常委会在对《福建省促进茶产业发展条例》进行立法后评估时，向社会公开征求意见和建议；湖南省人大常委会开展《湖南省旅游条例》立法后评估问卷调查；山东省人大常委会建立了地方性法规实施情况报告制度，以便对法规进行立法后评估。而且，为了规范评估活动，4家省级人大常委会制定了地方性法规评估程序，占测评人大常委会的12.9%，其中2家公开了该程序。

对地方性法规的实施情况进行执法检查，是人大常委会立法监督的重要内容。31家省级人大常委会都开展了执法检查，并在每年的常委会工作报告中介绍执法检查的情况。人大常委会还在门户网站首页设置了关于执法监督的版块，如"监督工作""监督资讯""监督视窗""监督视点"等，方便公众查询相关信息。但个别网站的导航虽有监督专栏，有关执法检查的情况却在其他栏目中公布，栏目与信息不匹配。

# 六　地方人大立法发展建议

本次测评考察31家省级人大常委会的立法工作信息公开、立法活动、立法参与和立法清理完善机制的情况，发现地方立法已经形成比较成熟的工作机制，摸索出一些行之有效的方法。地方人大设立30多年来，中国的地方立法机关依法履行职权，取得了令人瞩目的成就。但受制于立法经验不足、立法权限分配不够明确等体制机制因素，地方立法中还存在一些问题，在科学立法和民主立法方面，仍有不断提升的空间。当前《立法法》修改的一个动向是进一步下放地方立法权，扩展具有立法权的较大市的范围，这对完善地方立法程序、提高地方立法质量提出新的要求。当前，完善中国地方立法，可以从以下几方面着手。

第一，合理界定地方立法的权限范围。测评发现，由于地方立法机关进行创制性立法的界限不易把握，导致地方创制性立法数量偏少。有些地方立法照搬上位法，有些只改动相关主体名称或者简单对上位法进行细化或解释。这样既浪费了立法资源，制定出的地方性法规也不符合地方实际，不具有可操作性。地方立法如果大胆创新，提出新概念、新观点、新做法，又容易造成与上位法抵触的被动局面。如何准确界定地方立法创新的边界，既能保证地方立法灵活恰当地回应地方改革的需求，又能使得地方立法从内容到形式不至于违反宪法确定的法制统一原则，这是中国地方立法进行改革创新面对的重要法律问题。十八届四中全会决议指出，要明确地方立法的权限和范围。在地方立法体制完善方面，要明确地方立法进行改革创新的法律界限，明确地方立法不抵触上位法的判断标准。此外，对于民族自治地方的立法权而言，还要明确其对国家法律变通的范围和界限。

第二，进一步实现地方立法程序的规范化。《宪法》《立法法》《地方各级人民代表大会和地方各级人民政府组织法》虽然明确了地方立法的权限，但没有对地方立法的程序作出详细规定。地方人大常委会如何制定地方性法规、如何开展立法监督，有赖于各省根据本地情况来决定。在调研的31家省级人大常委会中，有18家人大常委会制定了立法活动程序，这些条例或办法规定了地方立法程序，较大的市的地方性法规、自治条例、单行条例的批准程序，地方性法规的解释，规章的备案审查程序等。这有助于保障地方人大常委会依法履职，科学立法。但是，仍有一些地方没有制定相关的立法程序。有的虽然对立法程序作了规定，但规定不够明确具体。为此，建议各级地方立法机关加强制度建设，完善工作机制，对立法程序进行充分的法定化和制度化。

第三，进一步开门立法，扩大公众有序参与地方立法。测评结果显示，虽然地方立法机关在开门立法、民主立法方面积累了一定的工作经验，取得了一定的成效，但是公众参与立法的途径仍有待扩宽，参与的便捷性仍须提高。因此，各级立法机关在提高公众参与的便捷性和多样性方面，可以通过提供网络在线参与平台、举行网络立法听证会、微博直播听证会等方式扩大公众有序参与地方立法。同时，进一步推进立法公开，完善立法听证机制、意见征求与反馈机制、公众参与备案审查机制等。

第四，加强科学立法，完善立法评估机制。调研发现，地方立法机关重视科学立法，普遍建立专家参与立法机制。有些地方还尝试进行立法后评估工作，这些举措对于提高立法质量具有积极作用。但是，如何建立科学合理的立法评估机制，仍有待在立法实践中进一步探索。评估的主体、程序、标准和指标体系等还需要进一步完善。31家省级人大常委会立法情况总体测评得分见表5。

表5 省级人大常委会立法指数总体测评结果（满分：100分）

单位：分

| 省份 | 得分 | 省份 | 得分 | 省份 | 得分 |
|---|---|---|---|---|---|
| 上 海 市 | 79.5 | 宁夏回族自治区 | 60.5 | 陕 西 省 | 68.4 |
| 山 东 省 | 54.5 | 辽 宁 省 | 47.5 | 贵 州 省 | 60.2 |
| 山 西 省 | 53.4 | 吉 林 省 | 55.0 | 重 庆 市 | 67.9 |
| 广 东 省 | 78.6 | 西 藏 自 治 区 | 48.5 | 浙 江 省 | 60.9 |
| 广西壮族自治区 | 56.8 | 江 西 省 | 72.9 | 海 南 省 | 58.7 |
| 天 津 市 | 60.1 | 江 苏 省 | 53.7 | 黑 龙 江 省 | 46.0 |
| 云 南 省 | 58.5 | 安 徽 省 | 64.0 | 湖 北 省 | 73.7 |
| 内 蒙 古 自 治 区 | 53.5 | 青 海 省 | 55.0 | 湖 南 省 | 57.9 |
| 甘 肃 省 | 54.9 | 河 北 省 | 52.8 | 新疆维吾尔自治区 | 41.9 |
| 北 京 市 | 73.6 | 河 南 省 | 59.1 | 福 建 省 | 57.7 |
| 四 川 省 | 63.4 | | | | |

B**B**.22

# 2013 年余杭法治指数报告*

钱弘道**

摘 要：

余杭法治指数测评结果表明，余杭法治建设仍处于较为稳健的
运行状态。区政府为法治建设做了大量有效的工作，但在依法
行政、增强群众法治意识、创建平安余杭等方面尚存在一些亟
待解决的问题。应充分发挥党委在法治建设中的领导作用，更
加重视培养法治思维和进行制度创新，以法治方式办事行政，
做到司法公开透明，并不断扩大公民参与范围，增强公民监督
力度。

关键词：

余杭 法治指数 法治实践学派

2014 年 5 月 25 日，余杭法治课题组完成了余杭法治指数第七次测评。
2013 年度余杭法治指数测评方式与往年一致，仍然采取民意调查、内外部组
评估、专家组评审的方式。2013 年度余杭法治指数最后得分为 71.85 分。

## 一 民意调查

### （一）民意问卷调查

民意调查共发出 1800 份问卷，收到有效问卷共 1201 份。本次调查通过网

---

\* 本文系"2011 计划司法文明协同创新中心"研究成果，教育部哲学社会科学研究重大课题攻关
项目"中国法治政府建设指标体系研究"（13JZD011）、国家社会科学基金重点项目"司法透明
指数研究"（13AFX012）、余杭区委区政府委托项目阶段性成果。

\*\* 钱弘道，浙江大学法学院教授。参与本报告撰写的有浙江大学光华法学院杜维超、崔鹤、杨得
兵、张洁。

上民意调查、实地调查和发放调查问卷三种方式进行，在样本的选择上，充分考虑了其覆盖面、代表性与差异性，选取了不同年龄、不同职业与不同文化程度的社会各阶层民众来开展调研。

2007～2013 年度"法治余杭"建设问卷调查的得分情况见表 1。

表 1　2007～2013 年度问卷调查各项得分

| 年份\项目 | 党风廉政建设 | 行政工作认同度 | 司法公正 | 权利救济有效 | 民众尊崇法治 | 市场规范有序 | 监督力量健全 | 民主政治参与 | 社会平安和谐 | 法治总体评价 | 总分 |
|---|---|---|---|---|---|---|---|---|---|---|---|
| 2013 | 67.72 | 70.53 | 71.41 | 67.82 | 70.03 | 70.55 | 69.74 | 68.20 | 73.91 | 71.76 | 70.16 |
| 2012 | 68.20 | 70.20 | 70.20 | 68.40 | 70.80 | 70.20 | 69.10 | 70.70 | 73.10 | 71.10 | 70.20 |
| 2011 | 64.30 | 65.00 | 69.70 | 66.80 | 67.00 | 63.20 | 66.40 | 67.00 | 71.50 | 70.60 | 67.15 |
| 2010 | 62.30 | 64.60 | 70.70 | 62.80 | 65.10 | 61.70 | 66.10 | 68.70 | 71.20 | 70.60 | 66.38 |
| 2009 | 64.52 | 68.52 | 73.71 | 65.24 | 66.83 | 68.05 | 69.03 | 67.85 | 72.40 | 71.92 | 68.79 |
| 2008 | 70.8 | 70.6 | 70.6 | 71.8 | 75.4 | 72.2 | 69.8 | 73 | 73.8 | | 71.92 |
| 2007 | 76.4 | 76.4 | 78.4 | 77.8 | 86.8 | 71.4 | 74.6 | 74.4 | 76.4 | | 76.96 |

## （二）调查结果数据分析

2013 年度民意调查指数为 70.16 分，余杭法治总体评价得分稳中有降，降低了 0.04 分。这是自 2010 年以来，民意调查指数首次出现负增长。

在各单项指标中，除第二项不具有可比性外，"司法公正""市场规范有序""监督力量健全""社会平安和谐"与"法治总体评价"五项指标有了不同程度的增长。其中"市场规范有序""监督力量健全"和"社会平安和谐"三项指标连续三年出现增长。同时，"党风廉政建设""权利救济有效""民众尊崇法治""民主政治参与"四项指标均有所下降，其中"党风廉政建设""权利救济有效"和"民众尊崇法治"三项指标结束了连续两年的增长，呈下滑趋势。

通过对 2009 年以来民意调查结果的比较，我们发现至少三方面的问题。

第一，在实现了连续两年的增长之后，2013 年度的群众满意度出现了回落。可以推断：余杭区政府在这一年中做了大量的工作，有的工作得到了群众的认可，并取得了初步成效；有的工作不仅没有得到承认，反而出现了消极影

响。这说明，在信息越来越畅通的时代，人民群众关注政府行政行为的渠道越来越多，同时会更加理性和客观地对法治建设作出评价。

第二，"民主政治参与"指标继 2012 年度略有反弹后，2013 年度再度出现较大幅度的回落。这表明，在人大代表选举和村委会选举等民主政治方面，虽然区政府做了一些工作，但尚未被群众认可。这也为将来政府的工作指出了进一步努力的方向：一是要通过法律制度保障选举公开透明，使群众的民主政治权利落到实处；二是要做好宣传工作和信息公开工作，提高群众的权利意识。

第三，"党风廉政建设"指标结束了连续两年的增长，呈下滑趋势。而且，该指标的满意度得分仅为 67.72 分，在九项指标中得分依然最低。这说明，党风廉政建设问题长期受到群众的高度关注，但多年以来，由于工作不到位，廉政建设历史欠账太多，再加上少数党员干部的贪腐行为，严重损害了党和政府的形象。为此，要不断完善和严格执行党风廉政建设责任制，保障党风廉政建设和反腐倡廉工作的落实。

## 二 内部评审组的评审结果及其分析

### （一）内部组评审人员构成与指标权重确定

2013 年内部组成员是从余杭地区的党委、人大、政府以及司法机构、律师事务所中直接参与法律工作的成员中，随机抽取 20 名人员组成。打分情况见表 2。

内部组据以进行评估的九个指标权重选择存在不同的优先次序。内部组在 2013 年的法治指数评审中，给予司法公正权威、建设法治政府、民主执政优化的权重继续保持前列，这说明内部组成员认为这三个指标对于余杭地区的法治建设尤为重要。相对于前几年，他们给予其他六个指标的权重明显加大。由此看出，内部组在长期的法治实践中，认为法治建设是一项系统性工程，需要政府、民众和社会各方的协调推进、综合发力方能有效推进余杭地区的法治建设。

表 2　2007～2013 年内部评审组对九项指标权重平均赋分情况

| 项目<br>年份 | 民主执政优化 | 建设法治政府 | 司法公正权威 | 法律服务完善 | 市场规范有序 | 民众尊崇法治 | 全面协调发展 | 社会平安和谐 | 监督力量健全 |
|---|---|---|---|---|---|---|---|---|---|
| 2013 | 9.73 | 9.85 | 9.90 | 9.20 | 8.69 | 7.96 | 7.34 | 7.84 | 8.09 |
| 2012 | 8.44 | 9.22 | 8.92 | 8.28 | 7.94 | 7.56 | 7.31 | 7.27 | 7.94 |
| 2011 | 9.00 | 9.14 | 8.92 | 8.14 | 7.72 | 7.78 | 7.74 | 8.28 | 8.53 |
| 2010 | 9.25 | 9.22 | 8.58 | 7.90 | 7.72 | 7.24 | 7.47 | 8.17 | 7.99 |
| 2009 | 9.39 | 9.22 | 8.78 | 8.06 | 8.28 | 7.94 | 7.61 | 8.00 | 8.44 |
| 2008 | 9.56 | 9.72 | 9.11 | 7.89 | 8.28 | 8.22 | 8.39 | 9.11 | 9.11 |
| 2007 | 9.11 | 8.83 | 8.28 | 7.28 | 7.67 | 7.50 | 7.50 | 8.17 | 8.67 |

## （二）内部组对各指标实施情况的评分及分析

2013 年的内部组评估分值考查可从两个角度进行。其一，通过对内部组平均得分进行比较，分析各目标项的发展状况；其二，分析内部评估总分值。九项指标实施情况评分对比状况见表 3。

表 3　2007～2013 年内部评审组对九项指标实施情况的评分情况

| 项目<br>年份 | 民主执政优化 | 建设法治政府 | 司法公正权威 | 法律服务完善 | 市场规范有序 | 民众尊崇法治 | 全面协调发展 | 社会平安和谐 | 监督力量健全 |
|---|---|---|---|---|---|---|---|---|---|
| 2013 | 79.17 | 77.94 | 78.83 | 80.50 | 80.28 | 79.00 | 77.78 | 80.83 | 73.28 |
| 2012 | 74.56 | 76.72 | 74.06 | 76.78 | 77.72 | 75.50 | 75.67 | 79.94 | 73.11 |
| 2011 | 76.00 | 78.61 | 79.67 | 74.56 | 74.67 | 74.67 | 76.17 | 79.33 | 77.94 |
| 2010 | 82.83 | 78.44 | 81.33 | 81.62 | 78.00 | 77.00 | 78.40 | 81.61 | 76.89 |
| 2009 | 81.61 | 80.22 | 80.78 | 79.22 | 77.11 | 77.72 | 78.56 | 83.22 | 78.11 |
| 2008 | 75.83 | 73.33 | 76.06 | 73.94 | 71.00 | 76.06 | 74.72 | 74.83 | 67.22 |
| 2007 | 68.72 | 68.00 | 68.78 | 67.56 | 65.17 | 69.22 | 67.72 | 71.44 | 67.61 |

2013 年内部组对社会平安和谐的评分最高，同时对法律服务完善、市场规范有序、民主执政优化几项的评分较高，这与群众满意度调查情况大致吻合，显示了内部组对社会稳定状况的乐观态度、对政府法治发展和法律服务水平的信心。

本年度内部组最终打分为 78.61 分①。值得注意的是，历年内部组评分的走势往往与民意调查的趋势相反。这表明：政府内部官员的评价与民众评价由于观察角度和掌握材料的差异，二者始终存在着错位。政府官员由于长期处于强势地位，主观意识较强。从群众角度看，他们对政府长期抱有情绪，更多的是看到政府存在的问题和种种不良社会现象，而对政府在法治方面的努力和成绩会相对忽略。

## 三 外部评审组的评审结果及其分析

### （一）外部组评审人员构成与指标权重确定

外部组由不直接参与余杭党委、人大、政府以及司法机关工作，但知晓或者直接、间接参与或者关注余杭法律事务的非政府组织、教育机构、新闻媒体、企业人员甚至参与过司法诉讼的当事人代表组成。打分情况见表4。

表4 2007~2013 年外部评审组对九项指标权重平均赋分情况

| 项目<br>年份 | 民主执政优化 | 建设法治政府 | 司法公正权威 | 法律服务完善 | 市场规范有序 | 民众尊崇法治 | 全面协调发展 | 社会平安和谐 | 监督力量健全 |
|---|---|---|---|---|---|---|---|---|---|
| 2013 | 8.79 | 8.65 | 8.96 | 7.94 | 7.85 | 7.35 | 7.74 | 7.68 | 8.17 |
| 2012 | 8.91 | 8.38 | 8.75 | 7.94 | 8.03 | 7.89 | 8.14 | 8.06 | 8.17 |
| 2011 | 8.64 | 9.08 | 8.75 | 7.62 | 7.63 | 7.46 | 7.98 | 7.72 | 8.31 |
| 2010 | 9.28 | 9.27 | 9.16 | 8.01 | 8.19 | 8.40 | 8.18 | 8.36 | 8.80 |
| 2009 | 9.00 | 9.17 | 8.89 | 7.89 | 7.61 | 7.56 | 7.78 | 8.06 | 8.72 |
| 2008 | 9.17 | 9.39 | 9.44 | 8.06 | 8.22 | 7.94 | 7.44 | 7.50 | 9.11 |
| 2007 | 9.28 | 9.28 | 9.00 | 6.78 | 7.72 | 7.50 | 7.17 | 7.22 | 8.89 |

### （二）外部组评审指标实施情况分析

我们对外部组评分情况主要从两个方面分析：其一，通过对比 2008~2013 年六年的单项指标实施情况，进行直观检视（见表5）；其二，总结外部组评分总体情况。

---

① 2007~2012 年内部组打分分别为 68.27、73.67、78.91、79.66、76.93、75.96 分。

表5 2007～2013年外部评审组对九项指标实施情况的评分情况

| 年份 \ 项目 | 民主执政优化 | 建设法治政府 | 司法公正权威 | 法律服务完善 | 市场规范有序 | 民众尊崇法治 | 全面协调发展 | 社会平安和谐 | 监督力量健全 |
|---|---|---|---|---|---|---|---|---|---|
| 2013 | 73.83 | 73.56 | 74.44 | 74.39 | 73.78 | 70.39 | 71.22 | 73.00 | 73.33 |
| 2012 | 74.50 | 74.89 | 75.17 | 73.67 | 75.33 | 70.94 | 73.50 | 76.22 | 72.72 |
| 2011 | 75.14 | 72.50 | 73.94 | 70.83 | 71.11 | 72.78 | 74.44 | 78.33 | 72.69 |
| 2010 | 81.32 | 77.49 | 80.53 | 77.26 | 77.09 | 77.01 | 78.37 | 79.34 | 75.84 |
| 2009 | 74.94 | 75.20 | 75.65 | 76.70 | 71.15 | 75.65 | 75.25 | 78.25 | 71.70 |
| 2008 | 70.10 | 67.45 | 69.50 | 69.90 | 68.70 | 71.70 | 71.00 | 72.55 | 63.55 |
| 2007 | 63.72 | 64.22 | 62.06 | 64.50 | 62.33 | 67.22 | 66.50 | 67.61 | 60.89 |

2013年延续总体下滑的趋势。除了法律服务完善、监督力量健全有小幅上升，其他指标均出现幅度大小不一的下滑。其中全面协调发展、社会平安和谐的下滑趋势最为明显。

本年度外部组最终打分为73.14分①。本年度的平均得分仍延续2010年后的下滑趋势，出现小幅下滑。2013年余杭法治指数测评已开展实施到第七年，无论是课题组对指标的设计、调查的展开，还是人民群众、内外组成员的认知程度、评价方法，各方面都日臻成熟完善，群众的态度也日趋理性审慎，因此数据波动渐趋缓和，并呈现微幅波动的态势。

### （三）内外组评估结果的对比分析

内外组评审由于其主体身份的差异，评估结果也有一定的差异。

第一，从对2013年的打分情况看，内部组的各项打分普遍高于外部组。这可能是因为：内部组是法治建设工作的主要参与者，同时又是本评估的对象，打分中难免受主观情绪的影响。

第二，从总体趋势上看，本年度内部组打分总体上呈现稳步上升的趋势，而外部组打分则止升回跌，出现了小幅度下滑。这表明，外部组由于处于法治实践的第一线，对社会法治情况的些微变化更为敏感；而内部组由于熟悉中央和地方各类文件，对余杭法治的方针政策和动向更为敏感。

---

① 2007～2012年外部组打分分别为64.18、69.80、75.27、78.29、73.54、74.13分。

第三，从两组权重赋分对比可以看出，内部组更注重建设法治政府和司法公正权威，而外部组更注重民主执政优化和司法公正权威。内外部组均认为司法公正权威是法治评估体系中最重要的一环，而内部组由于长期在一线工作，更重视实践上的可行性，而外部组则从批判的角度出发，更注重从根本上解决问题。

第四，从对指标实施情况的打分看，内部组给予社会平安和谐指标最高分，但外部组反而给予相对较低的分数，由此看出影响社会不和谐的因素仍然存在，并可能发酵为群体性事件。内部组将最低分给予监督力量健全一项，可见内部监督力量薄弱是长期以来制约法治建设的重要问题，也因内部组的长期实践工作经验使其更深刻地认识到权力缺乏监督制约的弊端；外部组则给了民众尊崇法治一项最低分，这可能是因为，民众对于法治建设的信心不足而导致法治信仰缺失，这说明法治目标的实现依然任重而道远。

## 四　专家组的评审情况及其分析

### （一）专家组评审情况

2013 年，评审组在对内部组和外部组数据采样的基础上，邀请有较高知名度的法学家参与评审。专家们根据民意调查结果、内外评审组的最后打分和意见反馈，以及余杭有关部门提供的当地法治建设详细陈述材料，就余杭法治状况九个指标项分别给出权重值和得分（见表6）。

表6　2007～2013 年专家组对九项指标实施情况的评分情况

| 项目<br>年份 | 民主执政优化 | 法治政府建设 | 司法公正权威 | 法律服务完善 | 民众崇尚法治 | 市场规范有序 | 全面协调发展 | 社会平安和谐 | 监督力量健全 |
|---|---|---|---|---|---|---|---|---|---|
| 2013 | 67.75 | 65.63 | 75.13 | 68.50 | 66.38 | 77.88 | 67.38 | 63.13 | 75.50 |
| 2012 | 75.89 | 76.78 | 75.00 | 76.22 | 77.00 | 77.11 | 74.78 | 77.78 | 74.22 |
| 2011 | 76.22 | 75.56 | 76.11 | 77.67 | 76.56 | 74.00 | 75.56 | 76.00 | 74.00 |
| 2010 | 74.38 | 71.25 | 70.63 | 72.00 | 71.50 | 71.13 | 71.75 | 74.63 | 70.75 |
| 2009 | 70.00 | 72.13 | 69.00 | 69.88 | 71.13 | 67.13 | 69.00 | 70.25 | 69.63 |
| 2008 | 72.77 | 72.46 | 70.85 | 71.46 | 71.92 | 73.23 | 72.08 | 71.08 | 70.15 |
| 2007 | 71.82 | 71.73 | 72.09 | 71.55 | 73.64 | 71.27 | 70.64 | 72.64 | 69.09 |

### （二）专家组评审结果分析

2013 年专家组的总得分为 69.11 分，较上年的 76.08 分有较大幅度的下降。就单项指标而言，"司法公正权威""市场规范有序"和"监督力量健全"三个指标得分较 2012 年有所增加，分别增长了 0.17%、1.00% 和 1.72%。但"民主执政优化""法治政府建设""法律服务完善""民众崇尚法治""全面协调发展"与"社会平安和谐"六个单项指标的得分都有较大幅度下降，降幅均超过 9.00%，其中"社会平安和谐"下降幅度最大，达到了 18.84%。

专家们在评审意见中也给出了较详细和深刻的论证。有专家指出，2013 年虽然"法务前置"工程等措施推进了法治政府建设，但党内腐败现象仍然存在，群众对党风廉政建设的满意度有待提高；党委、政府等仍应加大公开范围和审查力度，相关部门应悉心采纳和严格核实群众意见。还有专家指出，律师万人拥有数仍低于全省平均水平，应进一步加强律师队伍建设。也有专家着重关注了市场秩序，认为其有待进一步规范，避免食品安全问题的产生。许多专家普遍认识到，与群众生活密切相关的环境问题是余杭特别需要注意的。2014 年 5 月 10 日发生在余杭中泰的"5·10"事件的负面影响不小。专家组的评审结果有较明显波动，也在情理之中①。同时也说明，建设平安、和谐余杭的任务依然艰巨。

## 五 法治指数评审结果和单项指数分析

### （一）2013 年余杭法治总指数

2013 年度余杭法治指数在历经近半年的民意调查、内外组评分和专家组评审后，最终借助科学设计的统计模型，得出 2013 年度的余杭法治指数为 71.85 分。具体计算过程见图 1。

---

① 余杭中泰"5·10"事件发生的时间是 2014 年 5 月 10 日。在此之前，课题组已完成民意调查以及内外部组的评审，所以此事件对这二者的数据结果影响不明显。

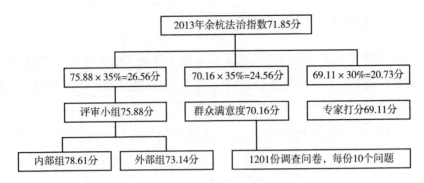

**图1 余杭法治指数计算模型**

2007～2012 年，余杭法治指数的分值分别为 71.6 分、71.84 分、72.12 分、72.48 分、72.56 分、73.66 分。从得分看，余杭法治指数在前些年呈稳步上升态势，2013 年首次出现了下滑，余杭总体法治发展似乎面临瓶颈。

### （二）余杭法治指数的单项指数分析

2013 年度首次单独计算余杭法治的九项次级指数，并根据以往数据，计算了自 2007 年以来的历年次级指数，以进行对比研究，具体见表7。

**表7 2007～2013 年次级指数得分情况**

| 项目<br>年份 | 依法执政指数 | 依法行政指数 | 司法公正指数 | 权利保障指数 | 市场规范指数 | 法治观念指数 | 民主完善指数 | 社会平安指数 | 权力监督指数 |
|---|---|---|---|---|---|---|---|---|---|
| 2013 | 70.80 | 70.89 | 74.35 | 71.39 | 74.20 | 71.38 | 70.70 | 69.73 | 74.18 |
| 2012 | 72.72 | 74.14 | 73.19 | 73.13 | 73.33 | 74.66 | 72.72 | 75.41 | 73.37 |
| 2011 | 71.82 | 71.86 | 74.11 | 72.12 | 70.12 | 71.93 | 72.26 | 73.84 | 73.59 |
| 2010 | 72.85 | 71.27 | 74.26 | 71.38 | 69.89 | 71.38 | 72.09 | 74.60 | 72.87 |
| 2009 | 70.98 | 72.82 | 73.87 | 71.08 | 70.80 | 70.68 | 71.78 | 73.08 | 72.45 |
| 2008 | 73.19 | 71.74 | 71.18 | 71.84 | 72.66 | 72.82 | 71.87 | 71.77 | 68.85 |
| 2007 | 68.15 | 68.09 | 68.69 | 68.50 | 71.60 | 66.84 | 67.44 | 68.69 | 66.74 |

**1. 依法执政指数**

这一指数主要衡量余杭的总体政党建设水平、党组织的依法执政能力等。该次级指数 2013 年度得分为 70.80 分。

从表7 可以看出，余杭依法执政指数分布不太稳定，几年的波动较大。其可能原因在于党委的工作政策导向性极强，从而弱化了工作的持续性，更在于民众（包括民意调查和外部组）对党委依法执政的期望和评价每年都有较大差距。

**2. 依法行政指数**

这一指数主要衡量余杭各级政府依法行政的水平及其规范性和有效性。该次级指数 2013 年度得分为 70.89 分。

由表 7 可知，余杭的依法行政工作到 2012 年总体呈平稳上升趋势，但 2013 年回落至低点。其原因可能是 2013 年的行政工作客观上未能得到更多的认可，还可能是 2012 年余杭公众加之专家主观上对依法行政工作较为满意而提升了对此的期待。

**3. 司法公正指数**

这一指数主要衡量余杭司法系统工作是否公正、规范，司法权威是否有效树立。该次级指数 2013 年度得分为 74.35 分。

表 7 显示，余杭的司法公正指数从 2007 年的 68.69 分上升为 2013 年的 74.35 分，升幅较大，而且整个趋势较为平稳。这与作为司法机关的法院、检察院的谨慎是分不开的。不过这一趋势并不必然预示下一年的分数会上升，司法公正指数的提高不易，更需要再接再厉。

**4. 权利保障指数**

这一指数主要衡量余杭法律服务是否完善、公民权利是否得到有效保障。该次级指数 2013 年度得分为 71.39 分。

余杭的权利保障指数较其他指数趋势更为平稳，但历年分数都不算高，可见权利保障指数与权利保障的实践是相对应的。这与执政、行政、司法以及法制观念、法治环境等其他方面密切相关，是九个法治指标中最需要长期努力的一个。

**5. 法治观念指数**

这一指数主要衡量余杭公民法制教育是否有效、公民法律素养和法治意识是否健全。该次级指数 2013 年度得分为 71.38 分。

从表 7 可知，法治观念指数的平均得分较其他指数稍高，但总趋势都是 2012 年大幅上升，2013 年大幅回落。法制观念本身不可能提高后又降低，课题组分析其可能原因在于：法治观念本身是更带有主观性的指标，衡量法制观念前期注重提升的努力，如宣传、教育等提高公民法律素养的相关工作，而后

地方法治蓝皮书

期则看重法治观念所引发的行动，如维权行为的强度和规范性等。评分侧重点
不同，会使此项得分有较大波动。

**6. 市场规范指数**

这一指数主要衡量余杭市场秩序是否规范有序、经济是否稳定良性发展。
该次级指数 2013 年度得分为 74.20 分。

市场规范指数的趋势与权利保障指数的趋势几乎成正比，二者的一致也许
体现了余杭法治指数评估以来社会各阶层对此从直观感觉到理性评分的逐渐接
受过程。

**7. 民主完善指数**

这一指数主要衡量余杭各项民主建设是否有效推动法治协调发展。该次级
指数 2013 年度得分为 70.70 分。

民主完善指数除 2009 年微幅下降以外，到 2012 年均呈微幅上升趋势，而
2013 年大幅下降。其可能原因在于，并非只是这一年中余杭的民主完善工作
有多么不尽如人意，而是民主完善方面的某些工作一直未尽如人意，但在
2013 年才凸显出来。

**8. 社会平安指数**

这一指数主要衡量余杭的社会和谐稳定状态、平安余杭创建水平。该次级
指数 2013 年度得分为 69.73 分。

社会平安指数在 2012 年是所有指数中得分最高的，而在 2013 年却是所有
指数中得分最低的，其可能原因在于，余杭区的社会治安和稳定一直是被政府
和民众认可的，而直到评估时出现了群体性事件以及公共场所的暴力行为，评
分受到了影响。

**9. 权力监督指数**

这一指数主要衡量余杭权力监督机制是否健全、监督效能是否提升。该次
级指数 2013 年度得分为 74.18 分。

如表 7 所示，权力监督指数是所有指数中唯一一个趋势平稳而持续上升的
指数，这说明余杭的权力监督工作的确在逐步落实，而且也得到了各阶层的认
可。不过，权力监督方面的努力不能代替其他方面的努力，甚至还需要其他方
面法治工作的跟进。

# 六 结论和建议

根据前面部分的数据分析以及课题组的相关调研，我们基本上可以把握 2013 年余杭法治的总体状况，也能发现余杭法治建设中存在的一些问题和努力方向。

## （一）余杭法治处于较好状态，法治指数实践意义深远

余杭法治建设仍处于稳健运行状态，各方面取得了持续进展。概而言之，余杭作为"全国法治的试验田"，在全国法治建设中起到了引领作用。余杭法治指数评估开了中国内地法治量化的先河，作为最早制订并实施法治评估体系、连续坚持每年测评法治指数的实践一直持续影响良好，对理论和实践产生的影响有目共睹。

它的实施形成了一种推动发展的有效机制。余杭法治指数产生了法治领域的"试验田效应"。它使更多的人意识到，"与其高呼'加强法治建设'的空洞口号，不如实实在在地从诸如'法治指数'入手，将法治建设创造性地引入科学发展的轨道"[1]。《中共中央关于全面深化改革若干重大问题的决定》就是有力的说明，明确提出"建设科学的法治指标体系和考核标准"。

余杭法治指数打造了学者、官员、民众共建法治的平台。这一平台的打造"对公权层面公共理性的形成以及公权力机关的透明化、公共化和合理化运作起到了有力的推进作用"。这就形成了"经济力量、制度力量、公权力量、私权力量、信息力量"五方面的合力[2]。

余杭法治指数还孕育了中国法治实践学派。法治实验的研究模式为中国法学界注入一种新的活力，带来了法学研究范式的转变，即从传统规范研究向实证研究转型，并催生了中国法治实践学派这个具有重大学术意义的概念。"中国法治实践学派是以中国法治为研究对象，以探寻中国法治发展道路为目标，

---

① 刘武俊：《"法治指数"彰显法治建设的科学发展导向》，《中国审计报》2008 年 4 月 16 日。
② 刘武俊：《"法治指数"彰显法治建设的科学发展导向》，《中国审计报》2008 年 4 月 16 日。

以实验、实践、实证为研究方法，注重现实、实效，具有中国特色、中国气派、中国风格的法学流派。"①

### （二）垃圾焚烧项目群体性事件直接导致法治指数的波动

法治指数是法治发展的晴雨表，一定会在特定法治事件出现时出现变化，否则是不客观的。正是这种跌幅的出现，才使民众感受到法治指数的客观真实性和不可忽视的作用，才可能使法治指数形成公信力，才能体现法治指数的监督和制约作用。

杭州市政府要在余杭区中泰街道九峰规划建造垃圾焚烧发电厂的消息公布后，引起部分市民村民进行抗议并表达诉求。该事件发生时，余杭法治指数正进入专家评审阶段，专家组的评审结果出现跌幅。2013 年的法治指数并不意味着不关联 2014 年指数评审完成前的时间段。2014 年的事件客观上与 2013 年的法治状况相关。实际上，即便是到 2015 年，从民意调查到内外组，再到专家组，都会审视垃圾焚烧项目事件的处理结果。

2013 年余杭法治指数为 71.85 分，虽然出现下跌，并跌破过去七年平均水平，但仍然高于 2007 年的 71.6 分这个数字，仍然处于法治初级阶段合理区间，属于正常波动状态。法治指数出现跌幅，并不意味着余杭法治建设被总体否定。相反，跌幅反映出余杭法治建设在不断取得进步过程中存在的问题。这种问题在全国各地普遍是以不同形式存在的，也是转型期中国法治建设的特点。

### （三）深刻领会中央改革精神，更加重视法治余杭建设

**1. 紧紧把握《中共中央关于全面深化改革若干重大问题的决定》精神和四中全会法治主题，不遗余力地推进法治余杭建设**

决定专列第九部分"推进法治中国建设"，这在中央文件中是第一次专门将法治单列。十八届四中全会专门出台关于法治建设的重大决定，这在中国共产党的历史上是第一次。由此可见，法治中国建设已提到中国发展的重要议事日程

---

① 钱弘道：《中国法治试验田孕育法治评估与实践学派》，《中国社会科学报》2014 年 5 月 7 日。

中。习近平同志担任中共中央总书记后提出"法治中国"建设目标，与他在浙江担任省委书记时倡导"法治浙江"的实践经验是分不开的。素有"全国法治试验田"之称的余杭就是在习近平开展"法治浙江"建设时出现的典型。

各地在"法治中国"这个总目标的指引下，纷纷开展多种多样的法治建设活动，积极探索地方法治建设新路子，出现各种法治创新实践。在这一背景下，余杭不进则退，只有深刻领会中央关于法治中国建设的精神，推广成功的经验，继续探索创新，才有可能持续推进法治进步。

**2. 充分发挥党委在法治建设中的领导作用**

中国特色社会主义法治建设离不开党委领导。法治建设要与"一把手"责任挂钩。在"一把手"的领导下，领导班子带头，充分发挥党在法治中国建设中的领导核心作用，充分发挥人大的主导作用，政府、司法各负其责，人民政协民主协同，齐心协力推进法治建设。

中国法治建设的特点是政府主导，重"顶层设计"①。法治余杭的经验表明，中国地方的法治建设状况如何与"一把手"的重视程度成正比，与"一把手"的法治思维、法治素养、法治能力成正比。在 2006 年习近平同志到余杭调研"法治浙江"建设之后，区委领导同志及时推出"法治余杭"建设，及时拍板制定余杭法治指标体系和法治指数，才使得法治余杭建设取得重大成绩成为可能。此后的历任区委领导均高度重视法治余杭建设，坚持每年测评法治指数，使浙江余杭入选"浙江改革开放三十年典型事例 100 例"，并使余杭成为"全国首批法治先进县区"。

**3. 更加重视专家学者的重要作用**

2014 年 7 月 8 日，习近平在经济形势专家座谈会上指出："党的十八大和十八届三中全会要求加强中国特色新型智库建设，建立健全决策咨询制度……广泛听取各方面专家学者意见并使之制度化，对提高党的执政能力、提高国家治理能力具有重要意义。希望广大专家学者深入实际、深入群众、深入基层，倾听群众呼声，掌握真实情况，广泛调研，潜心研究，不断拿出具有真知灼见的成果，为党中央科学决策建言献策，为推进决策科学化、民主化多作贡献。"

---

① 参见钱弘道《余杭法治指数的实验》，《中国司法》2008 年第 9 期，第 60 页。

　　法治余杭的经验表明，专家学者在法治余杭建设中发挥了重要作用。政府谦虚谨慎，重视专家学者的理论支持，是中国转型期的成功经验。余杭在2006年就聘请十名专家学者组成专家顾问委员会，可适当增加成员，继续并且更好地发挥专家学者的作用。

### 4. 行政、司法要更加公开透明，扩大公民参与范围，增强公民监督力度

　　行政、司法是否公开透明，直接影响法治建设的成效。中国社会正处于转型期，各种转型发展中的问题会以各种形式、不同程度的事件爆发出来。如何处理这些大大小小关乎公民利益的问题？公开透明、让公民参与是有效的方法。垃圾焚烧项目事件就是一个显例。

　　随着人口增长和工业发展，我国固体废弃物数量剧增，而垃圾清运量严重不足，垃圾处理问题已经成为制约经济发展、威胁公众生活和健康的重要问题。垃圾焚烧项目总会面临相应的利益博弈，其关键问题是邻避效应，即当地民众因担心某建设项目对身体健康、环境质量和资产价值等带来诸多负面影响，从而激发嫌恶情结，引发强烈反对。转型期政府的权威和公信力有局限，公众并不相信政府的监管能力和企业的诚信。一些已经暴露出问题的垃圾焚烧项目，更成为民众不相信政府和企业的理由。

　　垃圾焚烧是杭州市政府决策的项目。政府应当提供足够的公民参与方式和平台。虽然我国并没有一部专门的垃圾焚烧行业立法，但是我们并不缺少相关的部门规范性文件，不是垃圾焚烧本身的立法不足，而是决策过程中公众参与不足。全国各地政府的信息公开是远远不够的，杭州市、余杭区也不例外。2012年、2013年两个年度的杭州市13个县市区（包括杭州市本级政府）的电子政务发展指数表明，电信基础设施、人力资本、在线服务三个维度都不理想。即便政府在门户网站上公布了相关信息，大多数居民并不上网看这些信息，而且部分民众计算机操作水平有限。所以，目前的政府信息公开实质效果不佳。

　　垃圾焚烧项目设立需要科学的论证，充分考虑多种因素，同时积极动员公众参与，听取公众意见。环境许可、规划许可、用地许可等等，每个程序都要充分考虑公民的参与，这就是法治思维和法治方式。近年来，因为环境问题引发的群体性事件，都与缺少公众参与有关。在公众参与方面，日本的经验值得借鉴。在根本无法找到远离居民区的地方兴建垃圾焚烧厂的背景下，日本一些

地区直接让当地居民参与选择，经过调查、论证、投票等程序之后，选址问题在一定程度上迎刃而解。

浙江省高级人民法院与浙江大学合作制订了浙江法院阳光司法指数评估体系，并从 2013 年起在浙江法院全面推行，得到中央政法委、最高人民法院多位领导的批示。通过 2012 年度的测评，在立案庭审公开方面，余杭区法院在 103 家法院中排名第 4 位，但在执行公开方面，杭州辖区的法院都没有进入前 20 名。根据《中共中央关于全面深化改革若干重大问题的决定》，司法公开是今后改革的重点内容。

**5. 培养法治思维，以法治方式办事，更加重视制度创新**

党的十八大报告提出："提高领导干部运用法治思维和法治方式深化改革、推动发展、化解矛盾、维护稳定能力。"中国社会受传统人治思想影响很深，法治思维缺失。只有法治思维形成自觉，法治建设才有可靠的基础。

在实际工作中，运用法治思维、法治方式要贯穿所有环节。例如，在垃圾焚烧项目事件中，余杭区政府充分考虑到了公众参与问题，并于 5 月 9 日公开发布了关于九峰环境能源项目的通告，郑重声明：项目没有履行完法定程序，不征得群众的理解和支持，一定不会开工；建设过程中将邀请群众全程参与，充分保证群众的知情权。这是根据法治思维和法治方式处理垃圾焚烧项目事件。

干部的法治理念、法治思维、法治方式与群众的法治观念息息相关。今后的法制宣传，应以提高领导干部法治理念、法治思维为重点，在法制教育、宣传活动中不仅注重形式生动和范围浩大，而且要注重法律知识的全面宣传和法治理念的深入人心。

余杭首推的律师进社区、进村庄的"法务前置"工程①以及"社会稳定三色预警机制"② 等都是有特色的制度创新。今后应当更加重视以法治为中心思想的制度创新，将法治理念、法治思维、法治方式融入各种创新的制度中。

---

① 参见中国社会科学院法学研究所法治指数创新工程项目组《重建中国基层社会秩序的探索——余杭法务前置调研报告》，《中国法治发展报告 No. 12（2014）》，社会科学文献出版社，2014，第 315～329 页。

② 余杭区在杭州率先启动了"社会稳定三色预警机制"，按照紧急程度、发展态势和可能造成的危害程度，分别用红色、橙色、黄色进行分级预警，并与领导包案化解、应急处置等机制对接。这一社会稳定三色预警工作经验被杭州市政法委作为典型在全市推广。

# 结　语

法治余杭的经验告诉我们，法治建设需要合力。只有形成民众、政府、学界、媒体等各方共建法治的合力，法治建设才能真正产生最大效果。法治的形成并非一日之功，它依赖于经济力量、制度力量、公权力量、私权力量、信息力量等推动力[①]。上述推动力是法治合力的表现形式。余杭法治指数的测评历经七年风雨，虽然曾经引起一些质疑，但实践表明，法治量化的研究和实践是法治发展的必然阶段。余杭法治指数在总体上呈上升趋势的同时也出现了下跌情形，这表明，法治指数是随着法治状况的变化而变化的，是法治状况的"晴雨表"。通过法治指标的设计，形成法治建设的目标。通过法治评估，推动法治具体工作的落实。法治评估因此成为法治的"抓手"和增长点。余杭已经在全国起到法治的率先示范作用，我们可以期待，余杭还将因为坚持每年测评法治指数以及实施其他一系列的法治行动而继续引领地方法治创新实践。余杭和全国其他地方的法治实践以及理论界的深化研究将推动中国法治实践学派的真正形成。中国法治实践学派将成为对法治中国各种实践最直接的理论回应。

## 【专家评论】

浙江省余杭区进行法治指数测评较早，目前已经是第七次。由于此前已经进行 6 次，课题组积累了丰富的经验。从这次测评来看，仍然采取民意调查、内外部组评估、专家组评审的方式，关注到了样本的代表性和覆盖面，指标设计合理，最终的评审结果也比较可靠。

十八届三中全会提出："推进国家治理体系和治理能力的现代化"，提出要建立科学的法治建设指标体系和考核标准。与中国社会科学院法学研究所国情调研室法治指数创新工程项目组所推出的"浙江阳光司法指数""政府

---

① 参见蒋安杰《推进中国法治的五种力量——与浙江大学法学院钱弘道教授的对话》，http：//blog. sina. com. cn/s/blog_ 5f686f530100cv00. html。

透明度指数""司法透明度指数""检务透明度指数"等一系列法治指数测评一样，"余杭法治指数"等一系列法治指数的出现，是改革开放以来，国家政治与法治发展，治理逐渐精细化，治理体系和治理能力提升的一个重要体现。

法治指数测评是社会指标运动的一部分，既是社会发展对国家治理水平提升的期待，也是政府自身或者社会对国家治理能力的测量。这种重视量化的现代社会评估或社会评价指标，20 世纪 60 年代发源于美国，当时被称为社会指标运动。1966 年，鲍尔（R. A. Bauer）主编的《社会指标》一书，标志着社会指标运动的开始。后来，又有《评估：方法与技术》《社会变迁的指标》《迈向社会报告》等一系列成果出现。美国政府甚至出版了专门的出版物《社会指标》。当时，美国的政府与研究单位都参与到这个运动之中，利用社会指标来测量社会民主程度、社会福利程度、人的主观生活态度等，并以之来分析和描述社会变迁趋势。法治评价相关指标与这个运动是相伴而生的，如立法评价、行政评价、司法评价以及法律实效评价和法治环境评价等，都是社会指标运动所关注的重要内容。反过来，相关的法治评价指标，又促进了社会指标运动。

具体到法治指标体系，1968 年，美国学者伊万（W. M. Evan）构建了一个法治指标体系，利用 70 个具体指标，来描述当时美国法治政府的运行状况。此后，美国和西欧、北欧一些国家，越来越重视这个问题。21 世纪之后，随着信息技术发展带来的便利，这个工作扩展到了国际层面。世界正义工程（the World Justice Project）的诞生，是一个重要标志。该组织试图开发一套旨在促进全球统一规范适用、衡量各国发展程度的法治指数，并已发布了数份年度报告。其他如世界银行开发的"善治指标"、全球治理指标，以及其他国际组织所开发的所谓腐败认知指数、清廉指数等，都具有比较重要的参考意义。

但是，国外组织所发布的相关指数测评，并不一定能够完全符合中国的实际，有时候还可能存在歪曲，因此，发展我们自己的指数测评就显得特别重要。中国社会科学院首先注意到这个问题。1982 年，中国社会科学院在北京举办了一期"社会经济指标研究班"。在法治指标测评方面，近年来，中国社

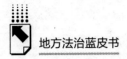

会科学院法学研究所法治国情调研室法治指数创新工程项目组所发布的《法治蓝皮书》中登载的各项指数报告已经取得了非常重大的反响；而已经历时数年的余杭法治指数，则是区域法治指数测评的典型代表。


（支振锋，中国社会科学院法学研究所副研究员）

社会科学文献出版社　　　　　　　　皮书系列

"皮书"起源于十七、十八世纪的英国，主要指官方或社会组织正式发表的重要文件或报告，多以"白皮书"命名。在中国，"皮书"这一概念被社会广泛接受，并被成功运作、发展成为一种全新的出版形态，则源于中国社会科学院社会科学文献出版社。

皮书是对中国与世界发展状况和热点问题进行年度监测，以专业的角度、专家的视野和实证研究方法，针对某一领域或区域现状与发展态势展开分析和预测，具备权威性、前沿性、原创性、实证性、时效性等特点的连续性公开出版物，由一系列权威研究报告组成。皮书系列是社会科学文献出版社编辑出版的蓝皮书、绿皮书、黄皮书等的统称。

皮书系列的作者以中国社会科学院、著名高校、地方社会科学院的研究人员为主，多为国内一流研究机构的权威专家学者，他们的看法和观点代表了学界对中国与世界的现实和未来最高水平的解读与分析。

自20世纪90年代末推出以《经济蓝皮书》为开端的皮书系列以来，社会科学文献出版社至今已累计出版皮书千余部，内容涵盖经济、社会、政法、文化传媒、行业、地方发展、国际形势等领域。皮书系列已成为社会科学文献出版社的著名图书品牌和中国社会科学院的知名学术品牌。

皮书系列在数字出版和国际出版方面成就斐然。皮书数据库被评为"2008~2009年度数字出版知名品牌"；《经济蓝皮书》《社会蓝皮书》等十几种皮书每年还由国外知名学术出版机构出版英文版、俄文版、韩文版和日文版，面向全球发行。

2011年，皮书系列正式列入"十二五"国家重点出版规划项目；2012年，部分重点皮书列入中国社会科学院承担的国家哲学社会科学创新工程项目；2014年，35种院外皮书使用"中国社会科学院创新工程学术出版项目"标识。

# 中国皮书网

www.pishu.cn

发布皮书研创资讯，传播皮书精彩内容
引领皮书出版潮流，打造皮书服务平台

**栏目设置：**

☐ 资讯：皮书动态、皮书观点、皮书数据、 皮书报道、皮书新书发布会、电子期刊

☐ 标准：皮书评价、皮书研究、皮书规范、皮书专家、编撰团队

☐ 服务：最新皮书、皮书书目、重点推荐、在线购书

☐ 链接：皮书数据库、皮书博客、皮书微博、出版社首页、在线书城

☐ 搜索：资讯、图书、研究动态

☐ 互动：皮书论坛

中国皮书网依托皮书系列"权威、前沿、原创"的优质内容资源，通过文字、图片、音频、视频等多种元素，在皮书研创者、使用者之间搭建了一个成果展示、资源共享的互动平台。

自2005年12月正式上线以来，中国皮书网的IP访问量、PV浏览量与日俱增，受到海内外研究者、公务人员、商务人士以及专业读者的广泛关注。

2008年、2011年中国皮书网均在全国新闻出版业网站荣誉评选中获得"最具商业价值网站"称号。

2012年，中国皮书网在全国新闻出版业网站系列荣誉评选中获得"出版业网站百强"称号。

# 法 律 声 明

　　"皮书系列"（含蓝皮书、绿皮书、黄皮书）由社会科学文献出版社最早使用并对外推广，现已成为中国图书市场上流行的品牌，是社会科学文献出版社的品牌图书。社会科学文献出版社拥有该系列图书的专有出版权和网络传播权，其 LOGO（ ）与"经济蓝皮书"、"社会蓝皮书"等皮书名称已在中华人民共和国工商行政管理总局商标局登记注册，社会科学文献出版社合法拥有其商标专用权。

　　未经社会科学文献出版社的授权和许可，任何复制、模仿或以其他方式侵害"皮书系列"和 LOGO（ ）、"经济蓝皮书"、"社会蓝皮书"等皮书名称商标专用权的行为均属于侵权行为，社会科学文献出版社将采取法律手段追究其法律责任，维护合法权益。

　　欢迎社会各界人士对侵犯社会科学文献出版社上述权利的违法行为进行举报。电话：010 - 59367121，电子邮箱：fawubu@ ssap. cn。

社会科学文献出版社

权威报告·热点资讯·特色资源

# 皮书数据库
## ANNUAL REPORT(YEARBOOK)
## DATABASE

## 当代中国与世界发展高端智库平台

**皮书俱乐部会员服务指南**

**1. 谁能成为皮书俱乐部成员?**
- 皮书作者自动成为俱乐部会员
- 购买了皮书产品(纸质书/电子书)的个人用户

**2. 会员可以享受的增值服务**
- 免费获赠皮书数据库100元充值卡
- 加入皮书俱乐部,免费获赠该纸质图书的电子书
- 免费定期获赠皮书电子期刊
- 优先参与各类皮书学术活动
- 优先享受皮书产品的最新优惠

**3. 如何享受增值服务?**
**(1)免费获赠100元皮书数据库体验卡**
第1步 刮开附赠充值的涂层(右下);
第2步 登录皮书数据库网站
(www.pishu.com.cn),注册账号;
第3步 登录并进入"会员中心"—"在线充值"—"充值卡充值",充值成功后即可使用。

**(2)加入皮书俱乐部,凭数据库体验卡获赠该书的电子书**
第1步 登录社会科学文献出版社官网
(www.ssap.com.cn),注册账号;
第2步 登录并进入"会员中心"—"皮书俱乐部",提交加入皮书俱乐部申请;
第3步 审核通过后,再次进入皮书俱乐部,填写页面所需图书、体验卡信息即可自动兑换相应电子书。

**4. 声明**
解释权归社会科学文献出版社所有

皮书俱乐部会员可享受社会科学文献出版社其他相关
免费增值服务,有任何疑问,均可与我们联系。

图书销售热线:010-59367070/7028
图书服务QQ:800045692
图书服务邮箱:duzhe@ssap.cn

数据库服务热线:400-008-6695
数据库服务QQ:2475522410
数据库服务邮箱:database@ssap.cn

欢迎登录社会科学文献出版社官网
(www.ssap.com.cn)
和中国皮书网(www.pishu.cn)
了解更多信息

社会科学文献出版社
SOCIAL SCIENCES ACADEMIC PRESS (CHINA) 皮书系列

卡号:709261208409
密码:

# S 子库介绍
## ub-Database Introduction

### 中国经济发展数据库

涵盖宏观经济、农业经济、工业经济、产业经济、财政金融、交通旅游、商业贸易、劳动经济、企业经济、房地产经济、城市经济、区域经济等领域，为用户实时了解经济运行态势、把握经济发展规律、洞察经济形势、做出经济决策提供参考和依据。

### 中国社会发展数据库

全面整合国内外有关中国社会发展的统计数据、深度分析报告、专家解读和热点资讯构建而成的专业学术数据库。涉及宗教、社会、人口、政治、外交、法律、文化、教育、体育、文学艺术、医药卫生、资源环境等多个领域。

### 中国行业发展数据库

以中国国民经济行业分类为依据，跟踪分析国民经济各行业市场运行状况和政策导向，提供行业发展最前沿的资讯，为用户投资、从业及各种经济决策提供理论基础和实践指导。内容涵盖农业，能源与矿产业，交通运输业，制造业，金融业，房地产业，租赁和商务服务业，科学研究，环境和公共设施管理，居民服务业，教育，卫生和社会保障，文化、体育和娱乐业等 100 余个行业。

### 中国区域发展数据库

以特定区域内的经济、社会、文化、法治、资源环境等领域的现状与发展情况进行分析和预测。涵盖中部、西部、东北、西北等地区，长三角、珠三角、黄三角、京津冀、环渤海、合肥经济圈、长株潭城市群、关中一天水经济区、海峡经济区等区域经济体和城市圈，北京、上海、浙江、河南、陕西等 34 个省份及中国台湾地区。

### 中国文化传媒数据库

包括文化事业、文化产业、宗教、群众文化、图书馆事业、博物馆事业、档案事业、语言文字、文学、历史地理、新闻传播、广播电视、出版事业、艺术、电影、娱乐等多个子库。

### 世界经济与国际政治数据库

以皮书系列中涉及世界经济与国际政治的研究成果为基础，全面整合国内外有关世界经济与国际政治的统计数据、深度分析报告、专家解读和热点资讯构建而成的专业学术数据库。包括世界经济、世界政治、世界文化、国际社会、国际关系、国际组织、区域发展、国别发展等多个子库。